从这里

读懂中国消费

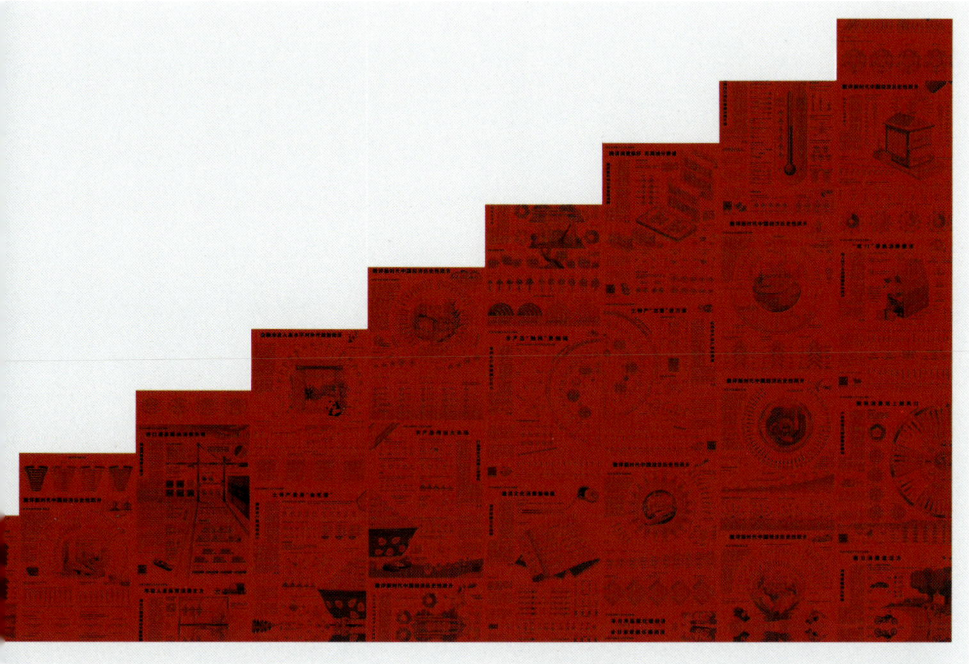

消费为什么能

郑庆东 主编

经济日报出版社

图书在版编目（CIP）数据

从这里读懂中国消费：消费为什么能 / 郑庆东主编
. -- 北京：经济日报出版社，2022.12
ISBN 978-7-5196-1221-4

Ⅰ．①从… Ⅱ．①郑… Ⅲ．①消费市场—研究—中国
Ⅳ．① F723.58

中国版本图书馆 CIP 数据核字 (2022) 第 205235 号

从这里读懂中国消费——消费为什么能

主　　编	郑庆东
责任编辑	张兴军
助理编辑	郝　杰
责任校对	薛银涛
出版发行	经济日报出版社
地　　址	北京市西城区白纸坊东街 2 号 A 座综合楼 710（邮政编码 :100054）
电　　话	010-63567684 （总编室）
	010-83538863 （财经编辑部）
	010-63567689（企业与企业家史编辑部）
	010-63567683（经济与管理学术编辑部）
	010-63538621 63567692（发行部）
网　　址	www.edpbook.com.cn
E - mail	edpbook@126.com
经　　销	全国新华书店
印　　刷	天津图文方嘉印刷有限公司
开　　本	710×1000 毫米　1/16
印　　张	14.5
字　　数	280 千字
版　　次	2022 年 12 月第 1 版
印　　次	2022 年 12 月第 1 次印刷
书　　号	ISBN 978-7-5196-1221-4
定　　价	68.00 元

一个时代的消费印记

经济日报社社长兼总编辑

习近平总书记在党的二十大报告中指出，党的十八大以来，我们采取一系列战略性举措，推进一系列变革性实践，实现一系列突破性进展，取得一系列标志性成果，党和国家事业取得历史性成就、发生历史性变革，推动我国迈上全面建设社会主义现代化国家新征程。中国从来没有像如今这般，日益接近中华民族伟大复兴，日益走近世界舞台中央。特别是我国国内生产总值达到114万亿元，稳居世界第二，创造了举世瞩目的增长奇迹。

世界经济看中国，中国经济看消费。一个有着14亿人口、4亿多中等收入群体、人均GDP超1万美元的超大消费市场，不仅是中国经济增长的稳定器，也是世界经济繁荣的助推器。习近平总书记强调，要构建以国内大循环为主体、国内国际双循环相互促进的新发展格局。在复杂多变的国内国际环境下，着力增强经济生存力、竞争力、发展力、持续力，需高度重视消费对构建新发展格局的支撑作用。消费大有作为，大有可为。

《从这里读懂中国消费——消费为什么能》付梓，期待在全方位、深层次变革的时代，留下这个时代的消费印记。在以消费现象为经，以消费数据为纬的精彩世界里，读者能从涵盖数亿人的消费行为、消费习惯、消费动态、消费趋势中，领略消费之美、消费之活、消费之力，进而得出“中国经济一定行、中国消费一定能”的共识。

一、要构建新发展格局，实现高质量发展，必须将消费置于整个经济大势之中，再认知，再定义，再推动，以新消费助推新发展格局，以高质量消费助力高质量发展

作为社会生活和经济活动的关键一环，消费是经济活动的重要目的，是经济活动的必经节点，也是经济活动的不竭动力。在生产、分配、流通、消费这个闭环中，消费至关重要。正因如此，马克思就曾表示："从商品到货币是一次惊险的跳跃"。伴随着消费活动，商品成为了货币，也就实现了"惊险的跳跃"。否则，"摔碎的不仅是商品，而是商品的所有者"。

消费的极端重要性，至少还体现在四个方面。首先，消费是人民群众满足基本生活需要的重要途径。吃穿住用行，没有消费不行。其次，消费是创造新就业岗位的有效渠道。由消费直接或间接创造的就业岗位与日俱增，2021年末全国就业人员74652万人中，第三产业就业者达48.0%。再次，消费是促进产销对接的关键环节。产销对不对路，顺不顺畅，合不合适，消费是检验的唯一标准。最后，消费对促进生产流通循环发挥着重要作用。消费既是上一轮经济活动的终点，也是新一轮经济活动的起点。消费正向反馈，生产才能良性循环。

对消费的再认知、再定义、再推动，不能止步于重要。随着社会进步、技术革新、理念变迁，消费环境不断演变，消费升级已成趋势，新消费平台、新消费渠道、新消费产品、新消费形态层出不穷。改革开放40多年来，消费从满足居民基本生活需求向兼顾品质消费、悦己消费、健康消费转变；消费从大众消费、以产定销向小众消费、定制消费转变；消费从单一物质消费向物质消费、精神消费、虚拟消费并重转变；消费从局部行为、区域行为向全球行为、全域行为转变。

星星还是那个星星，月亮还是那个月亮，但消费早已不是以前的消费了。可以毫不夸张地说，当下，消费的内容、方式、质量，在很大意义上映射着也决定着一个经济体的规模体量、整体成色、发展水平。消费的能力、张力和潜力，在很大意义上也成为一个国家或经济体软实力的关键指标。

因此，应站在经济全局的高度，对消费再认知、再定义、再推动。面临复杂严峻的国

际环境和艰巨繁重的国内改革发展稳定任务，要保持经济运行在合理区间，必须进一步发挥消费这一经济增长“压舱石”的重要作用。实践表明，消费对中国经济增长的贡献率还可以更高些，支撑度还可以更强些，牵引力还可以更大些。

应站在构建新发展格局的高度，对消费再认知、再定义、再推动。消费是畅通国内大循环的主引擎，是推动国内国际双循环相互促进的助推器。立足国内市场，持续扩大内需，更好统筹国内发展和对外开放，促进内需与外需平衡发展，是构建新发展格局的题中之义。

应站在实现高质量发展的高度，对消费再认知、再定义、再推动。高质量发展，创新是关键；创新要突破，消费是动力。消费在很大程度上决定着创新活动的速度、效率和方向，高速成长且规模巨大的高质量消费市场，能够有力支撑企业对创新资源的配置、利用与整合。水大鱼大，此之谓也。

二、要展示中国消费市场的活力，记录超大规模消费市场的印记，精准的、专业的、形象的、体系化的消费数据是绝佳之选，有“数”有真相，一“数”胜千言

如何精准、高效、系统地展示有着14亿基数的消费群体，如此活跃的消费市场？数据不失为一个好选择。一方面，数据在消费行为中全过程、穿透式存在，一切消费行为、消费现象、消费趋势，均可通过数据全面、深入、系统地呈现和反映。另一方面，兼具客观性、专业性、形象性、延续性的数据，能在最小篇幅内，最大可能地呈现一个经济体的消费全貌，事半而功倍。

客观性是数据的第一生命力，只有真实、客观的数据，才具有可信度、公信力和说服力。随着大数据、云计算等技术蓬勃发展，无论是政策制定、学理研究，还是企业决策、消费者选择等等，都把客观数据作为重要参考。一方面，科学、理性的判断、决策，均须建立在真实、如实的数据之上。倘若失真失实，犹如九层之台起于虚土，结果不言自明。另一方面，数据的作用是基础性的，是众多个体行为选择的客观反映，无论其是否符合预期，是否令人满意，都具有十分重要的参考性。总之，有数才有依据，有

数才有真相。

专业性是数据的核心竞争力，只有深度、专业的数据，才能在繁杂零散的信息中见人所未见，道人所未言。作为世界第二大经济体，中国消费市场每分每秒都产生海量的、庞大的数据。数据千万条，专业第一条。只有专业眼光、专业视角、专业判断，才能在海量的消费信息中，把握最有新意的动态，找到最有价值的数据，发现最有意义的亮点，研判最有可能的趋势。也只有专业平台、专业挖掘、专业呈现，才能收集、整理、归纳、分析并形成专业报告，将数据价值可视化、最大化。而这一切，都离不开专业。

形象性可以凸显数据的展现力，只有形象、具象的数据，才能在最有限空间内展示更多有价值的信息。数与图、数与表、数与字、数与色彩的结合，能够极大丰富数据呈现方式，增加数据信息含量，提升数据阅读体验，提高数据传播能力。正所谓，一“数”胜千言。充分发挥数据的形象性，将数据蕴藏的信息、价值以具象化的形式呈现，往往能起到事半功倍的效果。

延续性可以激发数据的张力，只有持久、延续的数据，才能积淀成系统的、统一的、连贯的体系，发挥乘法效应。单一的个体、企业、产业数据，可能并不那么引人关注，意义也有限，但连续的、全面的、系统的数据，价值就成几何级增加了。如果能够通过数据，将经济社会生活特别是消费的新趋势、新动向和新亮点，持续、系统、全面地加以呈现，这对生产端、消费端和研究者乃至政策制定者而言，都具有非同寻常的意义。

三、《从这里读懂中国消费——消费为什么能》于大格局中重新审视消费，以客观、专业、形象、延续的数据，展现消费新、变、暖、潮、靓、燃，高度深度广度美度兼具

翻看这本并不太厚的《从这里读懂中国消费——消费为什么能》，作为老报人、媒体人，还是颇为自豪的。从2020年初，我提出创办数据版，至今经济日报已刊发了260多个数据版了。从0到260多，从稚嫩到成熟，再从版面到书籍，绝非只是数量的累加、形态的蝶变、载体的变迁，更是质的突破、理念的升级、思维的迭代。这些变化，都在这本书里消费数据的高度、深度、广度、美度中得到了充分体现。

第一是高度。中国消费图景，火热、曼妙而生动。如何站在一个高度，从全新视角进行展示、解析？这本书就从六个维度入手，令人眼前一亮。消费之新重点展现新热点、新品类，消费之变重点展现新趋势、新动态，消费之暖重点展现民生消费、健康消费，消费之潮重点展现国潮消费、网红消费，消费之靓重点展现绿色消费、跨境消费，消费之燃重点展示运动消费、户外消费……六个维度，融为一体，合而为一，归根结底一句话，就是“中国消费一定能”“中国经济一定行”。

第二是深度。这本书的目标之一，便是通过大量精准、详实、典型的消费数字，专业、细分、深入的数据分析，聚焦消费热点，展现消费亮点，解析消费习惯，研判消费趋势，为政策决策提供参考，为企业经营提供方向，为用户消费提供价值。这本书努力做到“三深”——数据取样深，所有数据均是来自国内较大消费平台的真实、动态、连续数据；数据分析深，汇聚了国内多位专家学者、数据分析师、媒体人的集体智慧；数据挖掘深，不仅聚焦消费端，还关注研发端、生产端、物流端等领域的数据需求，塑造新的核心生产力和核心竞争力。1米宽，1000米深，才能去粗取精，得其精髓。

第三是广度。数据样本没有一定的时间、领域和区域的广度，意义就会大打折扣，甚至会一叶障目。这本书从时间上尽可能地把目光拉长，将消费数据放在更长时间线上来审视，部分消费数据取样前后跨度达到5年之久；从领域上，尽可能把视野打开，通过覆盖面更广、更具代表性的消费领域，展现中国消费的动力、活力和潜力；从区域上，尽可能把格局放大，突破地域、省域限制，以区域性乃至全国性的角度，来研析某一消费行为或消费趋势。

第四是美度。把报纸版面，做成精品乃至收藏品，是有情怀的报人的执念。这本书中所收纳的100个数据版面，是从260多个经济日报数据版中遴选出来的。这些版面颜值高，格调雅，分量重，无论是布局、构图，还是色调、线条，还是能给人以美感，能给人以愉悦的。人们常说，数据是理性且冰冷的。期待这些版面赋予数据以感性与温暖，让更多读者感受中国消费的温度。

四、以前瞻思维，做好消费数据收集分类整理解析等基础性、系统性工作；要以产品思维，根据市场需求打造更多消费数据产品；要以平台思维，集合多方之力促进消费高质量发展。这些事难而正确，要坚持做。惟其艰难，方显勇毅。难而正确的事，要坚持做，直到做出特色，做出成效，不成不休。在这一过程中，也要坚持三个思维

明者远见于未萌。消费数据的价值，已经并将持续深刻地显现。中国拥有14亿人口，4亿多中等收入群体，同时也是世界第二大经济体，有着逾1.6亿市场主体。如此庞大规模、巨大体量、重大影响，其消费数据将是中国经济发展的标志性指标，价值不可小觑。无论是政策制定者，还是生产端、消费端，都能从消费数据中挖掘价值。随着中国经济行稳致远，消费数据的价值和意义必将更加彰显。因此，要有前瞻思维，早谋划，早动手，早推动，扎实地做好消费数据的收集、分类、整理、解析等基础性、系统性工作。这项工作的意义，坚持得越久，就体现得越充分，展现得越明显。我们期待更多同道中人，投身于此，让消费数据研究由点到线、由线到面、由面到体，持续深入，形成体系，进而形成消费数据富矿。

谋事当为长远谋。当前来看，消费数据的产品形态还比较单一，产品架构还比较单薄，产品体系还比较单线。为长远计，要有产品思维，加大对宏观经济数据、行业运行数据、市场主体数据等有价值的数据信息的收集、分类、整理、挖掘，筑牢数据服务根基；要精准对接政府部门、市场主体、研究人员、消费行业从业者数据需求，激发“数据×”效应，赋能数据运营，开发形态更加多元、架构更加完整、体系更加丰富的数据产品，满足日益强烈的各类主体的数据需求。这件事，非一日之功，也要持之以恒。

消费数据价值的挖掘，包含数据生产、数据采集、数据分析、数据呈现等多个环节，是一个系统性工程，需要全方位合力方能完成。以《从这里读懂中国消费——消费为什么能》为例，该书中的数据和版面，就是经济日报坚持“开门办报”“开门办版”，与京东消费及产业发展研究院合作两年多的成果。事实证明，媒体发挥平台优势，聚合多方之力，发挥各方之长，深挖数据之要，激发消费之力，大有可为，也需要长期坚持下去。

党的二十大报告擘画了新征程上中华民族伟大复兴的新蓝图，必将有力推动中国特色社会主义巍巍巨轮乘风破浪、行稳致远。韧性好、潜力足、回旋余地大的中国经济，必将继续创造令世人称赞的新奇迹。作为拉动经济增长的“三驾马车”之一，消费动力将更为强劲，活力定将持续展现，潜力将充分释放。相信，读者们也会得出与我们同样的结论：中国经济一定行！中国消费一定能！

目录
CONTENTS

CHAPTER 1

CONSUMPTION

从这里读懂中国消费

第一章 消费之变

消费有变化　增长有看头

京东消费及产业发展研究院高级研究员　陈　瑶

过去十年，我国经济总量连上新台阶，2013年至2021年，国内生产总值年均增长6.6%，高于同期世界2.6%和发展中经济体3.7%的平均增长水平，同期，我国对世界经济增长的平均贡献率超过30%，居世界第一。

过去十年，我国经济从高速发展向高质量发展迈进，消费也取代投资成为拉动我国经济增长的第一动力。我国需求结构持续优化，消费的基础性作用不断发挥，2021年，最终消费支出对经济增长的贡献率为65.4%，比2012年提高10.0个百分点，是经济增长第一拉动力。

近几年，消费市场的发展日新月异，出现了很多新产品、新应用、新场景。随着生产生活变化，消费者需求在变，消费层面出现了很多新趋势。企业要在适应变化中引领变化，抓住时代的商机。

消费结构全面升级

消费结构变化是消费升级的重要标志。精神消费、健康消费、绿色消费、智能消费、服务消费占比不断增加，代表着消费者对美好生活的向往和追求。消费结构升级意义深远，对产业也具备一定塑造作用，其影响往往具有前瞻性。除了消费大类的改变，细分领域的结构性升级也值得关注。例如，在食品消费中，过去占据大头的米面粮油正在把空间让渡给水果、禽肉蛋奶和蔬菜。居民生活水平显著提升，从吃得饱到吃得好，再到吃得营养健康的趋势愈发明显。

发展型消费和享受型消费是分析消费格局变化的重要衡量标准。数据显示，5年来悦己消费在整体消费中的占比持续提升，表明消费升级速度加快。如何更好挖掘甚至培育消费者的发展型、享受型消费需求，并加以精准满足，已经成为推动消费升级的重要路径模式，也为供给和流通企业带来了拓展市场的商机。

区域消费动能强劲

随着物流和信息服务不断拓展，消费触达的地域范围不断延伸，从一二线城市、地区中心城市到县域农村，更多地区的消费潜力被挖掘出来，地理位置不再是消费提质升级的阻碍，也为高质量消费提供了更加广阔的人群基础。拉动消费，“高地”和“腹地”同样重要，培育消费中心、激活下沉市场需要统筹兼顾。

区域中心城市往往具有很强的消费引领和带动作用，要提升多层次消费供给，营造高品质消费场景，积极发展绿色消费、夜间消费、文创消费等特色消费，创新发展户外经济、定制消费、会展消费等新业态，着力提升区域消费能级，扩大区域性消费中心城市的辐射力、带动力、影响力。要围绕消费升级着力增加优质供给，激发潜在消费能力。要聚焦缓解城市群内发展的不平衡性，遵循城市群发展规律，推动产业空间结构升级，促进区域消费市场协同发展，激活城市群增长新动能。

好服务成就大市场

近年来，服务消费比重日益提升，线上下单，线下享受优质服务成为很多消费者的新习惯。数据显示，服务消费的整体成交额和人均消费额均实现同比大幅增长。同时，服务消费种类愈加多样化、场景进一步细分、消费群体不断壮大，装修监理服务、灯光设计服务、园艺服务等小众服务品类快速增长，核心消费人群从“85后”和“95后”快速向“75后”“65后”等群体渗透，服务消费已渗透到生活的方方面面。

随着消费结构优化升级，服务消费已经成为推动消费升级的重要抓手。未来，消费热点将从商品延伸到服务，再由服务消费反向助推商品消费，从而形成更通畅的消费循环。

以上这些变化，来自消费者实实在在的新需求，表现出了稳健的成长性，形成了促进消费升级的正向循环。扩大内需促进消费是推动经济走向长期稳定增长的关键内生动力。接下来，需要行业和企业继续优化供给、提质扩容，积极培育新产品、新模式、新业态，发掘新的消费增长点，从而进一步发挥我国超大规模市场潜力，不断巩固消费对经济发展的基础性作用。

专家评论

着力扩大消费需求

国务院发展研究中心市场经济研究所原所长　任兴洲

党的二十大报告指出“坚持以推动高质量发展为主题，把实施扩大内需战略同深化供给侧结构性改革有机结合起来，增强国内大循环内生动力和可靠性”。构建新发展格局，主体是畅通国内大循环，战略基点是扩大内需，而扩大内需的关键之一是扩大消费需求。在全面建设社会主义现代化国家的新发展阶段，着力扩大消费需求，对增强国内大循环的内生动力和可靠性具有重要作用和现实意义。

扩大消费对增强国内大循环的内生动力，主要表现在以下几点：

一是内生动力来自于我国巨大消费潜力的持续释放。党的十八大以来，扩内需促消费取得新进展。2019年，我国社会消费品零售总额首次突破40万亿元大关；2020年，我国人均GDP超过1万美元。2021年，全国网上零售额13.1万亿元，比2012年增长9倍，连续9年成为全球最大的网络零售市场……目前，我国已成为全球第二大消费市场，消费结构升级趋势明显，进入了消费发展新阶段。消费的持续增长，对超大规模市场建成和稳定做出了重要贡献，也为构建以国内大循环为主体的新发展格局提供了强大市场支撑。

二是内生动力来自于消费成为经济增长的主要引擎。党的十八大以来，我国坚定实施扩大内需战略，发挥消费对经济循环的牵引带动作用。最终消费支出对经济增长贡献率连续多年超过50%，消费已成为经济稳定运行的压舱石，成为促进经济增长的主要引擎。

三是内生动力来自于消费的强大引导和带动功能。在当今市场条件下，最终消费发挥着引导上游供给、带动产业升级、促进经济结构调整的突出作用。以市场消费需求为导向，带动了上游研发、生产、制造和服务等的全面创新，推动了供给侧结构性改革，进而形成需求牵引供给、供给创造需求，实现供需在更高水平动态平衡的局面。

四是内生动力来自于消费结构的动态发展和不断变化。从消费形态看，温饱型消费相对容易得到满足，但发展型、享受型消费会随着人民对美好生活需求的增长和消费能力的提高，以及供给不断创新而动态发展和持续提升。商品消费是如此，服务消费、文化消费也是如此；传统消费是如此，新兴消费更是如此；物质消费规模和质量在不断提高，精神层面的消费更是没有止境。我国有14亿多人口，消费群体结构在不断变化，年轻消费群体、银发消费群体、母婴消费群体、农村消费群体等，展现出不同的消费偏好。同时，以互联网和电子商务为代表的现代科技和信息技术高度渗透和广泛应用于消费领域，给消费观念、场景、模式带来了新变革。这些变化都为我国消费需求增长提供了持久动力和不竭源泉。

扩大消费对增强国内大循环的可靠性，主要表现在：消费体现的是最终需求，其在生产、分配、流通和消费的国民经济循环中既是落脚点也是起点。党的二十大报告指出，“着力扩大内需，增强消费对经济发展的基础性作用和投资对优化供给结构的关键作用”。消费的基础性作用，不仅表现为它是满足人们对美好生活需求、增强人民福祉的具体体现，也反映在消费推动产业升级、提质增效，进而促进经济增长动力转换的作用。因此，着力扩大消费需求，是保持国民经济健康运行和社会稳定发展的压舱石和稳定器，是新时期增强国内大循环有效性的可靠保证。

市场提质扩容速度加快

京东消费及产业发展研究院高级研究员　董　菲

近年来，我国居民消费规模持续扩大，消费结构逐渐升级，多样化、个性化、品质化的消费趋势愈发明显，消费市场提质扩容速度显著加快。在日益活跃的消费市场背后，蕴藏着巨大的消费高质量发展潜力。

从“刚需型”到“享受型”，消费的内容不断拓展，消费的质量不断提升。消费者的品位与审美水平在提高，消费者对产品的体验越来越重视，高品质越来越受追捧。例如，电器类的洗地机、衣物消毒机、油烟净化器，日用品类的留香珠、洗衣凝珠，运动户外品类的瑜伽装备、各类健身器械等，都已成为消费者“购物车”里的常客。

从量变到质变，消费结构逐步实现了升级与变革，在这一过程中，商家也在不断丰富产品矩阵，布局广阔的产品赛道，在更好满足消费者对美好生活新需求的同时，加速了行业的良性竞争和成长，形成了正向循环。

同时，随着物流和信息服务不断下沉，消费触达的地域范围不断延展，更多地区的消费潜力被挖掘出来，为高质量消费提供了更加广阔的人群基础。数据显示，近3年西藏阿里地区、海南三沙市、新疆昆玉市和喀什地区、甘肃酒泉市等地线上消费年均增长率遥遥领先。在偏远地区建立配送站、启动大件配送业务、布局仓储物流园区……从“不包邮”到“当日达”，高质量商品“走出去”又“走进来”，地理位置不再是消费提质升级的阻碍。

此外，县域农村市场的巨大消费潜力和生产能力也在加速释放。数据显示，2021年底我国现有行政村已实现“村村通宽带”，农村互联网普及率达59.2%，为全面推进乡村振兴、加快农业农村现代化提供了坚实网络支撑。大量社会服务进村入户，农村电商、直播带货蓬勃兴起，乡村旅游、智慧农业快速发展、活力十足。乡村振兴与消费升级成为重塑农产品商业化逻辑的两股关键力量，助推农业产业链供给与市场需求相融合，使得原产地农产品从“土疙瘩”变成了“香饽饽”。县域农村市场正在主动、深入地融入国内大循环，为促消费、稳增长贡献重要力量。

扩大内需促进消费是推动经济走向长期稳定增长的关键内生动力。受疫情反复和经济下行压力影响，提振消费还有很大空间和潜力。接下来，需要行业和企业继续优化供给、提质扩容，积极培育新产品、新模式、新业态，发掘新的消费增长点，从而进一步发挥我国超大规模市场潜力，不断巩固消费对经济发展的基础性作用。

我国有 **14** 亿多人口的超大规模市场，中等收入群体超 **4** 亿人，人均 GDP 已突破 **1** 万美元，消费增长空间巨大

2021 年，全国社会消费品零售总额达到 **44.1** 万亿元，最终消费贡献率达 **65.4**%，比 2012 年提高 **10** 个百分点

经济日报携手京东发布数据——

消费成拉动经济增长主引擎

市场提质扩容速度加快

董 菲

近年来，我国居民消费规模持续扩大，消费结构逐渐升级，多样化、个性化、品质化的消费趋势愈发明显，消费市场提质扩容速度显著加快。在日益活跃的消费市场背后，蕴藏着巨大的消费高质量发展潜力。

从“刚需型”到“享受型”，消费的内容不断拓展，消费的质量不断升级。消费者的品位与审美在提高，对产品的体验越来越重视，高品质越来越受追捧。例如，电器类的洗地机、衣物消毒机、油烟净化器，日用品类的留香珠、洗衣凝珠，运动户外品类的瑜伽装备、各类健身器械等，都已成为消费者“购物车”里的常客。

从量变到质变，消费结构逐步实现了升级与变革，在这一过程中，商家也在不断丰富产品矩阵，布局广阔的产品赛道，在更好满足消费者对美好生活新需求的同时，加速了行业的良性竞争和成长，形成了正向循环。

同时，随着物流和信息服务不断下沉，消费触达的地域范围不断延展，更多地区的消费潜力被挖掘出来，为高质量消费提供了更加广阔的人群基础。数据显示，近3年西藏阿里地区、海南三沙市、新疆昆玉市和喀什地区、甘肃酒泉市等地线上消费年均增长率遥遥领先。在偏远地区建立配送站、启动大件配送业务、布局仓储物流园区……从“不包邮”到“当日达”，高质量商品“走出去”又“走进来”，地理位置不再是消费提质升级的阻碍。

此外，县域农村市场的巨大消费潜力和生产能力也在加速释放。数据显示，去年底我国现有行政村已实现“村村通宽带”，农村互联网普及率达59.2%，为全面推进乡村振兴、加快农业农村现代化提供了坚实网络支撑。大量社会服务进村入户，农村电商、直播带货蓬勃兴起，乡村旅游、智慧农业快速发展、活力十足。乡村振兴与消费升级成为重塑农产品商业化逻辑的两股关键力量，助推农业产业链供给与市场需求相融合，使得原产地农产品从“土疙瘩”变成了“香饽饽”。县域农村市场正在主动、深入地融入国内大循环，为促消费、稳增长贡献重要力量。

扩大内需促进消费是推动经济走向长期稳定增长的关键内生动力。受疫情反复和经济下行压力影响，提振消费还有很大空间和潜力。接下来，需要行业和企业继续优化供给、提质扩容，积极培育新产品、新模式、新业态，发掘新的消费增长点，从而进一步发挥我国超大规模市场潜力，不断巩固消费对经济发展的基础性作用。

（作者系京东消费及产业发展研究院高级研究员）

说数

2019年至2021年成交额年均增长率

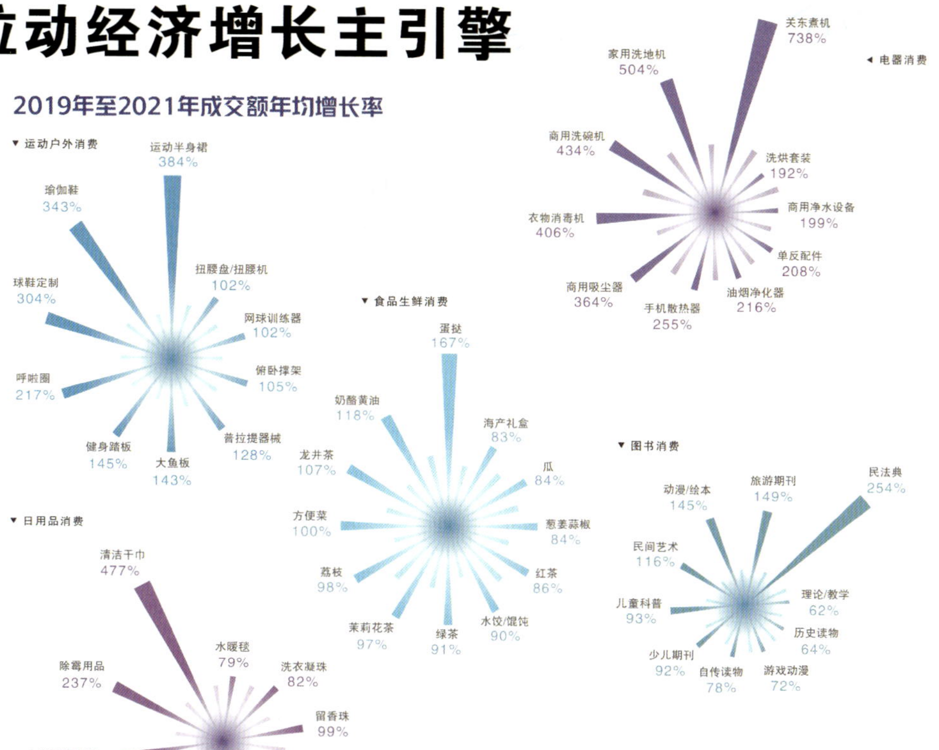

消费助力区域发展

当前，各地积极出台各类促消费政策，多措并举助力区域发展。从数据来看，随着各项政策加快落地，各区域间的发展更加协调，部分经济不发达地区在居民消费的带动下，迎来了快速发展的良机。

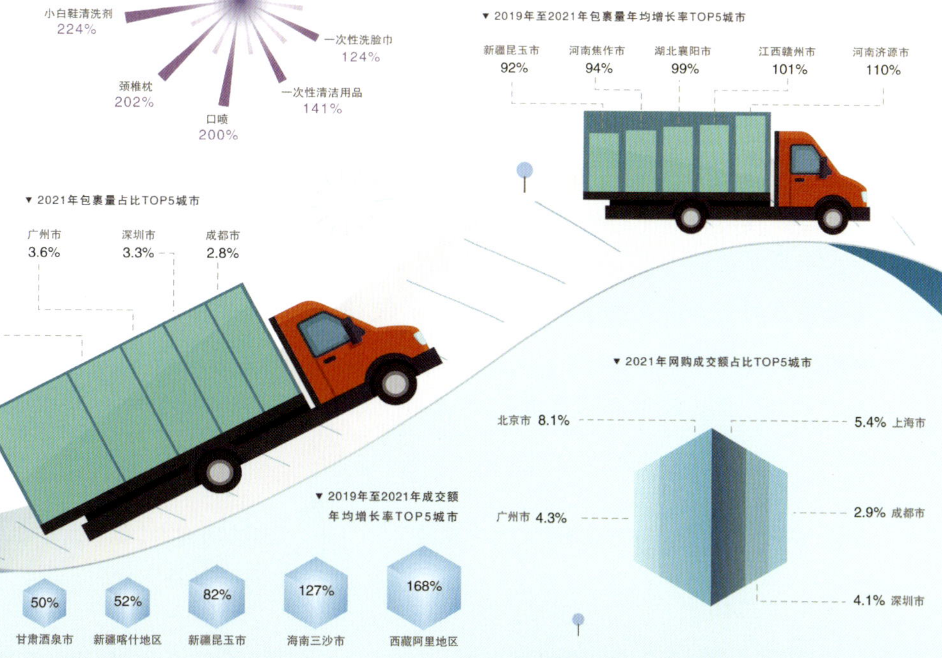

消费助力乡村振兴

助力乡村振兴，不仅要把工厂的商品送到田间地头，还要把田间地头的农特产品送到全国消费者手中。目前，在需求的带动下，各平台正不遗余力地推动高质量农产品上行，帮助越来越多的农户更加有效地对接市场需求，为消费者持续提供优质农产品。

目前，京东物流服务已触达约60万行政村
在全国93%区县、84%乡镇实现当日达和次日达

京东平台在全国运营仓储库总数达1300多个
仓储网络总管理面积约2300万平方米，服务触达约60万行政村

2021年“商品新鲜”“产地直发”“产地直采”“原产地”等相关关键词的评价量快速提升，同比增长超过80%

开发地理标志农产品是发展农业产业化、实现乡村振兴的重要途径。通过商业化运作，使农产品质量口碑提升与消费升级构成正向循环。随着县域农村地区供应链基础设施建设的加快，农产品的现代流通体系逐渐完善。在数字技术加持下，产销两端高效对接，切实保障原产地、产业带的高质量农产品畅销全国。

消费市场提质扩容、消费升级的总体趋势并没有改变，消费者更加重视消费体验，购物便捷度、商品品质、送货速度、品种选择数量等都会成为影响消费决策的关键因素。随着物流服务的不断下沉，更多地区的消费者都能享受到更好的购物体验，下沉市场的线上消费也实现了高速增长。因此，改善消费体验有助于激发消费者的消费热情，释放消费动能。

更多内容 扫码观看

*数据周期：2019年至2021年

数据来源 京东消费及产业发展研究院 本版编辑 李 瞳 林 蔚

消费理念再升级

京东消费及产业发展研究院院长　刘　晖

2021年，消费在国民经济中的重要性进一步凸显。数据显示，2021年全年最终消费支出拉动国内生产总值增长5.3个百分点。值得关注的是，在消费扩容的大潮下，人们对美好生活的不懈追求已成为消费增长的动力源泉。

在家庭消费中，消费者对美好生活的向往体现得更为直接。其中最为明显的是，消费者更愿意为更高品质的食品买单。特别是随着物流和零售设施不断完善，牛奶乳品、水果蔬菜等对供应链服务要求较高的产品，线上销售增速明显加快，并呈现出从一二线城市向下沉市场扩展的态势，体现了越来越多的消费者更加重视商品品质。

此外，悦己风潮在家庭消费群体中持续兴起壮大，表明家庭基本消费需求已得到较好满足，人们开始注重美好生活和品质。

悦己的“内容”已不仅仅局限于数码、美妆等品类。数据显示，近3年来，悦己消费提升最明显的品类集中在健康、教育和本地生活服务。其中，服务消费高速增长意味着消费者愿意用资源换服务，从而拥有更多闲暇时间做自己喜欢的事情；而健康和教育投入的增加，则代表消费者对自身有了更高要求和期待，要成为更好的自己。

悦己消费还呈现出鲜明的文化属性和个性化趋势。例如，国潮消费迎来井喷式增长，越来越多的消费者更加青睐具有中国元素、中国符号的商品；智能消费和绿色消费持续增长，则反映出消费者在追求智慧生活的同时，更愿意选择减少污染、降低能耗的绿色生活方式。

消费品质升级还体现在消费者对健康和功能性的追求上。特别是曾经“小众”的个性、细分需求，正成为更多消费者的普遍追求。例如，“减糖降脂”消费日渐成为主流，低糖低卡、代餐等产品销售增长迅猛，而具备营养美肤、促消化、保持肠道健康类的饮品也成为消费者新宠。

从总体消费趋势来看，无论悦己还是家庭消费，无论绿色还是健康潮流，消费不仅成为人们追求美好生活的重要途径，也为国民经济的发展贡献着越来越重要的价值。

2021年

- 全国网上零售额**13.1万亿元**
- 全国农村网络零售额达**2.05万亿元**
- 同比增长**11.3%**

自2013年以来，我国连续9年成为全球最大的网络零售市场

目前，我国网络零售店铺数超过**2000**万家，全国约有**1/6**的市场主体从事电子商务行业

经济日报携手京东发布数据——

更好满足美好生活需要

消费理念再升级

刘晖

2021年，消费在国民经济中的重要性进一步凸显。数据显示，去年全年最终消费支出拉动国内生产总值增长5.3个百分点。值得关注的是，在消费扩容的大潮下，人们对美好生活的不懈追求已成为消费增长的动力源泉。

在家庭消费中，消费者对美好生活的向往体现得更为直接。其中最为明显的是，消费者更愿意为更高品质的食品买单。特别是随着物流和零售设施不断完善，牛奶乳品、水果蔬菜等对供应链服务要求较高的产品，线上销售增速明显加快，并呈现出从一二线城市向下沉市场扩展的态势，体现了越来越多的消费者更加重视商品品质。

此外，悦己风潮在家庭消费群体中持续兴起壮大，表明家庭基本消费需求已得到较好满足，人们开始注重美好生活和品质。

悦己的“内容”已不仅仅局限于数码、美妆等品类。数据显示，近3年来，悦己消费提升最明显的品类集中在健康、教育和本地生活服务。其中，服务消费高速增长意味着消费者愿意用资源换服务，从而拥有更多闲暇时间做自己喜欢的事情；而健康和教育投入的增加，则代表消费者对自身有了更高要求和期待，要成为更好的自己。

悦己消费还呈现出鲜明的文化属性和个性化趋势。例如，国潮消费迎来井喷式增长，越来越多的消费者更加青睐具有中国元素、中国符号的商品；智能消费和绿色消费持续增长，则反映出消费者在追求智慧生活的同时，更愿意选择减少污染、降低能耗的绿色生活方式。

消费品质升级还体现在消费者对健康和功能性的追求上。特别是曾经“小众”的个性、细分需求，正成为更多消费者的普遍追求。例如，“减糖降脂”消费日渐成为主流，低糖低卡、代餐等产品销售增长迅猛，而具备营养美肤、促消化、保持肠道健康类的饮品也成为消费者新宠。

从总体消费趋势来看，无论悦己还是家庭消费，无论绿色还是健康潮流，消费不仅成为人们追求美好生活的重要途径，也为国民经济的发展贡献着越来越重要的价值。

（作者系京东消费及产业发展研究院院长）

说数

品质消费正当时

2021年生鲜细分品类成交额占比TOP5

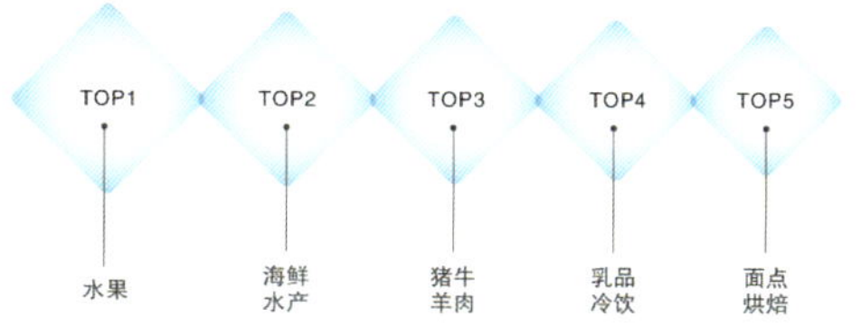

水果成为生鲜类中成交额占比最高的类目，地域属性不断强化

▼2019年至2021年水果细分品类成交额年均增长率

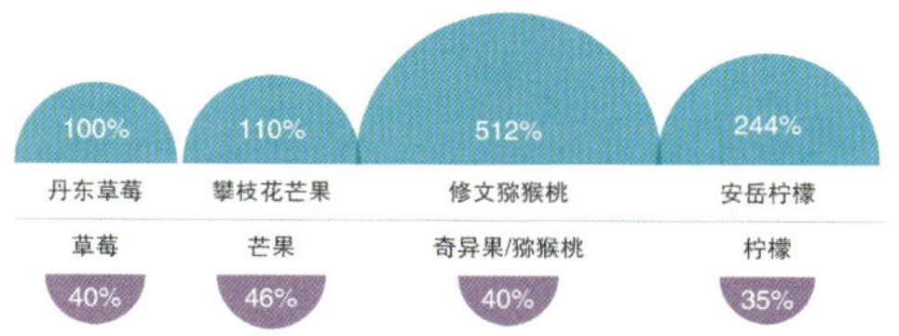

在消费升级驱动之下，消费正从单一的“刚需满足型”逐步向多元化的“消费者价值实现”转型。以消费者购买频率最高的食品生鲜类为例，新鲜和味道好已经不能完全满足“挑剔”的消费者，在果腹的基本功能之外，产品附加价值越来越受关注，无论是对原产地、高端品质还是健康保健功能的强调，都让消费者更愿意为这些附加价值买单。因此，商家要针对这一趋势，在产品研发和营销上共同发力。

2021年食品饮料与生鲜类线上消费均实现持续高速增长

▼2019年至2021年水果细分品类成交额年均增长率

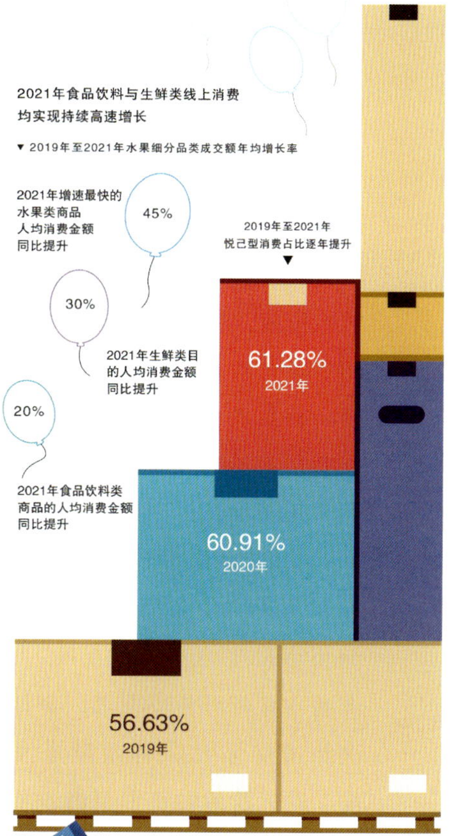

只是解渴好喝已经不能满足消费者对饮品的需求，营养美肤、促消化、保持肠道健康类的饮品正在成为新宠

- “75后”偏好 营养保健类饮品
- “85后”偏好 肠胃消化类饮品
- “95后”偏好 美肤养颜类饮品

消费者饮食越来越讲究，对健康、品质提出更高要求，“减糖降脂”日渐成为主流

▼2021年各品类成交额同比增长

▼2021年各品类成交额同比增长

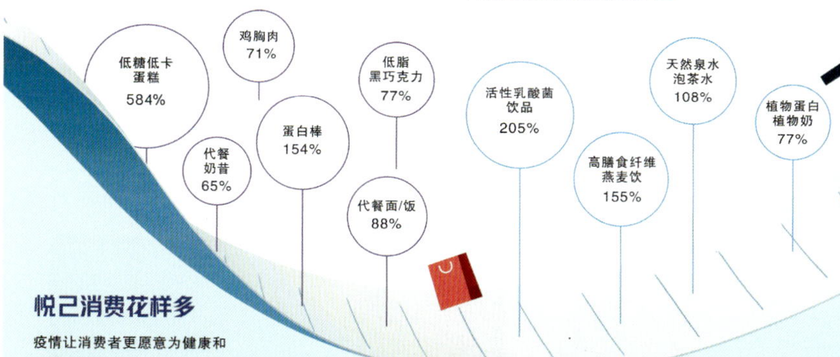

悦己、绿色、智能、国潮、服务等消费理念是人们对于美好生活向往的直接体现，驱动了消费市场的持续提质扩容。然而，这些新型消费理念的内涵和结构也在不断升级，呈现高品质、全品类、多形式等趋势。如国潮消费中，简单的堆叠各种中国元素，已经不能满足文化自信和审美水平不断提升的中国消费者，而那些对于中国美学和文化底蕴有着深刻认知，并且与现代时尚完美结合的设计才能真正赢得中国消费者，乃至全球消费者的喜爱。

悦己消费花样多

疫情让消费者更愿意为健康和生活品质买单

▼2021年悦己消费成交额占比TOP5品类

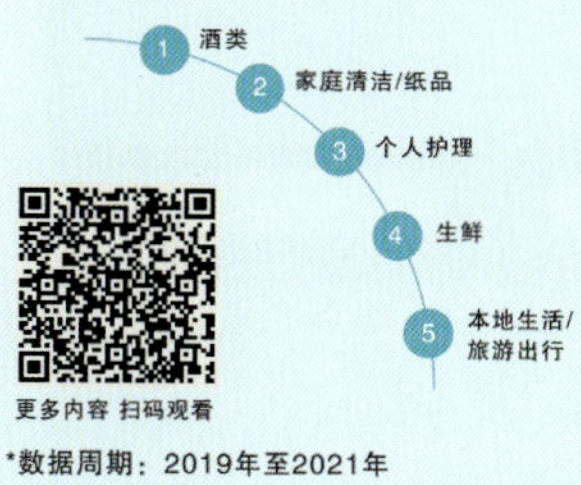

▼2019年至2021年销售额增长最快的品类TOP5

2019年至2021年各类消费均实现快速增长，消费者生活更加新潮、便捷、智能、绿色

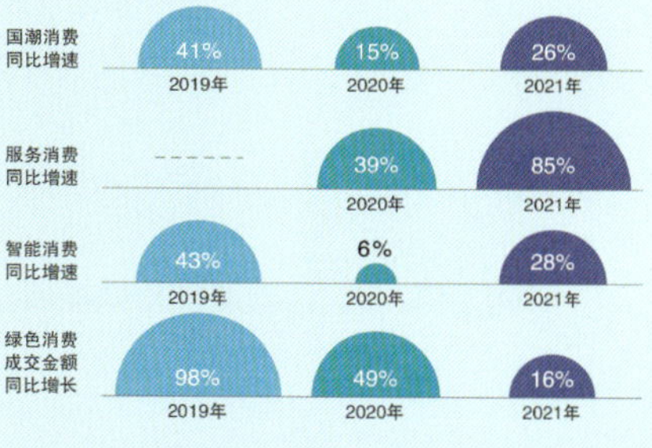

更多内容 扫码观看

*数据周期：2019年至2021年

数据来源 京东消费及产业发展研究院 本版编辑 李瞳 林蔚

推进实体经济融合转型

京东消费及产业发展研究院高级研究员　陆　飞

2021年以来，我国高质量消费需求快速增长，新品消费增长加速，消费者“尝新”意愿明显增强，整个消费市场也随之不断重构。面对新变化，各领域企业正不断拓展思路、加快自我革新速度，推动实体经济同网络智能化加快融合，进一步实现实体经济的转型升级。

首先，打好“智能牌”，加快推动实体经济“上网”。面对当前新形势新要求，要加快推进实体经济转型融合发展，进一步强化技术创新，持续扩大线上线下网络规模，提高流通效率与服务水平，加快为实体经济数字化赋能。

在这一过程中，企业要进一步借力各大平台，让其成为产业上行的最佳航道。一方面，要借助电商平台覆盖面积越来越广的优势，实现产品与全国各级市场快速触达；另一方面，要挖掘和灵活运用数据，持续升级以数据和算力设施为核心的新型数字基础设施，以更加高效的数据算法，实现企业的智能化、数字化升级。

其次，打好“转型牌”，打造实体经济新的增长点。当前，国内市场不断扩容，消费需求持续升级，深入挖掘国内市场潜力已经成为实体企业的必修课。因此，要积极引导企业转型，优化产业模式，改变企业经营结构，推动传统销售方式向新兴业态转变。同时，企业还要不断进行产品更新、技术改进、质量提升、理念转变，顺应市场发展趋势，打造新的增长点。

最后，打好“升级牌”，实现品牌、产品、服务的全面升级。在消费需求的带动下，企业不仅要实现产品质量、性能、款式的升级，还要完成品牌、品类的升级，以及产业链上下游的进一步联通。因此，要持续优化消费端与供给端的成本、效率和体验，提升生产制造端的柔性化能力，从而助力实体经济加快向“数智化”“全链路”和“社会化”方向升级。

未来，随着消费需求加速更新、拓展，新业态、新模式不断迭代，我国居民消费加速向高质量、个性化、多样化方向升级，这将进一步加快实体经济升级速度，从而形成需求牵引供给、供给创造需求的动态平衡。

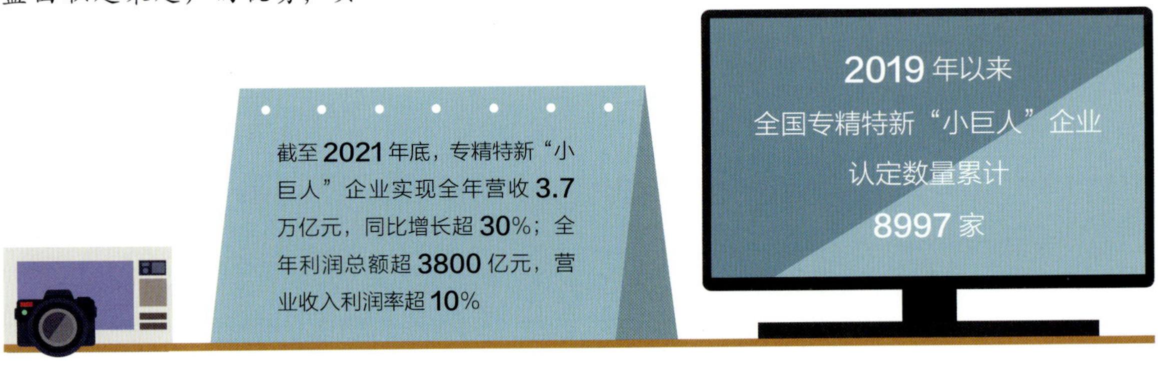

经济日报携手京东发布数据——

消费升级引领产业变革

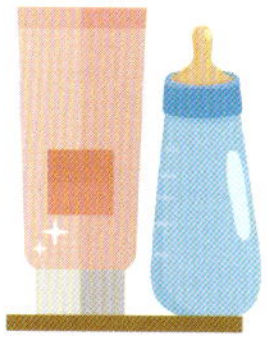

国产化加速产业升级

老字号努力跨界出圈，寻找新的增长点，国货高端化、品质化趋势显现，在一些领域，“中国制造”已领先全球

▼ 2021年国产品牌成交额占比

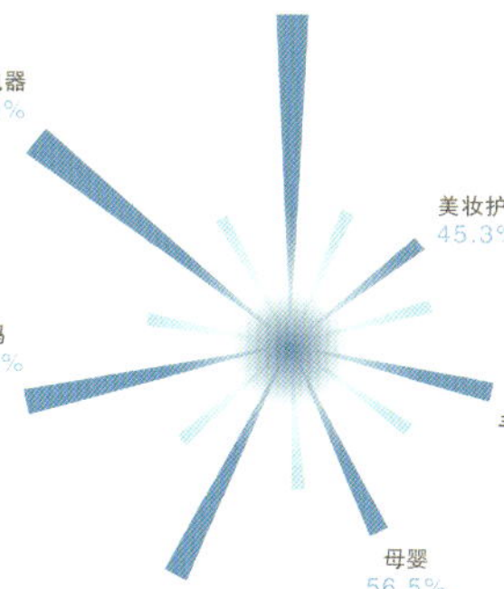

▼ 2021年国产品牌成交额同比增长率

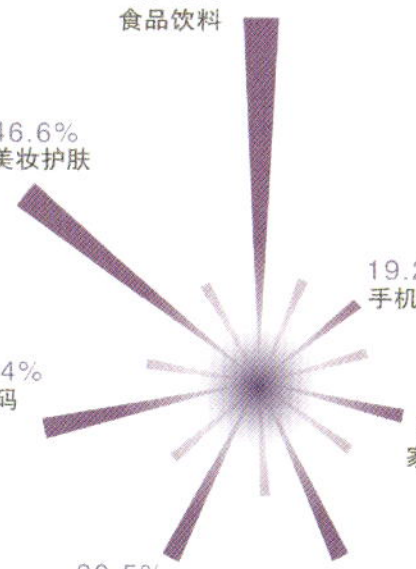

近年来，消费者对中国品牌的认知和信赖度不断提升，国货品牌高端化、品质化趋势明显。对于本土企业来说，这意味着以后可以通过品质来进行良性竞争，而不是只打价格战。建议相关企业抓住蓬勃发展的“后浪”消费、悦己消费、健康消费等趋势，结合国潮消费热，强化品牌建设、提升产品质量，培育出更多受消费者喜爱、有国际竞争力的本土品牌。

推进实体经济融合转型

陆 飞

2021年以来，我国高质量消费需求快速增长，新品消费增长加速，消费者“尝新”意愿明显增强，整个消费市场也随之不断重构。面对新变化，各领域企业正不断拓展思路、加快自我革新速度，推动实体经济同网络智能化加快融合，进一步实现实体经济的转型升级。

首先，打好“智能牌”，加快推动实体经济“上网”。面对当前新形势新要求，要加快推进实体经济转型融合发展，进一步强化技术创新，持续扩大线上线下网络规模，提高流通效率与服务水平，加快为实体经济数字化赋能。

在这一过程中，企业要进一步借力各大平台，让其成为产业上行的最佳航道。一方面，要借助电商平台覆盖面积越来越广的优势，实现产品与全国各级市场快速触达；另一方面，要挖掘和灵活运用数据，持续升级以数据和算力设施为核心的新型数字基础设施，以更加高效的数据算法，实现企业的智能化、数字化升级。

其次，打好“转型牌”，打造实体经济新的增长点。当前，国内市场不断扩容，消费需求持续升级，深入挖掘国内市场潜力已经成为实体企业的必修课。因此，要积极引导企业转型，优化产业模式，改变企业经营结构，推动传统销售方式向新兴业态转变。同时，企业还要不断进行产品更新、技术改进、质量提升、理念转变，顺应市场发展趋势，打造新的增长点。

最后，打好“升级牌”，实现品牌、产品、服务的全面升级。在消费需求的带动下，企业不仅要实现产品质量、性能、款式的升级，还要完成品牌、品类的升级，以及产业链上下游的进一步联通。因此，要持续优化消费端与供给端的成本、效率和体验，提升生产制造端的柔性化能力，从而助力实体经济加快向“数智化”“全链路”和“社会化”方向升级。

未来，随着消费需求加速更新、拓展，新业态、新模式不断迭代，我国居民消费加速向高质量、个性化、多样化方向升级，这将进一步加快实体经济升级速度，从而形成需求牵引供给、供给创造需求的动态平衡。

（作者系京东消费及产业发展研究院高级研究员）

说数

C2M单品贡献利润是非C2M产品的42.9倍

C2M产品需求调研时间减少75%，新品上市周期缩短67%

C2M单品用户数是非C2M产品的11.2倍

C2M业务已累计服务超1200个品牌
未来两年计划服务超10000家品牌及工厂

需求侧推动供给侧效率提升

C2M可以精准触达用户，更懂消费者需求，同时也极大改善了企业的生产效率，提升了单品效能

（C2M：反向定制）

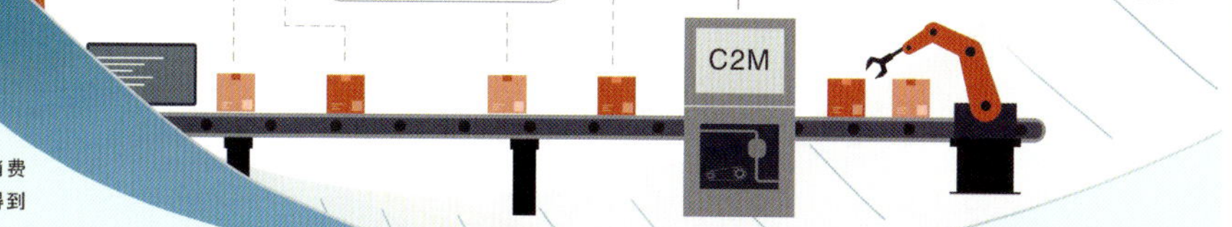

追新求新带动产业升级

新品体现行业创新活力，反映最新消费热点与风口，代表产业升级方向

电脑、手机和数码影音产品是新品占比最高的品类。该品类消费者以年轻人居多，对新品敏感度高，“买新不买旧”的观念得到普遍认同

▼ 2021年各主要品类的新品成交额占比

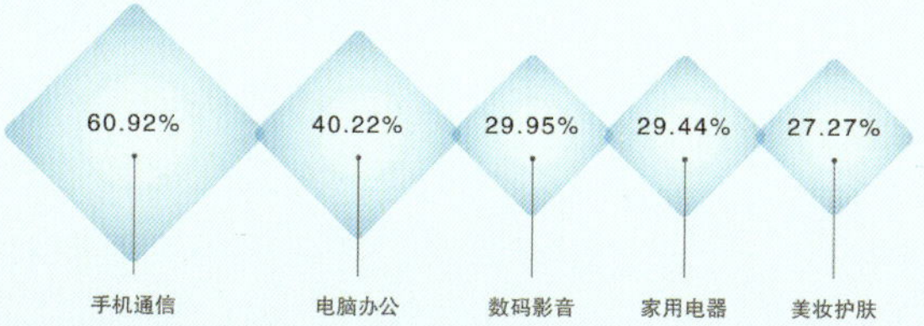

消费者最常购买的新品品类及占比 ▶

新品代表着相关品类市场中最尖端、最先进的部分，其销售增长大幅高于全品类的成长速度。新品增长最快的行业，往往也是消费者最常购买、需求最强的重点品类，是我国制造业技术研发创新更硬核、数智化进程更先进的行业。企业要努力用“新”抓住消费者的“心”，并通过与电商平台紧密合作，更精准洞察和响应消费新需求，继续在产品、供应链和渠道方面创新。

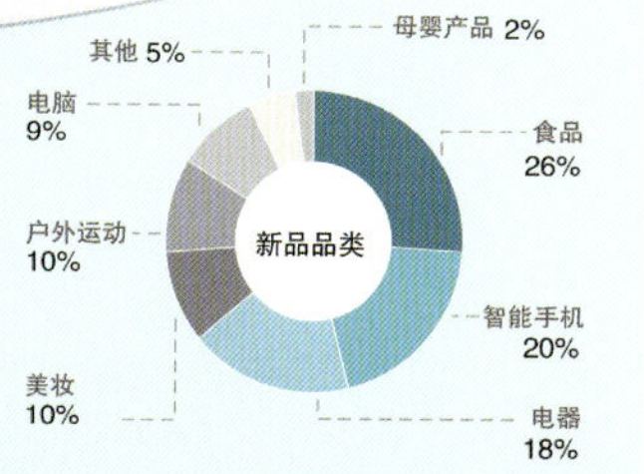

在3C家电品类中，手机、智能设备和生活电器的新品增速较高，代表产业智能化升级趋势的延续，以及“居家场景”消费潜力仍在加速释放

▼ 2021年3C家电商品全品类与新品成交额同比增长倍数对比

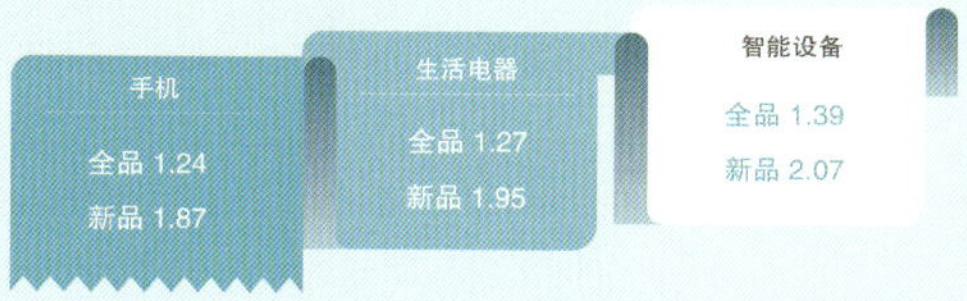

在快消品中，新品消费增速普遍较高，反映出消费者在此领域更倾向于“追新”，其中，饮料、进口食品、母婴产品的增幅最高

▼ 2021年快消品全品类与新品成交额同比增长倍数对比

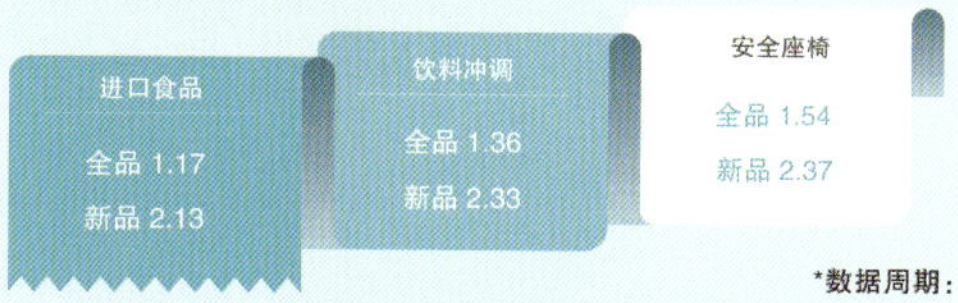

更多内容 扫码观看

*数据周期：2021年

数据来源 京东消费及产业发展研究院 本版编辑 李 瞳 林 蔚

牢牢把握价值创造主线

京东消费及产业发展研究院院长　刘　晖

消费结构变化是消费升级的重要标志。精神消费、健康消费、绿色消费、智能消费、服务消费占比不断增加，代表着消费者对美好生活的向往和追求。

消费结构升级意义深远，对产业也具备一定塑造作用，其影响往往具有前瞻性。例如，精神消费无论是量的增加还是质的提升，都会带来消费群体素质和能力的优化，改变其工作和生活态度，从而进一步带来消费模式和消费能力升级，实现正向循环。而服务消费拓展是成熟消费形态的表现之一，在基本诉求被满足后，消费者愿意为更美好便捷的体验付费，为服务产业带来成长契机。

除了消费大类的改变，细分领域的结构性升级依然是主旋律。例如，在食品消费中，过去占据大头的米面粮油正在把空间让渡给水果、禽肉蛋奶和蔬菜。居民生活水平显著提升，从吃得饱到吃得好，再到吃得营养健康的趋势愈发明显。

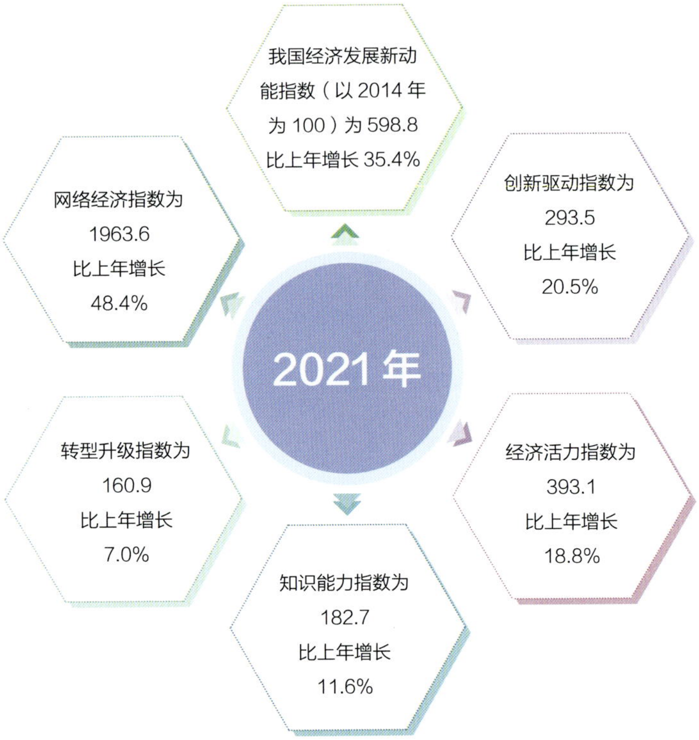

消费结构升级一直是供需两侧相互推动、持续发展的过程。从需求侧来看，升级源于人们对生活最朴素和真实的期待，消费评价也来自于最真实的体验。供给侧必须牢牢把握住价值创造的主线，才能实现长久发展。以智能消费为例，商品丰富度和销售额增长较快的主要是扫地机器人、智能手表、智能家居等商品，这些智能产品都是因满足消费者的需要而诞生，在不断地创新和进化过程中，又引导更多消费者形成了健康、舒适、便捷的生活方式。而那些“为智能而智能”、生硬添加蓝牙或Wi-Fi模块却不解决核心痛点的产品，早已消失在激烈的行业竞争中。

供给侧不但要把自己作为消费需求升级的满足者，更要定位为美好生活的推动者创造者。一方面，要深度挖掘用户潜在需求，另一方面，要积极在技术、设计、服务等领域不断创新，让产品和服务精准引导消费者，适度超前于需求，用扎扎实实的价值引领消费趋势。

经济日报携手京东发布数据——

消费结构升级趋势明显

牢牢把握价值创造主线

刘晖

消费结构变化是消费升级的重要标志。精神消费、健康消费、绿色消费、智能消费、服务消费占比不断增加，代表着消费者对美好生活的向往和追求。

消费结构升级意义深远，对产业也具备一定塑造作用，其影响往往具有前瞻性。例如，精神消费无论是量的增加还是质的提升，都会带来消费群体素质和能力的优化，改变其工作和生活态度，从而进一步带来消费模式和消费能力升级，实现正向循环。而服务消费拓展是成熟消费形态的表现之一，在基本诉求被满足后，消费者愿意为更美好便捷的体验付费，为服务产业带来成长契机。

除了消费大类的改变，细分领域的结构性升级依然是主旋律。例如，在食品消费中，过去占据大头的米面粮油正在把空间让渡给水果、禽肉蛋奶和蔬菜。居民生活水平显著提升，从吃得饱到吃得好，再到吃得营养健康的趋势愈发明显。

消费结构升级一直是供需两侧相互推动、持续发展的过程。从需求侧来看，升级源于人们对生活最朴素和真实的期待，消费评价也来自于最真实的体验。供给侧必须牢牢把握住价值创造的主线，才能实现长久发展。以智能消费为例，商品丰富度和销售额增长较快的主要是扫地机器人、智能手表、智能家居等商品，这些智能产品都是因满足消费者的需要而诞生，在不断的创新和进化过程中，又引导更多消费者形成了健康、舒适、便捷的生活方式。而那些"为智能而智能"、生硬添加蓝牙或Wi-Fi模块却不解决核心痛点的产品，早已消失在激烈的行业竞争中。

供给侧不但要把自己作为消费需求升级的满足者，更要定位为美好生活的推动者创造者。一方面，要深度挖掘用户潜在需求，另一方面，要积极在技术、设计、服务等领域不断创新，让产品和服务精准引导消费者，适度超前于需求，用扎扎实实的价值引领消费趋势。

（作者系京东消费及产业发展研究院院长）

说数

高质量农产品走俏

随着农村地区基础设施不断完善以及物流业快速发展，来自全国各地的高质量农产品让消费者的餐桌实现快速升级

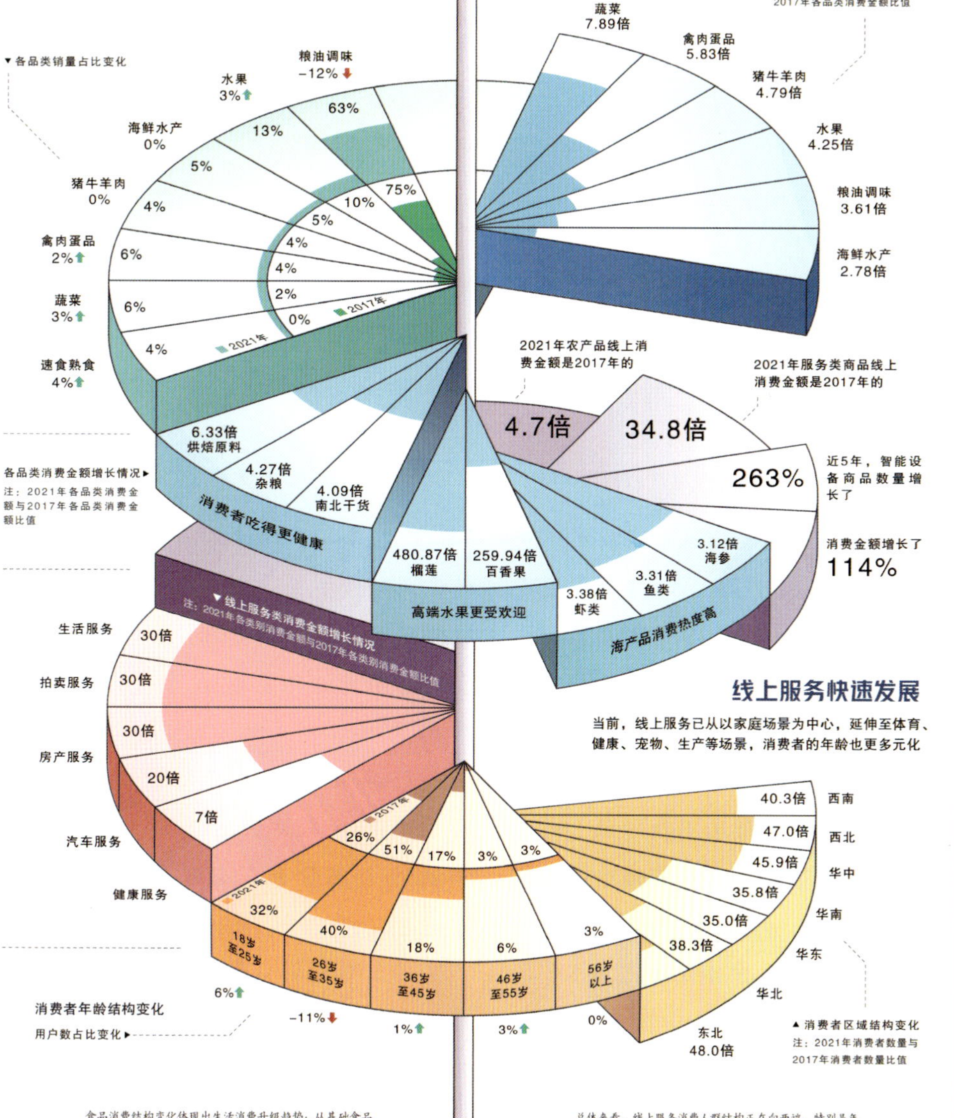

线上服务快速发展

当前，线上服务已从以家庭场景为中心，延伸至体育、健康、宠物、生产等场景，消费者的年龄也更多元化

食品消费结构变化体现出生活消费升级趋势：从基础食品消费向高品质农产品延伸，包括代表优质蛋白质的鱼、牛羊肉、乳制品消费占比增长，榴莲、百香果等高端水果消费增加。这些高品质农产品具备持续增长空间和市场竞争力，相关消费趋势值得企业关注。

总体来看，线上服务消费人群结构正在向两端、特别是年轻人拓展，地域上东北、西北增速更高。相关企业要重视开发新用户，他们往往还没有形成固有线上消费习惯，对于高品质商品、服务和新消费模式有新鲜感。关注经济欠发达地区和年轻群体对服务消费的诉求，会赢得新的市场增量。

智能产品持续热销

近年来，智能产品消费呈现爆发式增长，其用户也不再局限于青年群体，越来越多的中年消费者开始选购智能产品

智能产品从潮流时尚变为生活标配，它们的价值正在被更多用户认可，用户群从年轻人向全年龄段拓展。如何降低使用门槛、优化操作模式，有效提升对消费者健康状态、便捷生活的助力，是智能产品企业在研发、营销方面的着力点。

▼ 近5年各年龄段消费群体的消费金额增速

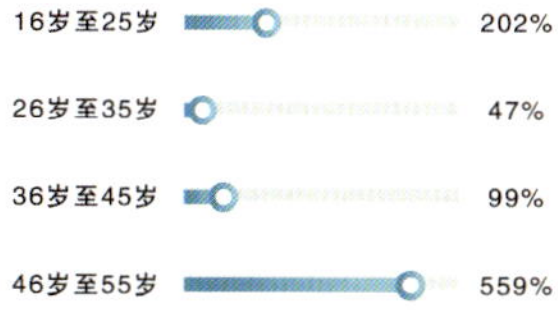

▼ 近5年智能产品数量增长TOP3品类

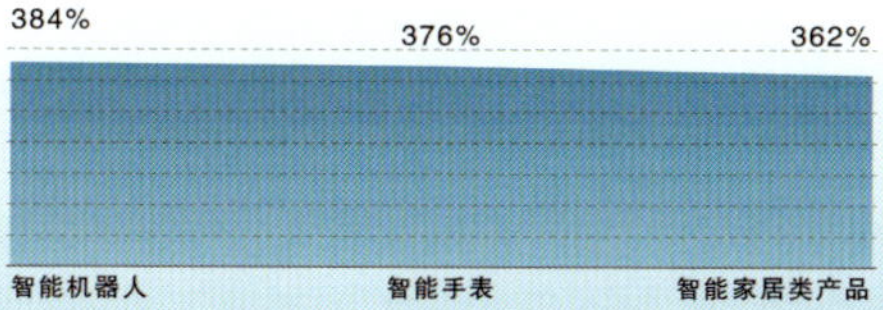

▼ 近5年智能产品消费金额增长TOP3

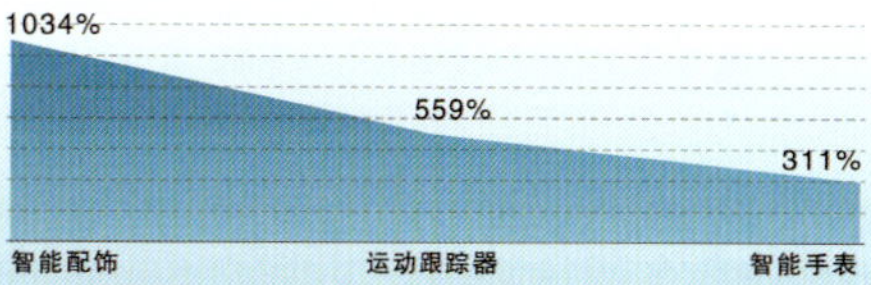

更多内容 扫码观看

数据周期：2017年至2021年

数据来源 京东消费及产业发展研究院 本版编辑 李 瞳 林 蔚

促进消费升级正向循环

京东消费及产业发展研究院院长　刘　晖

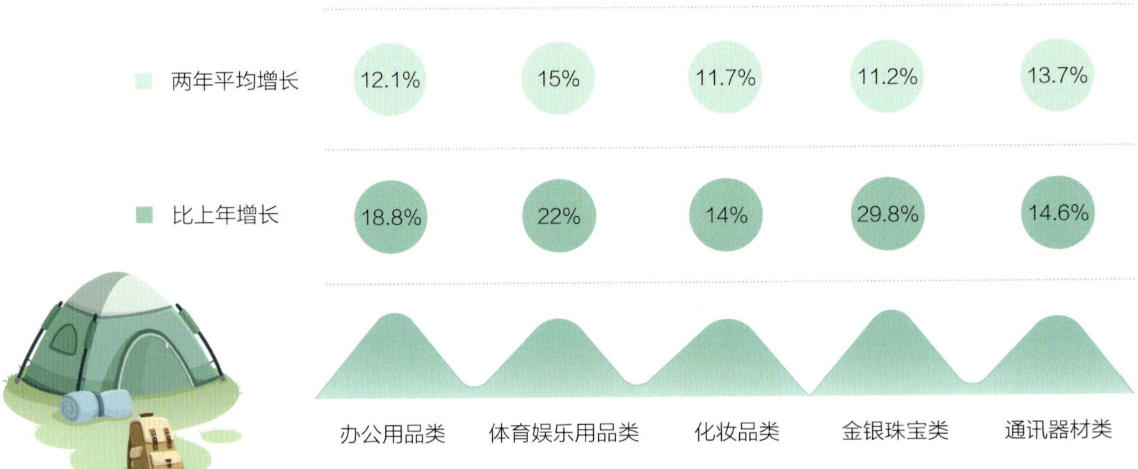

2021 年升级类消费需求持续释放

使用更多绿色、节水的电器和家居产品，享受更丰富便捷的服务，培养更健康的生活方式……线上消费数据显示，中国人正稳步走向美好生活。消费升级是中国经济持续增长、居民消费能力不断增强、制造和服务业稳固发展的结果。其中，来自需求侧的驱动力已成为促进消费升级的重要抓手。

发展型消费和享受型消费是分析消费格局变化的重要衡量标准，特别是以数码、美妆、健康、运动、宠物等品类为代表的悦己消费，只有在消费者的基础生活需求得到充分满足时，才会对健康、爱好和未来进行“投资”。数据显示，5年来悦己消费在整体消费中的占比持续提升，表明消费升级速度加快。如何更好挖掘甚至培育消费者的发展型、享受型消费需求，并加以精准满足，已经成为推动消费升级的重要路径模式，也为供给和流通企业带来了拓展市场的商机。

消费观念转变是消费提质升级的重要驱动力。以健康消费为例，健康消费是2020年以来线上消费占比高速增长的一个板块。居民健康消费需求正在从实物向服务拓展，消费者不仅购买了许多日常保健用的医疗器械，更带动医美、眼科、体检等服务的用户数和消费金额大幅增长。此外，消费者普遍建立起了主动的健康管理意识，消费环节向全流程体验不断拓展。“治已病”的理念被“治未病”所取代，特别是年轻消费者带动基因检测、疫苗等类目高速增长，益生菌、维生素、睡眠改善等品类也备受关注。

这些变化来自消费者实实在在的新需求，它们不是被概念“创造”出来的，因此表现出了稳健的成长性，形成了促进消费升级的正向循环。未来，需要有更多企业真正做到以消费者为中心，不断提升技术创新能力，关注、挖掘、满足甚至培育消费新需求，为进一步畅通国民经济循环提速。

经济日报携手京东发布数据——

居民消费意愿稳步回升

促进消费升级正向循环

刘　晖

使用更多绿色、节水的电器和家居产品，享受更丰富便捷的服务，培养更健康的生活方式……线上消费数据显示，中国人正稳步走向美好生活。消费升级是中国经济持续增长、居民消费能力不断增强、制造和服务业稳固发展的结果。其中，来自需求侧的驱动力已成为促进消费升级的重要抓手。

发展型消费和享受型消费是分析消费格局变化的重要衡量标准，特别是以数码、美妆、健康、运动、宠物等品类为代表的悦己消费，只有在消费者的基础生活需求得到充分满足时，才会对健康、爱好和未来进行“投资”。数据显示，5年来悦己消费在整体消费中的占比持续提升，表明消费升级速度加快。如何更好挖掘甚至培育消费者的发展型、享受型消费需求，并加以精准满足，已经成为推动消费升级的重要路径模式，也为供给和流通企业带来了拓展市场的商机。

消费观念转变是消费提质升级的重要驱动力。以健康消费为例，健康消费是2020年以来线上消费占比高速增长的一个板块。居民健康消费需求正在从实物向服务拓展，消费者不仅购买了许多日常保健用的医疗器械，更带动医美、眼科、体检等服务的用户数和消费金额大幅增长。此外，消费者普遍建立起了主动的健康管理意识，消费环节向全流程体验不断拓展。“治已病”的理念被“治未病”所取代，特别是年轻消费者带动基因检测、疫苗等类目高速增长，益生菌、维生素、睡眠改善等品类也备受关注。

这些变化来自消费者实实在在的新需求，它们不是被概念“创造”出来的，因此表现出了稳健的成长性，形成了促进消费升级的正向循环。未来，需要有更多企业真正做到以消费者为中心，不断提升技术创新能力，关注、挖掘、满足甚至培育消费新需求，为进一步畅通国民经济循环提速。

（作者系京东消费及产业发展研究院院长）

说数

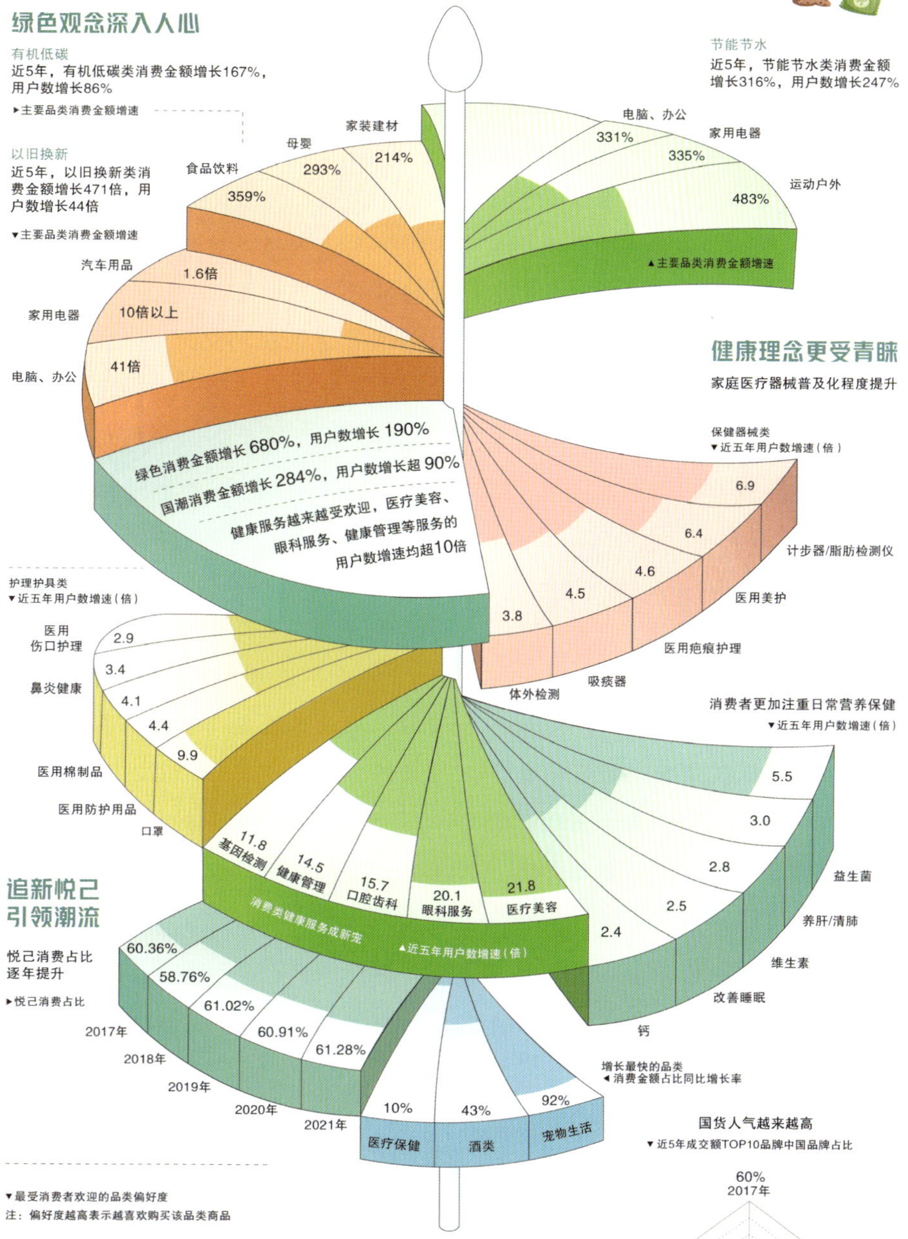

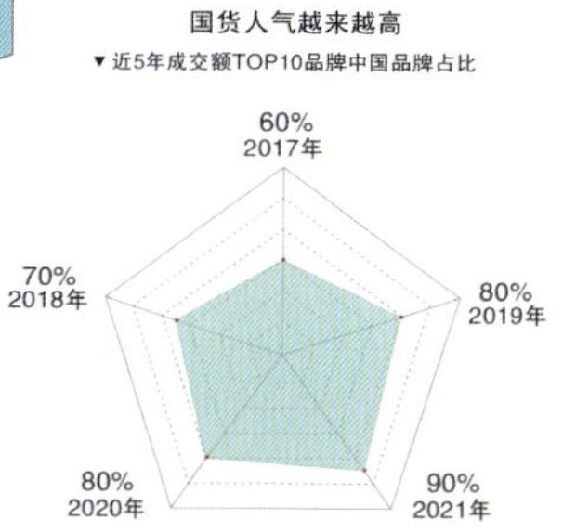

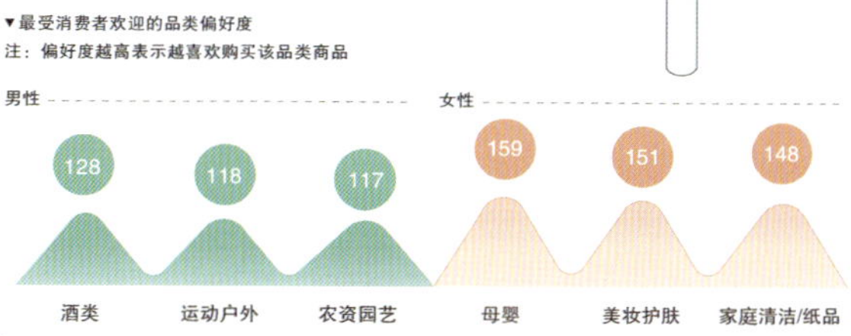

悦己消费是一个很有趣的观察视角，数据显示，男性在满足自身兴趣爱好等方面的消费占比明显高于女性。但值得关注的是，女性的悦己消费比例提升明显，她们在扮演好妻子、母亲等角色之外，也越来越重视由内而外的自身提升。建议更多的企业关注服务于女性个性化、提升性消费需求的产品和服务，不仅仅是美妆、健康，还包括运动、教育等品类。

更多内容 扫码观看

健康消费是消费升级的鲜明代表，也是成长最快的品类之一。值得企业关注的是，整个行业发展趋势呈现出需求细分和产品细分。例如，同样是改善睡眠，消费者选择的方式有很大不同，并催生出了形式多样的产品。建议相关行业的企业持续在自己关注的领域深耕，用功能更加细分、更有针对性的产品和服务建立差异化竞争力。

与生活、健康相关的品类往往是消费升级理念最先得到拓展的领域，其实消费者的诉求非常简单，就是为自己和家庭创造美好生活。因此，对于消费升级的诉求，相关企业要有长期的战略考虑，一步步用扎实的产品和服务赢得消费者信赖，陪伴用户消费升级的全过程。

数据来源　京东消费及产业发展研究院　本版编辑　李　瞳　林　蔚

一块成长的沃土

京东消费及产业发展研究院院长　刘　晖

长江中游区域拥有便捷的交通、丰富的物产、扎实的经济基础，在我国区域发展格局中占有重要地位。从消费维度来看，这里也是一块充满活力的市场。

从消费结构分析，长江中游地区消费升级态势明显，服务、健康、育儿等服务消费快速发展。特别是服务消费增速明显超过实物商品，表明线上消费模式已经从单纯的购物升级为购买、使用、服务的完整体验。

从消费偏好分析，对美好生活的期许始终贯穿于长江中游地区消费者的日常消费之中。湖北消费者对生鲜、宠物生活等线上产品更为青睐，湖南消费者对家装建材和个人护理等产品情有独钟，江西消费者喜爱网购家具和玩具乐器……越来越多的高频消费转移至线上，消费需求持续增加。

从消费群体分析，长江中游地区拥有庞大的年轻消费人群，潜力十足，后劲强大。数据显示，长江中游地区35岁以下消费者占比为56%，特别是16岁至25岁的消费者占比达到24%，显著高于全国平均水平。“95后”们在消费中扮演的角色越来越重要，他们对生活服务、健康管理、教育培训等的偏好度明显高于其他年龄段。“95后”消费群体的鲜明特征，正改变着整个区域消费市场的格局。

从消费品产出分析，丰富的物质资源让长江中游地区成为全国美食基地。以武汉热干面、潜江小龙虾、孝感米酒、常德酱板鸭、衡阳米粉、赣南脐橙等为代表的地方特产早已“出圈”，引得各地消费者食指大动。如蚌埠和郑州成为最爱购买武汉热干面的城市，沈阳消费者购买湖南米粉的成交额同比增长240%，宿迁购买江西拌粉的成交额同比增长4.6倍。

除了高品质地域特色农产品，长江中游地区还有大量工业品上行，例如湖北作为光伏、半导体、医药健康行业的重要基地，相关商品也成为带动当地经济发展的重要动力。一系列龙头企业通过线上零售渠道拥有了更为广阔的发展空间，在搜索榜单中，马应龙、景德镇等关键词经常上榜。

总体来看，在消费提质扩容的大背景下，长江中游地区不仅成为高质量消费的沃土，更通过特色产业推动着消费升级。

经济日报携手京东发布数据——

长江中游三省消费提档升级

一块成长的沃土

刘 晖

长江中游区域拥有便捷的交通、丰富的物产、扎实的经济基础，在我国区域发展格局中占有重要地位。从消费维度来看，这里也是一块充满活力的市场。

从消费结构分析，长江中游地区消费升级态势明显，服务、健康、育儿等服务消费快速发展。特别是服务消费增速明显超过实物商品，表明线上消费模式已经从单纯的购物升级为购买、使用、服务的完整体验。

从消费偏好分析，对美好生活的期许始终贯穿于长江中游地区消费者的日常消费之中。湖北消费者对生鲜、宠物生活等线上产品更为青睐，湖南消费者对家装建材和个人护理等产品情有独钟，江西消费者喜爱网购家具和玩具乐器……越来越多的高频消费转移至线上，消费需求持续增加。

从消费群体分析，长江中游地区拥有庞大的年轻消费人群，潜力十足，后劲强大。数据显示，长江中游地区35岁以下消费者占比为56%，特别是16岁至25岁的消费者占比达到24%，显著高于全国平均水平。“95后”们在消费中扮演的角色越来越重要，他们对生活服务、健康管理、教育培训等的偏好度明显高于其他年龄段。“95后”消费群体的鲜明特征，正改变着整个区域消费市场的格局。

从消费品产出分析，丰富的物质资源让长江中游地区成为全国美食基地。以武汉热干面、潜江小龙虾、孝感米酒、常德酱板鸭、衡阳米粉、赣南脐橙等为代表的地方特产早已“出圈”，引得各地消费者食指大动。如蚌埠和郑州成为最爱购买武汉热干面的城市，沈阳消费者购买湖南米粉的成交额同比增长240%，宿迁购买江西拌粉的成交额同比增长4.6倍。

除了高品质地域特色农产品，长江中游地区还有大量工业品上行，例如湖北作为光伏、半导体、医药健康行业的重要基地，相关商品也成为带动当地经济发展的重要动力。一系列龙头企业通过线上零售渠道拥有了更为广阔的发展空间，在搜索榜单中，马应龙、景德镇等关键词经常上榜。

总体来看，在消费提质扩容的大背景下，长江中游地区不仅成为高质量消费的沃土，更通过特色产业推动着消费升级。

（作者系京东消费及产业发展研究院院长）

说数

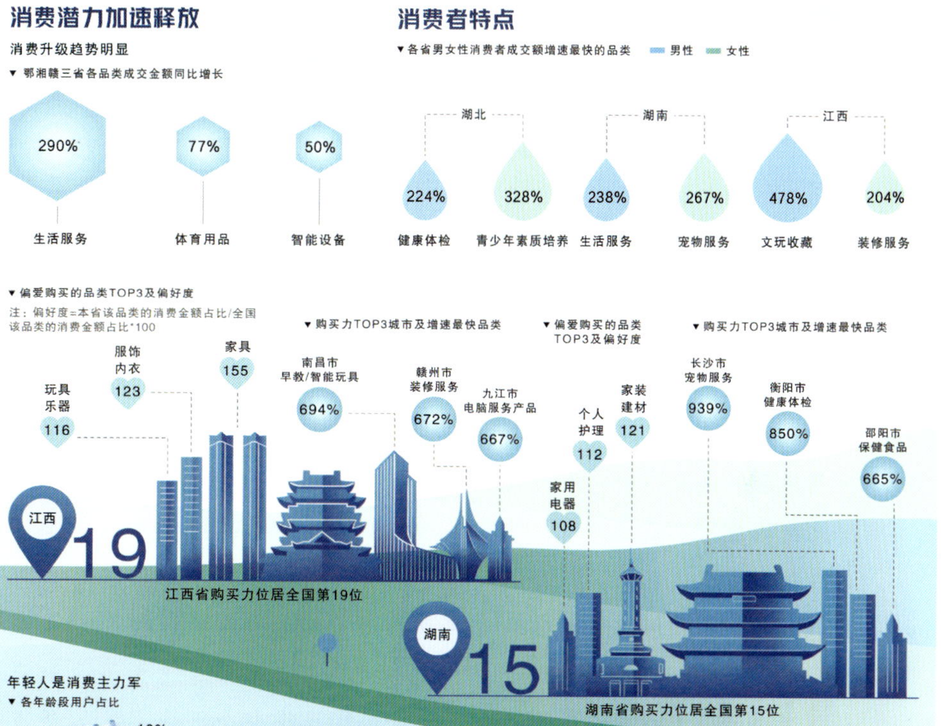

美食热销全国

2021年，长江中游三省以全国5.9%的面积，贡献了全国近11%的经济总量。长江中游三省消费持续恢复，特别是升级类商品销售活跃，不断释放的消费潜力带动了产业向高品质、高端化发展。随着长江中游三省进入抱团发展的新阶段，鄂湘赣优势互补与深度合作后形成的合力，有望推动长江中游城市群整体能级的提升，并助力其成为中国经济增长第五极。

长江中游地区山灵水秀，是全国重要的农产品生产基地。而山水相连、文化同源的湘鄂赣三省，美食特产陆续走出去，深受全国“吃货”青睐。相关企业要树立全产业链思维，结合特色产业生产流程和运作模式，依托长江中游城市群的交通和冷链物流优势，构建高效集中的生产流通体系，让“小特产”成长为大产业。

数据周期：2021年

更多内容 扫码观看

数据来源 京东消费及产业发展研究院 本版编辑 李 瞳 林 蔚

消费潜力不断释放

京东消费及产业发展研究院高级研究员　柴祯祯

中原城市群从位置上集中于华北平原，承接东西，融通南北。作为人口密集、交通区位优势突出的城市群，近年来经济发展迅速，消费潜力不断释放。

首先，中原地区居民消费结构加速升级。随着中原地区居民收入稳定增长，人们对于生活品质有了更高追求，反映在消费上，是医疗、教育、旅游、文娱等服务消费市场愈发火热。同时，消费品质升级还体现在消费者对智能生活的向往，智能配饰、智能手环、无人机的消费快速增长，体现了消费者“智能化”的新兴消费需求，这也为企业开拓新市场、激活市场消费新动能带来了新机遇。

其次，中原文化引领消费新潮。中原地区拥有丰富的文化底蕴，当传统文化与现代发展相互融合，全新的形式与内涵，让中原文化实现了“出圈”，《唐宫夜宴》《龙门金刚》等节目火遍全国，激发出消费者强烈的文化消费意愿。而中原地区国学或历史类图书消费持续提升，折射出消费者对文化的认同与传承。

此外，作为著名“粮仓”，中原地区承担着粮食“压舱石”重任。近年来，中原地区持续推动“藏粮于地，藏粮于技”战略，农业机械化率不断提升，农机化“领跑”全国。未来，中原各地应因地制宜加快推进农业机械化水平，加快发展现代化农业。

依托于便利的交通和区位优势，中原地区农产品加工贸易产业发展迅速，中原特色农产品走上各地消费者的餐桌。农产品加工产业的发展不仅增加了农产品附加值，也进一步助推了农民增收。在带动农副产品增收增值的同时，相关企业需不断延伸产业链、提升价值链。利用自身丰富农产资源，更好延伸食品产业链、提升价值链、打造供应链，是中原地区从“天下粮仓”向“国人餐桌”稳步迈进的必由之路。

中原地区消费活力不断迸发，各种消费新业态和新模式为消费市场及经济高质量增长注入了新动能。未来，企业要围绕消费升级着力增加优质供给，切实迎合消费者的消费升级需求，激发潜在消费能力。同时，应聚焦缓解城市群内发展的不平衡性，遵循城市群发展规律，推动产业空间结构升级，激活城市群增长新动能。

经济日报携手京东发布数据——

中原城市群消费新态势

消费潜力不断释放

柴祯祯

中原城市群从位置上集中于华北平原，承接东西，融通南北。作为人口密集、交通区位优势突出的城市群，近年来经济发展迅速，消费潜力不断释放。

首先，中原地区居民消费结构加速升级。随着中原地区居民收入稳定增长，人们对于生活品质有了更高追求，反映在消费上，是医疗、教育、旅游、文娱等服务消费市场愈发火热。同时，消费品质升级还体现在消费者对智能生活的向往，智能配饰、智能手环、无人机的消费快速增长，体现了消费者"智能化"的新兴消费需求，这也为企业开拓新市场、激活市场消费新动能带来了新机遇。

其次，中原文化引领消费新潮。中原地区拥有丰富的文化底蕴，当传统文化与现代发展相互融合，全新的形式与内涵，让中原文化实现了"出圈"，《唐宫夜宴》《龙门金刚》等节目火遍全国，激发出消费者强烈的文化消费意愿。而中原地区国学或历史类图书消费持续提升，折射出消费者对文化的认同与传承。

此外，作为著名"粮仓"，中原地区承担着粮食"压舱石"重任。近年来，中原地区持续推动"藏粮于地，藏粮于技"战略，农业机械化率不断提升，农机化"领跑"全国。未来，中原各地应因地制宜加快推进农业机械化水平，加快发展现代化农业。

依托于便利的交通和区位优势，中原地区农产品加工贸易产业发展迅速，中原特色农产品走上各地消费者的餐桌。农产品加工产业的发展不仅增加了农产品附加值，也进一步助推了农民增收。在带动农副产品增收增值的同时，相关企业需不断延伸产业链、提升价值链。利用自身丰富农产资源，更好延伸食品产业链、提升价值链、打造供应链，是中原地区从"天下粮仓"向"国人餐桌"稳步迈进的必由之路。

中原地区消费活力不断迸发，各种消费新业态和新模式为消费市场及经济高质量增长注入了新动能。未来，企业要围绕消费升级着力增加优质供给，切实迎合消费者的消费升级需求，激发潜在消费能力。同时，应聚焦缓解城市群内发展的不平衡性，遵循城市群发展规律，推动产业空间结构升级，激活城市群增长新动能。

（作者系京东消费及产业发展研究院高级研究员）

说数

中原消费地域性特征

服务消费增速明显

▼ 成交额同比增速

汽车服务	健康服务	生活服务
233%	127%	102%

生活更智能

▼ 成交额同比增速

智能配饰	智能手环	无人机
820%	362%	120%

文化屡屡"出圈"

▼ 成交额同比增速

历史/国学童书	历史杂志/期刊	史家名著
129%	91%	72%

"中原粮仓"撑稳"中国饭碗"

▼ 成交额同比增速

园林机械	喷雾器	农业机械/工具
170%	163%	161%

中原美食香飘四方

最爱购买中原特产的城市：

▼ 成交额占比

城市	成交额占比
苏州市	14%
徐州市	13%
上海市	13%

中原城市群购买力占比

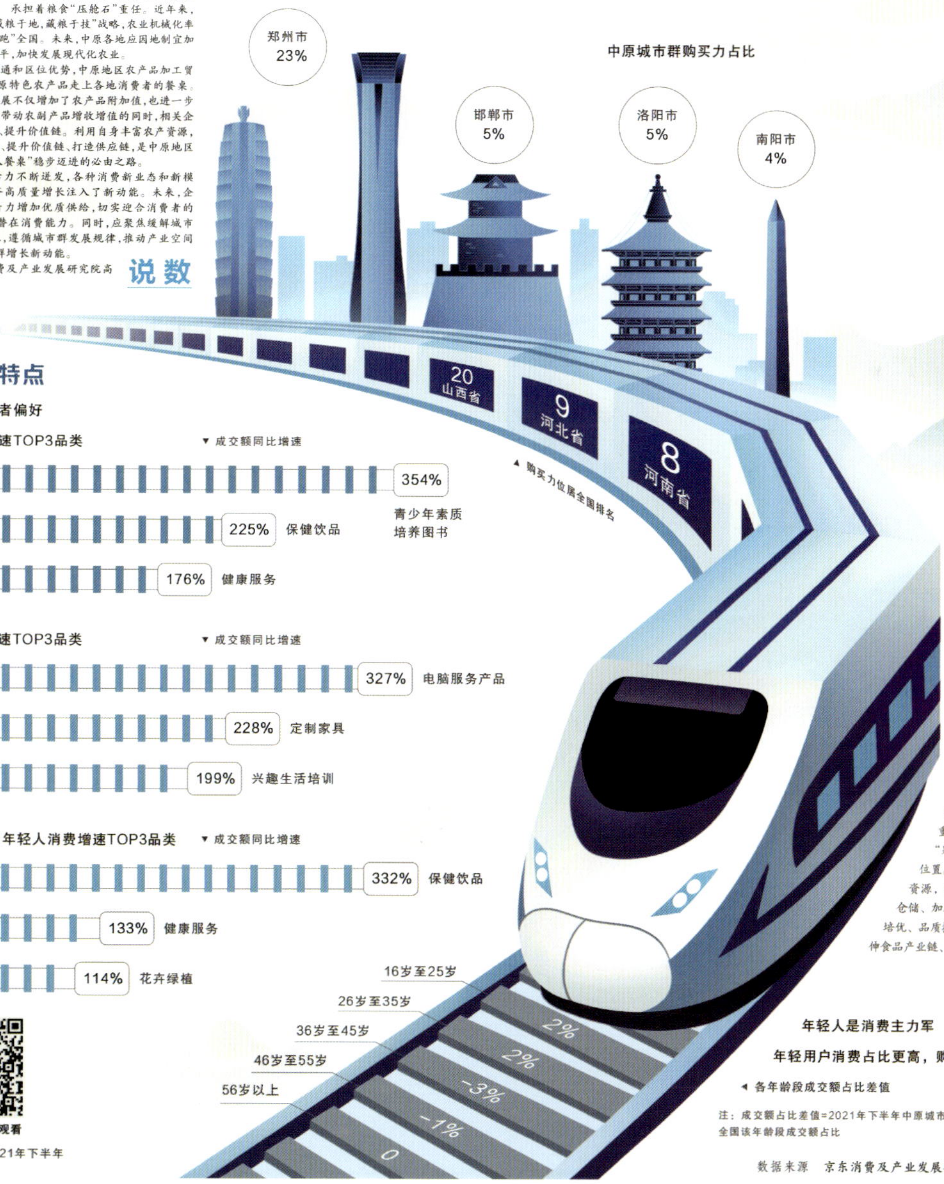

上行热销产品

- 周口五香牛肉
- 道口烧鸡
- 温县铁棍山药
- 逍遥镇胡辣汤

近年来，中原城市群经济结构进一步优化，综合实力明显提升，进而带动消费规模持续扩大。服务消费、智能消费、文化消费等领域增长迅速，整体消费水平进入稳步增长快车道。接下来，应聚焦缓解城市群内发展的不平衡性，发挥好核心城市的辐射带动作用，重点关注非中心城市在消费扩容升级中蕴含的巨大潜能、优化消费结构，激活城市群增长新动能。

中原地区凭借得天独厚的地理环境优势，不仅承担着粮食"压舱石"重任，在保障"米袋子""菜篮子""果盘子"等供给方面也具有举足轻重的位置。接下来，要全方位、多途径开发食物资源，打造多元化食物供给体系，从生产、仓储、加工、销售等各环节全面发力，推动品种培优、品质提升、品牌打造和标准化生产，更好延伸食品产业链、提升价值链、打造供应链。

消费者特点

男女性消费者偏好

女性消费增速TOP3品类 ▼ 成交额同比增速

品类	成交额同比增速
青少年素质培养图书	354%
保健饮品	225%
健康服务	176%

男性消费增速TOP3品类 ▼ 成交额同比增速

品类	成交额同比增速
电脑服务产品	327%
定制家具	228%
兴趣生活培训	199%

16岁至35岁年轻人消费增速TOP3品类 ▼ 成交额同比增速

品类	成交额同比增速
保健饮品	332%
健康服务	133%
花卉绿植	114%

年轻人是消费主力军

年轻用户消费占比更高，购买力更强

◀ 各年龄段成交额占比差值

注：成交额占比差值=2021年下半年中原城市群该年龄段成交额占比-2021年下半年全国该年龄段成交额占比

更多内容 扫码观看

数据周期：2021年下半年

数据来源 京东消费及产业发展研究院 本版编辑 李 瞳 林 蔚

蓝色海湾特色多

京东消费及产业发展研究院高级研究员　柴祯祯

作为西部陆海新通道核心区域和21世纪海上丝绸之路的重要枢纽，北部湾城市群凭借优越的地理位置和丰富的物产资源，近年来发展迅猛，消费市场也在加速扩量提质。

消费升级推动产业结构调整，北部湾临港产业集群初步形成，新兴产业和现代服务业加快发展。与此同时，居民的消费升级呈现出结构化特征，居民医疗服务、生活服务等服务型消费进一步增长，并与北部湾城市建设目标的分层递进格局相匹配。

同时，依托得天独厚的区位优势和自然环境，北部湾城市群的文旅康养产业正在快速壮大。城市间旅游合作紧锣密鼓地展开，也促进了当地消费增长，带动现代服务业发展，为北部湾城市群赋予新动能。

"靠山吃山，靠海吃海"，作为全国最大的热带亚热带农业经济区、全国战略农产品供应保障基地、全国重要的"菜篮子""果盘子"，北部湾立足林、果、蔬、畜、糖、茶、渔等特色资源优势，升级打造了一批优势特色产业集群。北部湾海鸭蛋、横县茉莉花茶、武鸣沃柑等许多特色产品知名度越来越高。品牌兴则产业兴，应进一步延伸产业链、打造供应链、提升价值链，打造一批有竞争力的品牌，促进北部湾地区农业新产业新业态的健康发展。

城市群的形成发展离不开中心城市的溢出效应。与其他城市群相比，北部湾城市群具有规划面积大、城市规模小、城市数量少的特点。作为龙头城市的南宁、湛江和海口在提升城市综合竞争力、扩大辐射带动方面，还有很大潜力，应进一步增强城市之间的向心力，充分发挥城市集聚效应。着眼于提升区域整体竞争力的同时，也要充分发挥各地比较优势，科学定位各城市职能，挖掘区域特质，形成协同发展的格局。

良好的产业基础是经济发展的重要支撑。北部湾地区应积极培育壮大农业产业化龙头企业，推进原料保障、食品加工、物流营销一体化发展，延长农海产品加工链条，构建全链条的海洋产业和现代农业。接下来，应充分发挥北部湾城市群的地域优势，有针对性地集聚产业高端发展要素，打造特色鲜明、布局合理、区域联动的现代产业基地，助力建成生态环境优美、经济充满活力、生活品质优良的蓝色海湾城市群。

2012 年—2021 年
地区生产总值从 **5.7** 万亿元增长至 **12.4** 万亿元
经济总量连续 33 年居全国第一

2012 年—2021 年
生产总值从 **1.13** 万亿元增长至 **2.47** 万亿元

经济日报携手京东发布数据——

北部湾城市群提升竞争力

蓝色海湾特色多

柴祯祯

作为西部陆海新通道核心区域和21世纪海上丝绸之路的重要枢纽，北部湾城市群凭借优越的地理位置和丰富的物产资源，近年来发展迅猛，消费市场也在加速扩量提质。

消费升级推动产业结构调整，北部湾临港产业集群初步形成，新兴产业和现代服务业加快发展。与此同时，居民的消费升级呈现出结构化特征，居民医疗服务、生活服务等服务型消费进一步增长，并与北部湾城市建设目标的分层递进格局相匹配。

同时，依托得天独厚的区位优势和自然环境，北部湾城市群的文旅康养产业正在快速壮大。城市间旅游合作紧锣密鼓地展开，也促进了当地消费增长，带动现代服务业发展，为北部湾城市群赋予新动能。

“靠山吃山，靠海吃海”，作为全国最大的热带亚热带农业经济区、全国战略农产品供应保障基地、全国重要的“菜篮子”“果盘子”，北部湾立足林、果、蔬、畜、糖、茶、渔等特色资源优势，升级打造了一批优势特色产业集群。北部湾海鸭蛋、横县茉莉花茶、武鸣沃柑等许多特色产品知名度越来越高。品牌兴则产业兴，应进一步延伸产业链、打造供应链、提升价值链，打造一批有竞争力的品牌，促进北部湾地区农业新产业新业态的健康发展。

城市群的形成发展离不开中心城市的溢出效应。与其他城市群相比，北部湾城市群具有规划面积大、城市规模小、城市数量少的特点。作为龙头城市的南宁、湛江和海口在提升城市综合竞争力、扩大辐射带动方面，还有很大潜力，应进一步增强城市之间的向心力，充分发挥城市集聚效应。着眼于提升区域整体竞争力的同时，也要充分发挥各地比较优势，科学定位各城市职能，挖掘区域特质，形成协同发展的格局。

良好的产业基础是经济发展的重要支撑。北部湾地区应积极培育壮大农业产业化龙头企业，推进原料保障、食品加工、物流营销一体化发展，延长农海产品加工链条，构建全链条的海洋产业和现代农业。接下来，应充分发挥北部湾城市群的地域优势，有针对性地集聚产业高端发展要素，打造特色鲜明、布局合理、区域联动的现代产业基地，助力建成生态环境优美、经济充满活力、生活品质优良的蓝色海湾城市群。

（作者系京东消费及产业发展研究院高级研究员）

说数

主要城市购买力

▼北部湾城市群购买力TOP5城市成交额占比

南宁市	湛江市	茂名市	海口市	玉林市
28%	14%	13%	12%	8%

北部湾城市群坐拥我国南部最大港湾，近年来发展活力日渐显现，经济实力不断增强。其中，南宁与周边城市同城化水平显著提升，海口、湛江城市功能和辐射带动作用明显增强，向海经济加快发展。各城市布局向海经济应充分考虑区域的异质性，发挥地缘优势。

消费特色

积极发展生态康养，2021年医疗健康服务整体成交额同比增长239%

▼2021年医疗健康服务品类成交额同比增长率

医疗美容	基因检测	健康体检
439%	212%	183%

服务消费增长明显，2021年本地生活/旅游出行成交额同比增长139%

▼2021年服务消费品类成交额同比增长率

生活缴费	旅游度假	演出票务
347%	226%	113%

“靠海吃海”，海鲜水产受喜爱

▼2021年海鲜水产品类成交额同比增长率　注：其他水产主要包括甲鱼、牛蛙和海胆等

其他水产	海产礼盒	海鲜制品
293%	135%	123%

产水果也爱水果，水果消费增长明显

▼2021年水果品类成交额同比增长率

柚子	芒果	椰青
254%	127%	105%

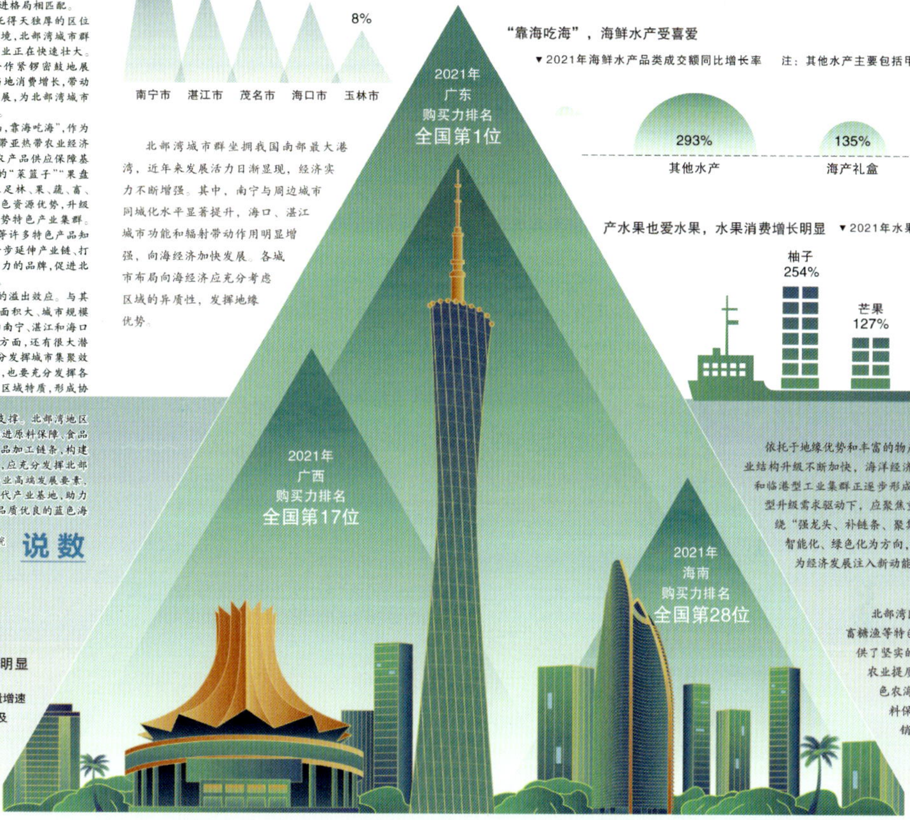

依托于地缘优势和丰富的物产资源，北部湾消费和产业结构升级不断加快，海洋经济、休闲旅游等特色产业和临港型工业集群正逐步形成。在产业结构调整和转型升级需求驱动下，应聚焦重点产业和关键环节，围绕“强龙头、补链条、聚集群”，以产业高端化、智能化、绿色化为方向，着力打造优势产业链，为经济发展注入新动能。

北部湾因海而生，丰富的林果蔬畜糖渔等特色资源为特色农业发展提供了坚实的资源保障。为加快特色农业提质升级，应进一步发展特色农海产品加工集群，推进原料保障、食品加工、物流营销一体化发展，培育一批农海产品加工龙头企业和区域特色品牌，构建全链条的高质量现代农业。

上行产品

北部湾特产在全国销量增长明显

▼2021年北部湾销量增速TOP3特产品类及销量同比增长率

禽肉蛋品	海鲜水产	茗茶
547%	346%	309%

▸城市成交额占比

2021年北部湾海鸭蛋成交额TOP5城市

北京市	广州市	沈阳市	深圳市	天津市
13%	4%	3%	3%	3%

2021年横县茉莉花茶成交额TOP5城市

北京市	天津市	济南市	广州市	青岛市
18%	6%	3%	2%	2%

2021年武鸣沃柑成交额TOP5城市

北京市	保定市	南宁市	武汉市	佛山市
10%	8%	6%	5%	5%

绿色农产品受欢迎

▸2021年最受欢迎的北部湾特产

北部湾红树林海鸭蛋　横县茉莉花茶　武鸣沃柑

▸城市销量增速

2021年北部湾海鸭蛋销量增长TOP5城市

洛阳市	郑州市	开封市	黄冈市	北京市
380%	201%	192%	104%	83%

2021年横县茉莉花茶销量增长TOP5城市

北京市	广州市	重庆市	深圳市	天津市
790%	266%	248%	189%	148%

2021年武鸣沃柑销量增长TOP5城市

武汉市	南昌市	扬州市	南京市	郑州市
2659%	743%	458%	401%	357%

更多内容 扫码观看

数据周期：2021年

数据来源　京东消费及产业发展研究院　本版编辑　李　瞳　林　蔚

高品质撬动大市场

京东消费及产业发展研究院院长　刘　晖

作为传统的鱼米之乡，江苏是经济大省，也是农业大省、产粮大省。近年来，江苏着力守底线、补短板、扬优势，农业高质量、可持续发展的趋势愈发明显，鱼米之乡呈现出繁荣向好的新图景。

数据显示，近年来，江苏线上农产品消费占比迅速增加。物流基础设施建设进一步完善，越来越多的江苏农产品品牌快速行销全国。线上高速增长还体现在充分利用互联网技术和渠道上，江苏政府和企业抓住了数字技术带来的新机会。例如，宿迁政府和龙头企业携手打造大闸蟹产业链，不仅形成了大闸蟹标准化养殖体系，还通过线上线下全渠道精准营销，实现了消费者的广泛认可。

同时，从上行农产品的品类结构来看，近年来江苏上行农产品中水果占比有所降低，但速食熟食品类消费占比明显增加。例如，盐水鸭、小龙虾等深加工农产品赢得了消费者青睐，销量持续增长。与初级加工农产品相比，深加工农产品可以形成更好的品牌形象和更持久的竞争力，创造更大的经济价值，带动当地产业升级。江苏深加工农产品的热销，说明产业带实现长足发展，产业链得到进一步延伸。此外，江苏地理标志农产品总量规模居全国领先位置，苏米、苏鱼、苏菜、苏猪、苏禽五大主导产业“百花齐放”。

随着生鲜食品线上采购量持续增加，消费者对商品和服务质量提出了更高要求。相关部门和企业要严把质量关，通过种植养殖标准建立和体系管理，提升农产品品质；扩展深加工农产品规模，打造地域品牌；采用先进数字技术，携手新型消费渠道拓展农产品市场……以品质增强客户黏性，以质量开拓发展空间，这样才能在市场上走得更稳更远。

江苏

收入　2012—2021 年，居民人均可支配收入从 2.24 万元提升至 **4.75** 万元，累计增长 **1.12** 倍，年均增长 **8.7**%

粮食　粮食总产连续 8 年稳定在 **700** 亿斤以上，2021 年粮食总产达到 **749.2** 亿斤，创历史新高

农田　2021 年，江苏全省新建高标准农田 **390** 万亩，农作物耕种收综合机械化率超过 **83**%，比全国平均水平高近 **11** 个百分点

经营　新型农业经营主体达 **23** 万个

经济日报携手京东发布数据——

鱼米之乡新图景

高品质撬动大市场

刘晖

作为传统的鱼米之乡，江苏是经济大省，也是农业大省、产粮大省。近年来，江苏着力守底线、补短板、扬优势，农业高质量、可持续发展的趋势愈发明显，鱼米之乡呈现出繁荣向好的新图景。

数据显示，近年来，江苏线上农产品消费占比迅速增加。物流基础设施建设进一步完善，越来越多的江苏农产品品牌快速行销全国。线上高速增长还体现在充分利用互联网技术和渠道上，江苏政府和企业抓住了数字技术带来的新机会。例如，宿迁政府和龙头企业携手打造大闸蟹产业链，不仅形成了大闸蟹标准化养殖体系，还通过线上线下全渠道精准营销，实现了消费者的广泛认可。

同时，从上行农产品的品类结构来看，近年来江苏上行农产品中水果占比有所降低，但速食熟食品类消费占比明显增加。例如，盐水鸭、小龙虾等深加工农产品赢得了消费者青睐，销量持续增长。与初级加工农产品相比，深加工农产品可以形成更好的品牌形象和更持久的竞争力，创造更大的经济价值，带动当地产业升级。江苏深加工农产品的热销，说明产业带实现长足发展，产业链得到进一步延伸。此外，江苏地理标志农产品总量规模居全国领先位置，苏米、苏鱼、苏菜、苏猪、苏禽五大主导产业“百花齐放”。

随着生鲜食品线上采购量持续增加，消费者对商品和服务质量提出了更高要求。相关部门和企业要严把质量关，通过种植养殖标准建立和体系管理，提升农产品品质；扩展深加工农产品规模，打造地域品牌；采用先进数字技术，携手新型消费渠道拓展农产品市场……以品质增强客户黏性，以质量开拓发展空间，这样才能在市场上走得更稳更远。

（作者系京东消费及产业发展研究院院长）

说数

总体消费情况

江苏被誉为鱼米之乡，在全国范围内，江苏农产品无论是关注度还是销量均名列前茅

▼ 近5年，加工农产品成交额年均增长情况

133% 熟食
120% 白茶
110% 饼干蛋糕
104% 养生茶
98% 调味品

近5年，初级农产品成交额年均增长情况

31% 蟹类
40% 鱼类
207% 鸭肉

今年上半年，搜索量同比增长率排名

江苏农产品 57%
云南农产品 53%
河南农产品 35%
青海农产品 34%
黑龙江农产品 33%

2022年上半年，最受欢迎的江苏农产品

苏北大米
盐水鸭
云雾茶
高邮松花蛋
东山白玉枇杷
大闸蟹
手工云片糕
江苏小龙虾
葱油拌面酱
淮安蒿沟捆蹄

热搜关键词：

江苏特产
盐水鸭
江苏大米
捆蹄
涟水鸡糕

消费结构变化

近年来，江苏农产品线上销售成绩喜人。上海、北京、广东等地消费者是江苏农产品的忠实拥趸

▼ 各省份购买江苏农产品金额占比变化

2018年上半年		2022年上半年
13%	江苏	25%
16%	上海	12%
15%	北京	9%
11%	广东	8%
5%	山东	6%
40%	其他	40%

云南、江西、安徽等地的江苏农产品线上销售显著增长

▼ 消费金额增长情况

分省份看：

江苏增长 4.3倍
云南增长 3.5倍
江西增长 3.0倍
新疆增长 3.0倍
安徽增长 3.0倍

分区域看：

一线城市增长 1.5倍
二线城市增长 2.1倍
三线城市增长 2.3倍
四线城市增长 3.7倍
下沉市场增长 4.7倍

分人群看：

16岁至25岁人群消费金额增长 1.4倍
26岁至35岁人群消费金额增长 1.2倍
36岁至45岁人群消费金额增长 2.7倍
46岁至55岁人群消费金额增长 8.6倍
56岁以上人群消费金额增长 2.4倍

（注：2022年上半年与2018年上半年相比）

▼ 农产品成交额占比变化

	2021年上半年	2022年上半年
蔬菜	3%	7%
海鲜水产	8%	7%
禽肉蛋品	13%	10%
水果	43%	16%
速食熟食	31%	59%

近年来，江苏农产品在经济发达地区销售增长迅速，本地消费占比也持续提升。生产高质量农产品可以有效增加农民收入，还能锁定一批忠实消费者，实现稳定增长。建议农产品企业坚持质量第一，用品质获取更大市场。

具有江苏地理标识的农产品是全国消费者餐桌的常客，这些农产品以地理标识为品牌，创造了巨大经济价值，需要政府和企业精心呵护。接下来，应进一步完善地标农产品标准，规范地理标识适用范围，帮助地标产品积累长期价值，打造持久的金字招牌。

更多内容 扫码观看

数据周期：2022年上半年

数据来源　京东消费及产业发展研究院　本版编辑　李　瞳　林　蔚

“享服”成消费升级重要路径

京东消费及产业发展研究院院长　刘　晖

近年来，服务消费比重日益提升，线上下单，线下享受优质服务成为很多消费者的习惯。数据显示，2021年，服务消费的整体成交额同比增长超过85%，人均消费额同比增长超1.5倍。与此同时，服务消费种类愈加多样化、场景进一步细分、消费群体不断壮大，装修监理服务、灯光设计服务、园艺服务等小众服务品类快速增长，核心消费人群从“85后”和“95后”快速向“75后”用户渗透，服务消费已渗透到生活的方方面面。

服务消费面临数字化升级契机。在生产侧，与互联网深度融合能让服务消费进一步走向标准化、规范化，迅速提升消费者触达能力，形成质量评估、反向定制等增长机会。在消费侧，互联网带来了公平的价格、评价等有效信息，能让消费者免于“踩坑”，有利于打造公正透明的市场环境，推动服务行业高质量可持续发展，避免劣币驱逐良币的情况出现。

从服务品类结构拓展来看，有一个有趣的现象：此前，大部分服务都与实物商品紧密相关，如维修、搬运、安装，往往源于用户的“硬需求”；现在，大量“纯服务”品类则迎来高速增长，如家政、美容、运动服务等。无论是时间或精力的节省，还是更美好的体验，带来的都是生活的享受。因此，在服务消费领域出现了一个新的消费趋势——“享服”，即充分享受服务带来的便利和价值。

从服务消费群体拓展来看，“享服”是一种能力。数据显示，作为互联网原住民，年轻人更重视完整的消费和服务体验。16岁至35岁的年轻人成为服务消费核心人群，占比超过七成。而银发族的购物车里，大多还是实物商品，为内容、服务这些“摸不着的东西”付费，他们还不太习惯。

而年轻人对服务体验的关注度要超过价格。因此，年轻消费者对购物延伸出的送货、安装、使用、维护等流程有着明确的预期，他们更愿意为好的服务付费。与此同时，服务消费正加速向“75后”用户渗透，京东上46岁至55岁的服务消费用户同比增长36%。这其中，年轻人起到了非常重要的作用，比如，在母亲节前，以家政为代表的服务被很多年轻人当作礼物送给长辈，良好的体验会让银发族重新看待服务的价值，从而渐渐形成服务消费习惯。

总之，随着消费结构优化升级，服务消费已经成为推动消费升级的重要抓手。未来，消费热点将从商品延伸到服务，再由服务消费反向助推商品消费，从而形成更通畅的消费循环。

2012—2021

我国服务业增加值从 **244856** 亿元增长至 **609680** 亿元，按不变价计算，2013 年至 2021 年年均增长 **7.4**%

2013—2021

服务业就业人员累计增加 **8375** 万人，年均增长 **3.0**%

经济日报携手京东发布数据——

好服务成就大市场

“享服”成消费升级重要路径

刘 晖

近年来，服务消费比重日益提升，线上下单，线下享受优质服务成为很多消费者的习惯。数据显示，2021年，服务消费的整体成交额同比增长超过85%，人均消费额同比增长超1.5倍。与此同时，服务消费种类愈加多样化、场景进一步细分、消费群体不断壮大，装修监理服务、灯光设计服务、园艺服务等小众服务品类快速增长，核心消费人群从“85后”和“95后”快速向“75后”用户渗透，服务消费已渗透到生活的方方面面。

服务消费面临数字化升级契机。在生产侧，与互联网深度融合能让服务消费进一步走向标准化、规范化，迅速提升消费者触达能力，形成质量评估、反向定制等增长机会。在消费侧，互联网带来了公平的价格、评价等有效信息，能让消费者免于“踩坑”，有利于打造公正透明的市场环境，推动服务行业高质量可持续发展，避免劣币驱逐良币的情况出现。

从服务品类结构拓展来看，有一个有趣的现象：此前，大部分服务都与实物商品紧密相关，如维修、搬运、安装，往往源于用户的“硬需求”；现在，大量“纯服务”品类则迎来高速增长，如家政、美容、运动服务等。无论是时间或精力的节省，还是更美好的体验，带来的都是生活的享受。因此，在服务消费领域出现了一个新的消费趋势——“享服”，即充分享受服务带来的便利和价值。

从服务消费群体拓展来看，“享服”是一种能力。数据显示，作为互联网原住民，年轻人更重视完整的消费和服务体验。16岁至35岁的年轻人成为服务消费核心人群，占比超过七成。而银发族的购物车里，大多还是实物商品，为内容、服务这些“摸不着的东西”付费，他们还不太习惯。

而年轻人对服务体验的关注度要超过价格。因此，年轻消费者对购物延伸出的送货、安装、使用、维护等流程有着明确的预期，他们更愿意为好的服务付费。与此同时，服务消费正加速向“75后”用户渗透，京东上46岁至55岁的服务消费用户同比增长36%。这其中，年轻人起到了非常重要的作用，比如，在母亲节前，以家政为代表的服务被很多年轻人当作礼物送给长辈，良好的体验会让银发族重新看待服务的价值，从而渐渐形成服务消费习惯。

总之，随着消费结构优化升级，服务消费已经成为推动消费升级的重要抓手。未来，消费热点将从商品延伸到服务，再由服务消费反向助推商品消费，从而形成更通畅的消费循环。

（作者系京东消费及产业发展研究院院长）

说数

服务消费渗透生活方方面面

随着服务消费比重持续提升，消费热点逐步从实物商品延伸至服务领域，但这一过程并不是单向的，服务消费也在不断反哺商品消费

电脑/办公远程服务、家政服务和装修监理服务等类别的成交额增长最快

服务消费成交额同比增长TOP5品类

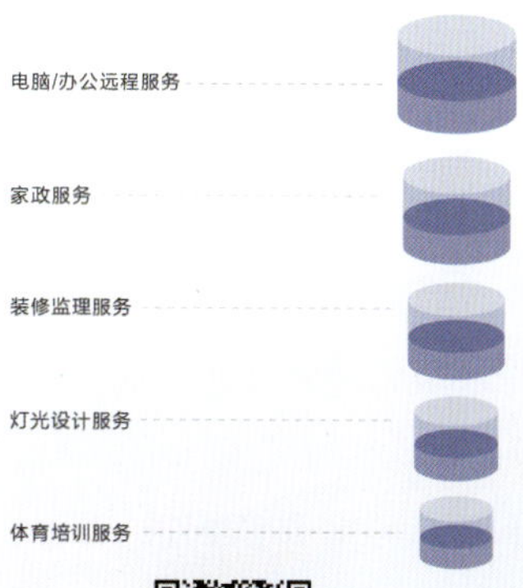

更多内容 扫码观看

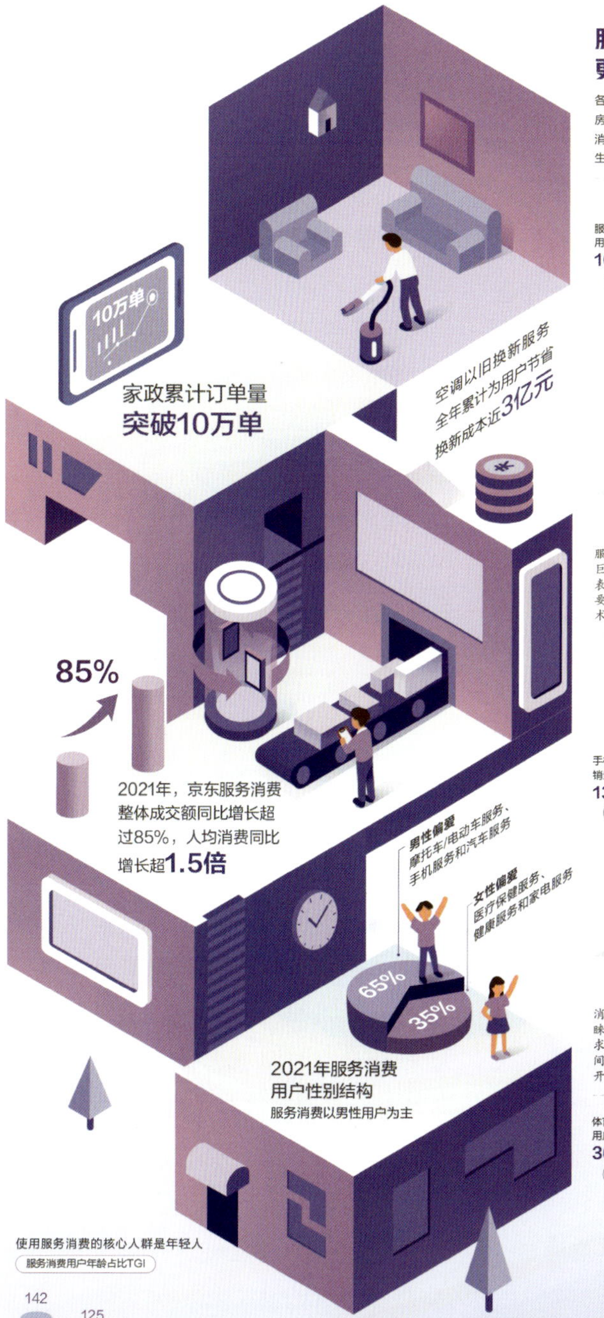

使用服务消费的核心人群是年轻人

服务消费用户年龄占比TGI

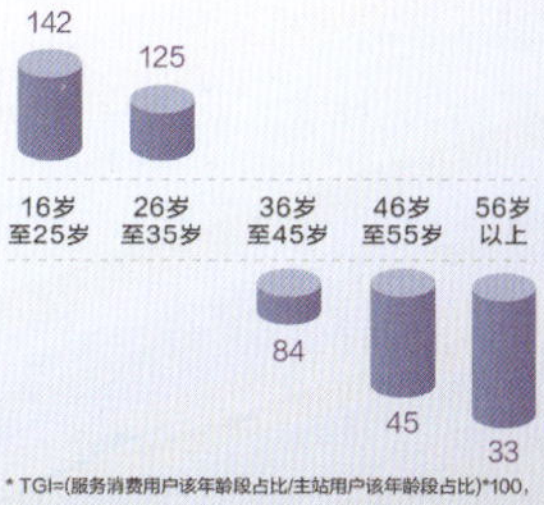

* TGI=(服务消费用户该年龄段占比/主站用户该年龄段占比)*100，高于100代表用户占比高于主站，低于100代表用户占比低于主站

2021年服务消费增长最快的是“75后”用户，同比增速为36%

46岁至55岁用户服务消费偏好度

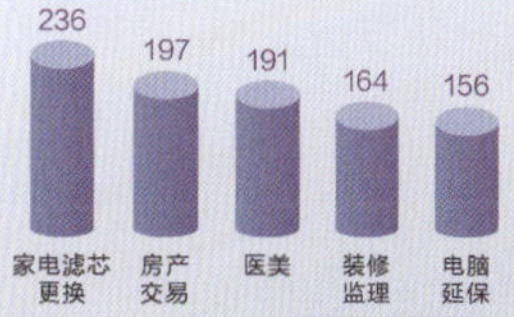

* 偏好度越高，代表越受青睐

服务项目不断增多，服务场景更加多元

各大互联网平台提供的服务消费围绕汽车维保、看房买房、鲜花订购、以旧换新、求医问药等众多消费场景，为消费者提供了连接线上和线下、囊括实物和服务、覆盖日常生活全场景的丰富选择

近年来，社区周边和办公环境两个日常生活场景的服务需求快速攀升，“一刻钟便民生活圈”蓬勃兴起，巨大商机有待开发。其中，以外出旅游、居家保洁为代表的“商品+服务”消费，是服务企业面临的新机会。要抓住这些机会，需要线下线上加深融合，通过新技术、新模式打通行业壁垒，实现产业整合。

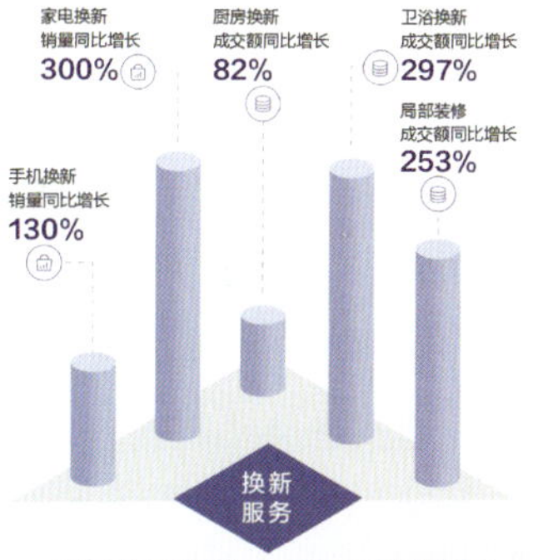

随着生活方式的变迁，以及对高品质生活的追求，消费者对于可以短时间内实现换新心愿的服务更为青睐。值得注意的是，消费者对居家场景的功能和设计诉求越来越多样化，厨房、卫生间、客厅、阳台等局部空间的改造装修已经成为新的风口，相关企业可以提前展开布局，创新服务模式和内容，加速开拓新蓝海。

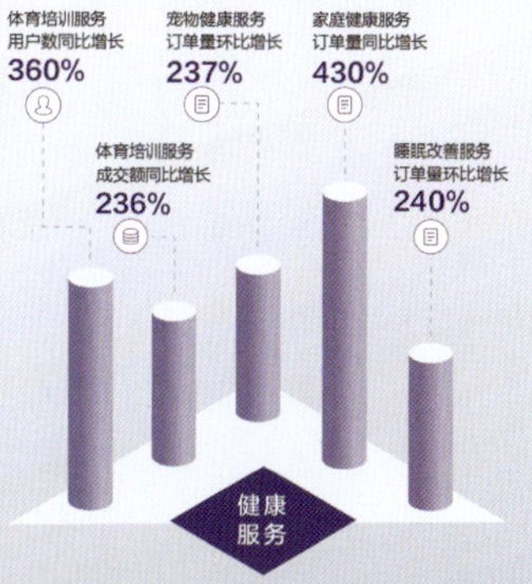

随着万物互联时代的来临，智能设备能够让使用者随时随地获取健康数据，健康管理模式也随之不断推陈出新。健康管理服务行业应因势利导，围绕“互联网+服务”这一新模式，全面打通“健、医、药、险”各细分市场，形成深度融合的新局面。

数据周期：2021年

数据来源 京东消费及产业发展研究院 本版编辑 李 瞳 林 蔚

品质服务带来新活力

京东消费及产业发展研究院高级研究员　陆　飞

《推进家居产业高质量发展行动方案》提出

到2025年，在家用电器、照明电器等行业培育制造业创新中心、数字化转型促进中心等创新平台，重点行业两化融合水平达到65%，培育一批5G全连接工厂、智能制造示范工厂和优秀应用场景

在家居产业培育50个左右知名品牌、10个家居生态品牌，推广一批优秀产品，建立500家智能家居体验中心，培育15个高水平特色产业集群，以高质量供给促进家居品牌品质消费

随着我国居民生活水平持续提高，城市化进程不断加快，家装行业得到快速发展。但是，许多家装领域的固有顽疾仍旧制约着行业高质量发展，并让很多消费者一提到“装修”就头痛——即使投入了很多时间和精力，仍会一不小心就掉到“坑”里。

调研数据显示，“没保障”“不透明”“套路多”等涉及服务的问题最让消费者头疼。而纵观家装市场的发展演变历程，从施工队到装修公司再到电商一体化服务，从标准化产品到多元化需求，整个行业已经进入到精细运营的时代，服务已经成为核心竞争区。

一方面，消费者愈加重视服务体验。随着服务向家装消费领域全链条渗透，服务所起到的作用不仅局限于为消费者提供便利与保障，更是推动家装市场发展的重要角色，成为挖掘存量市场、激发消费活力的重要因素。

另一方面，年轻一代正成为家装主力消费人群。他们有新家及旧房改造需求，但传统家装模式已无法满足其对居住环境的个性化、智能化、一体化要求。为了更好满足年轻群体的新需求，互联网家装服务应运而生。年轻一代选择他们更熟悉的互联网平台工具，并形成了独特的社交场景，对家装服务的各项事宜进行全方位沟通。

有市场就有供给。随着消费者对好服务愈发渴望，越来越多的商家开始在服务供给上下功夫，省心装、30天无理由退货、3年质保拆旧换新……“线上售卖服务、线下上门服务”的新型家装服务模式愈发火热，不仅充分激发了家装市场的活力，而且进一步带动了整个行业可持续发展。同时，电商平台也不仅仅是供需的连接者，更是履约服务的创新者、推动者和监督者。

接下来，家装行业企业需要兼具实体企业的基因和属性，以及互联网企业的数字技术和创新能力，在线上线下同时发力，提升流转效率，打通上下游链路，从而真正让服务从附加价值走到“前台”，成为激活消费的重要认同点，进而实现高质量发展。

经济日报携手京东发布数据——

家装市场进入服务时代

品质服务带来新活力

陆 飞

随着我国居民生活水平持续提高，城市化进程不断加快，家装行业得到快速发展。但是，许多家装领域的固有顽疾仍旧制约着行业高质量发展，并让很多消费者一提到“装修”就头痛——即使投入了很多时间和精力，仍会一不小心就掉到“坑”里。

调研数据显示，“没保障”“不透明”“套路多”等涉及服务的问题最让消费者头疼。而纵观家装市场的发展演变历程，从施工队到装修公司再到电商一体化服务，从标准化产品到多元化需求，整个行业已经进入到精细运营的时代，服务已经成为核心竞争区。

一方面，消费者愈加重视服务体验。随着服务向家装消费领域全链条渗透，服务所起到的作用不仅局限于为消费者提供便利与保障，更是推动家装市场发展的重要角色，成为挖掘存量市场、激发消费活力的重要因素。

另一方面，年轻一代正成为家装主力消费人群。他们有新家及旧房改造需求，但传统家装模式已无法满足其对居住环境的个性化、智能化、一体化要求。为了更好满足年轻群体的新需求，互联网家装服务应运而生。年轻一代选择他们更熟悉的互联网平台工具，并形成了独特的社交场景，对家装服务的各项事宜进行全方位沟通。

有市场就有供给。随着消费者对好服务愈发渴望，越来越多的商家开始在服务供给上下功夫，省心装、30天无理由退货、3年质保折旧换新……“线上售卖服务、线下上门服务”的新型家装服务模式愈发火热，不仅充分激发了家装市场的活力，而且进一步带动了整个行业可持续发展。同时，电商平台也不仅仅是供需的连接者，更是履约服务的创新者、推动者和监督者。

接下来，家装行业企业需要兼具实体企业的基因和属性，以及互联网企业的数字技术和创新能力，在线上线下同时发力，提升流转效率，打通上下游链路，从而真正让服务从附加价值走到“前台”，成为激活消费的重要认同点，进而实现高质量发展。

（作者系京东消费及产业发展研究院高级研究员）

说数

消费渠道和内容

综合电商平台凭借大而全的优势，已成为消费者选购家居家装产品和服务的主要渠道

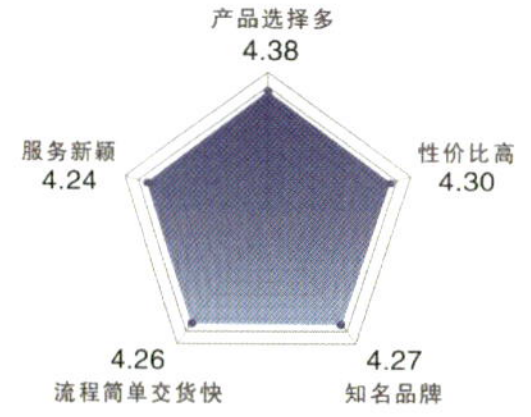

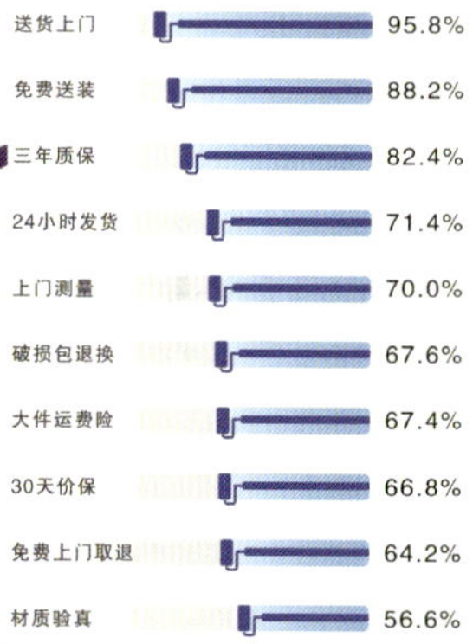

消费体验和满意度

消费者关注费用透明、履约规范，以及完善的售后保障服务，并对发货物流等环节提出了更高要求，期望获得更优质、更专业、个性化的家居家装产品服务

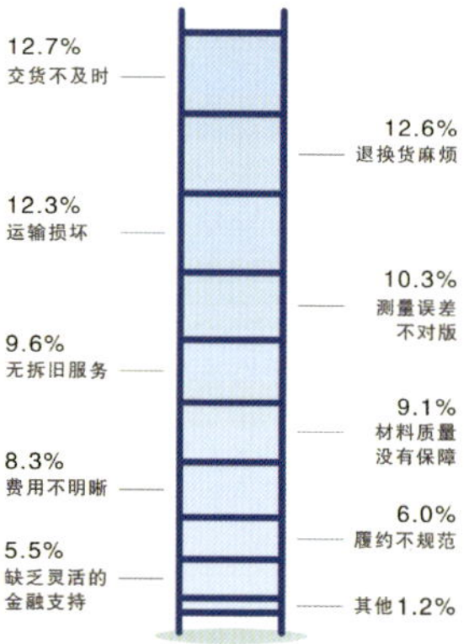

在家装领域，越来越多的消费者希望通过服务解决购买、安装、使用全流程中可能遇到的问题，这就要求家装服务商构建连通制造企业、物流企业、服务企业及消费者的信息服务平台，从而把服务范围覆盖售前、售中、售后的全部环节。

作为家装服务供应商，不仅要做好供需的连接者，还应该成为履约服务的创新者、推动者和监督者。好的体验不是一时一刻，而是每时每刻。随着市场价格日渐透明、产品渠道越发丰富、消费者心智日益成熟，家装服务供应商若想有所突破，不仅要把服务做到，更要做深做实。

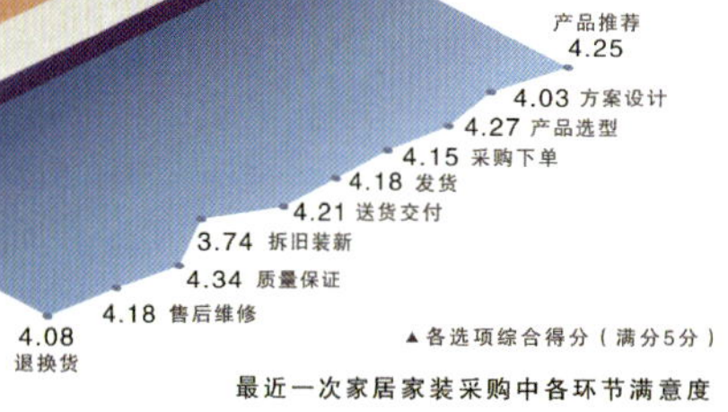

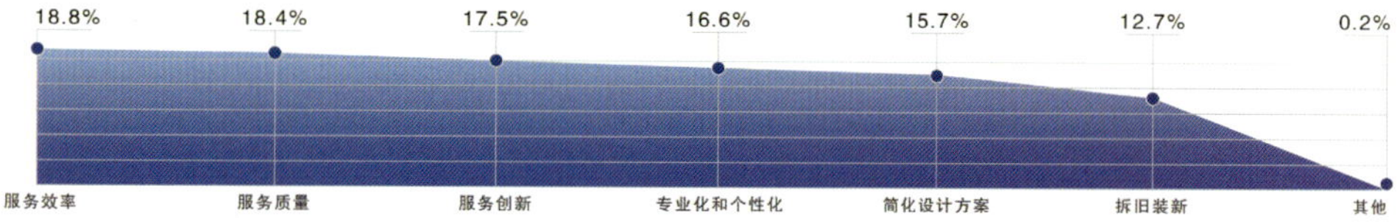

更多内容 扫码观看

调研日期：2022年5月

数据来源 京东消费及产业发展研究院 本版编辑 李 瞳 林 蔚

市场信心更为坚定

京东消费及产业发展研究院高级研究员　林　江

2022年的《政府工作报告》明确提出，面对新的下行压力，要把稳增长放在更加突出的位置。而实现经济稳增长，归根到底要靠企业。虽然受新冠肺炎疫情反复及国际局势变化等因素影响，企业发展面临严峻考验，但随着新一轮企业减负纾困政策陆续落地，企业经营压力将会得到有效缓解。特别是从一季度企业采购数据看，企业采购愈发活跃，对未来发展向好的信心更为坚定。

企业采购作为保障生产和经营所需物资的基础环节，其规模和结构变化情况，能够有效反映企业运行状况和业务成长活力。数据显示，一季度，相关企业持续扩大采购与长期经营相关的各类商品，展现了企业保持持久经营的动力和意愿。

以工业企业为例，一季度工业品线上采购规模显著增长。一方面，说明我国工业企业保持了较好的增长动能，具有足够的发展潜力和韧性，以及对发展的信心。另一方面，线上采购占比不断增大，说明我国企业生产经营组织方式逐步升级，数字技术与实体经济融合速度不断加快。

值得注意的是，虽然从采购数据来看，我国企业整体运行和发展的韧性足够强，对经济发展保持稳定增长态势的信心没有变，但是，面对当前国内外更为复杂、更具挑战的经济环境，还需要切实落实好各项为企业排忧的纾困和优惠政策，加大对中小企业的扶持力度，为更多企业抵御外部风险冲击、实现高效运营和持续稳定发展保驾护航。

总体来看，数字化转型已经成为我国企业发展的一项重要优势。企业加快数字化转型既是增强企业市场竞争力的必然路径，也是推动经济高质量发展的重要动力，将为我国经济发展的长期增长奠定更为坚实的基础。

2021年末

截至2021年末，全国市场主体达到**1.5**亿户，比2012年增长了**2.8**倍。其中，企业达**4842.3**万户，增长**1.7**倍，**99**%以上的企业是中小企业

2021年末

截至2021年末，个体工商户占市场主体总量的**67.1**%，登记在册小微企业**4034**万户，占企业总量的**83.3**%，较去年提升**4.4**个百分点

2021年

2021年，全国“四新经济”新设企业**383.8**万户，同比增长**15.8**%，占新设企业总量的**42.5**%，较2020年的占比提高**1.2**个百分点

经济日报携手京东发布数据——

企业采购愈发活跃

企业开工节奏加快

一季度，企业线上采购明显增多

▼ 企业工业品采购额同比增长TOP5省份

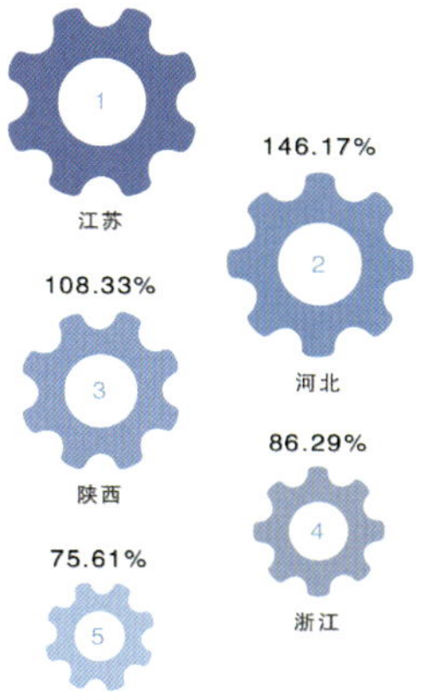

作为生产过程中最基础要素的工业品销售额增长明显

▼ 企业主要工业品采购金额同比增速TOP5品类

▼ 制造业采购增速同比增长TOP5

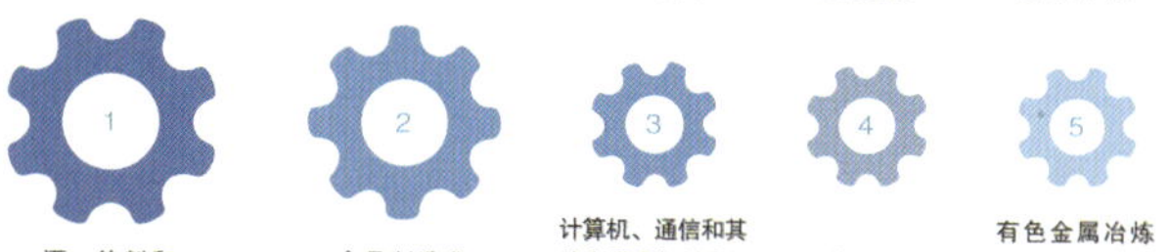

市场信心更为坚定

林 江

今年的《政府工作报告》明确提出，面对新的下行压力，要把稳增长放在更加突出的位置。而实现经济稳增长，归根到底要靠企业。虽然受新冠肺炎疫情反复及国际局势变化等因素影响，企业发展面临严峻考验，但随着新一轮企业减负纾困政策陆续落地，企业经营压力将会得到有效缓解。特别是从一季度企业采购数据看，企业采购愈发活跃，对未来发展向好的信心更为坚定。

企业采购作为保障生产和经营所需物资的基础环节，其规模和结构变化情况，能够有效反映企业运行状况和业务成长活力。数据显示，一季度，相关企业持续扩大采购与长期经营相关的各类商品，展现了企业保持持久经营的动力和意愿。

以工业企业为例，一季度工业品线上采购规模显著增长。一方面，说明我国工业企业保持了较好的增长动能，具有足够的发展潜力和韧性，以及对发展的信心。另一方面，线上采购占比不断增大，说明我国企业生产经营组织方式逐步升级，数字技术与实体经济融合速度不断加快。

值得注意的是，虽然从采购数据来看，我国企业整体运行和发展的韧性足够强，对经济发展保持稳定增长态势的信心没有变，但是，面对当前国内外更为复杂、更具挑战的经济环境，还需要切实落实好各项为企业排忧的纾困和优惠政策，加大对中小企业的扶持力度，为更多企业抵御外部风险冲击、实现高效运营和持续稳定发展保驾护航。

总体来看，数字化转型已经成为我国企业发展的一项重要优势。企业加快数字化转型既是增强企业市场竞争力的必然路径，也是推动经济高质量发展的重要动力，将为我国经济发展的长期增长奠定更为坚实的基础。

（作者系京东消费及产业发展研究院高级研究员）

说数

相比传统采购方式，数字化采购服务能够通过更广泛的资源覆盖、更精准的供需匹配、更高效的管理模式为企业赋能，有效提高企业供应链的稳定性。接下来，要加快完善数字化采购服务平台建设，更好地服务于工业企业的生产经营活动开展。

一季度企业采购支出占比增速

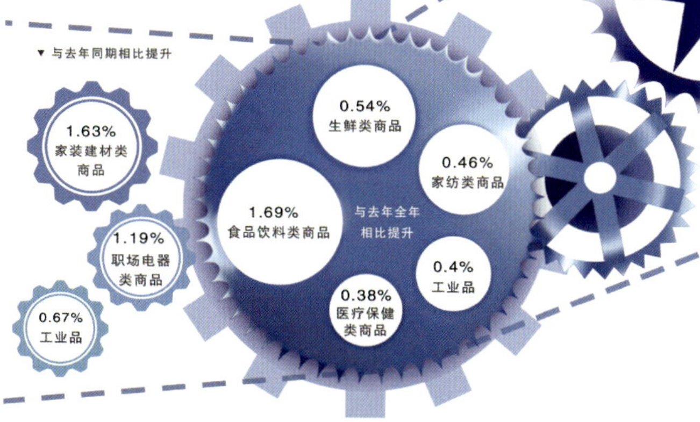

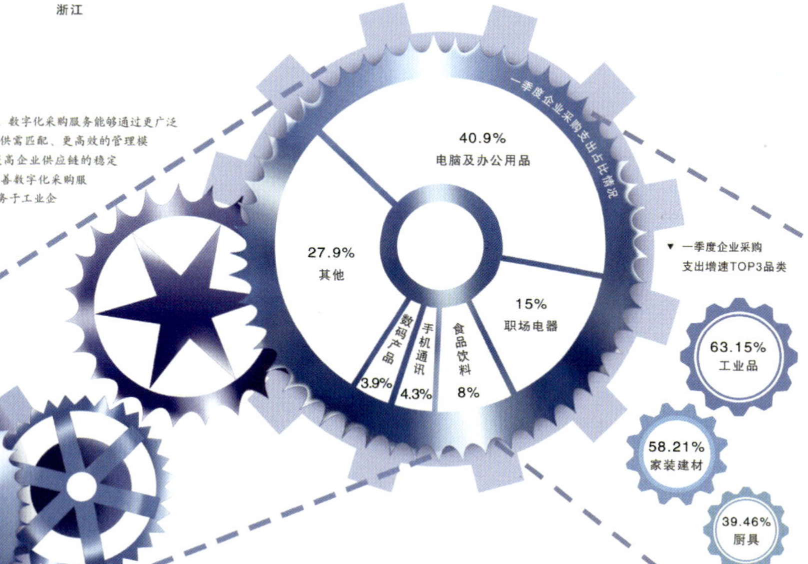

企业长期经营信心不减

一季度，企业采购支出中的办公运营投入较大，显示出企业对于长期经营的信心有所提升

在数字经济时代，数字化办公是企业经营的重要构成部分。电脑等数字化办公设备采购占比高，说明企业数字化发展需求强。对此，设备生产企业和电商平台可以加强联动，从物流建设、产品定制等方面着手，努力降低相关成本，提升企业采购效率。

企业采购保持较高增长态势

企业作为经济活动的主体，对经济冷暖的感受最为直接。采购作为保障企业生产和经营所需物资的基础环节，其规模和变化情况反映了企业经营运行状况和业务成长的活力

▼ 企业采购额同比增长TOP3行业

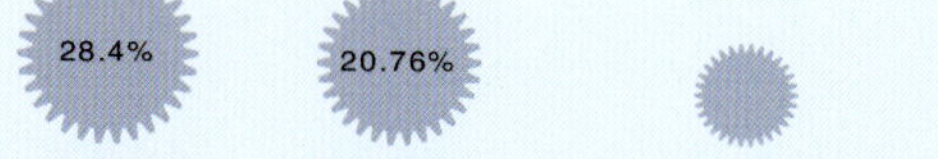

分城市来看，青岛、泉州、烟台等地企业采购额同比增长领先，显示出旺盛的发展活力

▼ 企业采购额同比增长TOP5城市

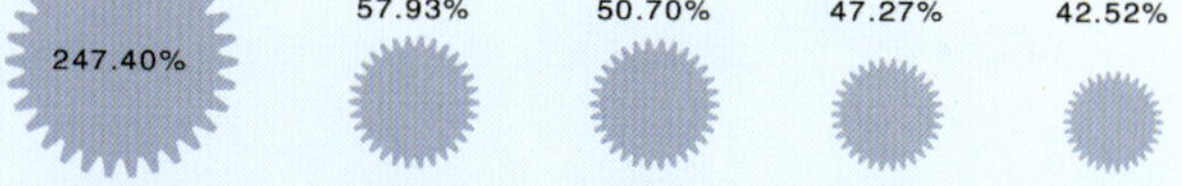

更多内容 扫码观看

数据周期：2022年一季度

数据来源 京东消费及产业发展研究院 本版编辑 李 瞳 林 蔚

数字化转型正当时

京东消费及产业发展研究院高级研究员　柴祯祯

近年来，数字技术加速迭代渗透，数字经济发展迅速。中小企业作为推动我国经济增长的重要力量，是解决民生就业的重要载体，也是产业结构调整和数字化转型的主力军。随着我国中小企业整体规模显著扩大，顺应数字经济发展趋势，实现数字化转型是当前企业持续发展的重要路径。

新冠肺炎疫情影响下，中小企业推进数字化转型已是必然选择。加快推进中小企业数字化转型，不仅有利于构建全链条、全流程数字化生态，增强产业链供应链韧性，还能为中国经济发展培育新的中坚力量。

调研数据显示，大部分中小企业认为，从内部来看，数字化转型是驱动企业成长的核心关键所在，数字化转型满足了增强办公和内部沟通效率、提升生产和经营效率以及企业控制成本的需要，能够获得组织效能提升；从外部来看，新冠肺炎疫情、数字技术日益成熟以及客户需要等，加速了企业的数字化转型进程，帮助企业与顾客共创价值。数字技术正在重塑产业、再造行业，这既是一次机遇，更是一次挑战。

对于中小微企业而言，数字化转型是一项复杂的系统工程。目前，我国大部分中小企业数字化转型仍在探索中，转型路径并不清晰，存在明显行业差异。中小企业往往组织架构不完善，人力资源不足，缺少支撑数字化转型的能力。

“授人以鱼，不如授人以渔”，推进中小企业数字化转型，最快见到效果的方式，是鼓励行业龙头企业针对中小企业需求和现实条件，提供成本低、见效快、实用性强的数字化解决方案。同时，加快构建中小企业优质发展长效服务机制，从采购、研发、运营、销售等全链条切入，通过产业链供应链协同创新，提升上下游协同效率，从而构建大中小企业融通发展新生态，实现降本增效。

全国工业企业关键工序数控化率

截至 2021 年底　51.3%

比 2012 年提高（百分点）　30.7

数字化研发设计工具普及率

截至 2021 年底　74.7%

比 2012 年提高（百分点）　25.9

建成了 700 多个数字化车间、智能工厂，炼化、印染、家电等领域智能制造处于世界领先水平

经济日报携手京东发布数据——

中小企业加“数”跑

数字化转型正当时

柴祯祯

近年来，数字技术加速迭代渗透，数字经济发展迅速。中小企业作为推动我国经济增长的重要力量，是解决民生就业的重要载体，也是产业结构调整和数字化转型的主力军。随着我国中小企业整体规模显著扩大，顺应数字经济发展趋势，实现数字化转型是当前企业持续发展的重要路径。

新冠肺炎疫情影响下，中小企业推进数字化转型已是必然选择。加快推进中小企业数字化转型，不仅有利于构建全链条、全流程数字化生态，增强产业链供应链韧性，还能为中国经济发展培育新的中坚力量。

调研数据显示，大部分中小企业认为，从内部来看，数字化转型是驱动企业成长的核心关键所在，数字化转型满足了增强办公和内部沟通效率、提升生产和经营效率以及企业控制成本的需要，能够获得组织效能提升；从外部来看，新冠肺炎疫情、数字技术日益成熟以及客户需要等，加速了企业的数字化转型进程，帮助企业与顾客共创价值。数字技术正在重塑产业、再造行业，这既是一次机遇，更是一次挑战。

对于中小微企业而言，数字化转型是一项复杂的系统工程。目前，我国大部分中小企业数字化转型仍在探索中，转型路径并不清晰，存在明显行业差异。中小企业往往组织架构不完善，人力资源不足，缺少支撑数字化转型的能力。

“授人以鱼，不如授人以渔”，推进中小企业数字化转型，最快见到效果的方式，是鼓励行业龙头企业针对中小企业需求和现实条件，提供成本低、见效快、实用性强的数字化解决方案。同时，加快构建中小企业优质发展长效服务机制，从采购、研发、运营、销售等全链条切入，通过产业链供应链协同创新，提升上下游协同效率，从而构建大中小企业融通发展新生态，实现降本增效。

（作者系京东消费及产业发展研究院高级研究员）

说数

中小企业认为，数字化转型升级的内部紧迫性主要来自增强沟通效率、提升生产经营效率以及控制成本的需要；外部的紧迫性主要来自于新冠肺炎疫情、新技术的发展以及响应客户需求的需要

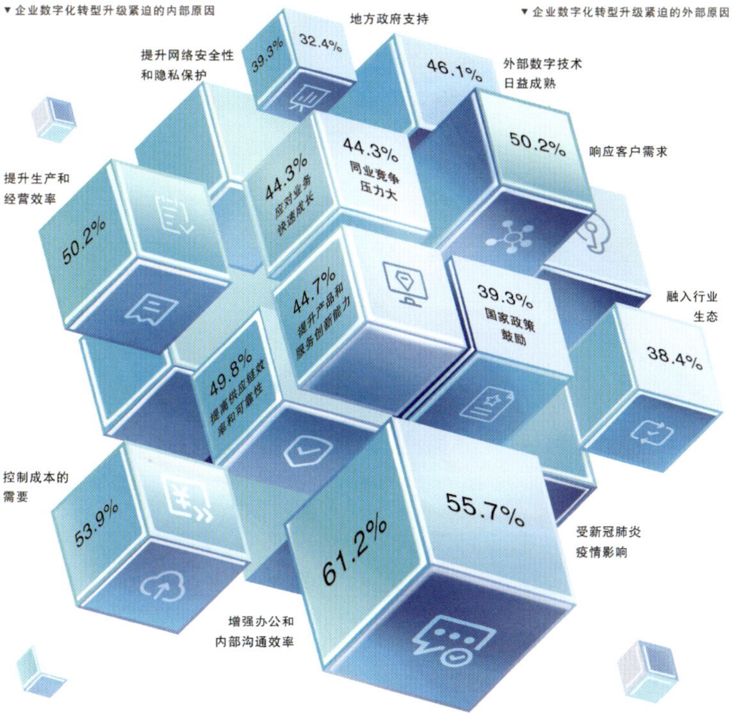

中小企业加快数字化转型

从认知层面来看，近八成中小企业认为推进数字化转型升级的紧迫性较高

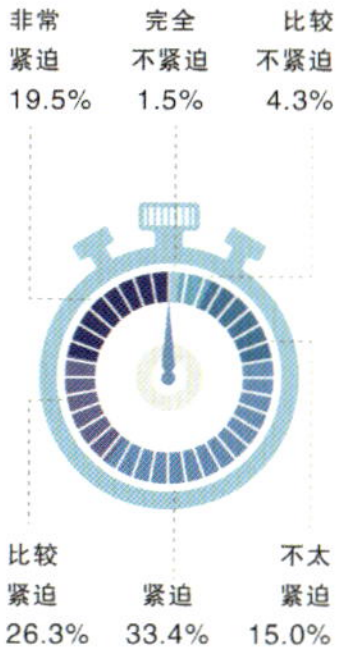

多数中小企业率先在采购环节运用了数字化技术与服务

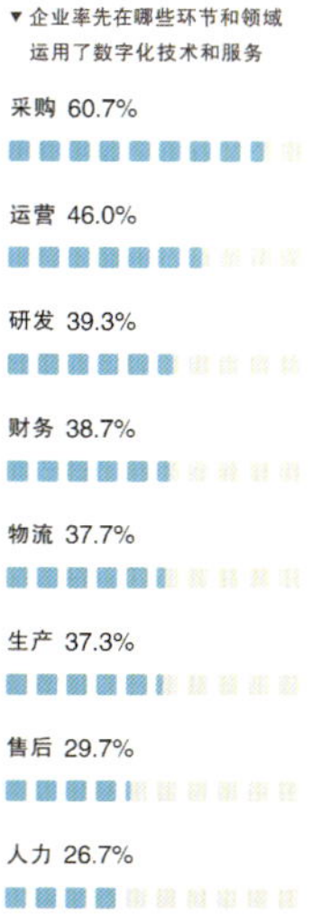

推动中小微企业数字化转型，需要政府和企业协同发力。一方面，培育推广一批复合中小企业需求的数字化产品和服务，打造可用性强的数字化转型解决方案。另一方面，依托专精特新企业，推动采购、研发、生产、经营、销售等全生命周期数字化，打造一批数字化转型示范案例，为各行业中小微企业数字化转型提供示范引领。

数字化采购引领数字化转型升级

中小企业常用的数字化采购场景

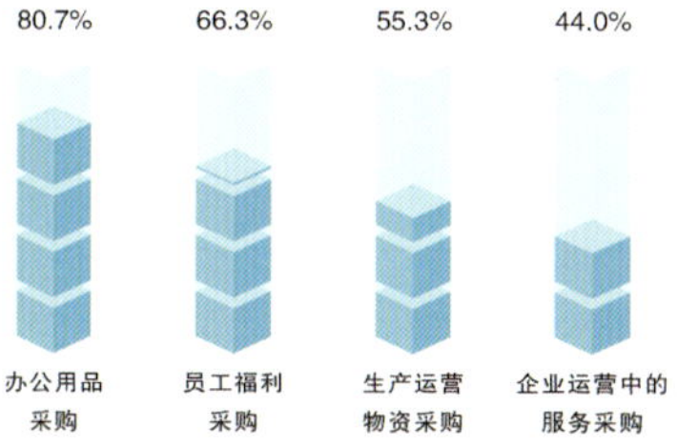

随着新冠肺炎疫情形势趋好转，复工复产、复商复市推进企业数字化采购需求呈现爆发态势

“618”期间，企业采购订单量同比增长 131%

数字化移动办公设备采购额同比增长 125%

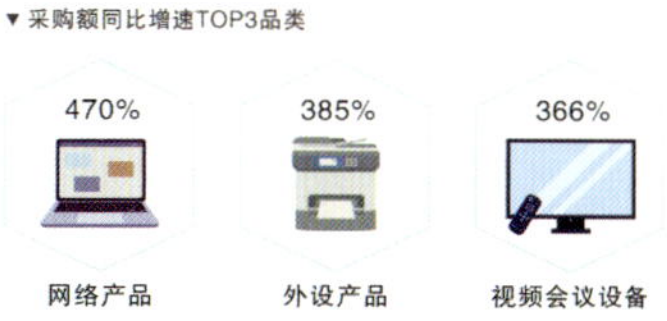

中小企业数字技术和服务的来源主要是通过外部采购。由于资金和研发能力限制，选择自主研发的企业较少

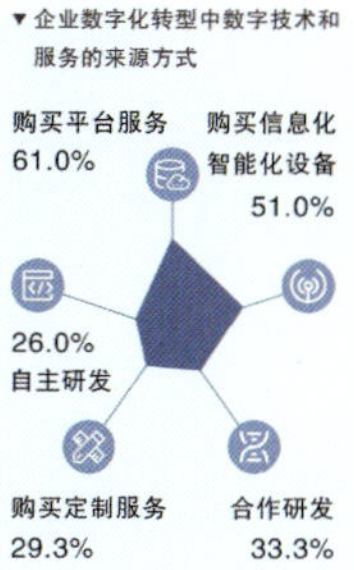

中小企业数字化转型过程中格外关注服务商的服务质量和价格。可以培育一批中小微企业数字化转型的专业服务商，为中小微企业提供成本低、见效快、实用性强的数字化解决方案。支持有条件的链主企业打造产业链供应链数字化平台，提升产业链供应链上下游协同效率，带动供应链上中小微企业数字化转型。

中小企业数字化采购更看重售后服务、商品质量和价格

更多内容 扫码观看

数据周期：2022年5月份

数据来源 京东消费及产业发展研究院 本版编辑 李 瞳 林 蔚

农资消费出现新变化

京东消费及产业发展研究院院长　刘　晖

立春、雨水、惊蛰、春分……随着代表春天的符号在日历上闪过，勃勃生机在中国大地蔓延，又一年春耕拉开了大幕。

综合近年数据显示，消费者对春耕备耕相关产品的偏好和购买方式均出现明显变化。农资园艺产品线上采购迅速升温，特别是销往县域乡村市场的饲料、养殖器具、兽药、农药等农资产品增速领先。其中，复合肥成交额同比增长超过10倍，杀线虫剂、农机整机成交额同比增长超过6倍。城市消费者在春耕时节则积极网购种子、苗木、种植工具等，为自家阳台或花园增添更多绿色，成为春耕大潮中的小小浪花。

从农资销售数据可以看出农业生产呈现鲜明地域性特色。华东地区种植占比高，线上农资市场份额增长最高；东北和华北地区偏好购买饲料、养殖器具，显示出养殖业占比较高的特色。

在实物型农资产品消费增长的同时，农资领域服务型消费出现了明显增长势头。新冠肺炎疫情期间，线上的种养殖技术指导更受欢迎，农技服务2022年春分前成交额同比增长超过10倍，园艺服务成交额同比增长247%，特别是县域农村地区的农技服务消费占比从62%上升到82%。

从实物消费扩展到服务消费，从线下消费到线上购买，显示出我国春耕备耕市场的巨大潜力，也对相关服务提出了更高要求。如何让这些用户选择到最适合自己的产品和服务，以及如何让他们信赖并留存在线上消费模式中，需要农资产品和服务的提供者耐心、精心运营。

无论是城市阳台的绿色，还是田野中的萌芽，都承载着人们对美好生活的热爱和憧憬，以及对丰收的期盼。随着新型消费的兴起，高质量商品和服务也在从城市延伸到乡村，让消费的活力如春潮般蔓延。相关企业也应当抓住新的机遇，针对数据背后显示的新变化新趋势，特别是与夏秋农产品生产和消费数据关联分析预测，在农业生产数字化、智能化升级的大背景下开辟更多和消费者双赢的经营领域。

2021年

农业科技进步贡献率达到**61%**，全国农作物耕种收综合机械化率超过**72%**。其中，小麦、玉米、水稻三大粮食作物耕种收综合机械化率分别达到**97%**、**90%**和**85%**

全国农业机械总动力达到**10.8**亿千瓦，比2012年增加**0.5**亿千瓦，2013年至2021年年均增长**0.6%**

经济日报携手京东发布数据——

春种好时节 线上忙备耕

农资消费出现新变化

刘晖

立春、雨水、惊蛰、春分……随着代表春天的符号在日历上闪过，勃勃生机在中国大地蔓延，又一年春耕拉开了大幕。

综合近年数据显示，消费者对春耕备耕相关产品的偏好和购买方式均出现明显变化。农资园艺产品线上采购迅速升温，特别是销往县域乡村市场的饲料、养殖器具、兽药、农药等农资产品增速领先。其中，复合肥成交额同比增长超过10倍，杀线虫剂、农机整机成交额同比增长超过6倍。城市消费者在春耕时节则积极网购种子、苗木、种植工具等，为自家阳台或花园增添更多绿色，成为春耕大潮中的小小浪花。

从农资销售数据可以看出农业生产呈现鲜明地域性特色。华东地区种植占比高，线上农资市场份额增长最高；东北和华北地区偏好购买饲料、养殖器具，显示出养殖业占比较高的特色。

在实物型农资产品消费增长的同时，农资领域服务型消费出现了明显增长势头。新冠肺炎疫情期间，线上的种养殖技术指导更受欢迎，农技服务今年春分前成交额同比增长超过10倍，园艺服务成交额同比增长247%，特别是县域农村地区的农技服务消费占比从62%上升到82%。

从实物消费扩展到服务消费，从线下消费到线上购买，显示出我国春耕备耕市场的巨大潜力，也对相关服务提出了更高要求。如何让这些用户选择到最适合自己的产品和服务，以及如何让他们信赖并留存在线上消费模式中，需要农资产品和服务的提供者耐心、精心运营。

无论是城市阳台的绿色，还是田野中的萌芽，都承载着人们对美好生活的热爱和憧憬，以及对丰收的期盼。随着新型消费的兴起，高质量商品和服务也在从城市延伸到乡村，让消费的活力如春潮般蔓延。相关企业也应当抓住新的机遇，针对数据背后显示的新变化新趋势，特别是与夏秋农产品生产和消费数据关联分析预测，在农业生产数字化、智能化升级的大背景下开辟更多和消费者双赢的经营领域。

（作者系京东消费及产业发展研究院院长）

说数

▼ 2022年春分前成交额同比增速

农资园艺消费大幅增长

今年春耕期间，农村农业生产对农资产品的需求旺盛。其中，复合肥成交额同比增长超过10倍，杀线虫剂、农机整机成交额同比增长超过6倍

▼ 2022年春分前农资品类成交额同比增速TOP5

今年春季，城市消费者对景观绿植美化的需求大幅增长，反映出居民改善生活环境的积极愿望

▼ 2022年春分前景观绿植类商品成交额同比增速

农资园艺相关的实物型消费增长，也带动了农资领域服务型消费的明显增势

▼ 2022年春分前农资相关服务成交额同比增速

农技服务的消费者主要来自县域农村地区，园艺服务消费者主要来自城市地区

农资数字化采购增长趋势明显，代表新农人的农业生产过程升级。特别是农技服务等非实物消费的增长，更是展现出新农人全新的消费模式。对于农资和农技服务商来说，这是一个重要的机会，即通过线上线下融合的方式提升农户认知、拓展服务范围，并保障产品和服务品质，持续引导农户的消费升级。

▼ 农技服务成交额占比

▼ 园艺服务成交额占比

消费者画像

华东地区农资消费增速快、占比高

▼ 2022年春分前农资消费成交额占比TOP3地区

▼ 2022年春分前农资消费成交额同比增长TOP3地区

各地区农资消费偏好

▶ 华东地区农资消费偏好度

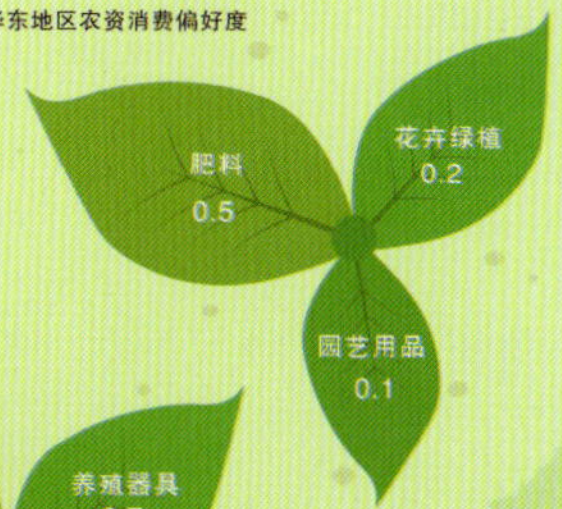

▼ 东北地区农资消费偏好度

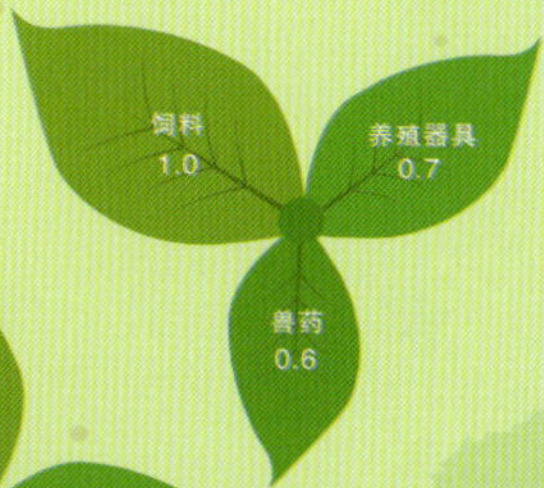

▶ 华北地区农资消费偏好度

注：各地农资消费偏好度=该地区农资品类的成交额占比/全国农资品类的成交额占比-1

春季农资消费的时间性和地域性很强，随着气温从南到北逐渐上升，消费热度也同步拓展；东北华北养殖业发达的特色也通过消费数据显露无疑。另外，值得注意的是，36岁以上人群是农资品类的主要消费者，他们往往刚刚接触线上渠道，需要品牌商、服务商更优质的服务和耐心的引导，帮助他们养成新的消费习惯。

▼ 2022年春分前各年龄段人群农资消费成交额占比

更多内容 扫码观看

数据周期：2022年2月4日（立春）至3月20日（春分）

数据来源 京东消费及产业发展研究院 本版编辑 李瞳 林蔚

经济日报携手京东发布数据——

区域消费迸发新活力

为产业带增添数字化能力

陆 飞

伴随经济发展新旧动能转换升级，产业带经济迸发新活力，更多中小企业搭上产业升级“快车”。但与此同时，区域间竞争加剧，也引发了一些以规模为导向的低水平重复建设，带来发展质量不高不可持续等难题。如何为产业带增添数字化能力，实现生产要素高效配置，增强新发展动力？这是一道新课题。

首先，产业带集聚形成是区域经济发展的显著特征之一。产业带是一条产业集中区域，是相关或相同产业的基地，在此区域内可以形成产业集聚效应，更好壮大产业实力。对产业带健康发展而言，效率提升是基本前提，跨界融合则是必要条件，而数字化刚好可以实现上述要求。一方面，产业带数字化可以促进竞争模式重构，助推传统产业带供应链提质增效，加快产业带转型升级。另一方面，数字化产业带形成，可以带动地方构建企业咨询、数字化培训、电商运营、直播等新产业生态，增添产业发展活力。

其次，作为国民经济“毛细血管”，点多面广的个体工商户和小微企业等已成为吸纳就业的主要蓄水池，也是我国经济韧性的重要支撑。疫情期间，线下消费加速转向线上，不少中小商家由于缺乏数字化运营能力，获客渠道受阻，经营陷入困境。因此，深耕数字化，赋能中小企业发展就显得至关重要。

为产业带增添数字化能力，不仅可以帮助中小企业搭建营销新场景，深入了解快速迭代的市场需求，还能通过大数据推动中小企业反向定制，提高创新能力。更重要的是，从中小企业着手实现数字化升级，可以推动地方产业升级转型、提质增效，并向产业链、产业集群快速拓展。

总体来看，以互联网为载体，用数字化为产业带赋能，将极大丰富线上供给，打通消费难点、堵点、断点，大大提升产业发展活力与韧性，进而构建健康良性产业生态，夯实实体经济发展根基。

（作者系京东消费及产业发展研究院高级研究员）

说数

“授人以鱼不如授人以渔”。在助农道路上，要加快整合销售、营销、供应链等全渠道资源，打造产业链、供应链、生态链闭环。同时，还要加深当地政府、平台与经营者合作，重点培养农业电商人才，从而推动生鲜农产品上行可持续发展。

企业要发展，首先要取得消费者信任，为后期销售转化做铺垫。因此，企业要更加注重产品体验与服务。中小企业应借助上线契机，加速企业数智化改造和柔性化升级，融入产业生态圈，与自身供应链产生深度协同，强化、提升在各自领域的技术服务能力，从而实现强链效果。

产业带应当兼修数字化、终端化、集聚化内功，着力驱动产业效率提升、推动产业跨界融合、重构产业组织竞争模式，从而赋能产业升级。同时，绿色消费、服务消费已是大势所趋，各地应当围绕这两个新增长极，形成绿色和服务产业集群，完成从量变到质变的过程。

更多内容 扫码观看

数据周期：2022年上半年

数据来源 京东消费及产业发展研究院 本版编辑 李 瞳 林 蔚

经济日报携手京东发布数据——

企业采购趋向多元

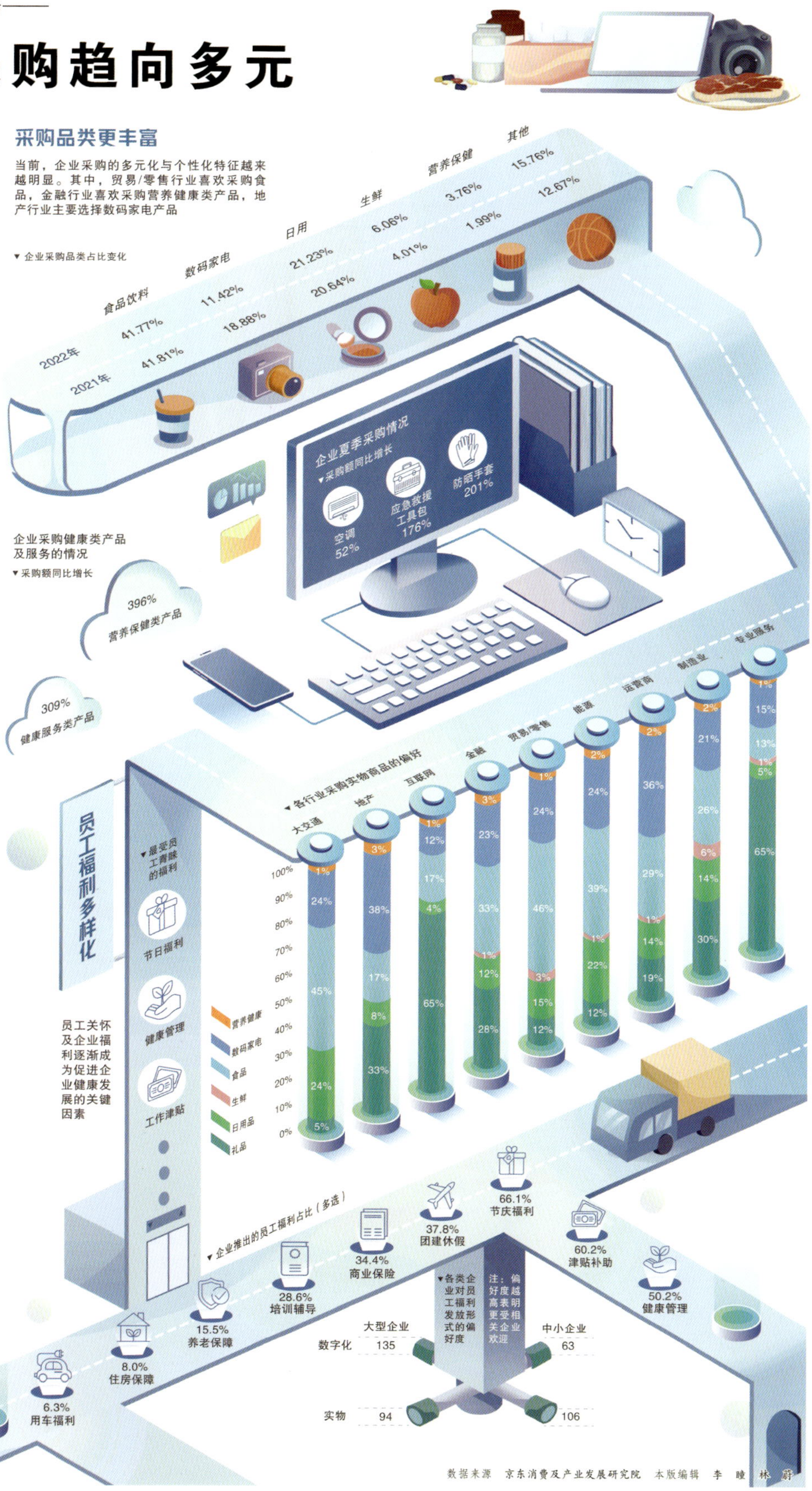

职场应更有温度

柴祯祯

随着企业人才结构变化与人才需求的多元化发展，温暖而有凝聚力的管理方式已成为企业吸引、激励与留住人才的重要手段和关键策略。其中，员工福利在企业薪酬福利体系中的占比不大，但感知度较高，直接影响员工的工作生活质量和对雇主的满意度，日益显现出“四两拨千斤”的杠杆作用。

关爱员工身心健康，为员工提供舒适工作环境，是企业义不容辞的责任，也是员工福利的基础。数据显示，近年来各类企业聚焦健康防疫、防寒防暑等场景，加大采购力度，把提升员工身心健康和改善工作状态放在更加重要的位置。例如，采购更多防疫用品，主动为隔离员工提供生活必需物资；严寒和酷暑天气置备更多劳保物资；通过提供体检服务和医疗保险，加强对员工的职业健康监护等。同时，越来越多有条件的企业开始为赡养老人、母婴护理等场景打造不同健康方案，充分解决员工后顾之忧，让他们能够更好投入工作，增强职业幸福感，从而提升企业生产力。

职业技能培训也是员工福利的重要组成，尤其受年轻职场人欢迎。通过提高综合职业能力，帮助员工树立更清晰的职业发展规划目标，员工的归属感和人均效能得到提升，也大大激发出企业活力。

作为感知度最高的员工福利，节日福利一直以来都是企业关注的焦点。当前，节日福利的多元化及个性化趋势明显，从传统的“米面粮油”向更有公司文化特色、更好玩有趣的方向转变。福利的发放形式也更为灵活弹性，融入了数字化解决方案。还有的企业在特定节日为员工家属送上祝福，对展示公司形象、提升凝聚力向心力起到重要作用。

同时，越来越多企业开始尝试定制福利。数据显示，文具、箱包、数码电子、家居等都是定制的重点类目。在增强功能性、实用性的基础上，定制福利成为传播企业文化的载体，与员工实现更深层次情感互动。

总之，员工福利是一项多层次、系统性的管理工作，必须符合员工的真正需求，也不是投入越大越好，需要结合差异性和个性化，增强针对性和实用性。以满足员工情感归属、尊重和自我实现的需求为中心，让员工暖心，让企业省心，从而全面展现人文关怀，稳固人才资源、夯实企业发展基础。

（作者系京东消费及产业发展研究院高级研究员）

说数

随着大量活跃、有创新力的新生代进入职场，员工在工作中关注的因素也发生变化，仅靠钱和物的传统福利模式已经难以满足员工需求。因此，个性化的员工关怀与认可激励在企业管理中尤为迫切。关注员工身心健康，为员工提供更舒适的工作环境，提升员工在职场的尊严感、幸福感和成就感，变得更为重要。时效快（省时）、一站式（省事）、有保障（省心）的企业福利解决方案成为当下企业采购的期盼。

好的企业福利能够帮助企业提升雇主品牌形象，吸引优秀人才加入。企业进行福利管理时，应以员工诉求和体验为核心。可以通过个性化的员工人群为切入点升级福利体验，加强员工对福利的感知；融入更多企业文化元素，体现温度和特色，与员工实现深层次情感互动；通过员工福利数字化，让员工有更多选择权。

更多内容 扫码观看

数据周期：2022年4月23日至6月2日

数据来源 京东消费及产业发展研究院 本版编辑 李瞳 林蔚

经济日报携手京东发布数据——

消费券兑出经济新活力

提质增效好时机

陆 飞

当前，经济运行总体平稳有序，消费复苏势头良好。在这样的大环境下，应更加关注消费者的需求变化，把消费提质增效作为重要抓手，加快满足消费需求，实现消费升级。其中，发放消费券是一个不错的契机。

一方面，受消费券设定及刺激作用的影响，使用者选择的商品单价往往高于同品类的日常平均价格，这在一定程度上促成了消费提质，并推动相关行业升级。

梳理过去3年来各地区近300次消费券发放的成果和经验可以发现，消费券发放往往分步走，短期以修复实体消费循环为主，最先拉动的是弹性较大的品类。此后，随着消费券发放金额逐步扩大，覆盖范围会向其他行业领域拓展，最终惠及整个消费市场。

例如，北京、深圳在发放消费券后，大部分本地知名品牌均出现了较为明显的销量高峰，且增长的部分大都来自较高单价的中高端产品，这说明消费券在一定程度上可以为消费提质增效提供“加成”效果。

另一方面，消费券的聚焦效应，还能推动产业链供应链加速发展，进而对整个国民经济循环产生引领和带动作用。

在北京、深圳等城市发放消费券期间，嵌入式洗碗机、超薄平嵌冰箱、洗烘套装、新风空调等家电新品销量明显上升。在消费券刺激下，用户会优先购买各类新品，对相关行业的提质升级产生促进作用。

此外，从政策制定层面来说，需要对行业产业有全面考虑，一方面，要让消费券的拉动效应惠及更多领域；另一方面，要抓紧制定行业标准及引导政策，让促消费达到既有量又有质的效果。

对于渴望获得消费升级红利、提升占有率的企业来说，唯有回归消费本质，以需求为核心加快技术革新和产品升级，才能在风云变幻的消费市场驰骋纵横，真正做到“以不变应万变”。

（作者系京东消费及产业发展研究院高级研究员）

说数

不同商品的关联带动效应有差异，消费券对不同品类的促进效应也有较大差别。在消费券发放时，针对需求弹性大、购买频次低的消费升级类产品，可以推出大额、定向型消费券，对特定品类的拉动效果更明显；而对于基础生活型刚需品类，可以推出面额较小、频次较多的消费券抵扣模式，满足居民基本需求，实现更加普惠的生活补贴效应。

消费券拉动手机消费效果明显

整体来看，受消费券发放影响较大的是手机品类，特别是智能手机用户群受优惠政策影响较大

深圳 ▼使用消费券的各品类订单金额占比

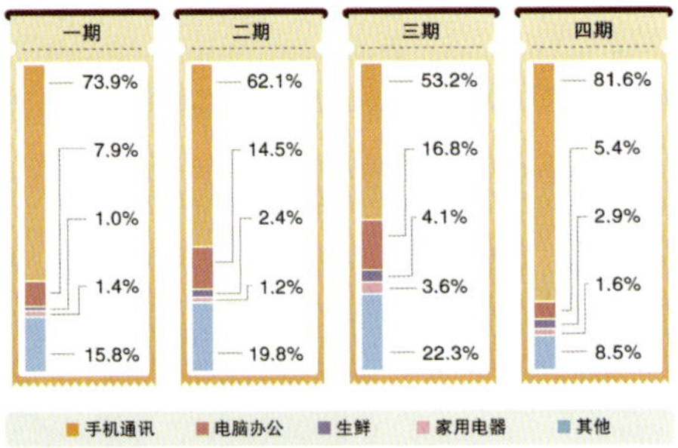

北京 ▼使用各类型消费券购买的品类金额占比

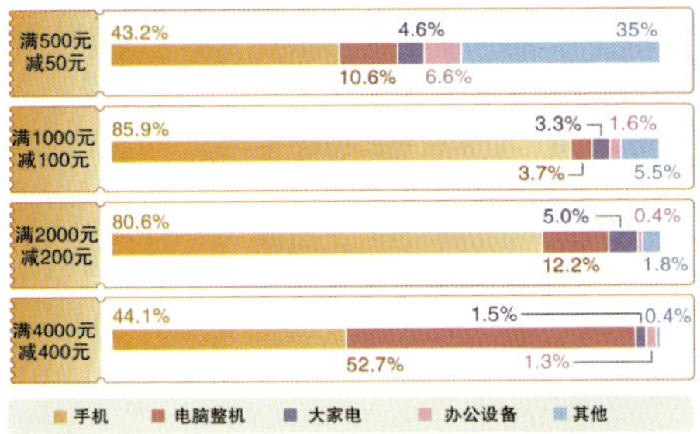

大额消费券刺激高单价商品消费效果显著

◀不同消费券抵扣档与品类消费指数分析（北京市）

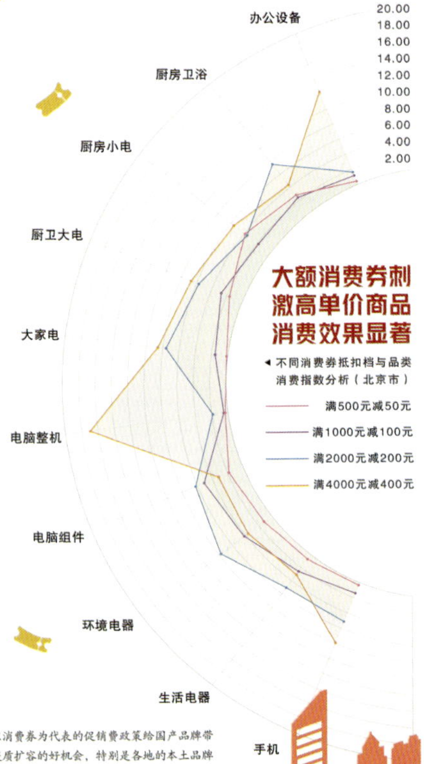

以消费券为代表的促销费政策给国产品牌带来了提质扩容的好机会，特别是各地的本土品牌和高端制造业在消费券发放过程中得到了实际收益。但消费券对传统家电品类的拉动效果不太明显。未来在消费券发放时可以对行业、品类有更细分的定向投放，惠及更多行业，辐射更多产业链，从而提振社会经济发展信心。

消费券带动本地品牌增长

各地政府在消费券发放过程中往往着重推广本地品牌，带动本地商品热销、获得更大收益

消费券发放后一周内，华为、荣耀出现明显的销量小高峰

▼深圳本地品牌受消费券影响的波动情况

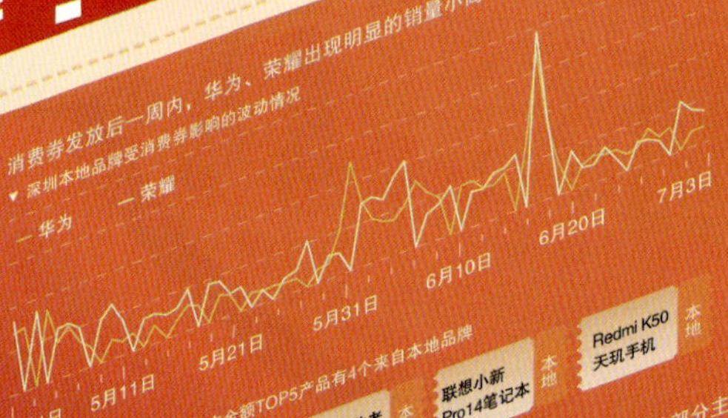

▼北京消费券发放期间，成交金额TOP5产品有4个来自本地品牌

根据平台出货量初步推算，小米6月份在北京的市场份额提升了9%，增长的部分主要来自于单价2500元以上的中高端市场，这与消费券拉动（定向机型）有一定关系

▶北京市场小米手机出货量占比

更多内容 扫码观看

数据周期：2022年5月份至7月份

消费券促进行业提质升级

由于消费券设定及刺激作用，用户在使用消费券购买商品时的单价往往高于同品类的日常平均价格，在一定程度上提升了消费质量，并推动相关行业升级

13个城市主要品类件单价指数

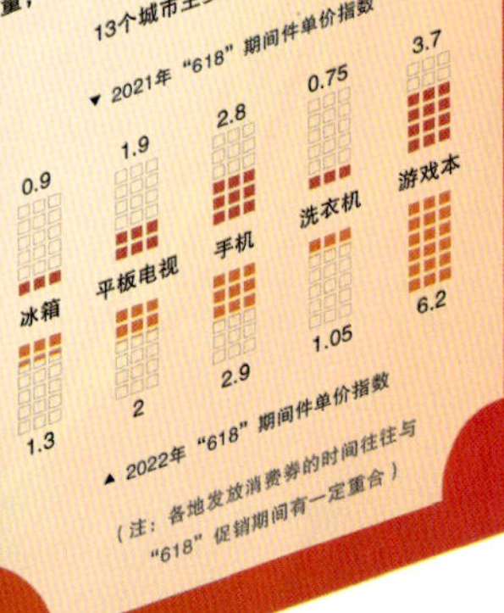

（注：各地发放消费券的时间往往与“618”促销期间有一定重合）

经济日报携手京东发布数据——

消费券引领消费新潮流

深圳发放消费券后，各年龄段消费者的家电消费人气指数快速增长

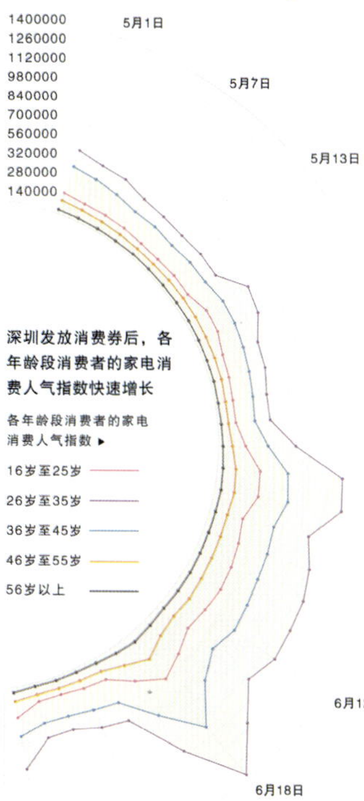

激发消费意愿

发放消费券能够增强消费动力。以深圳为例，在发放消费券后，各品类消费人次明显增长。其中，在家电品类中，26岁至45岁用户不仅是消费主力，而且对消费券最为敏感

▼深圳市消费者的各类消费人气指数

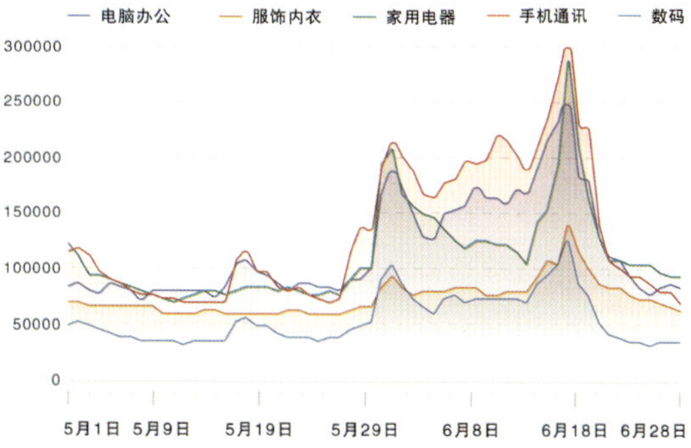

▼领到消费券后，各年龄段人群对主要品类的消费偏好度（北京、深圳、太原、沈阳）

	16岁至25岁	26岁至35岁	36岁至45岁	46岁至55岁	56岁以上
显卡	2.16	1.06	0.48	0.40	0.32
平板电脑	1.48	1.02	0.74	0.69	1.47
电饭煲	0.80	0.97	1.07	1.24	1.22
空调	0.47	0.99	1.22	1.33	1.13
手机	1.43	1.05	0.75	0.70	1.13

助力低碳转型升级

陆 飞

今年年初，国家发展改革委、工业和信息化部等7部门联合印发《促进绿色消费实施方案》指出，必须在消费各领域全周期全链条全体系深度融入绿色理念，全面促进消费绿色低碳转型升级，鼓励推进绿色消费积分机制。

近期，以北京为代表的部分地区针对绿色低碳产品推出定向消费券，短期内相关产品渗透率有明显上涨。“消费券+绿色低碳产品”的组合，不仅能拉动消费，还有多层深远意义。

首先，“消费券+绿色低碳产品”可以促进城市消费市场加速升级。目前，大部分一二线城市的绿色低碳产品渗透率较高，三四线城市和下沉市场在绿色低碳消费领域仍有很大挖潜空间，发放定向消费券可以激发这些地区对绿色低碳产品的消费热情。同时，一些偏好绿色低碳产品的消费者对价格较为敏感，如果对相关产品进行补贴，能够拉动更多潜在消费。

其次，“消费券+绿色低碳产品”可以加快释放绿色低碳家电的消费潜力，不仅有利于提升消费者生活水平，而且能带动就业、投资等，形成正向发展循环。消费券引领绿色消费热潮，有助于“绿色产业链”的建立，实现从绿色低碳产品生产到回收的闭环链条。

最后，自“双碳”目标提出后，各方围绕碳中和的赛跑已悄然展开。绿色低碳消费可以有效推动行业减碳，加速实现碳中和目标，消费券可以在其中起到助推作用。

而一旦消费者形成低碳消费意识和消费习惯，将倒逼整个产业链的绿色低碳转型。未来，可以把绿色智能家电、新能源汽车等作为消费券发放的重点领域，结合新一轮家电以旧换新、汽车消费补贴政策，形成政策叠加效应，让绿色低碳消费全面铺开。

（作者系京东消费及产业发展研究院高级研究员）

说数

消费券的主要使用人群是45岁以下、习惯网购的消费者。但是，也有一部分使用者尚未养成网购习惯，且消费黏性较低。如果针对这一群体定向精准发放消费券，既可以带动消费、形成较高的乘数效应，又能改善整体消费倾向，拉动消费规模增长。

改变消费习惯

消费券发放成为节能、节水产品加速渗透，提升全民绿色消费水平的好契机

▼领到消费券后，节能电器在不同年龄人群中的销量占比

发放消费券后，节能电器的渗透率明显提升

▼2021年下半年节能商品在不同年龄人群中的渗透率对比

▲2022年上半年节能商品在不同年龄人群中的渗透率对比

▼领到消费券后，节水电器在不同年龄人群中的销量占比

发放消费券后，节水产品的渗透率有所提升

▼2021年下半年节水产品在不同年龄人群中的渗透率对比

▲2022年上半年节水产品在不同年龄人群中的渗透率对比

消费者对节能节水商品促销敏感度较高

▼消费者对节水商品促销敏感度

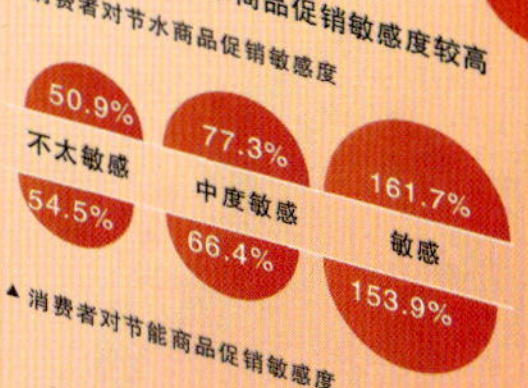

▲消费者对节能商品促销敏感度

近年来，节能、节水产品受到更多关注，但仍需有关方面加快出台相关标准，让更多绿色产品“有标可依”。以洗碗机为例，《洗碗机水效标识实施规则》自去年实施以来，相关节能节水产品的销售规模迅速扩张，今年上半年成交额比去年下半年增长216%，说明政策引导对消费升级有非常重要的影响力。

更多内容 扫码观看

数据周期：2022年5月份至7月份

数据来源 京东消费及产业发展研究院 本版编辑 李 瞳 林 蔚

CHAPTER 2

CONSUMPTION

从这里读懂中国消费

第二章　消费之新

消费有新意　产销更旺盛

京东消费及产业发展研究院高级研究员　陆　飞

为什么要关注新品？因为新品代表着新技术、新设计、新功能、新体验，可以为品牌商提前抢占行业先机，成为品牌竞争中的强有力一环。因此，新品市场关联着产销两端的升级与活力，在“中国制造”崛起的当下显得尤其重要。

一方面，2022年以来，许多用户复购率高、刚性需求最强、柔性需求扩容的重点行业实现了快速发展，线上消费也保持了较强的韧性。另一方面，与2021年相比，2022年有48%的消费者对新品保持着强烈的购买欲并能够付诸行动，另有31%的消费者依然关注新品，而关注度和购买欲均降低的人群只占8%。对于消费之“新”，广大消费者和厂商仍然青睐有加。

新品消费更重“精准命中”

2022年，越来越多的消费场景涌现，“新”主导了消费升级趋势。以居家类新品消费为例，居家一体化设计、消费一站式购物渐成趋势，智能化更是整合了居家用品、食品饮料、3C家电等相关行业，新产品、新模式、新服务成新的增长点。

在消费市场的新变化中，企业要进一步提升“精准命中”的能力，并将“细分定制”与“精准普及”结合起来，从而满足不同地区、不同年龄消费者的需求。对此，品牌商、制造企业和电商平台要进一步加深合作，深入洞悉与转化消费者趋势主张，从而占得先机。

一方面，要加快线上线下融合速度，推动更多商家实现数字化转型升级，全方位升级服务和体验。另一方面，还要通过大数据、云计算等科技赋能消费品设计和生产，缩短新品上市周期。双管齐下，帮助品牌和行业“精准命中”新优势，进入高质量发展轨道。

热点消费引领市场风口

一直以来，家电是中国制造业技术研发和创新最硬核，数智化进程最先进的行业，引领着消费升级的潮流。进入2022年，追“新”趋势进一步升级，美妆、食品、家居等品类的新品成交额快速增长，越来越多新商品、新品类、新品牌进入消费这个大舞台的中央，成为消费市场的新增长极。

数据显示，在家电消费总额中，扫地机器人、新风空调等新兴家电产品消费金额占比持续增长，全新行业标准也随之建立，用新产品打开市场，用新标准保证品质，已成为一种新的发展模式，并深受消费者欢迎。

尤其是从年轻消费群体的需求来看，随着消费能力的进一步增长，其越发明确自身需求，追逐潮流、热爱新品的需求偏好得到充分释放，这也是颜值厨电、智能马桶等产品热卖的重要原因。

此外，过去10年间，IT 类产品品类目增长近一倍，包括无线耳机、智能手表、智能家居、VR 眼镜、体感车、运动跟踪器等——品类日益丰富，新品类层出不穷，反映出创新的爆发、生产和需求的更先进、更多元。这些新产品满足了消费者的各类需求，促进了相关产业的升级，为消费市场健康发展提供了源源不绝的动力。

健康消费拓展线上边界

近年来，信息化手段进一步提升了医疗质量和效率，优化了区域间医疗资源配置，改善了群众的就医感受，特别是随着互联网技术越发成熟，“互联网+医疗”成为一种新的选择。

数据显示，在线医疗健康服务的使用频率和消费金额持续增加，用户对医疗健康消费的技术品质、完善程度、服务态度等要求越发明确。一方面，新冠肺炎疫情期间，互联网医疗、预约诊疗在应对疫情、满足人民群众就医需求等方面发挥了积极作用。疫情也改变了许多人的健康观念，健康生活方式逐渐成为共识。另一方面，居民选择医疗和健康服务的习惯也发生了变化，由于线上服务的便利性和可及性，消费者首先把线上健康咨询、体检预约、挂号等最常见、最频繁的诊疗前项目转移到线上。

此外，亚健康改善服务、家庭医生、慢病管理、疾病早筛防控……大健康领域也涌现出许多新消费模式，并成为线上医疗健康消费增长的新驱动力。数据显示，在健康新消费中，年轻人占比更高。比起单纯关注诊疗环节，年轻消费者对基因检测、疫苗、精神健康管理的接受和重视程度更高，覆盖了预防、检查、诊疗、康养等全方位、全周期的健康服务。

总体来看，线上医疗健康消费正在从年轻人向更广泛的年龄群体延伸，从一二线城市向更广泛的地域扩散，具备非常好的成长性。消费者期待获得流程更便捷、资源更可及、服务更智慧的线上医疗健康服务。同时，线上信息透明的特点，也让口碑评价无法承受减分项。因此，服务品质是机构应当聚焦的核心竞争力。

大健康是一条广阔的赛道。期待全行业共同努力，推动“互联网+医疗”便民惠民服务向纵深发展，让全民享受更优质均衡普惠的医疗健康资源，增强人民群众就医获得感，为建设健康中国贡献力量。

● 专家评论

产销协同发力推动经济健康成长

中国社会科学院财经战略研究院研究员　李勇坚

最近十多年来，国家政策持续发力，居民消费转型升级，消费对经济增长的贡献稳步提升，已成为我国经济高质量发展的重要支撑。2021年，最终消费支出对经济增长贡献率为65.4%，拉动GDP增长5.3个百分点，消费作为经济增长“压舱石”的作用日益凸显。

值得注意的是，消费在总量持续增长的同时，消费结构、消费观念和消费模式都在发生质变，整体上正从温饱型向舒适型、享受型转型。

从消费人群看，“85后”“95后”正在成长为消费主力。他们作为互联网的原住民，获取商品及服务的信息更加全面，对消费的选择更加敏锐、挑剔、也更加富有个性，传统模式下趋同性消费逐步转变为个性化消费。数据显示，“兴趣消费”快速增长，在兴趣消费者中，蕴含着社交、悦己等属性的兴趣消费平均月支出占比为27.6%。

从消费理念看，随着居民收入水平的提高，消费者更加注重生活品质，在消费过程中，不再仅追求获得产品的最基本使用价值，而是期待所使用的产品有质量以及信誉作为保障，期待产品具有更丰富的文化内涵。

从消费模式看，消费者要求消费过程更具有即时、便捷、便利、智能等特征。

在消费需求持续迭代变化的情况下，生产者、经营者等相关供给方要持续进行创新，适应需求变化。这要求供给方具有敏锐的洞察力，能够快速感知消费者需求。在现实经济中，电商平台拥有着关于消费者需求的大量数据，制造商可以通过与电商平台合作，精研消费者需求，打造出更符合消费者品位与诉求的产品。例如，我国家电保有量已超过21亿台，传统家电市场已进入到相对饱和阶段，而在电商平台，很多具有创新功能的家电，其销售却逆市上涨。制造商可以通过电商平台的消费数据，找到消费者的需求点，迭代升级原有产品，或是推出新产品，抓住新风口，把握新趋势。

此外，消费者对健康、绿色等新消费理念越来越推崇。一方面，品牌商正在利用电商平台的大数据，开发出越来越多与健康相关的产品。例如，跑步机、椭圆机、划船机、杠铃等健身器材，以及空气净化器、消毒柜、除菌洗碗机、按摩器材、血氧仪、制氧机等健康类产品的销量均实现显著增长。

另一方面，绿色消费也成为新热点。各类环保绿色相关的产品受到了消费者的追捧，在各大购物平台，“有机、绿色、野生、当季”成为农产品搜索量最多的关键词。

从总体上看，消费对我国经济健康成长发挥着越来越重要的作用，消费需求向品质化、个性化、健康化、绿色化等转型，这促使品牌商、生产者与电商平台进行深度合作，利用大数据、人工智能等技术，更好地挖掘消费者的需求，开发出更多更好的产品，从而推动消费稳定增长，为国民经济健康成长作出贡献。

重新认识县域农村消费市场

京东消费及产业发展研究院高级研究员　陈　瑶

乡村消费品零售额由 2012 年的 **2.6** 万亿元提升到 2021 年的 **5.9** 万亿元，年均增长 **9.8**%，增速高出城区消费品零售额 **1.7** 个百分点

2021 年，乡村消费品零售额占社零总额的比重达到 **13.4**%，比 2012 年提高了近 **1** 个百分点

近年来，县域农村地区网购消费显著增长。但如何更好满足农村地区消费者消费需求这一问题，无论是厂家还是营销方都缺少清晰认知。因此，在县域农村地区消费持续升级的当下，需要重新认识县域农村消费市场，从而加快满足该地区多层次、多样化消费需求。

提高生产型商品的优质供给。消费升级不仅重塑了县域农村市场的消费活力，也改变了消费者对工业品、商用电器、农资用具等生产型产品的需求。相关企业对县域农村市场的生产型消费需求应给予充分重视，针对不同地区、不同产业增加生产型商品和培训服务供给。同时，也要利用数字经济的优势帮助县域农村地区的生产及发展实现降本增效。

新消费不能忽视县域农村市场。从消费升级的角度来看，移动互联网的大范围普及和社交媒体的快速发展，打破了消费信息的流通壁垒。例如，县域农村市场健康类、服务类、交通类消费高倍数增长，县域农村市场的消费者也乐于接受健康、服务等新的消费形式。因此，消费新品类、新业态不能只聚焦竞争激烈的城市市场，也要在了解用户需求的基础上，提供适合县域农村消费者需求的新产品，激发县域农村市场的消费潜力。

注重县域农村市场的精神消费需求。相比于城市，县域娱乐活动和设施少，但近几年文娱、体育类消费越发火热。目前，针对县域农村市场的电商平台主要以销售农产品、服装、家居用品为主，这些领域的竞争较为激烈。在开拓县域农村市场的过程中，可以开拓思路，尝试推出一些文娱和体育用品。

县域农村市场是中小商家的成长商机。城市消费者对品牌的认可度更高，包括商品品牌、平台品牌信誉等。在部分一二线城市，小店的身影越来越少了。但是，农村消费者对中小商家的认可度更高，农村市场的主体也包含大量的中小商家。中小商家可通过不断提升运营水平和服务水平，激活县域农村市场的消费潜力，挖掘更大的增长空间，使县域农村市场的生产、分配、流通、消费形成一个互相促进、互利互惠的良性循环。

经济日报携手京东发布数据——

农村消费撬动内需新支点

重新认识县域农村消费市场

陈 瑶

近年来，县域农村地区网购消费显著增长。但如何更好满足农村地区消费者消费需求？无论是厂家还是营销方都缺少清晰认知。因此，在县域农村地区消费持续升级的当下，需要重新认识县域农村消费市场，加快满足该地区多层次、多样化消费需求。

提高生产型商品的优质供给。消费升级不仅重塑了县域农村市场的消费活力，也改变了消费者对工业品、商用电器、农资用具等生产型产品的需求。相关企业应对县域农村市场的生产型消费需求给予充分重视，针对不同地区、不同产业增加生产型商品和培训服务供给。同时，利用数字经济的优势帮助县域农村地区的生产及发展实现降本增效。

新消费不能忽视县域农村市场。从消费升级的角度来看，移动互联网的大范围普及和社交媒体的快速发展，打破了消费信息的流通壁垒。例如，县域农村市场健康类、服务类、交通类消费高倍数增长，县域农村市场的消费者也乐于接受健康、服务等新的消费形式。因此，消费新品类、新业态不能只聚焦在竞争激烈的城市市场，也要在了解用户需求的基础上，提供适合县域农村消费者需求的新产品，激发县域农村市场的消费潜力。

注重县域农村市场的精神消费需求。相比于城市，县域娱乐活动和设施少，但近几年文娱、体育类消费越发火热。目前，针对县域农村市场的电商平台主要以销售农产品、服装、家居用品为主，这些领域的竞争较为激烈。在开拓县域农村市场的过程中，可以开拓思路，尝试推出一些文娱和体育用品。

县域农村市场是中小商家的成长商机。城市消费者对品牌的认可度更高，包括商品品牌、平台品牌信誉等。在部分一二线城市，小店的身影越来越少了。但是，农村消费者对中小商家的认可度更高，农村市场的主体也包含大量的中小商家。中小商家可通过不断提升运营水平和服务水平，激活县域农村市场的消费潜力，挖掘更大的增长空间，使县域农村市场的生产及商业形成一个互相促进、互利互惠的良性循环。

（作者系京东消费及产业发展研究院高级研究员）

说数

县域农村地区图书购买增长迅猛，知识阅读的城乡鸿沟正不断缩小

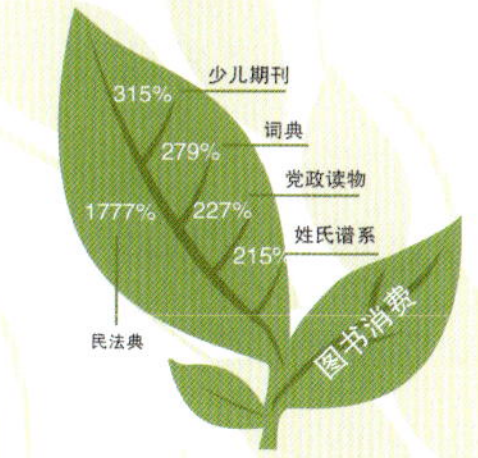

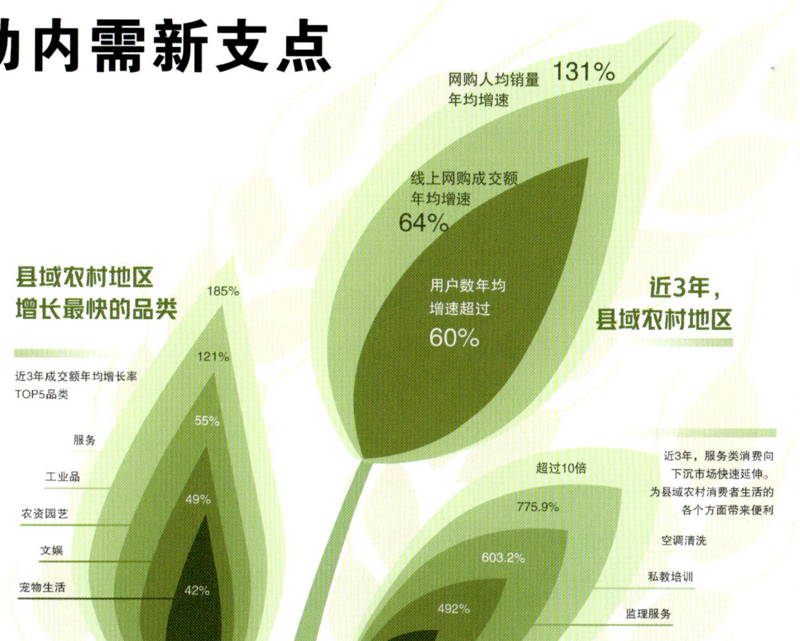

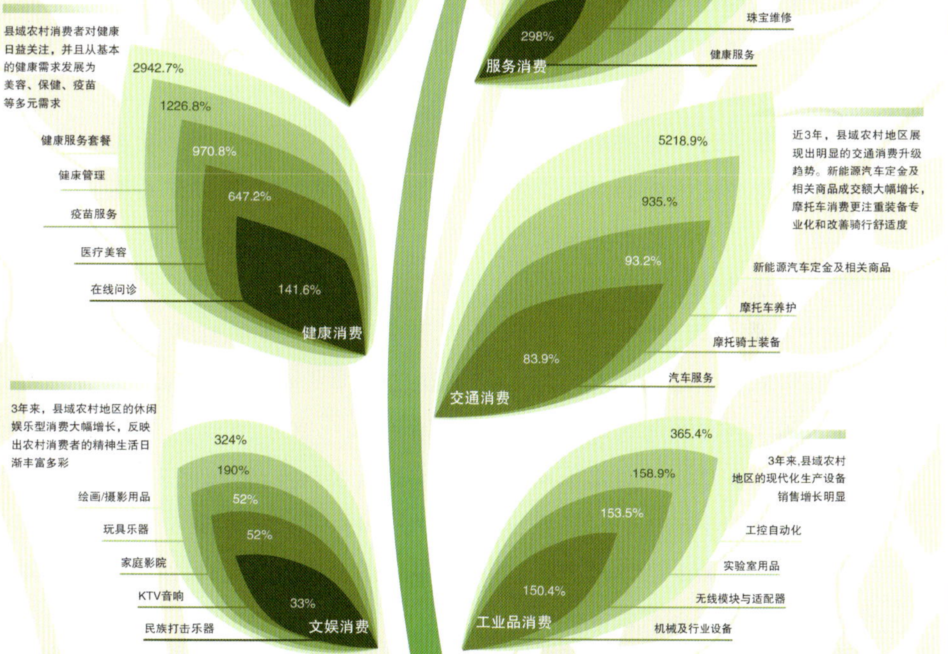

* 本版数据除特殊说明外，均为2019年至2021年成交额年均增长率

数据周期：2019年至2021年

县域农村地区消费者购物偏好

县域农村消费者对商品价格敏感度更高。量大的实惠装、名称标注“好评商品”，也能明显提升县域农村消费者的认可度

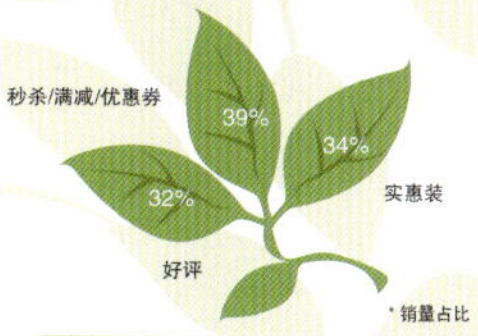

农村消费者对品牌和物流效率的敏感度更低，对个体商户的接受度更高

县域农村地区的自营品牌成交额占比较整体低 8%	县域农村地区的中小商家成交额占比较整体高 14%

根据县域农村消费者的消费习惯，“满减”“优惠”“量大”等标签能明确影响消费决策。可以对县域农村市场和城市市场做更精细的产品区分，在不影响品质的前提下，提高县域农村市场商品的性价比。同时，要进一步增加适合县域农村消费者的商品，加大促销和优惠力度，释放县域农村市场的消费潜力。

在消费升级、健康意识普遍提升的大背景下，县域农村市场的线上健康消费呈现出爆发性增长。当前，县域农村消费者更关注包括体检、疫苗在内的大病预防和筛查类服务，以及能够实时迅速跟医生交流的在线问诊服务等。相关服务企业可以采用县域流动性方式、先预约再服务等方式，将更多健康服务投放到农村地区。

伴随着乡村振兴的持续推进，县域农村市场的交通基础设施不断完善，带动了县域农村市场交通产品和服务的升级。特别是农村用户在解决基本出行需求后，开始追求更加舒适的用户体验。商家在将相关服务下沉至县域农村地区时，应该更加注重提升产品的用户体验及舒适度、时尚度和专业度，充分满足用户对于产品外观、功能和技术的追求。

更多内容 扫码观看

数据来源 京东消费及产业发展研究院 本版编辑 李 瞳 林 蔚

精准应对县域农村消费升级需求

京东消费及产业发展研究院院长　刘　晖

我国市场幅员辽阔，各地经济发展水平存在差异，不同区域的县域农村市场，在消费水平、诉求、模式上有明显不同，成长空间巨大。这种多样化和差异化，为企业提供了丰富的发展机会。

随着基础设施下沉，网购对于县域农村消费者已经很普遍。县域农村市场的线上消费在初期往往呈现和线下互补的结构，聚焦在当地买不到的商品。而随着消费者网购习惯的养成，消费结构开始倾向于全品类购物，特别是商超和生鲜这些高频消费品类。

因此，通过观察不同地区县域农村市场的消费品类结构，可以判断其电商渗透率和成熟度。在东北、西北等电商高速成长的市场上，往往会出现一些特定品类占比很高的情况；而华东、华南等经济发达地区的县域农村市场，其消费结构和城市更为接近。

与城市不同，县域农村市场无论是信息获取还是口碑建立，往往还是依靠熟人社交。因此，要让县域农村消费者开始接受并习惯线上消费，经常需要一块“敲门砖”。例如在刚刚过去的春节，返乡人员带回了新产品和消费习惯。游子们在家乡期间的消费行为，都会给亲友带来明显影响，带动他们尝试线上购物。数据显示，一旦县域农村消费者开始使用网购，其品类拓展速度，对新产品、新模式的接受速度往往都会超过一二线城市的用户，形成弯道超车的态势。对于商家来说，就要抓住这种契机，用更丰富的产品和优质服务，让新的消费习惯在广大县域农村市场上迅速得到认可。

县域农村市场的用户构成更进一步带动了消费模式和品质升级。京东统计数据显示，县域农村市场中，25岁以下年轻用户占比明显高于平均水平，而女性用户占比虽然与全站接近，但购买力惊人，销量占比高于全站水平45%。这两个用户群体特征代表着成长空间和路径：年轻人对新消费和生活模式的接受程度更高，会成为消费市场先锋；女性则因为更聚焦于家庭消费，对品质、安全的关注度，以及对品牌的忠诚度都非常高，她们不仅消费黏性高，更会带来品质升级。同时，这两类消费者是天生的“种子用户”，其消费行为和习惯具有天然的影响力和传播力，很容易拉动身边更多消费者尝试新的消费模式、新的产品和服务。

县域农村市场正展现出消费升级的蓬勃动力，成为大量企业锁定的成长沃土。针对这一市场在地域、人群等方面的多样性，制定精准的策略，也将是企业拓展的必然方向。

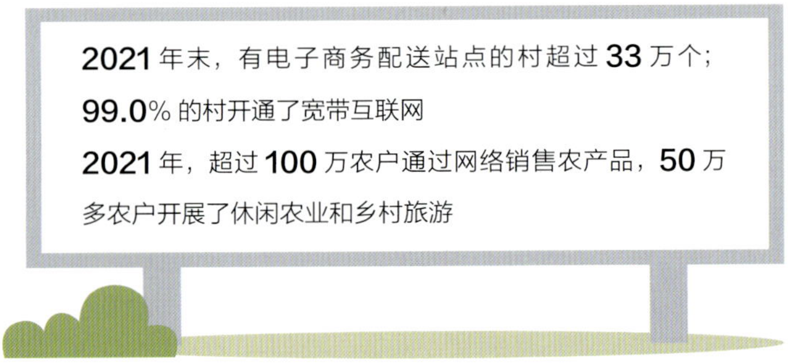

经济日报携手京东发布数据——

乡村消费提质升级潜力足

精准应对县域农村消费升级需求

刘 晖

我国市场幅员辽阔，各地经济发展水平存在差异，不同区域的县域农村市场，在消费水平、诉求、模式上有明显不同，成长空间巨大。这种多样化和差异化，为企业提供了丰富的发展机会。

随着基础设施下沉，网购对于县域农村消费者已经很普遍。县域农村市场的线上消费在初期往往呈现和线下互补的结构，聚焦在当地买不到的商品。而随着消费者网购习惯的养成，消费结构开始倾向于全品类购物，特别是商超和生鲜这些高频消费品类。

因此，通过观察不同地区县域农村市场的消费品类结构，可以判断其电商渗透率和成熟度。在东北、西北等电商高速成长的市场上，往往会出现一些特定品类占比很高的情况；而华东、华南等经济发达地区的县域农村市场，其消费结构和城市更为接近。

与城市不同，县域农村市场无论是信息获取还是口碑建立，往往还是依靠熟人社交。因此，要让县域农村消费者开始接受并习惯线上消费，经常需要一块“敲门砖”。例如在刚刚过去的春节，返乡人员带回了新产品和消费习惯。游子们在家乡期间的消费行为，都会给亲友带来明显影响，带动他们尝试线上购物。数据显示，一旦县域农村消费者开始使用网购，其品类拓展速度，对新产品、新模式的接受速度往往都会超过一二线城市的用户，形成弯道超车的态势。对于商家来说，就要抓住这种契机，用更丰富的产品和优质服务，让新的消费习惯在广大县域农村市场上迅速得到认可。

县域农村市场的用户构成更进一步带动了消费模式和品质升级。京东统计数据显示，县域农村市场中，25岁以下年轻用户占比明显高于平均水平，而女性用户占比虽然与全站接近，但购买力惊人，销量占比高于全站水平45%。这两个用户群体特征代表着成长空间和路径：年轻人对新消费和生活模式的接受程度更高，会成为消费市场先锋；女性则因为更聚焦于家庭消费，对品质、安全的关注度，以及对品牌的忠诚度都非常高，她们不仅消费黏性高，更会带来品质升级。同时，这两类消费者是天生的“种子用户”，其消费行为和习惯具有天然的影响力和传播力，很容易拉动身边更多消费者尝试新的消费模式、新的产品和服务。

县域农村市场正展现出消费升级的蓬勃动力，成为大量企业锁定的成长沃土。针对这一市场在地域、人群等方面的多样性，制定精准的策略，也将是企业拓展的必然方向。

（作者系京东消费及产业发展研究院院长）

说数

从地域看消费特色

2021年，东北、西北的县域农村地区消费潜力释放最快，东北、西北、华中、西南、华北农村网购成交额占比提升超过10个百分点

东北、西北的消费者更关注健康，华中的农村消费者偏爱购买各种食品，西北的农村消费者改善居住环境的需求更强

县域农村市场因为电商渗透率、消费习惯等原因，品类的地域差异往往较大。但其总体趋势是从“线上补充线下”到全面满足需求。因此，开拓县域农村市场时，建议商家考虑从当地线下消费相对难以满足用户的刚需开始，例如高品质的健康类产品、母婴产品。同时，也要重点培育可以形成明确消费习惯和黏性的品类。

从县域农村网购人群的年龄分布来看，年轻人和中老年人群更加集中，而且年轻人无论在消费数量上，还是品类结构上，都呈现出成熟线上消费用户的特征，与一二线城市相当接近。建议商家在拓展农村市场时，可以把重点放在年轻群体上，为他们提供具备潮流时尚、品质体验的商品和服务，并以他们为节点，向更广泛的人群和更丰富的品类渗透。

从年龄看消费特色

从购买力角度看，18岁至25岁农村用户销量占比高于全国，“95后”农村用户购买的东西更多；

从用户年龄看，18岁至25岁、46岁以上的农村用户占比高于全国；

从成交额角度看，35岁以下的农村用户成交额占比高于全国

女性用户在县城农村的线上消费中扮演着非常重要的角色。为家庭而消费是女性的鲜明特征，无论是提升生活品质，还是孩子的教育水平，她们希望通过线上渠道获得更好的商品和服务。企业面对女性消费者，提供效果、体验、口碑更好的商品，让消费者感知到商品突出的使用价值，更有利于获得认可。

更多内容 扫码观看

从性别看消费特色

农村男性消费者更爱购买生产资料，女性消费者更爱购买家庭用品

2019年至2021年农村地区男性消费偏好系数 ▸

2019年至2021年农村地区女性消费偏好比 ▸

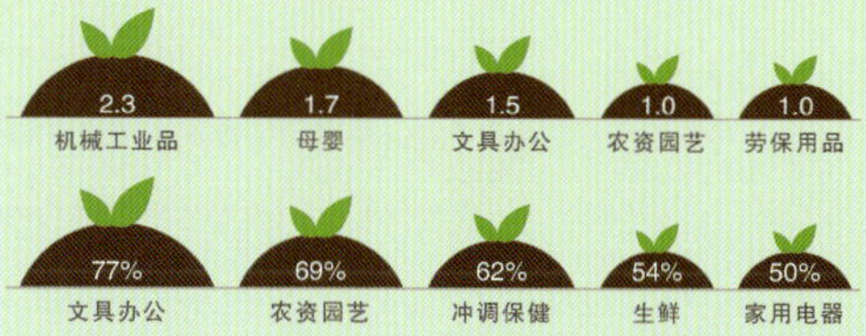

农村女性用户数占比低于全国2%，网购的商品数量占比却高于全国45%，表明农村女性用户更爱网购

*数据周期：2019年至2021年

数据来源 京东消费及产业发展研究院 本版编辑 李 瞳 林 蔚

节前消费折射生活变化

京东消费及产业发展研究院院长　刘　晖

截至2022年1月23日17时，传统小年前两天，消费者已线上下单逾6.02亿件年货。这意味着，“年货春运”持续火爆，在全国范围内形成了“人未出行，货已到家”的消费新现象。这背后，是传统文化引领的红火氛围，是涌动的消费热情，更是中国年温暖的亲情流动。

从年货的品类结构上看，3年来，手机、家电等“带电”品类一直是购买的主角，而健康、运动和饮食类商品增速领先。从以往过年送红包、新衣、糖果点心，到现在送健康、送智能和运动商品，这些改变明确地锁定了提质的方向。

消费者给自己非常用地址跨省发送的“异地订单”是一个重要的观察角度。最典型的异地订单是在大城市工作的儿女们为家乡亲人购买，以及父母们给身在外乡的孩子们寄送。这双向的“年货春运”，一定程度上代替了人的“返乡”“进城”，体现了对异地亲友生活的关心和祝福。2022年1月9日至今，异地订单量同比增长35%。发出最多跨省异地订单的省份是广东、北京、江苏——哪里聚集了更多的游子，一目了然。

从“吃”这个维度上观察异地订单，可以更清晰地感受到年货流动中的消费特征。一二线城市的用户，尤其是年轻人，寄到家乡的主要是健康、滋补、新潮的食品，例如燕窝、佛跳墙；而反向寄出的食品则充满了浓浓的家乡味，各种生鲜肉食、干货、茶叶等家乡特产，把父母的牵挂传递给子女。

年货异地订单也是中国市场消费升级态势的缩影。观察一些典型的消费升级品类，例如扫地机器人、空气净化器等在春节前后的销售数据可以发现，孩子们通过将数码电器、智能产品寄到家乡，让父母辈也享受到数字化、智能化产品带来的便利和健康。这些商品一旦被当作年货送达，就会迅速拉动这类产品在当地的销售，成为激发当地消费升级的有效抓手。由此可见，“年货春运”传递的不仅是商品，更是高质量的消费和生活方式。

也许过年方式发生了改变，但亲情的传递、中国年的精髓没有变。通过线上置办年货，空手回家或是年货先到家已经成了很多人的习惯，而年货更加智能化、健康化、个性化，叠加2022年春节与冬奥会相遇的“冰雪奇缘”，更是拉动了节日消费的热潮，展现出对整体消费的强大助推力。

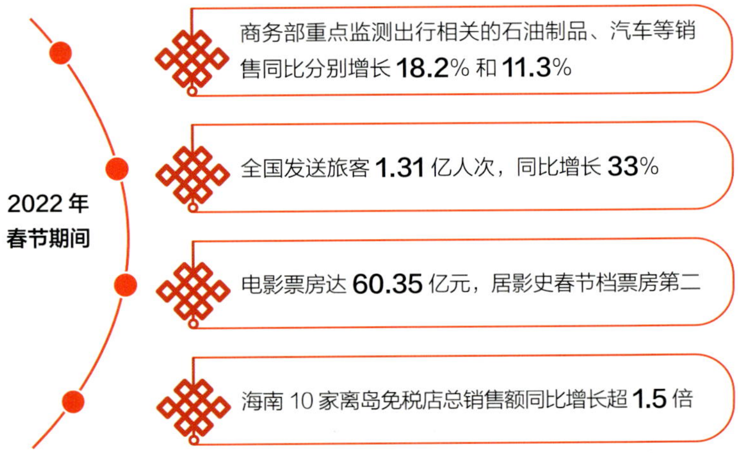

经济日报携手京东发布数据——

年货消费新意浓

节前消费折射生活变化

刘 晖

截至1月23日17时，传统小年前两天，消费者已线上下单逾6.02亿件年货。这意味着，“年货春运”持续火爆，在全国范围内形成了“人未出行，货已到家”的消费新现象。这背后，是传统文化引领的红火氛围，是涌动的消费热情，更是中国年温暖的亲情流动。

从年货的品类结构上看，3年来，手机、家电等“带电”品类一直是购买的主角，而健康、运动和饮食类商品增速领先。从以往过年送红包、新衣、糖果点心，到现在送健康、送智能和运动商品，这些改变明确地锁定了提质的方向。

消费者给自己非常用地址跨省发送的“异地订单”是一个重要的观察角度。最典型的异地订单是在大城市工作的儿女们为家乡亲人购买，以及父母们给身在外乡的孩子们寄送。这双向的“年货春运”，一定程度上代替了人的“返乡”“进城”，体现了对异地亲友生活的关心和祝福。2022年1月9日至今，异地订单量同比增长35%。发出最多跨省异地订单的省份是广东、北京、江苏——哪里聚集了更多的游子，一目了然。

从“吃”这个维度上观察异地订单，可以更清晰地感受到年货流动中的消费特征。一二线城市的用户，尤其是年轻人，寄到家乡的主要是健康、滋补、新潮的食品，例如燕窝、佛跳墙；而反向寄出的食品则充满了浓浓的家乡味，各种生鲜肉食、干货、茶叶等家乡特产，把父母的牵挂传递给子女。

年货异地订单也是中国市场消费升级态势的缩影。观察一些典型的消费升级品类，例如扫地机器人、空气净化器等在春节前后的销售数据可以发现，孩子们通过将数码电器、智能产品寄到家乡，让父母辈也享受到数字化、智能化产品带来的便利和健康。这些商品一旦被当做年货送达，就会迅速拉动这类产品在当地的销售，成为激发当地消费升级的有效抓手。由此可见，“年货春运”传递的不仅是商品，更是高质量的消费和生活方式。

也许过年方式发生了改变，但亲情的传递、中国年的精髓没有变。通过线上置办年货，空手回家或是年货先到家已经成了很多人的习惯，而年货更加智能化、健康化、个性化，叠加今年春节与冬奥会相遇的“冰雪奇缘”，更是拉动了节日消费的热潮，展现出对整体消费的强大助推力。

（作者系京东消费及产业发展研究院院长）

说数

发出最多跨省异地订单的省份：广东 北京 江苏

收到最多跨省异地订单的省份：广东 江苏 河南

从文化消费看新年新气象

随着春节文化消费市场的壮大和繁荣，春节所代表的传统民俗文化衍生出了巨大的生命力

▼ 2022年年味商品销量同比增长情况

红包	年画	春联	灯笼	剪纸
236%	109%	60%	45%	34%

▼ 生肖类商品销量占比情况

	2020年	2021年	2022年
家装软饰	26.89%	29.64%	37.79%
毛绒布艺	24.73%	13.46%	16.56%
休闲食品	7.54%	0.30%	3.51%
内衣	2.69%	3.93%	3.20%

年货消费有着浓浓的“中国年”味道。随着年轻人对传统文化的认同感和文化自信不断增强，春联、灯笼、带有生肖图案的服饰持续热销。生肖等元素的“破圈”，展现了传统文化旺盛的活力与潜力，但在创新的过程中，需要特别注意对传统文化的保护和尊重。

春节期间异地订单高速增长，具有鲜明的地域和路径特征。例如，从高线城市发往下沉市场的，往往是健康滋补的食品，以及手机数码、品质家电等，消费者希望家乡的亲人生活品质全面提升；上行食品则充满了浓浓的家乡味道，带去了父母的牵挂。品牌商和渠道商可以抓住这些特点，有针对性地进行营销，让消费者更容易找到最适合送回家乡和上行到大城市的礼物。

从网购消费看过年方式变迁

2022年春节前，年夜饭网上销量同比增长178%。各地消费者用网购把“大厨”请到了自己家里

▼ 2022年年夜饭销量占比情况

一线城市	二线城市	三线城市	四线城市	下沉市场
30%	24%	13%	8%	25%

近年来，网购年货成为新潮流，无论是买给自己的“家乡味道”，还是买给家人的节日礼物，网购正改变着消费者的春节消费习惯

▼ 异地订单占比情况

	2020年	2021年	2022年
食品饮料	20.67%	22.04%	25.74%
本地生活/旅游出行	11.31%	9.36%	6.21%
家庭清洁/纸品	8.43%	6.27%	4.70%
家用电器	4.53%	4.55%	3.96%

对于身在异乡的游子，最想把年过出“家乡味”，这也让来自家乡的老字号商品成为最佳选择

▼ 老字号商品成交额占比情况

	2020年	2021年	2022年
休闲食品	40.74%	40.52%	43.10%
粮油调味	24.87%	20.49%	18.16%
茗茶	7.78%	11.27%	13.23%
饮料冲调	17.00%	14.27%	12.03%

从家庭消费看“家”的变化

随着居民收入持续提高，消费者的消费需求不断升级，悦己消费、居家消费、娱乐消费逐渐壮大

▼ 居家类商品成交额同比增长情况

	空气炸锅	洗碗机	咖啡机	多用途锅
2022年	214%	49%	48%	37%
2021年	201%	47%	33%	29%

▼ 娱乐类商品成交额同比增长情况

	唐装/汉服	景区门票	文房四宝
2022年	231%	204%	41%
2021年	-60%	84%	32%

更多内容 扫码观看

家是春节最为重要的场景，也是消费最重要的目标。在这个时间点，提升家庭生活品质、烘托团聚氛围、打造健康生活成为明确的消费诉求。品牌商应该抓住家庭消费升级的契机，通过更高质量、更有价值、更加实用的产品，为消费者带来价值和实惠。

*数据周期：每年农历腊月初九至腊月十六

数据来源 京东消费及产业发展研究院 本版编辑 李 瞳 林 蔚

年货账单晒出消费升级

京东消费及产业发展研究院高级研究员　陈　瑶

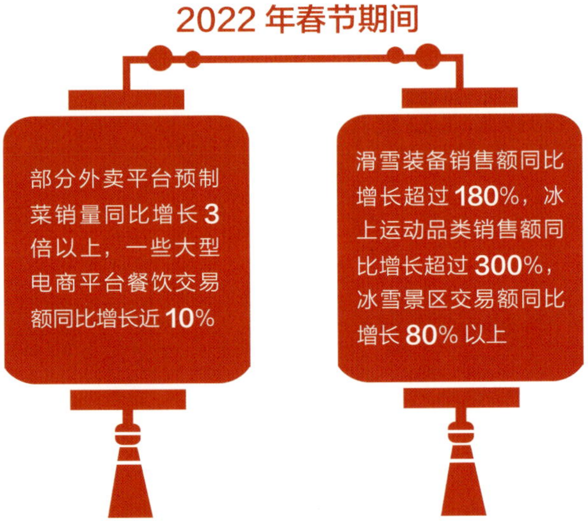

春节是一年中消费升级表现最突出的时期，消费者的年货账单不仅反映出生活水平的提升，也成为引领产业升级、促进经济高质量发展的积极力量。

如今，人们的消费体验发生了天翻地覆的变化。吃，有天南地北的新鲜水果、蔬菜、肉类、海产，线上食品的丰富度前所未有；玩，有健身设备、运动器材、亲子乐园、宠物服务，多种休闲娱乐形式可以轻松选择……随着消费者越来越理性和成熟，消费升级趋势越来越深入，促进了日新月异的优质供给，推动了高质量发展。

生活基本需求消费升级。从粮油调味，到茗茶、水果、休闲食品，人们入口的商品件单价出现明显提升。水果是年货清单上的必备品，件单价上升也最为明显。近年来，高端水果热销，表现出人们在生活水平提升的大背景下，对高质量农产品的消费需求持续提升。同时，各地以优质农产品为抓手，不断加大线上销售力度，既满足了消费需求，也帮助当地农业农村快速发展。未来，各大农业原产地、产业带既要加快线上线下营销步伐，还要进一步提升产品质量，从而获得更多消费者青睐。

智能商品加速升级“破圈”。从食品、电器、手机，到无人机、智能手环、VR眼镜，消费者多样化、个性化的需求带动科技产品领域消费升级。几年前，智能商品的购买者还集中于一线城市的“85后”“95后”家庭，其他地区消费者出于对价格、实用性等方面的考量，对智能商品的消费热度并不高。近两年，中老年用户、下沉市场对智能商品的消费占比明显提升，“破圈”效应显著。随着智能商品在设计和技术方面的持续改进，未来智能产品的市场普及率将会进一步提高。

健康消费需求持续升级。近两年，消费领域最突出的表现是健康观念的普遍改变，带来健康饮食、运动、营养保健、健康服务等多方面的消费升级。健康领域的消费升级，代表着消费升级向更高层次拓展。几年前，健康消费还主要集中于发达城市或高收入群体、高学历群体。近两年，低线市场健康消费的提升最为显著，体现了互联网模式对资源的整合与高效利用，填补了市场空缺，使更多低线市场的群体受益。随着移动互联网普及程度的提升，线上健康领域发展的前景广阔。

经济日报携手京东发布数据——

年味升级带来新机遇

年货账单晒出消费升级

陈 瑶

春节是一年中消费升级表现最突出的时期，消费者的年货账单不仅反映出生活水平的提升，也成为引领产业升级、促进经济高质量发展的积极力量。

如今，人们的消费体验发生了天翻地覆的变化。吃，有天南地北的新鲜水果、蔬菜、肉类、海产，线上食品的丰富度前所未有；玩，有健身设备、运动器材、亲子乐园、宠物服务，多种休闲娱乐形式可以轻松选择……随着消费者越来越理性和成熟，消费升级趋势越来越深入，促进了日新月异的优质供给，推动了高质量发展。

生活基本需求消费升级。从粮油调味，到茗茶、水果、休闲食品，人们入口的商品件单价出现明显提升。水果是年货清单上的必备品，件单价上升也最为明显。近年来，高端水果热销，表现出人们在生活水平提升的大背景下，对高质量农产品的消费需求持续提升。同时，各地以优质农产品为抓手，不断加大线上销售力度，既满足了消费需求，也帮助当地农业农村快速发展。未来，各大农业原产地、产业带既要加快线上线下营销步伐，还要进一步提升产品质量，从而获得更多消费者青睐。

智能商品加速升级“破圈”。从食品、电器、手机，到无人机、智能手环、VR眼镜，消费者多样化、个性化的需求带动科技产品领域消费升级。几年前，智能商品的购买者还集中于一线城市的“85后”“95后”家庭，其他地区消费者出于对价格、实用性等方面的考量，对智能商品的消费热度并不高。近两年，中老年用户、下沉市场对智能商品的消费占比明显提升，“破圈”效应显著。随着智能商品在设计和技术方面的持续改进，未来智能产品的市场普及率将会进一步提高。

健康消费需求持续升级。近两年，消费领域最突出的表现是健康观念的普遍改变，带来健康饮食、运动、营养保健、健康服务等多方面的消费升级。健康领域的消费升级，代表着消费升级向更高层次拓展。几年前，健康消费还主要集中于发达城市或高收入群体、高学历群体。近两年，低线市场健康消费的提升最为显著，体现了互联网模式对资源的整合与高效利用，填补了市场空缺，使更多低线市场的群体受益。随着移动互联网普及程度的提升，线上健康领域发展的前景广阔。

（作者系京东消费及产业发展研究院高级研究员）

说数

消费能力看升级

年货要买好，3年来，消费者购买的各类年货件单价均有所增长，体现出消费能力的不断提升

* 近3年平均件单价（单位：元）▼

	2020年	2021年	2022年
食品粮油			
茗茶	87.6	92.4	104.4
水果	36.5	36.8	64.7
粮油调味	32.5	33.4	34.9
大家电			
平板电视	1599.8	1704.5	1960.0
冰箱	1795.4	1721.2	1966.2
洗衣机	1111.7	1052.3	1127.9
数码产品			
手机	2559.4	3174.0	3362.8
电脑组装	1098.2	1206.7	1537.6
摄影摄像	831.1	884.2	901.6

智能设备

	2020年	2021年	2022年
无人机	1199.4	1705.0	2996.2
智能手环	179.4	203.7	215.2
VR眼镜	569.6	598.7	778.9

* 近3年平均件单价（单位：元）▲

更多内容 扫码观看

消费品类看升级

节庆产品、营养健康、水产海鲜等是春节消费的热门品类

人均成交额TOP 5消费品类 ▼

2021年		2022年	
节庆食品	829.9元	节庆食品	850.4元
海鲜水产	375.9元	养颜/抗氧化	301.3元
健康服务	334.9元	增强免疫	202.4元
养颜/抗氧化	307.5元	调节三高	194.1元
调节三高	213.1元	海鲜水产	177.3元

过节除了要吃好，文化消费、健康消费、体育消费也不能少，生活各方面都要红红火火，有滋有味

细分品类成交额同比增速TOP 5 ▼

2021年		2022年	
园艺生活	1041%	米面粮油	462%
禽肉	超1000%	禽肉	454%
健康服务套餐	超1000%	保健饮品	388%
定制家具	318%	园艺生活	190%
冰上运动	72%	定制家具	180%

智能年货商品销售旺，潮酷佳礼成为过年送亲朋的好选择

跨省递送的智能年货商品销量同比增长TOP 10

商品	同比增长
智能马桶/智能马桶盖	15倍
电子锁	13.1倍
冲牙器	7.2倍
智能晾衣机	7.1倍
筋膜枪	3.7倍
烘干机	3.7倍
水暖毯	3.1倍
家庭影院	2.3倍
空气炸锅	2.2倍
智能猫砂盆	2倍

节庆商品消费热是一时的，其背后消费升级的需求长期存在。近年来，看“热闹”的消费者越来越少，看“门道”的消费者越来越多，商品细节、品牌质感、人性化设计等已成为消费者购买商品时考虑的主要因素。随着消费升级的演进，在功能实现上更精细化，在产品设计上更人性化，在创新思路上再往前走一点，成为各行业产品研发的新思路。

春节前常见的食品、保养品等经常在包装上下功夫，用节庆氛围吸引消费者。但家家如此，新意就变得尤为重要。可以适当增加节庆包装的实用性，如有的商品防碰撞功能的气泡袋，稍加改变还能变成减压玩具。通过改变产品包装，给消费者带来新意和实用性，还可以增加消费者对品牌的认可度。

2022年，健康观念进一步普及，下沉市场健康服务消费增长最高，这其中不仅有看病养病的服务，还包括常见健康问题防治、健康信息的传播、线上问诊等新服务。未来，要借助移动互联网络的普及，进一步把城市优质医疗资源、健康服务延展到县域农村，提高资源利用效率，让好服务惠及更多县域农村居民。

地域差异看升级

* 以下均为消费占比增长率 ▼

一线城市消费结构变化

2021年		2022年	
健康服务	106.77%	营养保健	43.48%
宠物生活	31.01%	健康服务	39.17%
营养保健	21.09%	宠物生活	38.49%
家用电器	10.71%	家用电器	14.20%

二线城市消费结构变化

2021年		2022年	
健康服务	60%	营养保健	35%
营养保健	7%	汽车用品	33%
家具	-12%	家具	20%
汽车用品	-27%	健康服务	18%

下沉市场消费结构变化

2021年		2022年	
生活服务	931.44%	生活服务	220.51%
健康服务	159.48%	健康服务	93.98%
营养保健	30.39%	家具	50.75%
家具	-19.70%	营养保健	28.54%

数据周期：每年农历腊月初九至腊月十六

数据来源 京东消费及产业发展研究院 本版编辑 李 瞳 林 蔚

消费端拉动家电市场升级

京东消费及产业发展研究院院长　刘　晖

2021年，“升级”成为家电消费的关键词。特别是消费者不断求新、求好的消费需求，对家电市场发展起到了强劲的拉动作用。从中长期发展趋势看，随着消费理念持续升级及消费人群快速拓展，家电产品升级换代步伐将进一步加快，家电市场有望实现更高质量的发展。

从生产端来看，企业创新力度持续加大。家电企业在技术、设计和营销上不断推陈出新，各类产品的实用性、科技感、设计感大大加强，有效增强了家电市场的活力。特别是在产品细分功能创新上，许多企业下足了功夫，让以往更新周期超过十年的白电也有了“焕新”动力。

从消费端来看，年轻人逐步引领家电消费潮流，并在消费过程中展现出3个鲜明的趋势——追新潮、重品质、求体验。相关企业可以从这3点入手，对产品和服务迭代升级。

一方面，家电企业可以把年轻人作为新品研发的目标人群，为其定制产品。例如，年轻人更倾向于购买高品质的“旗舰级商品”，希望消费能带来更高价值。企业应充分满足相关需求，设计研发功能更多更全、造型更新更靓的家电产品。

另一方面，年轻人更愿意为细分功能买单的特质，值得企业仔细研究。时下，内衣洗衣机、洗鞋机等家电产品受到了年轻人的广泛认可，这意味着家电产品的功能还可以进一步细分。对于企业而言，在消费者对商品需求不断丰富的情况下，只有精准挖掘、满足他们对于新品的“定义”，才能让微创新成为生产力，为新品成功打下坚实基础。

此外，下沉市场也已经成长为一股不可忽视的家电消费力量。目前，下沉市场的消费需求在零售基础设施持续完善后得到进一步释放，保持了较高的增速。

数据显示，一旦下沉市场消费者开始适应网购，其品类拓展速度，以及对新产品、新模式的接受速度，往往会超过一二线城市消费者，形成弯道超车的态势。特别是在农村地区，消费者对家电产品的需求正从“温饱型”向“品质型”转变，最显著的表现是，无论平板电视、空调还是洗衣机，农村消费者选择的规格往往都高于城市用户，展示了农村市场家电消费提质的鲜明特色。

而在下沉市场家电消费红火的同时，希望相关企业能够切实做好服务下沉，让县域农村用户不仅可以便捷地买到高质量商品，也能放心地使用，并享受安心、高效的服务。

2021 年家用电器行业

规模以上企业营业收入 1.7 万亿元，同比增长　15.5%

规模以上企业利润总额 1219 亿元，同比增长　4.5%

家用电器行业出口超 1000 亿美元，同比增长超　20%

经济日报携手京东发布数据——

家电消费迈向高端化品质化

消费端拉动家电市场升级

刘 晖

2021年，"升级"成为家电消费的关键词。特别是消费者不断求新、求好的消费需求，对家电市场发展起到了强劲的拉动作用。从中长期发展趋势看，随着消费理念持续升级及消费人群快速拓展，家电产品升级换代步伐将进一步加快，家电市场有望实现更高质量的发展。

从生产端来看，企业创新力度持续加大。家电企业在技术、设计和营销上不断推陈出新，各类产品的实用性、科技感、设计感大大加强，有效增强了家电市场的活力。特别是在产品细分功能创新上，许多企业下足了功夫，让以往更新周期超过十年的白电也有了"焕新"动力。

从消费端来看，年轻人逐步引领家电消费潮流，并在消费过程中展现出3个鲜明的趋势——追新潮、重品质、求体验。相关企业可以从这3点入手，对产品和服务迭代升级。

一方面，家电企业可以把年轻人作为新品研发的目标人群，为其定制产品。例如，年轻人更倾向于购买高品质的"旗舰级商品"，希望消费能带来更高价值。企业应充分满足相关需求，设计研发功能更多更全、造型更新更靓的家电产品。

另一方面，年轻人更愿意为细分功能买单的特质，值得企业仔细研究。时下，内衣洗衣机、洗鞋机等家电产品受到了年轻人的广泛认可，这意味着家电产品的功能还可以进一步细分。对于企业而言，在消费者对商品需求不断丰富的情况下，只有精准挖掘、满足他们对于新品的"定义"，才能让微创新成为生产力，为新品成功打下坚实基础。

此外，下沉市场也已经成长为一股不可忽视的家电消费力量。目前，下沉市场的消费需求在零售基础设施持续完善后得到进一步释放，保持了较高的增速。

数据显示，一旦下沉市场消费者开始适应网购，其品类拓展速度，以及对新产品、新模式的接受速度，往往会超过一二线城市消费者，形成弯道超车的态势。特别是在农村地区，消费者对家电产品的需求正从"温饱型"向"品质型"转变，最显著的表现是，无论平板电视、空调还是洗衣机，农村消费者选择的规格往往都高于城市用户，展示了农村市场家电消费提质的鲜明特色。

而在下沉市场家电消费红火的同时，希望相关企业能够切实做好服务下沉，让县域农村用户不仅可以便捷地买到高质量商品，也能放心地使用，并享受安心、高效的服务。

（作者系京东消费及产业发展研究院院长）

说数

"80后""90后"已成为家电消费主力，为高端家电产品消费带来新的增长动力，促进了家电市场高端化

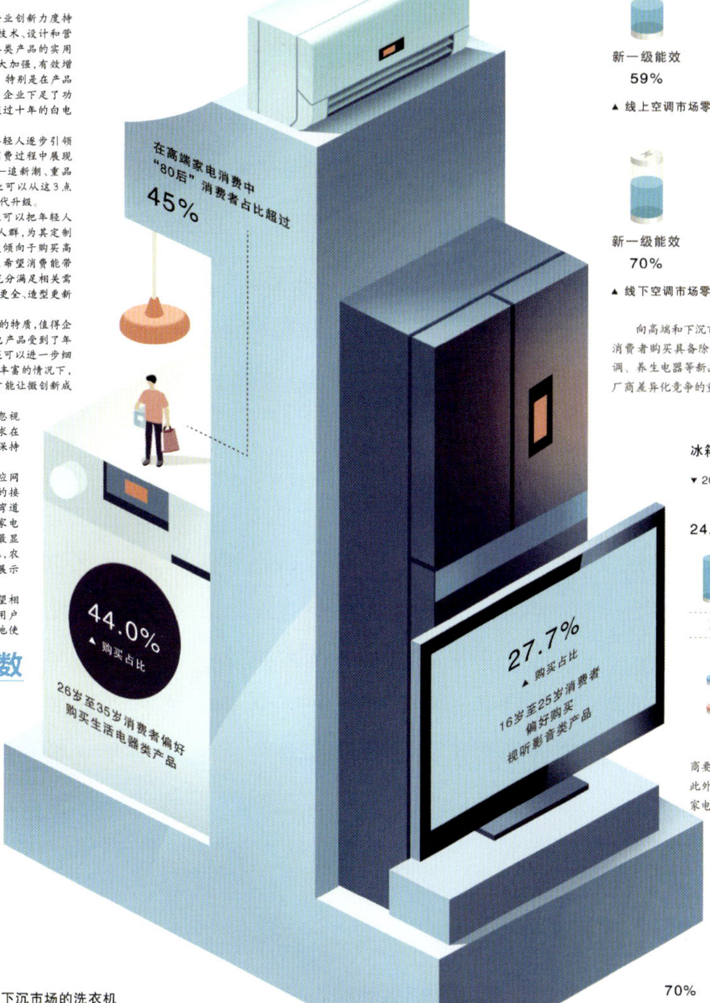

大件家电忙升级

节能空调更受欢迎

新一级能效	新二级能效	新三级能效	其他
59%	2%	33.1%	5.9%

▲ 线上空调市场零售额占比

新一级能效	新二级能效	新三级能效	其他
70%	1.5%	18.1%	10.4%

▲ 线下空调市场零售额占比

向高端和下沉市场要增长，成为2021年的空调市场的主要发展趋势。同时，消费者购买具备除菌、杀毒、净化等功能的健康家电的意愿大幅上升，新风空调、养生电器等新品类的零售量增长明显。围绕健康的功能升级和绿色低碳将是厂商差异化竞争的重点。

冰箱线上卖得更好

▼ 2021年线上线下市场不同门体冰箱零售额增长情况

	对开门	多门	三门	两门
线上市场	24.5%	38.4%	-3.7%	-0.4%
线下市场	5.2%	6.6%	-20.6	-4.4%

2021年，冰箱产品平均容积进一步向500L以上发展。各品牌厂商要在大容积的基础上继续改进技术，提高容积率、降低能耗。此外，下沉市场发展空间较大，增速高于整体市场。特别是高端家电销售仍处于萌芽期，品牌厂商入局正当其时。

下沉市场更爱彩电

▼ 液晶电视零售额同比增速

	一线城市	下沉市场
8000元至10000元	70%	140%
10000元至20000元	50%	100%

当前，电视产品呈现出屏幕变大、均价变高的趋势，同时高颜值、低能耗、智能化也是消费者关注的重点，大屏彩电智能化升级已成厂商新发力方向。但无论是OLED、8K、miniLED等技术方向，都需尽快形成市场规模效应，从而带给消费者更多元、更优质的选择。

洗衣机均价不断提升

线上4000元以上产品占比

2019年	2021年
11.1%	21.4%

线下8000元以上产品占比

2019年	2021年
12.4%	18.5%

下沉市场的洗衣机消费升级趋势更加明显

县域农村市场8000元至10000元洗衣机的零售量和零售额同比增幅均超过250%

2021年，洗衣机产品矩阵进一步丰富，大容量和"小而美"并行发展。值得注意的是，中高端市场差异化竞争更为激烈，低端市场价格竞争也愈演愈烈。以技术实力摆脱价格竞争泥潭的品牌才能更好抓住市场机遇，从而给消费者带来更具差异化的技术、更高颜值的产品。

国货接受度创新高

2021年，国内消费者特别是年轻消费群体，对本土电器品牌的偏好度稳定在较高比例，国货越来越受青睐

更倾向于选择本土品牌的消费者	更倾向于选择国外品牌的消费者	选择"其他"的消费者
66.5%	23.2%	10.3%

在大家电市场，本土品牌占据绝对优势

国产冰箱品牌市场占有率	83.5%
国产洗衣机品牌市场占有率	79.3%
国产空调品牌市场占有率	95.4%

更多内容 扫码观看

数据周期：2021年

数据来源 京东消费及产业发展研究院 本版编辑 李 瞳 林 蔚

推动供应链融合发展

京东消费及产业发展研究院高级研究员　陆　飞

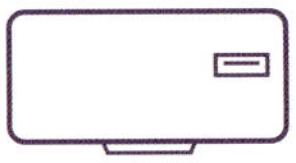

2021 年，全国限额以上单位家用电器和音像器材类商品零售额达到 9340 亿元，占限额以上单位商品零售额的 6.1%，带动家电流通和生产服务等行业就业 480 多万人

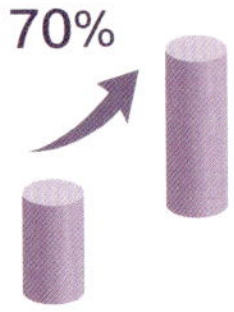

目前，我国智能家电市场规模从 2016 年的 2000 亿元增长到 5000 亿元

前 10 位家电品牌企业销售收入合计占全行业接近 70%

2022年的《政府工作报告》提出，鼓励地方开展绿色智能家电下乡和以旧换新。目前，各地纷纷出台新政策，并举办各类以旧换新、家电下乡、节能惠民活动，这些政策和活动对拓展家电市场空间、深挖家电消费潜力、优化供需渠道等起到了强有力的带动作用。如何进一步激发下沉市场潜力，更好满足消费者对美好生活的需求，是摆在各厂商和平台面前的重要课题。

首先，下沉市场的家电消费主要由“80后”“90后”引领，这一消费群体具有受教育程度较高、消费意愿较强等特征，他们更愿意将钱花在能够提升生活品质的家电产品上，具有既重视品质也重视体验的消费特点。要满足这一部分消费者的需求，就需要家电企业深入研究消费特点，在产品功能研发、品牌营销宣传上拿出更多“绝活”。

其次，下沉市场还考验着商家的全渠道布局、供应链整合、物流基础设施建设等能力。例如，在众多人口不足5万甚至不过万的县域农村，以及广大偏远地区，居民同样有旺盛的消费需求，但受物流能力所限，相关地区的消费往往滞后于全国整体消费升级趋势。

要解决上述问题，需要促进数字技术与实体经济深度融合，催生各种新模式、新业态，促进多元化、个性化的服务消费市场加速形成，进一步推动全渠道、全场景运营模式“下沉”到相关地区。

一方面，可以借助电商平台的网络优势、物流速度和服务模式，加速拓展线上线下的家电消费渠道，满足消费者“体验优先、效率优先”的全新诉求。另一方面，家电企业要抓紧建设智能化供应链体系，加快提升产品研发能力与配送的时效性，助力全渠道、全场景运营模式更好发展。

经济日报携手京东发布数据——

家电销售渠道更加多元

推动供应链融合发展

陆 飞

今年的《政府工作报告》提出，鼓励地方开展绿色智能家电下乡和以旧换新。目前，各地纷纷出台新政策，并举办各类以旧换新、家电下乡、节能惠民活动，这些政策和活动对拓展家电市场空间、深挖家电消费潜力、优化供需渠道等起到了强有力的带动作用。如何进一步激发下沉市场潜力，更好满足消费者对美好生活的需求，是摆在各厂商和平台面前的重要课题。

首先，下沉市场的家电消费主要由“80后”“90后”引领，这一消费群体具有受教育程度较高、消费意愿较强等特征，他们更愿意将钱花在能够提升生活品质的家电产品上，具有既重视品质也重视体验的消费特点。要满足这一部分消费者的需求，就需要家电企业深入研究消费特点，在产品功能研发、品牌营销宣传上拿出更多“绝活”。

其次，下沉市场还考验着商家的全渠道布局、供应链整合、物流基础设施建设等能力。例如，在众多人口不足5万甚至不过万的县域农村，以及广大偏远地区，居民同样有旺盛的消费需求，但受物流能力所限，相关地区的消费往往滞后于全国整体消费升级趋势。

要解决上述问题，需要促进数字技术与实体经济深度融合，催生各种新模式、新业态，促进多元化、个性化的服务消费市场加速形成，进一步推动全渠道、全场景运营模式“下沉”到相关地区。

一方面，可以借助电商平台的网络优势、物流速度和服务模式，加速拓展线上线下的家电消费渠道，满足消费者“体验优先、效率优先”的全新诉求。另一方面，家电企业要抓紧建设智能化供应链体系，加快提升产品研发能力与配送的时效性，助力全渠道、全场景运营模式更好发展。

（作者系京东消费及产业发展研究院高级研究员）

说数

线上主导格局基本形成

▼各大类电器线上市场渗透率

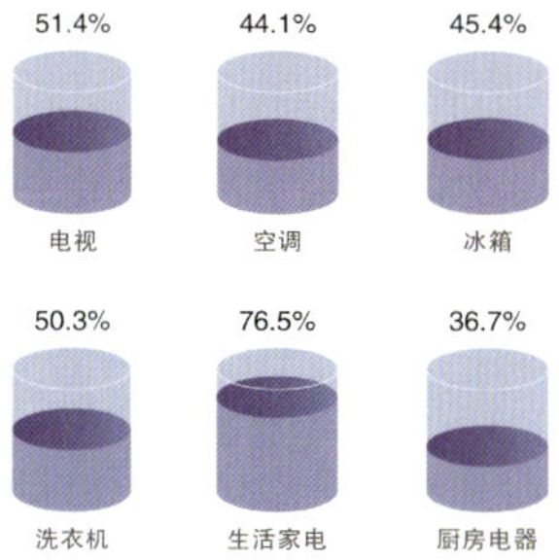

在大家电领域，冰箱、洗衣机、电视等都已经进入到存量竞争阶段，主要的消费需求来自于产品更新换代。市场将考验企业在价格、技术、品牌、生态、场景等全方位竞争中的综合实力，同时也会对厂商的全渠道能力和服务能力提出更高要求。

从线上平台家电销售情况来看

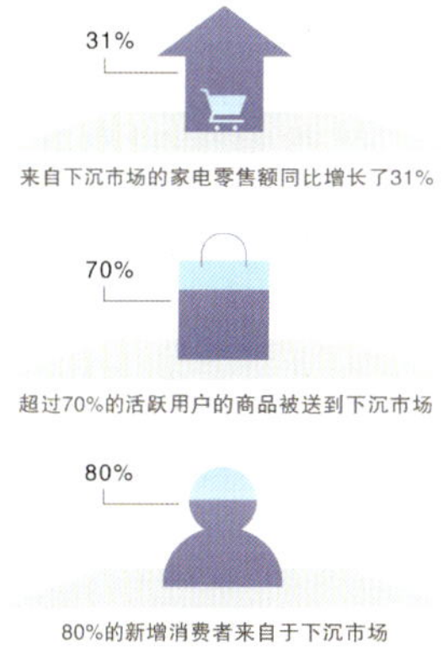

由于城乡在收入水平、居住环境和生活习惯的差异，普及型家电产品仍然是下沉市场的销售主力，高端电器销售处于萌芽期。随着电商平台向县城农村市场下沉、品牌企业投入增加、全渠道销售模式日渐成熟，下沉市场的家电消费增幅会继续领跑，逐渐成为家电市场最强劲的增长引擎。

下沉市场空间广阔

下沉市场的家电产品拥有量与城市相比还有一些差距，发力下沉市场，家电企业依然大有可为

▼我国主要家电产品每百户拥有量（台）

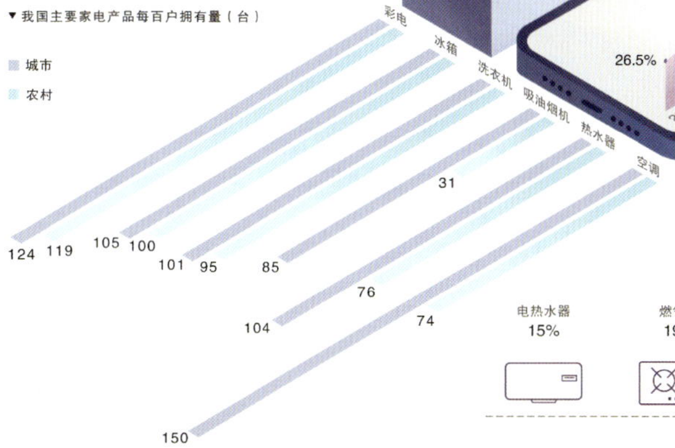

普及型产品依然是下沉市场家电销售的主力，集成灶、嵌入式产品、洗碗机等新兴厨电也逐渐走入农村家庭

▼2021年下沉市场线上渠道部分厨电产品零售额增长情况

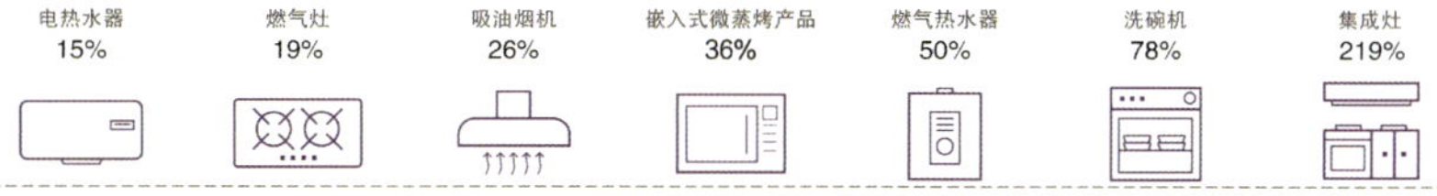

下沉市场在灶具、冰箱、视听影音、商用电器等方面的消费实现了高端升级，件单价甚至超过了二三线城市

▼消费者购买的主要家电品类件单价对比（以全国平均为1）

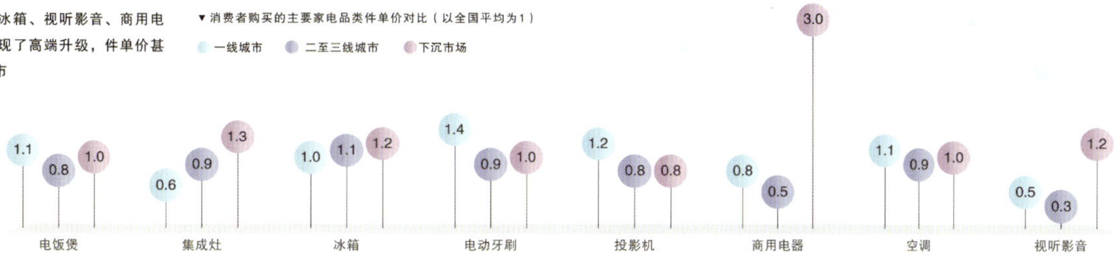

更多内容 扫码观看

数据周期：2021年

部分数据来源 京东消费及产业发展研究院 本版编辑 李 瞳 林 蔚

打造多元居家消费场景

京东消费及产业发展研究院高级研究员　陆　飞

“家”是一个多彩、包容、个性的场所，特别是在消费升级的大背景下，越来越多的年轻消费者愿意为“家”添加更多不一样的元素。从消费数据来看，居家场景已经成为消费的重要增长极。其中，家居家电一体化消费渐成趋势，智能化家具家电产品引领整个市场的风潮。

年轻消费者对“家”进行了极其细化的空间区分，并对不同空间所具备的功能提出了各式各样的新需求。这一特点在家电消费上表现尤为明显——家电正从“替代自身劳动”向“满足额外需求”转变，并成为生活水平和消费升级的重要指标。

以客厅为例，年轻人的客厅不再是过去那种一成不变、一尘不染的样子，而是随着需求变化，随时在学习、娱乐、社交、亲子、健身等场景下快速切换。这就要求配套的家电产品在功能上更加细分化、智能化。

同时，年轻消费者勇于探索“未知领域”，很少会被固有观念束缚，他们更愿意体验新产品、新服务，新风空调、洗烘套装、智能马桶等新产品渐成潮流。但在引领消费潮流的同时，年轻消费群体也不断修正自身消费偏好，不断添加实用、便捷、性价比等标签。

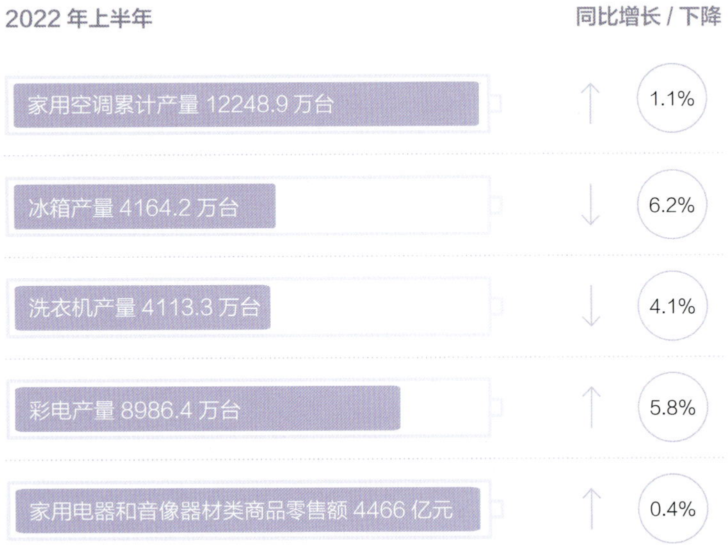

可以说，年轻人对家电的需求变化，给家电企业带来了新的机遇与挑战。一方面，年轻消费者的新品消费偏好，使家庭空间成为新品最好的展示场所，给众多细分品类带来了弯道超车的空间。另一方面，更加智慧、更多功能的要求，以及一件家电产品满足多个使用场景的需求，也对家电企业的研发创新能力提出了更多挑战。

为了更好地把握机遇并迎接挑战，家电企业应进一步加强加深市场调研，让信息传递的触角沉下去，触达和连接消费者，用心倾听消费者的诉求。并且要进一步加强创新研发能力，打造更多智能化新产品。此外，还要针对不同需求的消费者，量身定制更加具象的场景化消费模式，让消费者能够感同身受，从而激发消费意愿。

经济日报携手京东发布数据——

场景化应用成家电业增长新动力

打造多元居家消费场景

陆 飞

“家”是一个多彩、包容、个性的场所，特别是在消费升级的大背景下，越来越多的年轻消费者愿意为“家”添加更多不一样的元素。从消费数据来看，居家场景已经成为消费的重要增长极。其中，家居家电一体化消费渐成趋势，智能化家具家电产品引领整个市场的风潮。

年轻消费者对“家”进行了极其细化的空间区分，并对不同空间所具备的功能提出了各式各样的新需求。这一特点在家电消费上表现尤为明显——家电正从“替代自身劳动”向“满足额外需求”转变，并成为生活水平和消费升级的重要指标。

以客厅为例，年轻人的客厅不再是过去那种一成不变、一尘不染的样子，而是随着需求变化，随时在学习、娱乐、社交、亲子、健身等场景下快速切换。这就要求配套的家电产品在功能上更加细分化、智能化。

同时，年轻消费者勇于探索“未知领域”，很少会被固有观念束缚，他们更愿意体验新产品、新服务，新风空调、洗烘套装、智能马桶等新产品渐成潮流。但在引领消费潮流的同时，年轻消费群体也不断修正自身消费偏好，不断添加实用、便捷、性价比等标签。

可以说，年轻人对家电的需求变化，给家电企业带来了新的机遇与挑战。一方面，年轻消费者的新品消费偏好，使家庭空间成为新品最好的展示场所，给众多细分品类带来了弯道超车的空间。另一方面，更加智慧、更多功能的要求，以及一件家电产品满足多个使用场景的需求，也对家电企业的研发创新能力提高了更多挑战。

为了更好地把握机遇并迎接挑战，家电企业应进一步加强加深市场调研，让信息传递的触角沉下去，触达和连接消费者，用心倾听消费者的诉求。并且要进一步加强创新研发能力，打造更多智能化新产品。此外，还要针对不同需求的消费者，量身定制更加具象的场景化消费模式，让消费者能够感同身受，从而激发消费意愿。

（作者系京东消费及产业发展研究院高级研究员）

说数

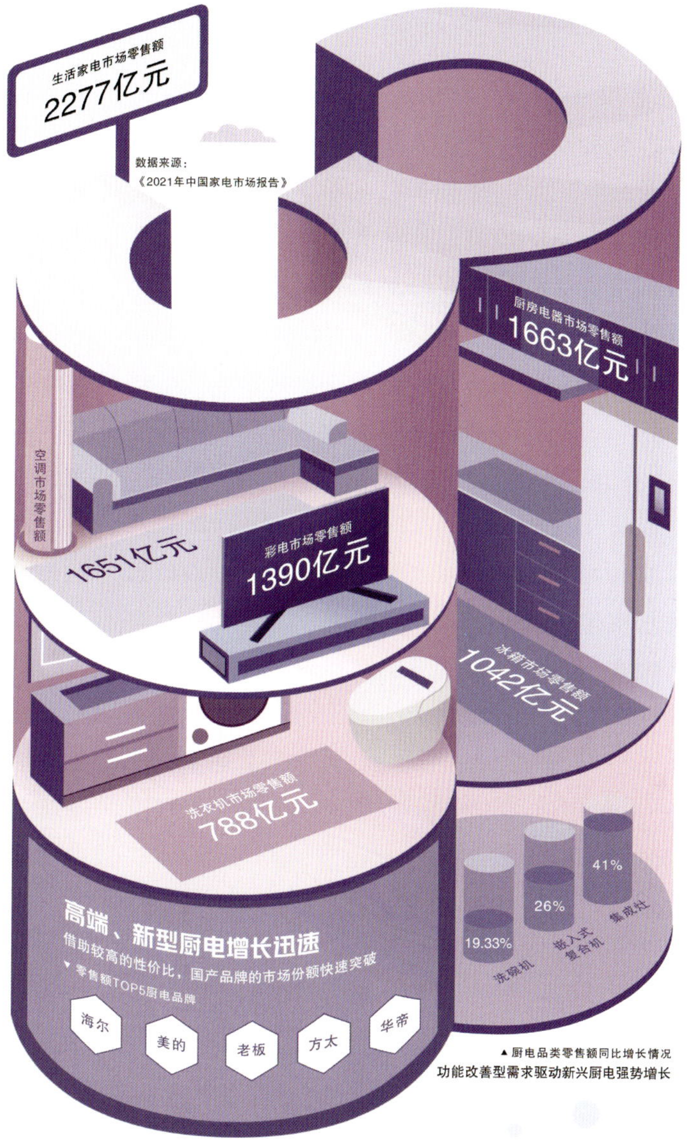

▲ 厨电品类零售额同比增长情况

功能改善型需求驱动新兴厨电强势增长

家电智能化成趋势

智能家电产品渗透率进一步提升，并保持较高增速

▼ 线上智能产品零售额占比TOP5

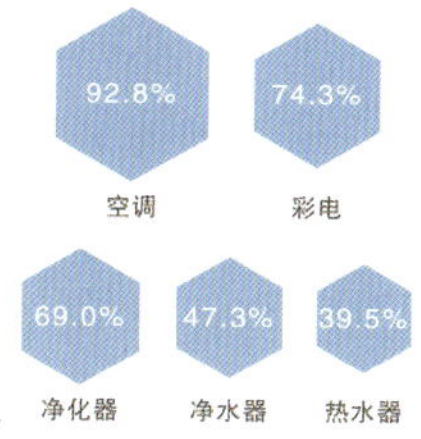

▼ 线下智能产品零售额占比TOP5

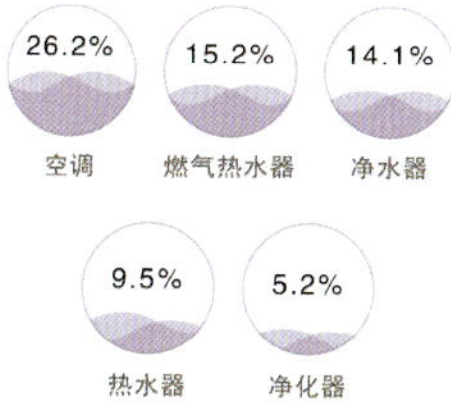

智能家电受到消费者的广泛认可

▼ 智能家电零售额同比增长情况

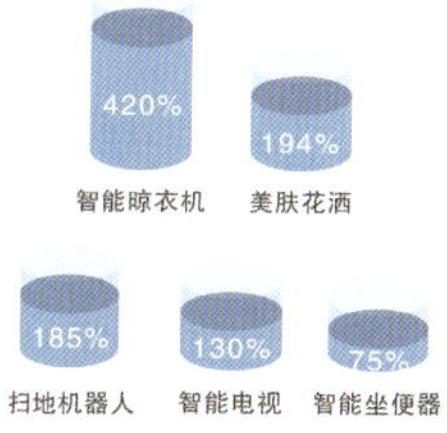

与健康相关的家电品类都有亮眼的销售数据

▼ 健康相关家电品类零售额同比增长情况

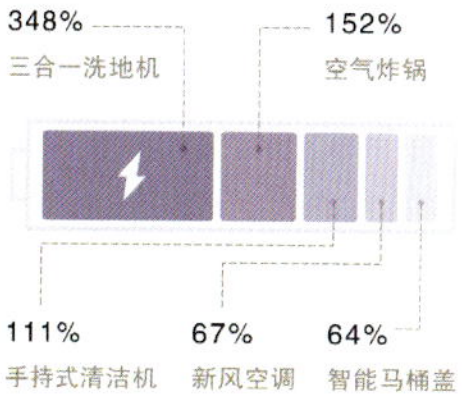

智能化已成为家电行业发展的重点。未来，企业既要加快创新步伐，也要注意控制生产成本，打造自动化程度高且不会超出消费者接受范围的新产品。同时，具有技术优势的互联网企业可以与传统家电企业强强联合，共享技术与生产线，满足更多消费者的消费需求。

小家电扮靓美好生活

生活家电的使用场景划分越来越细，不断满足消费者精细护理的各类需求

▼ 个护家电细分市场零售额变化情况

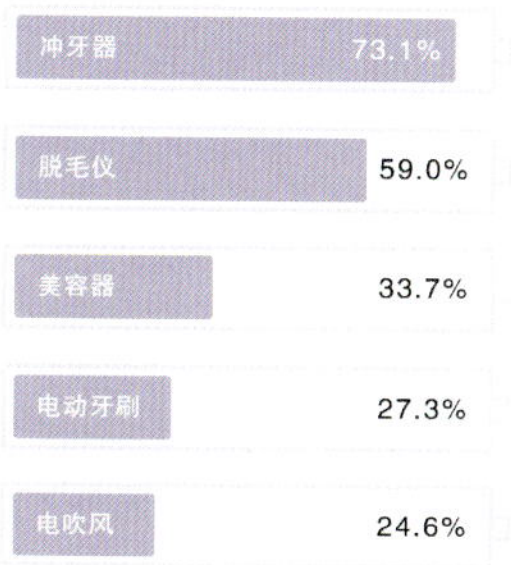

小家电是一个全球化供应的品类，强化对供应链的把控是产业发展必须面对的问题。随着智能化渐成小家电发展趋势，企业应增强对智能功率模块等上游产业链中关键元器件的研发和整合能力，从而更有底气和信心在智能化、高端化的浪潮中寻求更大市场空间。

高端产品快速增长，线上线下销售平分秋色

▼ 高端厨电产品线上线下市场零售额占比

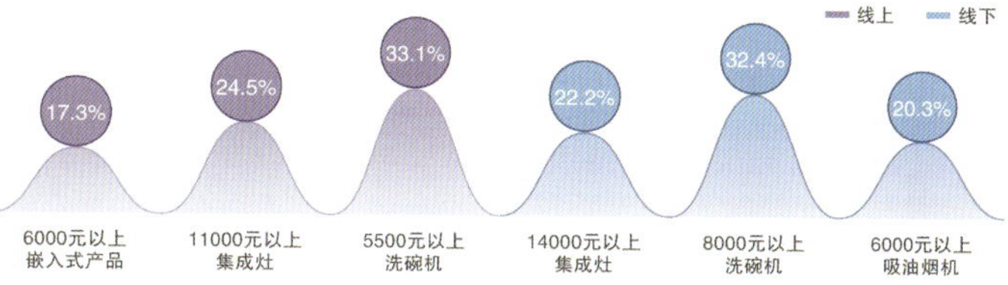

更多内容 扫码观看

数据周期：2021年

▶ 生活家电销售额同比增长情况

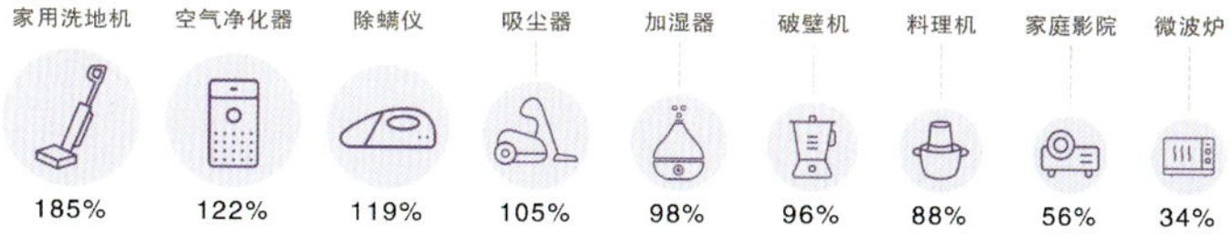

数据来源 京东消费及产业发展研究院 本版编辑 李 瞳 林 蔚

新品消费成为新增长极

京东消费及产业发展研究院高级研究员　陆　飞

2022年，在用户复购率高、刚性需求强劲、柔性需求扩容的重点行业，线上线下消费依然保持着较强的增长。潜力十足的内需市场出现了众多新风口，为消费市场注入了新动能。其中，新品消费已经成为新的增长极。

新品是拉动整体消费的重要动力，其成交额增长一直保持亮眼成绩。以家电为例，作为我国制造业技术研发创新最硬核、数智化进程最先进的行业之一，家电一直是新品发布最为集中的领域。同时，这个行业也有着“家电买新不买旧”的说法，消费者更愿意购买最新款式、最新一代产品。因此，在买新换新需求的支撑下，家电新品的销售表现十分强劲，并在新品消费中占据着较大份额。

家电品类新品的强势，并不意味着其他品类新品的弱势。今年以来，消费者对新品的关注点较以往更为分散，在食品饮料、家居生活、运动户外等领域，人们对新品的需求面依然十分广泛。当然，有需求就有市场，消费者对新品的强烈需求，使得方便预制菜、颜值锅具、洗烘套装、智能马桶等能更好满足不同群体个性化需求的新产品渐成潮流，为消费市场的增长带来了新亮点。

值得注意的是，消费者的购买心理和购买决策正在悄然改变。其中，最显著的特征是，消费者变得更加理性，消费行为不再是以单独、冲动的个案出现，而是形成了一系列更富逻辑的组合消费。因此，商家需要更加了解消费者的诉求，不再只是对单个物品进行更新换代，而是对整个产品体系乃至关联产品进行系统化的创新改造。

未来，随着商家进一步了解并更好满足消费者需求，越来越多的新品将持续推动消费升级。这不仅会改变我们的生活方式，从整体上提高生活水平与质量，而且会让我们深切地感受到消费社会的丰盛与品质。

2021 年，规模以上工业企业研发经费 **17514.2** 亿元，比上年增长 **14.7**%

我国制造业研发投入强度从 2012 年的 **0.85**% 增加到 2021 年的 **1.54**%

截至 2022 年第二季度，我国制造业企业实现平台化设计、智能化生产、网络化协同、个性化定制的比例分别达到 **9.5**%、**6.6**%、**39.5**% 和 **10.8**%，新产品新模式新业态蓬勃发展

经济日报携手京东发布数据——

消费者眼中的“C位”新品

新品消费成为新增长极

陆 飞

2022年，在用户复购率高、刚性需求强劲、柔性需求扩容的重点行业，线上线下消费依然保持着较强的增长。潜力十足的内需市场出现了众多新风口，为消费市场注入了新动能。其中，新品消费已经成为新的增长极。

新品是拉动整体消费的重要动力，其成交额增长一直保持亮眼成绩。以家电为例，作为我国制造业技术研发创新最硬核、数智化进程最先进的行业之一，家电一直是新品发布最为集中的领域。同时，这个行业也有着“家电买新不买旧”的说法，消费者更愿意购买最新款式、最新一代产品。因此，在买新换新需求的支撑下，家电新品的销售表现十分强劲，并在新品消费中占据着较大份额。

家电品类新品的强势，并不意味着其他品类新品的弱势。今年以来，消费者对新品的关注点较以往更为分散，在食品饮料、家居生活、运动户外等领域，人们对新品的需求面依然十分广泛。当然，有需求就有市场，消费者对新品的强烈需求，使得方便预制菜、颜值锅具、洗烘套装、智能马桶等能更好满足不同群体个性化需求的新产品渐成潮流，为消费市场的增长带来了新亮点。

值得注意的是，消费者的购买心理和购买决策正在悄然改变。其中，最显著的特征是，消费者变得更加理性，消费行为不再是以单独、冲动的个案出现，而是形成了一系列更富逻辑的组合消费。因此，商家需要更加了解消费者的诉求，不再只是对单个物品进行更新换代，而是对整个产品体系乃至关联产品进行系统化的创新改造。

未来，随着商家进一步了解并更好满足消费者需求，越来越多的新品将持续推动消费升级。这不仅会改变我们的生活方式，从整体上提高生活水平与质量，而且会让我们深切地感受到消费社会的丰盛与品质。

（作者系京东消费及产业发展研究院高级研究员）

说数

当前，消费者对各类新品具有强劲需求，但新品受欢迎的平均周期却进一步变短。对此，商家需要结合产品销售情况，快速洞察市场变化，并通过智能算法，联合渠道商精准输出新品消费画像，精准定义新产品的“款、价、量、人”。

面对应接不暇的消费热词和快速变化的消费需求，唯有回归消费本质，以消费者体验为中心，加快技术革新，坚守与消费者之间的信任与责任，才能在风云变幻的市场驰骋纵横，真正做到“以不变应万变”。

年轻一代消费者的偏好引领全民消费风向，不断促进新品快速迭代，他们的新品消费动机值得厂商深入研究

▼ 新品购买场景

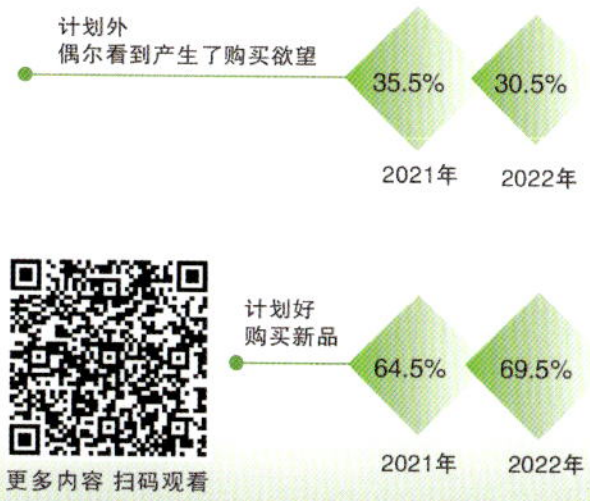

更多内容 扫码观看

新品消费偏好变化

新品线上消费保持较强需求和韧性，但消费者对新品的态度有了新变化

▼ 消费者对新品的关注度与购买偏好

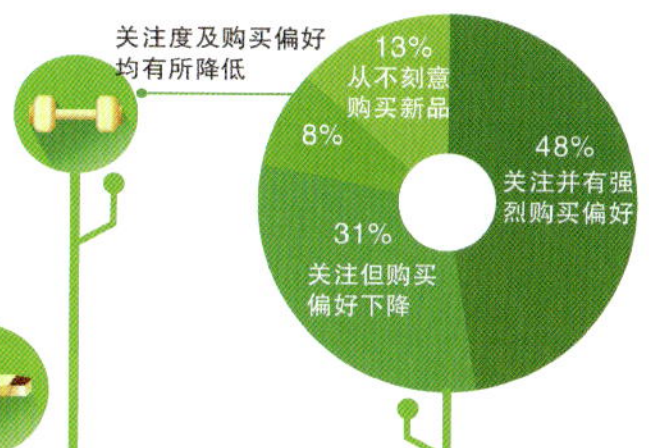

消费者对食品饮料及家电家居类新品保持较高关注度

▼ 新品消费人数占比

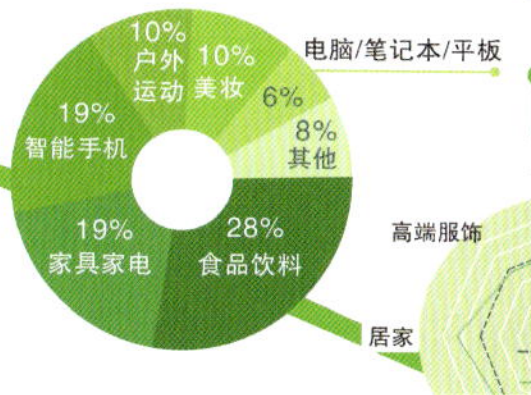

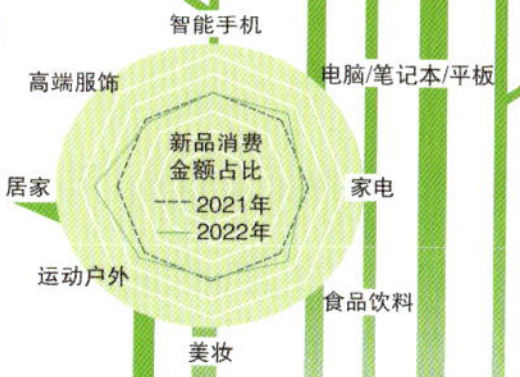

▲ 居家消费已经成最火热的新品消费场景

新品认可度变化

消费者对某类新品形成高度认可后，会持续关注并追踪相关动态，更加乐于尝新。这在3C家电类，以及食品、美妆、家居类的新品中表现尤为明显

▼ 食品、美妆、家居类用户对新品的态度

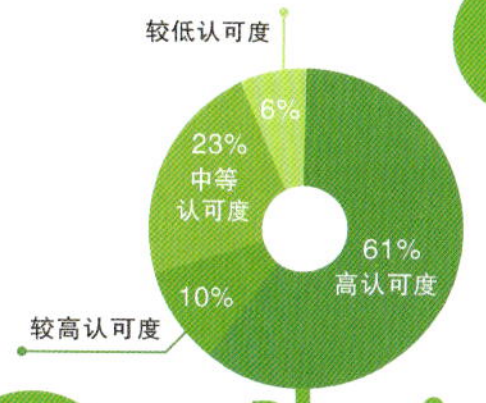

▼ 3C家电类用户对新品的态度

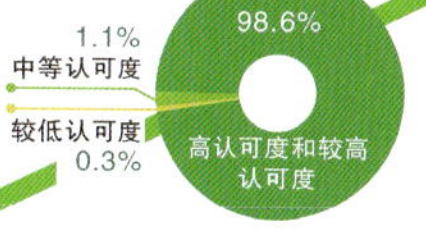

新品消费动机变化

▼ 各年龄段消费者购买常用品类新品的动机（系数越大表示偏好度越高）

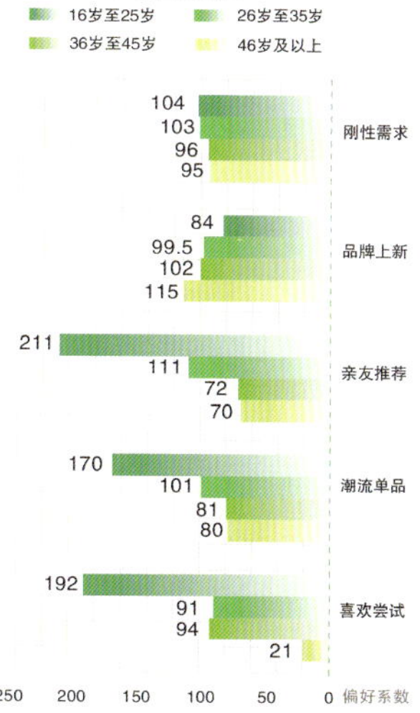

▼ 消费者对新品的满意度评分

消费者对熟悉品类的新品能够更快做出购买决定。同时，更多消费者开始有计划地购买新品

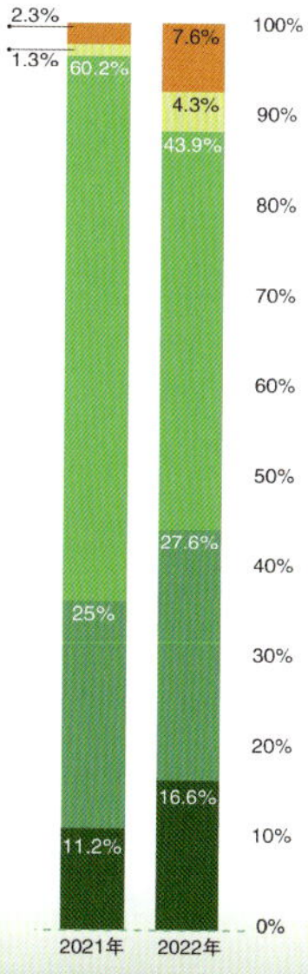

◀ 熟悉品类的新品上市后的消费心理变化

▼ 各年龄段消费者购买新的商品种类的动机（系数越大表示偏好度越高）

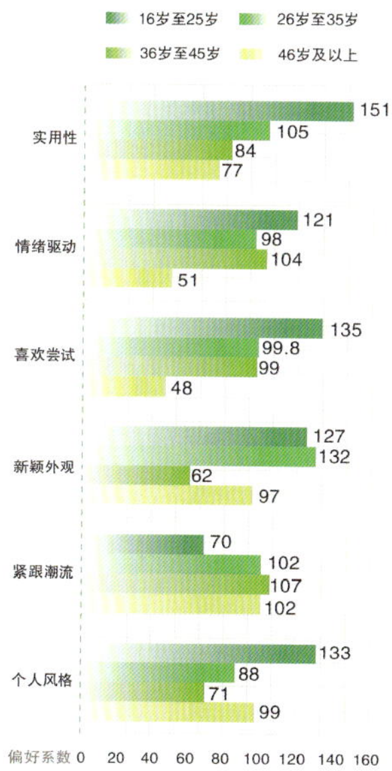

数据周期：2022年1月至5月

数据来源 京东消费及产业发展研究院 本版编辑 李 瞳 林 蔚

硬件如何“硬”起来

京东消费及产业发展研究院高级研究员　陆　飞

近两年教育硬件赛道格外热闹。受新冠肺炎疫情影响，大幅增长的在线学习需求，直接带火了词典笔、学习平板、错题打印机等教育硬件。同时，各大互联网公司纷纷入局，频频发布教育硬件产品。教育硬件这条路看起来前景可期，但真要走得好、走得稳，还要有点“硬”功夫。

首先，教育行业本身极具场景属性，不同场景对产品应用都有一整套要求。比如根据场景、对象和教学环节的不同，硬件产品可能要承担辅助工具、教学助手和智能学伴等“身份”。这些不同的“身份”需要生产者深度了解需求，有针对性地进行设计，才能带来良好使用体验。但是，当前教育硬件在教学中的应用还处于探索阶段，无论是在学校场景还是家庭场景，不方便、不实用等现象时有发生，远远没有发挥出智能化产品应有的作用，甚至弱化了移动教学的优势、拉低了效率。

其次，教育硬件行业产品同质化现象严重。一方面，各大厂商产品研发方向较为趋同，难以满足消费者的差异化需求。另一方面，市面上销售的大多数产品功能形式单一、内容多样化不足，很难提高用户使用频率和黏性。

此外，教育硬件研发投入较大、技术门槛过高、研发周期较长。高投入还造成了部分产品定价过高，导致生产和需求的错位。

针对上述情况，相关企业一是要主动探索、积极创新，寻找教育硬件产品的最佳使用场景和切入点，从而更加细致周到地满足消费者的差异化需求。

二是要紧紧围绕增强学习效果进行创新。无论功能多么新颖、概念多么潮流，教育硬件产品的核心竞争力还是实用性，消费者购买的目的始终是希望提高学习效率。

三是要明确教育硬件产品的定位。既不能以高定价形成“数码鸿沟”，也不能装上早就过时的电池、屏幕和摄像头了事，成为低端的代名词。要在功能与价格之间找到平衡，满足更广泛的消费需求。

还应注意的是，教育硬件的特性如能得到充分运用，有利于加强学校与家庭之间的联系、互动，有极大的发展潜能和想象空间。但若运用不当，则会带来学习变游戏等一系列问题。

要想切实解决家庭教育场景中的“痛点”，教育硬件还有很长的路要走。但只要能平衡性价比、理解细分市场需求、充分利用网络技术，教育硬件这片新蓝海也将成为推动中国消费转型升级的重要力量。

▶ 目前，全国共有各级各类学校近 **53** 万所、在校生超 **2.9** 亿人。

经济日报携手京东发布数据——

教育产品智能化成趋势

硬件如何『硬』起来

陆 飞

近两年教育硬件赛道格外热闹。受新冠肺炎疫情影响，大幅增长的在线学习需求，直接带火了词典笔、学习平板、错题打印机等教育硬件。同时，各大互联网公司纷纷入局，频频发布教育硬件产品。教育硬件这条路看起来前景可期，但真要走得好、走得稳，还要有点“硬”功夫。

首先，教育行业本身极具场景属性，不同场景对产品应用都有一整套要求。比如根据场景、对象和教学环节的不同，硬件产品可能要承担辅助工具、教学助手和智能学伴等“身份”。这些不同的“身份”需要生产者深度了解需求，有针对性地进行设计，才能带来良好使用体验。但是，当前教育硬件在教学中的应用还处于探索阶段，无论是在学校场景还是家庭场景，不方便、不实用等现象时有发生，远远没有发挥出智能化产品应有的作用，甚至弱化了移动教学的优势、拉低了效率。

其次，教育硬件行业产品同质化现象严重。一方面，各大厂商产品研发方向较为趋同，难以满足消费者的差异化需求。另一方面，市面上销售的大多数产品功能形式单一、内容多样化不足，很难提高用户使用频率和黏性。

此外，教育硬件研发投入较大、技术门槛过高、研发周期较长。高投入还造成了部分产品定价过高，导致生产和需求的错位。

针对上述情况，相关企业一是要主动探索、积极创新，寻找教育硬件产品的最佳使用场景和切入点，从而更加细致周到地满足消费者的差异化需求。

二是要紧紧围绕增强学习效果进行创新。无论功能多么新颖、概念多么潮流，教育硬件产品的核心竞争力还是实用性，消费者购买的目的始终是希望提高学习效率。

三是要明确教育硬件产品的定位。既不能以高定价形成“数码鸿沟”，也不能装上早就过时的电池、屏幕和摄像头了事，成为低端的代名词。要在功能与价格之间找到平衡，满足更广泛的消费需求。

还应注意的是，教育硬件的特性如能得到充分运用，有利于加强学校与家庭之间的联系、互动，有极大的发展潜能和想象空间。但若运用不当，则会带来学习变游戏等一系列问题。

要想切实解决家庭教育场景中的“痛点”，教育硬件还有很长的路要走。但只要能平衡性价比、理解细分市场需求、充分利用网络技术，教育硬件这片新蓝海也将成为推动中国消费转型升级的重要力量。

（作者系京东消费及产业发展研究院高级研究员）

说数

消费者需要什么样的产品

调查显示，中小学家长更加重视孩子全面发展，希望相关教育硬件能够提升孩子学习效率，拓展针对性学习和兴趣场景，满足知识点辅导和改错需求。

对教育硬件产品的效果期待 ▼受访者需求度

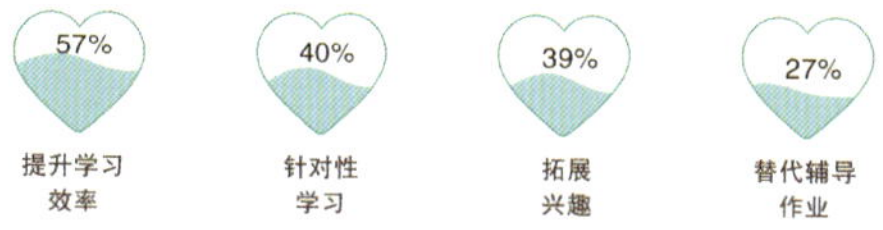

目前，用户对教育平板的价格较为敏感，但不能因为“价低”而粗制滥造，特别是在内存、摄像头、麦克风和音响等影响使用体验的硬件上，应保持合理的投入水平。同时，进一步细化教育硬件产品的设计，既要增加轻量化、护眼等功能，也要让操作更加便捷有效。

对教育硬件产品的功能需求 ▶受访者占比

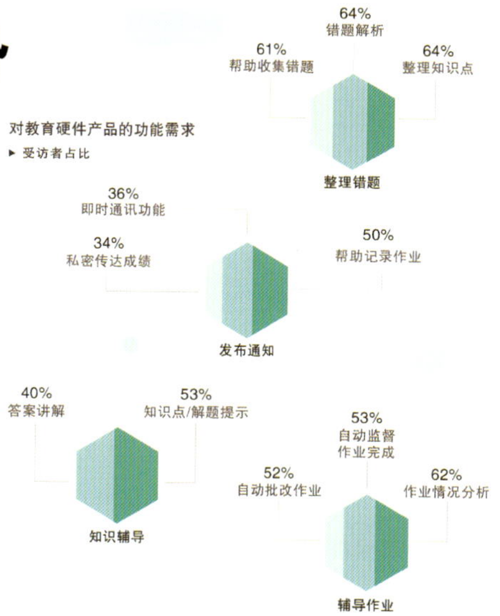

企业的机会在哪里

在新的发展机会面前，教育硬件行业焕发生机，融资活跃度稳步提升，整个行业仍有较大开拓空间

机会1：品类多元发展
电子词典、翻译机、学生平板、电纸书等产品偏好度日益提升

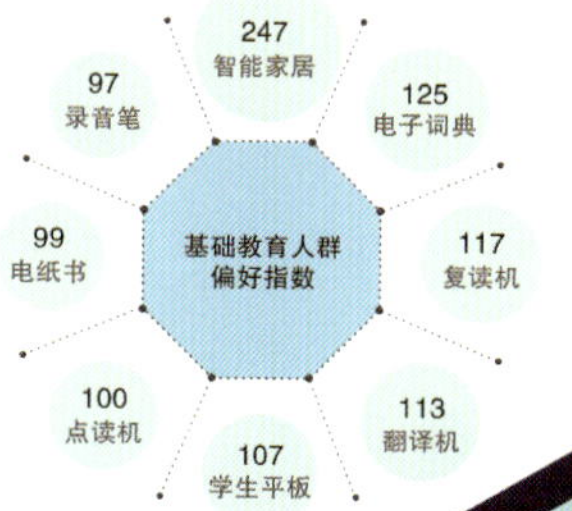

机会2：功能多维创新
屏幕科技、智能化和健康功能备受关注
2021年搜索量同比增长情况

机会3：全民教育细分
全年龄段教育需求旺盛，精细化教育需求崛起
2021年搜索量同比增长情况

教育硬件产品如何迭代升级

护眼、矫正坐姿和注意力监测备受家长关注
▼2021年搜索量同比增长情况

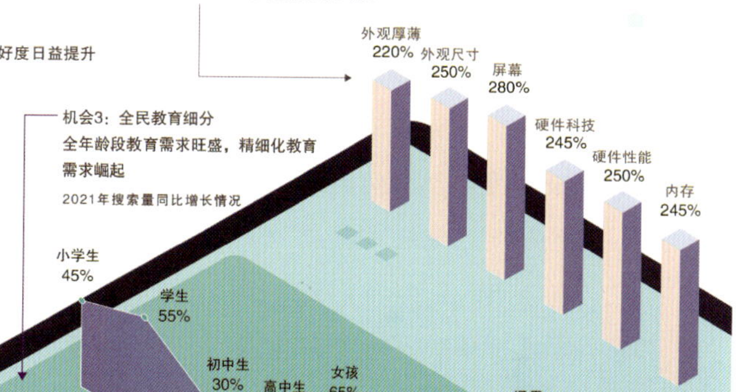

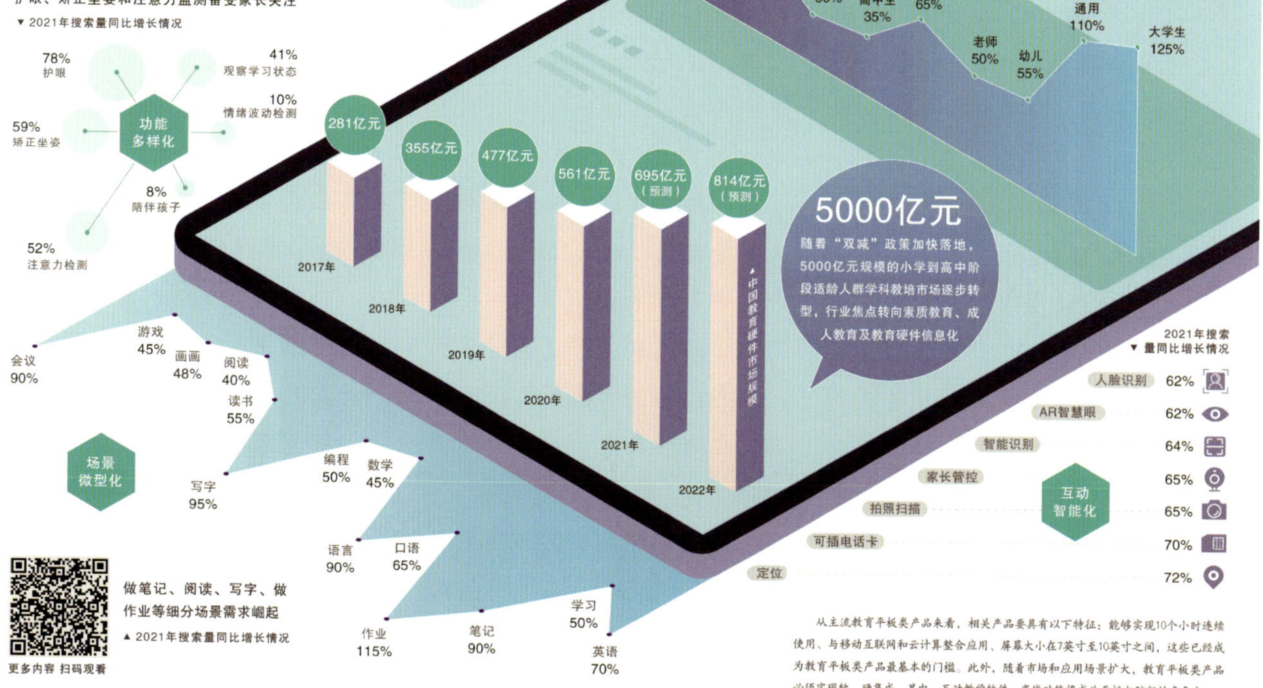

做笔记、阅读、写字、做作业等细分场景需求崛起
▲2021年搜索量同比增长情况

更多内容 扫码观看

数据周期：2021年

从主流教育平板类产品来看，相关产品要具有以下特征：能够实现10个小时连续使用、与移动互联网和云计算整合应用、屏幕大小在7英寸至10英寸之间，这些已经成为教育平板类产品最基本的门槛。此外，随着市场和应用场景扩大，教育平板类产品必须实现软、硬集成。其中，互动教学软件、离线功能将成为平板电脑新的竞争点。

数据来源 京东消费及产业发展研究院 本版编辑 李 瞳 林 蔚

为好睡眠买单

京东消费及产业发展研究院产业研究员　柴祯祯

▶ 《健康中国行动（2019—2030 年）》

提倡成人每日平均睡眠时间为 **7 ～ 8** 小时

▶ 调查显示，居民睡觉休息平均时间为 9 小时 19 分钟

占全天时间的比重为 **38.8**%

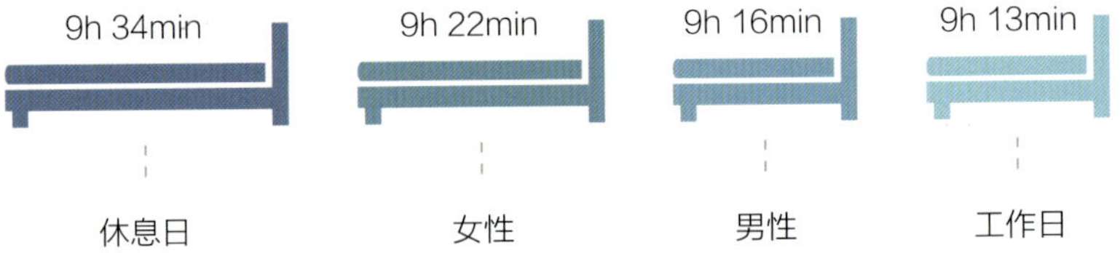

2021年，中国人的平均睡眠时长由2020年的8.5小时缩减到7.06小时，入睡时间晚了，睡觉时长少了，睡眠质量呈现明显下降趋势。与之相对应的是，助眠经济愈发火热，越来越多的消费者愿意为好睡眠买单。

过去，睡眠的消费场景较为单一，人们遵循“日出而作，日落而息”的作息规律，有寝具满足睡眠的基本需求即可。如今，生活节奏加快，工作压力增大，人们的睡眠模式变化颇大。相比“被动”失眠，越来越多人“主动”熬夜，睡眠消费需求也变得更为多样化。其中，对助眠产品的专业性和科技性需求的提升最为明显，这也为相关厂商拓宽了新的发展赛道。

以床垫为例，消费者从关注材质逐渐转变为更关注功能，分区床垫、智能床垫、抗菌床垫、护脊床垫等受到消费者欢迎。智能科技的加持提高了助眠产品的品质、丰富了产品功能，是助眠市场成熟发展的重要助力。企业可以针对不同需求，持续丰富自身产品维度，把同质化的助眠产品升级成由场景和需求驱动的功能性助眠产品。

此外，助眠产品的消费人群也在不断拓展。从区域来看，县域农村市场潜力十足。县域农村地区居民购买力不断上升，提升生活品质成为主要消费动力，在睡眠消费上的诉求也发生转变。数据显示，2021年县域农村市场助眠产品成交金额同比增长149%，增速远超一线至四线城市。相关厂商可以研发和生产更多符合县域农村市场睡眠消费需要的产品，更好满足这一消费群体提升睡眠质量和生活品质的诉求。

从年龄来看，睡眠问题呈现出年轻化趋势。虽然当前购买助眠产品的主力军仍是中年人，但年轻消费者解决睡眠问题的诉求也越发迫切，消费意愿逐步提升。与中老年消费者相比，年轻人对诸如助眠糖、助眠手环、助眠喷雾、睡眠音箱等各类新式助眠产品的接受度更高。相关企业可以针对年轻人推出更多“黑科技”新品，但也要注意功效为先，只有真正具备改善睡眠质量的作用，才能赢得消费者喜爱。

随着居民生活水平的提高和对健康关注度的提升，助眠市场这片蓝海还有很大成长空间。相关企业应持续通过科技创新，提供更高品质、更优体验、更好价格的助眠产品，让更多消费者“一夜好眠”。

经济日报携手京东发布数据——

助眠产品成消费新风口

为好睡眠买单

柴祯祯

2021年，中国人的平均睡眠时长由2020年的8.5小时缩减到7.06小时，入睡时间晚了，睡觉时长少了，睡眠质量呈现明显下降趋势。与之相对应的是，助眠经济愈发火热，越来越多的消费者愿意为好睡眠买单。

过去，睡眠的消费场景较为单一，人们遵循“日出而作，日落而息”的作息规律，有寝具满足睡眠的基本需求即可。如今，生活节奏加快，工作压力增大，人们的睡眠模式变化颇大。相比“被动”失眠，越来越多人“主动”熬夜，睡眠消费需求也变得更为多样化。其中，对助眠产品的专业性和科技性需求的提升最为明显，这也为相关厂商拓宽了新的发展赛道。

以床垫为例，消费者从关注材质逐渐转变为更关注功能，分区床垫、智能床垫、抗菌床垫、护脊床垫等受到消费者欢迎。智能科技的加持提高了助眠产品的品质、丰富了产品功能，是助眠市场成熟发展的重要助力。企业可以针对不同需求，持续丰富自身产品维度，把同质化的助眠产品升级成由场景和需求驱动的功能性助眠产品。

此外，助眠产品的消费人群也在不断拓展。从区域来看，县域农村市场潜力十足。县域农村地区居民购买力不断上升，提升生活品质成为主要消费动力，在睡眠消费上的诉求也发生转变。数据显示，2021年县域农村市场助眠产品成交金额同比增长149%，增速远超一线至四线城市。相关厂商可以研发和生产更多符合县域农村市场睡眠消费需要的产品，更好满足这一消费群体提升睡眠质量和生活品质的诉求。

从年龄来看，睡眠问题呈现出年轻化趋势。虽然当前购买助眠产品的主力军仍是中年人，但年轻消费者解决睡眠问题的诉求也越发迫切，消费意愿逐步提升。与中老年消费者相比，年轻人对诸如助眠糖、助眠手环、助眠喷雾、睡眠音箱等各类新式助眠产品的接受度更高。相关企业可以针对年轻人推出更多“黑科技”新品，但也要注意功效为先，只有真正具备改善睡眠质量的作用，才能赢得消费者喜爱。

随着居民生活水平提高和对健康关注度的提升，助眠市场这片蓝海还有很大成长空间。相关企业应持续通过科技创新，提供更高品质、更优体验、更好价格的助眠产品，让更多消费者“一夜好眠”。

（作者系京东消费及产业发展研究院产业研究员）

说数

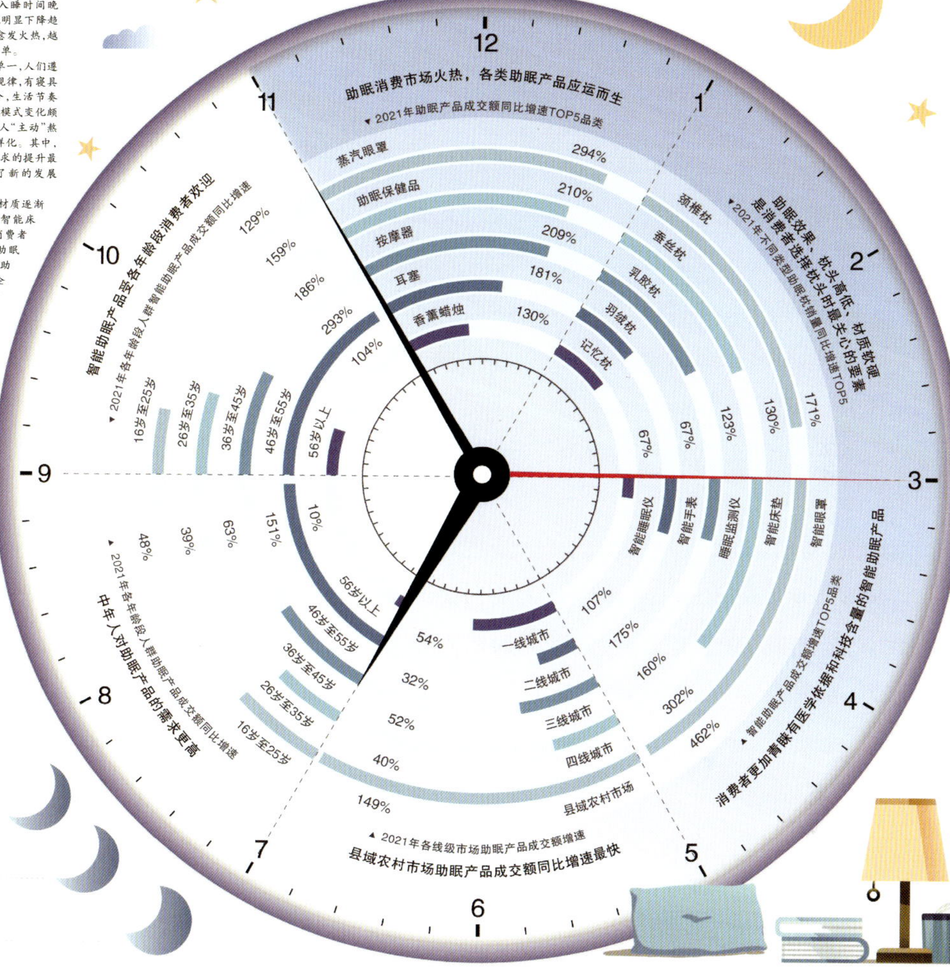

2021年助眠类商品成交额同比增长

53%

2021年线上助眠类产品数量同比增长

63%

2021年智能助眠产品成交额同比增长

169%

人们越来越关注睡眠质量，助眠需求日益增长。助眠产品愈加丰富的同时，产品的专业性和科技性也进一步提高。除了床、枕头、被子等传统寝具的升级换代，消费者也将目光转向了助眠食品、助眠保健品、智能助眠硬件等新品。精准把握消费者需求，并通过科技创新提高产品品质和体验，是助眠市场高速发展的关键。

助眠消费市场火热

舒服的床是好睡眠的基本。从搜索数据看，消费者从关注床垫的材质转变为更关注床垫的功能

▼ 2021年各类床垫搜索量同比增速

分区床垫	智能床垫	抗菌床垫	护脊床垫
643%	426%	185%	148%

哪些区域助眠产品需求高

过去一年，华南地区助眠产品成交额同比增速最快

▼ 2021年各区域助眠产品成交额增速

华南	华中	华东	西南	西北	华北	东北
74%	71%	57%	56%	51%	40%	36%

不同年龄和地域的消费者对睡眠的诉求和助眠产品的需求差异较大。比如，县域农村地区消费者对价格更敏感，中老年消费者喜欢通过按摩、饮食调理等传统方式改善睡眠，年轻人则更喜欢一边熬夜一边尝试五花八门的助眠“黑科技”。企业应针对不同消费者的特点，提供更加多样化的助眠产品。

哪些人助眠产品需求更高

吃一粒褪黑素软糖、点上助眠香薰蜡烛、戴好蒸汽眼罩、塞好防噪音耳塞，已成为现代青年的睡前“四部曲”

▼ 2021年青年人各类型助眠产品成交额同比增速

蒸汽眼罩	防噪耳塞	褪黑素	香薰蜡烛
220%	165%	155%	133%

更多内容 扫码观看

各年龄人群对于助眠产品的偏好大不相同

▼ 青年人助眠产品偏好度TOP3

1 褪黑素 2 蒸汽眼罩 3 助眠枕

▼ 中年人助眠产品偏好度TOP3

1 养生茶 2 助眠枕 3 按摩器

▼ 银发族助眠产品偏好度TOP3

1 按摩器 2 理疗仪 3 助眠保健品

数据来源 京东消费及产业发展研究院 本版编辑 李 瞳 林 蔚

用心爱护眼睛

京东消费及产业发展研究院产业研究员　柴祯祯

随着电子产品在日常生活中的渗透率和使用频率日渐上升，近视、眼疲劳、眼干、眼涩、胀痛等眼部问题高发，眼部健康越来越受重视。看得见、看得清、看得舒服，成为广大消费者的强烈需求，给护眼市场带来巨大发展空间。

一方面，用户对更高质量、更专业化的眼部医疗和咨询服务的需求日益迫切。一个很明显的趋势是，眼科在线诊疗服务的用户群体已经从年轻人逐步发展到全年龄阶段，在线问诊的分诊作用和辅助作用正在得到进一步认可。相关机构可以借助互联网、人工智能等技术手段，更便利、更精准地做好患者的全流程问诊管理，为病患提供更高质量的服务。

另一方面，眼部健康管理产品种类越来越丰富。数据显示，各类内服型和外用型护眼产品销售增长迅速。由于眼部健康的特殊性，护眼产品的质量和安全性成为消费者更关心的问题，对于企业来说，加强产品工艺和质量把控才能赢得消费者信赖。

消费群体和消费场景的扩展也是推动护眼市场快速增长的重要因素。不只有老年人会关注眼部问题、预防眼部老化疾病，年轻人对于缓解视疲劳的需求也在大幅提升，特别是长时间用眼的学生和白领，成为护眼产品的购买主力军。同时，眼部问题一般需要长期和随时护理，家庭、办公、学校、户外运动、开车等场景都存在护眼需求。针对不同的消费群体以及消费场景，相关企业在产品研发上还有很大拓展空间，需要不断完善和延伸产品生态。

目前，护眼消费市场在细分定制与精准普及方面，还有众多风口可待发掘，从整个行业来看，叫得响的品牌和过硬的拳头产品还不算多。对于消费者来说，面对琳琅满目的护眼产品和服务，还要理性选择。对于各类企业来说，要充分考虑产品安全性、实用性和效果，在研发、推广护眼产品和服务的过程中，避免出现虚假宣传、混淆视听、不实承诺、诱导消费等问题。

2021 年，中央财政通过一般公共预算安排 **256** 万元，用于开展全国儿童青少年近视防控相关工作

《健康中国行动（2019—2030 年）》提出目标，全国儿童青少年总体近视率力争每年降低 **0.5** 个百分点以上和新发近视率明显下降；小学生近视率下降到 **38**% 以下；符合要求的中小学体育与健康课程开课率达到 **100**%；中小学生每天校内体育活动时间不少于 **1** 小时；学校眼保健操普及率达到 **100**%

经济日报携手京东发布数据——

护眼市场风口何在

用心爱护眼睛

柴祯祯

随着电子产品在日常生活中的渗透率和使用频率日渐上升，近视、眼疲劳、眼干、眼涩、胀痛等眼部问题高发，眼部健康越来越受重视。看得见、看得清、看得舒服，成为广大消费者的强烈需求，给护眼市场带来巨大发展空间。

一方面，用户对更高质量、更专业化的眼部医疗和咨询服务的需求日益迫切。一个很明显的趋势是，眼科在线诊疗服务的用户群体已经从年轻人逐步发展到全年龄阶段，在线问诊的分诊作用和辅助作用正在得到进一步认可。相关机构可以借助互联网、人工智能等技术手段，更便利、更精准地做好患者的全流程问诊管理，为病患提供更高质量的服务。

另一方面，眼部健康管理产品种类越来越丰富。数据显示，各类内服型和外用型护眼产品销售增长迅速。由于眼部健康的特殊性，护眼产品的质量和安全性成为消费者更关心的问题，对于企业来说，加强产品工艺和质量把控才能赢得消费者信赖。

消费群体和消费场景的扩展也是推动护眼市场快速增长的重要因素。不只有老年人会关注眼部问题、预防眼部老化疾病，年轻人对于缓解视疲劳的需求也在大幅提升，特别是长时间用眼的学生和白领，成为护眼产品的购买主力军。同时，眼部问题一般需要长期和随时护理，家庭、办公、学校、户外运动、开车等场景都存在护眼需求。针对不同的消费群体以及消费场景，相关企业在产品研发上还有很大拓展空间，需要不断完善和延伸产品生态。

目前，护眼消费市场在细分定制与精准普及方面，还有众多风口可待发掘，从整个行业来看，叫得响的品牌和过硬的拳头产品还不算多。对于消费者来说，面对琳琅满目的护眼产品和服务，还要理性选择。对于各类企业来说，要充分考虑产品安全性、实用性和效果，在研发、推广护眼产品和服务的过程中，避免出现虚假宣传、混淆视听、不实承诺、诱导消费等问题。

（作者系京东消费及产业发展研究院高级研究员）

说数

随着“互联网+医疗健康”政策的完善，线上渠道已成为人们爱眼护眼的重要途径，且更受年轻群体认可。接下来，线上问诊机构可以借助互联网、人工智能等技术手段，进一步做好全流程问诊管理，提供更高水平的专业化、精细化诊疗。

按摩仪、热敷贴等外用型护眼产品让过度疲劳的双眼得到休息放松，深受学生、白领等群体欢迎。这类产品直接接触眼睛，安全性成为消费者最为关心的话题。企业应加强产品工艺和质量的把控，并针对不同用眼习惯的人群进行差异化产品开发，解决不同消费群体的需求。

当前，过度依赖电子产品而引起的眼部问题越来越多，很多企业有针对性地研发含有各类护眼成分的食品饮料和膳食补充剂。但是，相关产品的功效还有待长期验证，企业要做好成分研究，提升产品的有效性，增加消费者的认可度，不能让护眼成为“噱头”。

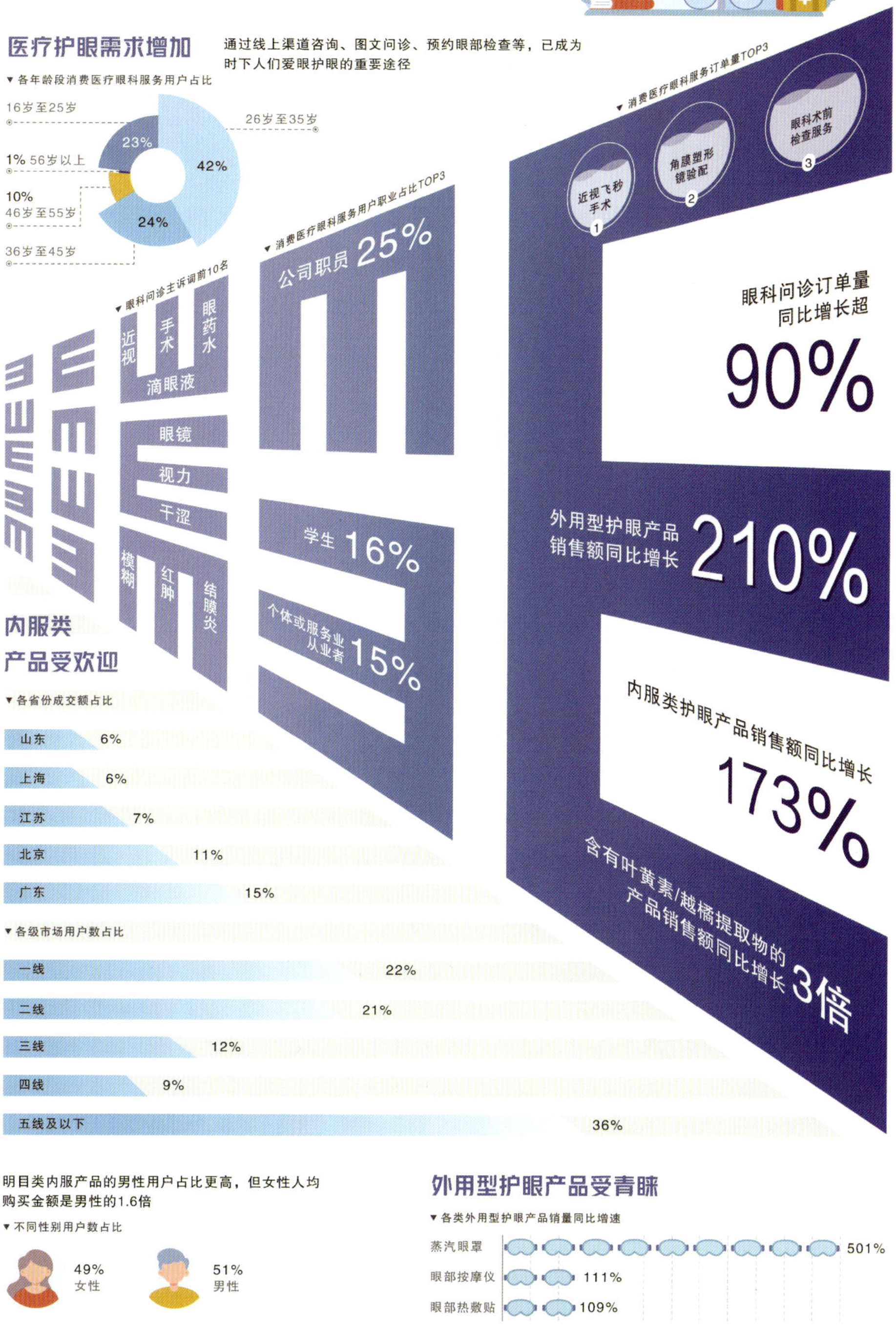

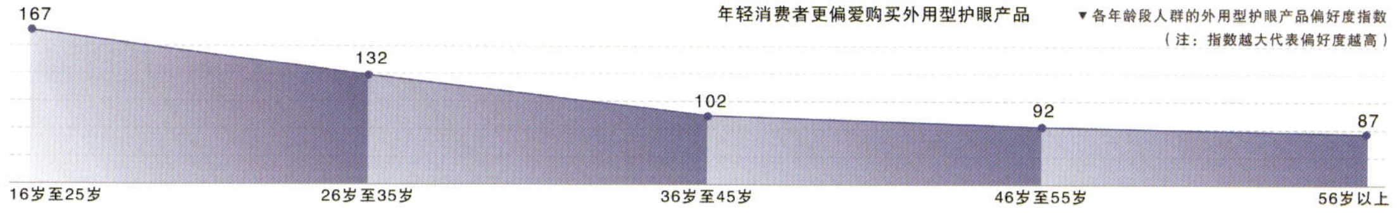

更多内容 扫码观看

数据周期：2022年1月至5月

数据来源 京东消费及产业发展研究院 本版编辑 李 瞳 林 蔚

“喝水”日益精细化

京东消费及产业发展研究院高级研究员　陆　飞

“喝水”看似是件小事，背后却隐藏着巨大的消费市场。目前，水饮行业延续了蓬勃发展态势，由消费需求带动的产品创新驱动整个行业持续细分化。

一方面，味道是新品“出圈”的重要一步，但好味道往往面临研发难、易模仿等难题。目前大众对水饮产品的喜好仍以果味为主，但花香类、草本类口味的产品消费增速逐渐加快，体现出消费者对新口味的期待，值得商家关注。

另一方面，消费者对水饮产品的成分愈发关注，饮品的健康功效已成为吸引消费者的重要卖点。除了传统的奶类饮品，当下讨论热度极高的“熬夜水”、复合营养水饮、低糖低卡水等受到市场广泛关注，成为众多商家的“必争之地”。

针对这些消费新趋势，相关商家可以继续发力“口味+健康”的发展路线——在符合大众口味基础上，凭借多样的健康概念赋予产品差异化竞争优势，从而避免众多品牌之间的同质化竞争。同时，从口味到健康的差异化发展趋势也有利中小品牌进入，促进市场多元化发展。

用户需求正不断引领水饮产品迭代升级，特别是消费习惯变化、消费场景增加等因素影响了水饮产品的发展趋势。但是，目前大部分水饮产品主要针对运动出行及居家聚餐场景的使用需求，而针对母婴、品茶等场景的高端水产品较少，还不能很好满足消费者需求。

此外，大部分消费者的营养学知识较少，对水饮产品的认知很大程度上源自广告营销。这就要求品牌方精准定位自身产品功能，针对不同消费场景需求，更加科学、细致地划分产品类别。

总体来看，水饮市场的许多领域仍处于新兴增长阶段，未来还有很大想象空间。对众多企业而言，抓住新发展机遇，还需要用过硬的产品来说话。

经济日报

经济日报携手京东发布数据——

水饮市场 健康是关键

“喝水”日益精细化

陆 飞

“喝水”看似是件小事，背后却隐藏着巨大的消费市场。目前，水饮行业延续了蓬勃发展态势，由消费需求带动的产品创新驱动整个行业持续细分化。

一方面，味道是新品“出圈”的重要一步，但好味道往往面临研发难、易模仿等难题。目前大众对水饮产品的喜好仍以果味为主，但花香类、草本类口味的产品消费增速逐渐加快，体现出消费者对新口味的期待，值得商家关注。

另一方面，消费者对水饮产品的成分愈发关注，饮品的健康功效已成为吸引消费者的重要卖点。除了传统的奶类饮品，当下讨论热度极高的“熬夜水”、复合营养水饮、低糖低卡水等受到市场广泛关注，成为众多商家的“必争之地”。

针对这些消费新趋势，相关商家可以继续发力“口味+健康”的发展路线——在符合大众口味基础上，凭借多样的健康概念赋予产品差异化竞争优势，从而避免众多品牌之间的同质化竞争。同时，从口味到健康的差异化发展趋势也有利中小品牌进入，促进市场多元化发展。

用户需求正不断引领水饮产品迭代升级，特别是消费习惯变化、消费场景增加等因素影响了水饮产品的发展趋势。但是，目前大部分水饮产品主要针对运动出行及居家聚餐场景的使用需求，而针对母婴、品茶等场景的高端水产品较少，还不能很好满足消费者需求。

此外，大部分消费者的营养学知识较少，对水饮产品的认知很大程度上源自广告营销。这就要求品牌方精准定位自身产品功能，针对不同消费场景需求，更加科学、细致地划分产品类别。

总体来看，水饮市场的许多领域仍处于新兴增长阶段，未来还有很大想象空间。对众多企业而言，抓住新发展机遇，还需要用过硬的产品来说话。

（作者系京东消费及产业发展研究院高级研究员）

说数

一线城市用户偏好购买气泡水、植物蛋白饮等新潮饮品；二线城市用户偏好茶饮料、功能饮料；三四线城市用户则喜好购买乳酸菌、蛋白质饮料、碳酸饮料。对此，相关企业可以针对不同地区消费者推出更符合其口味和购买习惯的产品，更好满足消费需求。

“95后”消费者追求新鲜与变化，喜欢购买碳酸饮料、功能性饮料、气泡水等口味与口感兼具的产品。相关商家可以在定制款、限量款、网红款等方面着手，推出符合年轻人的产品，进一步实现水饮市场提质扩容。

当前，水饮产品在运动户外的消费场景明显增多，针对这部分需求可重点开发运动饮料，并从补充电解质、增强营养等方面入手。味道上可以呼应流行的柑橘、海盐等清新口味。此外，针对母婴、泡茶等家居场景可细致研究用户需求，提供特定水源地的高品质饮用水。

行业发展现状

水饮产品呈现出多功能、精细化发展趋势。其中矿泉水、碳酸饮料、果蔬汁、茶饮料销售继续保持高增长，新兴植物蛋白饮销售额同比增长接近80%

▼ 水饮细分品类销售额同比增长指数

饮用天然水	42.0%
碳酸饮料	66.1%
矿泉水	70.0%
果蔬汁/饮料	72.4%
茶饮料	103.3%
苏打水	33.7%
功能饮料	51.6%
纯净水	69.4%
蛋白质饮料	43.3%
凉茶	61.8%

▼ 各级城市销售额同比增长率

一线城市	16.13%
二线城市	54.84%
三线城市	18.75%
四线城市	20.44%

▲ 消费者的水饮月均消费情况

水饮产品消费频率

1日1次及以上	每周3次至5次	水饮产品	每周1次至2次	几乎不喝
64%	20%	饮用水	11%	5%
22%	26%	咖啡/奶茶	28%	36%
20%	30%	碳酸饮料	27%	23%
17%	29%	苏打水	26%	27%
19%	26%	茶饮料	29%	27%
11%	21%	植物蛋白饮料	21%	48%
11%	23%	乳酸菌	27%	40%
11%	26%	果蔬汁	28%	36%

使用场景更加细分

运动	户外出行	旅行途中	聚会	佐餐	泡茶	做饭	母婴用水	其他	调兑酒品
66%	65%	52%	42%	40%	36%	22%	13%	10%	8%

▲ 各场景消费占比（多选）

消费者画像

不同水饮品类之间的饮用频率有较大差距，饮用水作为最常见的水饮产品，95%的消费者每周至少饮用一次

▼ 水饮分品类用户数变化同比增长指数

矿泉水	60.0%
纯净水	42.0%
饮用天然水	47.1%
碳酸饮料	47.5%
果蔬汁	61.2%
苏打水	27%
功能饮料	28%
植物蛋白饮料	114.8%

未来发展趋势

当前，消费者对水饮产品的成分、适合人群、制作工艺等越发关注，这些也成为厂商完善产品的主要方向

▼ 不同容量水饮产品的销量同比增长率

大于2L	21%
1L至2L	80%
601mL至999mL	22%
400mL至600mL	93%
小于400mL	59%

消费者对水饮产品的成分偏好比例（多选）

弱碱	54%
低钠	33%
含硒	22%
偏硅酸	11%
含锂	7%
高锶	6%
低氘	5%

更多内容 扫码观看

数据周期：2022年上半年

数据来源 京东消费及产业发展研究院 本版编辑 李睦 林蔚

教育产品需回归本质

京东消费及产业发展研究院高级研究员　陆　飞

2021年

88.1%　学前教育毛入园率88.1%，比十年前提高23.6个百分点

95.4%　九年义务教育巩固率达95.4%，比十年前提高3.6个百分点

91.4%　高中阶段教育毛入学率91.4%，比十年前提高6.4个百分点

当前，人们对于教育越来越关注和重视，追求优质教育均衡及个性化发展成为新的共识。随着互联网、云计算、AI等新技术的普及，教育信息化程度持续加深，并成为促进优质教育均衡和个性化培养的重要手段。同时，在政策利好和技术能力提升等关键因素驱动下，教育硬件市场也走上了高速发展的快车道。

统计数据显示，2021年全国在校生2.91亿人。面对如此庞大的教育产品潜在消费群体，不少研究机构预测教育硬件将在未来3年成为下一个千亿级市场。可以说，教育硬件是尚待挖掘的“金矿”。

“智能+教育”已成为学习设备迭代升级的主要趋势。很多国产教育智能硬件品牌通过科技手段，改良智能学习设备，在电子产品细分赛道中取得了较大优势。同时，很多在线教育企业也参与进来，通过和硬件厂商合作，共同推出集内容、软件、硬件于一体的智能教育系统，较好地满足了师生们减负、增效的需求。

相较于过去，现在的教育硬件产品在产品配置和用户体验上有了大幅度提升。从销售情况看，除了教育平板、学习机等产品的市场需求大大增加外，词典笔、作业灯、打印机等“小而美”的学习辅助产品也受到消费者更多关注。未来，随着相应技术的成熟升级，教育硬件产业链将爆发出旺盛的生命力。

《教育部2022年工作要点》明确提出，实施教育数字化战略行动，强化需求牵引，深化融合、创新赋能、应用驱动，积极发展“互联网+教育”。对于教育硬件企业来说，要想走得更长远，就必须把握好教育的本质，从“人”出发，加快从以产品为中心转变为以用户为中心，坚持用科技推动教育进步。

教育硬件企业必须转变定位和认知，明确自身不仅仅是在做产品，更是在做教育。要致力于产品研发、技术革新和内容积累，通过合理的定价、高性价比的配置和丰富的教育资源，更好满足师生需求。只有通过新产品、新技术、新方法，不断为社会和消费者提供优质教育产品和服务，才能在市场上立于不败之地。

经济日报携手京东发布数据——

科技赋能“文具”升级

教育产品需回归本质

陆 飞

当前，人们对于教育越来越关注和重视，追求优质教育均衡及个性化发展成为新的共识。随着互联网、云计算、AI等新技术的普及，教育信息化程度持续加深，并成为促进优质教育均衡和个性化培养的重要手段。同时，在政策利好和技术能力提升等关键因素驱动下，教育硬件市场也走上了高速发展的快车道。

统计数据显示，2021年全国在校生2.91亿人。面对如此庞大的教育产品潜在消费群体，不少研究机构预测教育硬件将在未来3年成为下一个千亿级市场。可以说，教育硬件是尚待挖掘的“金矿”。

“智能+教育”已成为学习设备迭代升级的主要趋势。很多国产教育智能硬件品牌通过科技手段，改良智能学习设备，在电子产品细分赛道中取得了较大优势。同时，很多在线教育企业也参与进来，通过和硬件厂商合作，共同推出集内容、软件、硬件于一体的智能教育系统，较好地满足了师生们减负、增效的需求。

相较于过去，现在的教育硬件产品在产品配置和用户体验上有了大幅度提升。从销售情况看，除了教育平板、学习机等产品的市场需求大大增加外，词典笔、作业灯、打印机等“小而美”的学习辅助产品也受到消费者更多关注。未来，随着相应技术的成熟升级，教育硬件产业链将爆发出旺盛的生命力。

《教育部2022年工作要点》明确提出，实施教育数字化战略行动，强化需求牵引，深化融合、创新赋能、应用驱动，积极发展“互联网+教育”。对于教育硬件企业来说，要想走得更长远，就必须把握好教育的本质，从“人”出发，加快从以产品为中心转变为以用户为中心，坚持用科技推动教育进步。

教育硬件企业必须转变定位和认知，明确自身不仅仅是在做产品，更是在做教育。要致力于产品研发、技术革新和内容积累，通过合理的定价、高性价比的配置和丰富的教育资源，更好满足师生需求。只有通过新产品、新技术、新方法，不断为社会和消费者提供优质教育产品和服务，才能在市场上立于不败之地。

（作者系京东消费及产业发展研究院高级研究员）

说数

当前，以学生平板、电子词典、复读机为代表的教育硬件产品消费快速增长。厂商要注意产品的差异化，在产品中植入更多优质教育资源内容，满足家庭教育需求。在提升产品竞争力和对用户吸引力的同时，产品价格也应适当下调，使之更加符合大部分家庭的预算和支出能力。

目前，互联网企业普遍采用软硬件结合方式切入教育智能硬件赛道。值得厂商重视的行业发展趋势主要表现为以下三点：一是以性价比破局，推出更多物美价廉的产品，增强消费者认可度；二是课内外与校内外场景无缝衔接，实现家校全面覆盖的多端联动；三是构建数据驱动型教育生态闭环，交付软硬件一体智能化解决方案。

消费者对教育产品的硬件性能要求越来越高，相关厂商应加快高性能产品研发，推出体验更好的产品，如满足学习、休闲双重需求的电脑等。针对学生群体的产品布局，一方面可以拓宽市场，另一方面也可以丰富国产配件的产品组合，从而加速国货崛起。

更多内容 扫码观看

数据周期：
8月17日至8月31日（开学前两周）；
8月24日至8月31日（开学前一周）

趋势一：学习用品更智能

随着科技进步，学习用品实现快速换代，更智能、更便捷、更新颖，成为新一代“文具”的标签，并被消费者广泛认可

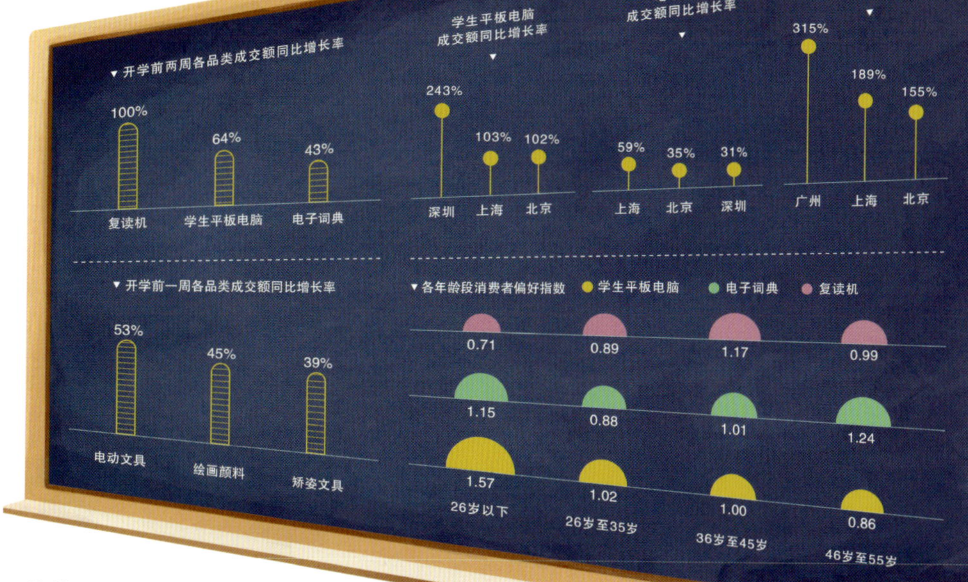

趋势二：上网课成硬需求

不少学生需要在家上网课，在护眼、高清等需求的带动下，网课设备和配套产品成为教育硬件消费增长点

开学前两周
笔记本电脑成交用户数量
同比增长38%

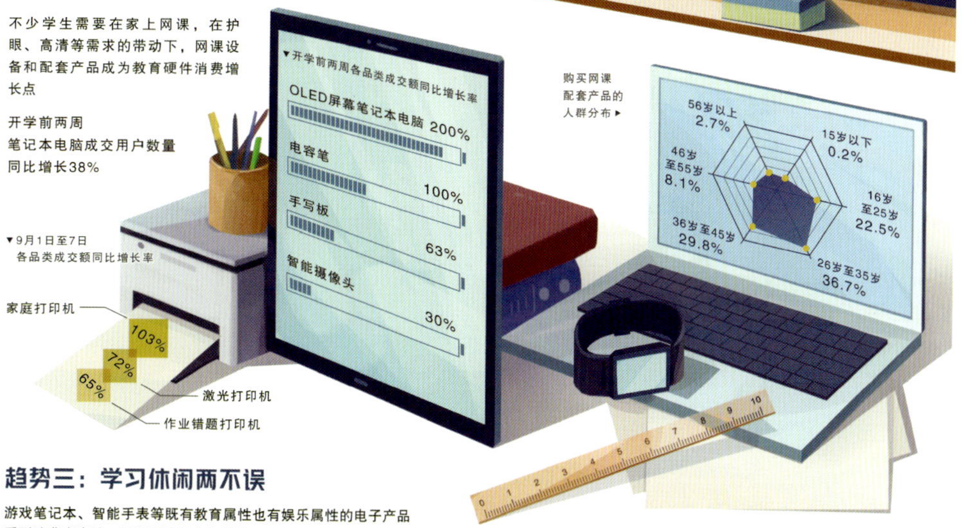

趋势三：学习休闲两不误

游戏笔记本、智能手表等既有教育属性也有娱乐属性的电子产品受到消费者青睐，特别是下沉市场的换新需求强劲

▼16岁至25岁消费者对电子装备的偏好度 ■男性 ■女性

	笔记本	键盘	平板电脑	鼠标	投影机	游戏本	智能手表
男性	0.74	1.36	0.83	1.07	0.44	1.79	0.49
女性	1.63	0.55	1.80	0.82	0.88	0.77	0.70

▼开学前两周各品类成交额同比增长率 ■一线二线城市 ■三线四线城市及下沉市场

	轻薄本	游戏本	平板电脑	显示器	鼠标	智能手表	学生文具	打印机
一线二线城市	30%	36.9%	57.1%	40.6%	79.5%	32.9%	53.7%	33.8%
三线四线城市及下沉市场	49.3%	66.7%	43.1%	55.0%	86.6%	40.3%	47.5%	46.1%

数据来源 京东消费及产业发展研究院 本版编辑 李 瞳 林 蔚

与年轻消费群体共同成长

京东消费及产业发展研究院院长　刘　晖

开学季对广大学生群体特别是大学生而言，是一个重要消费节点。面对即将到来的校园生活，他们有大量的物资购买需求。对企业而言，能够更快更好满足这一群体在开学季的消费需求，就能够抓住未来一年甚至几年学生消费的趋势密码。

一方面，大学生群体是未来消费市场的主力，赢得了这一群体的信赖和认可，就等于提前布局未来更为庞大的市场；另一方面，他们也是新消费的代表，无论对新兴产品和服务，还是对新型购物方式和消费模式，都有很高的接受度。因此，满足该群体消费需求就是掌握未来的流量密码。

调研和消费数据均显示，大学生群体的消费观念正在快速转变，不再一味追求个性张扬，购物心理更加理性。

理性主要体现在大学生群体消费的频率和动机。作为电子产品的重度用户及新品的绝对拥趸，大学生们的换新周期已经普遍延长到2年以上。同时，大学生群体的换新动机也更趋理性，颜值和追新不再是主要因素，够不够用才是决定性的。调研显示，产品老旧反应慢和原有功能无法满足需求，已经成为大学生换新的主要原因。

大学生群体对购物性价比的关注也是理性消费的特征之一。对于采购时机的选择，大学生们在开学季的消费热情甚至超越了“618”“双11”等时间节点，这也是为什么越来越多的商家选择在这一时间段进行促销活动。

此外，大学生对服务水平和消费体验的关注度大大提升。例如，超一半大学生体验过以旧换新、只换不修等增值服务；近七成大学生认为电器产品必须具备延保服务。大学生群体不仅重视服务，而且擅长享受和使用新服务。

总体来看，重视校园市场的布局和拓展，走品牌年轻化之路，将成为很多企业的重要发展路径。因此，要勇于、敢于、善于主动布局未来，通过精准洞察大学生消费需求，充分迎合和引导他们在品质、服务等方面的消费习惯，与年轻群体一同成长，为品牌注入更强生命力。

2021年，全国拥有大学文化程度的人口超过2.18亿，比十年前大幅增长

中国高等教育毛入学率从2012年的30%提高至2021年的57.8%，进入普及化阶段

国家财政性教育经费投入占GDP比例连续十年保持在4%以上

经济日报携手京东发布数据——

大学生消费日趋理性

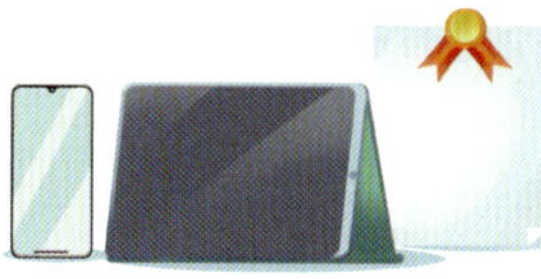

与年轻消费群体共同成长

刘 晖

开学季对广大学生群体特别是大学生而言，是一个重要消费节点。面对即将到来的校园生活，他们有大量的物资购买需求。对企业而言，能够更快更好满足这一群体在开学季的消费需求，就能够抓住未来一年甚至几年学生消费的趋势密码。

一方面，大学生群体是未来消费市场的主力，赢得了这一群体的信赖和认可，就等于提前布局未来更为庞大的市场；另一方面，他们也是新消费的代表，无论对新兴产品和服务，还是对新型购物方式和消费模式，都有很高的接受度。因此，满足该群体消费需求就是掌握未来的流量密码。

调研和消费数据均显示，大学生群体的消费观念正在快速转变，不再一味追求个性张扬，购物心理更加理性。

理性主要体现在大学生群体消费的频率和动机。作为电子产品的重度用户及新品的绝对拥趸，大学生们的换新周期已经普遍延长到2年以上。同时，大学生群体的换新动机也更趋理性，颜值和追新不再是主要因素，够不够用才是决定性的。调研显示，产品老旧反应慢和原有功能无法满足需求，已经成为大学生换新的主要原因。

大学生群体对购物性价比的关注也是理性消费的特征之一。对于采购时机的选择，大学生们在开学季的消费热情甚至超越了“618”“双11”等时间节点，这也是为什么越来越多的商家选择在这一时间段进行促销活动。

此外，大学生对服务水平和消费体验的关注度大大提升。例如，超一半大学生体验过以旧换新、只换不修等增值服务；近七成大学生认为电器产品必须具备延保服务。大学生群体不仅重视服务，而且擅长享受和使用新服务。

总体来看，重视校园市场的布局和拓展，走品牌年轻化之路，将成为很多企业的重要发展路径。因此，要勇于、敢于、善于主动布局未来，通过精准洞察大学生消费需求，充分迎合和引导他们在品质、服务等方面的消费习惯，与年轻群体一同成长，为品牌注入更强生命力。

（作者系京东消费及产业发展研究院院长）

说数

小到手机，大到家电，电器已成为大学生生活必不可少的重要装备。其中，笔记本电脑是支出最高的电器类型，手机则是更换最快的电器，此外，剃须刀、吹风机等小电器也在大学生必购清单上。对于商家来说，在开学季这个时间点推出适合学生群体的产品及优惠活动，可以进一步增强年轻用户黏性、拓展自己的产品维度。

学生群体在购买电器产品时更关注性能、价格及品牌。其中，优惠打折是大学生的最爱，完善的售后服务则是加分项。品牌厂商要充分认识到大学生的消费理念日趋理性，要针对产品和服务进行优化升级，用完善的售后增值服务擦亮品牌，通过细致的服务、极致的性价比抢占先机。

注：版面数据通过18356份有效问卷调查得出

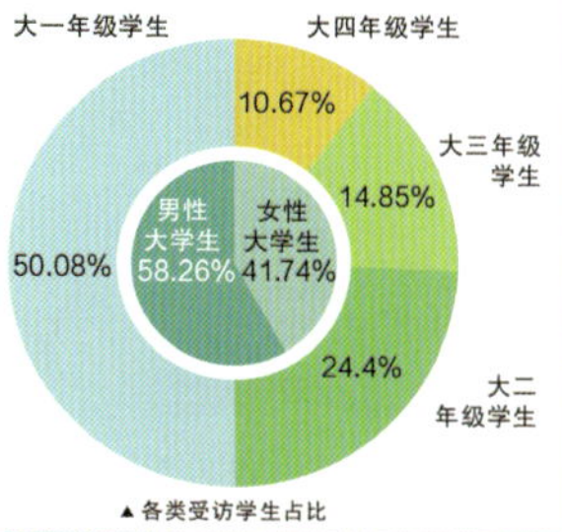

▲各类受访学生占比

消费能力足

大学生电器消费潜力大，最受大学生欢迎的电器品类为3C数码产品、小家电等时尚产品

42.86%的受访大学生在电器消费上的支出超过5000元

61%的受访男性大学生在电器消费上的支出超过5000元

▼最受大学生欢迎的电器品类

笔记本电脑　手机　平板电脑　剃须刀　电动牙刷

越来越多大学生尝试售后增值服务

57.26%的大学生表示体验过售后增值服务，以旧换新、只换不修等都是他们的高频使用服务

▼大学生售后增值服务体验情况及占比

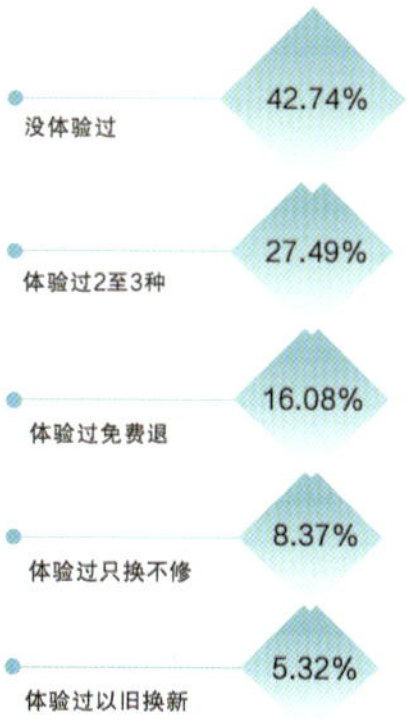

大学生的电器消费观

购买意愿强

大学生的开学季往往也是电器消费季，且线上消费比重远远领先线下消费。同时，大学生们在这一时间段还会展现出比其他时段更强的购买意愿

▼大学生购买电器的时间段分布

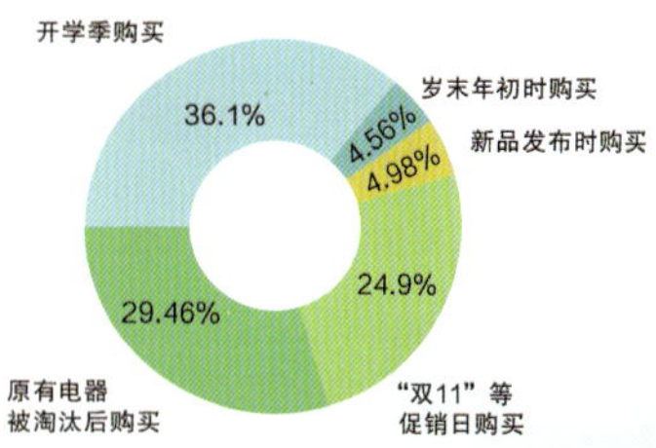

▼大学生购买电器的渠道选择

线上 75%
线下 25%

▼大学生更新电器产品的主要原因及占比

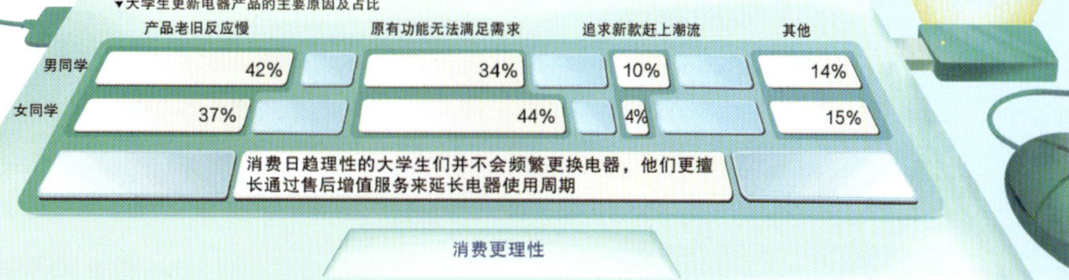

如何吸引大学生消费群体

性能、价格、品牌最为关键

在购买电器方面，男女大学生拥有相对一致的消费理念——性能要好、价格要低、品牌要硬

▼大学生购买电器的影响因素及比例

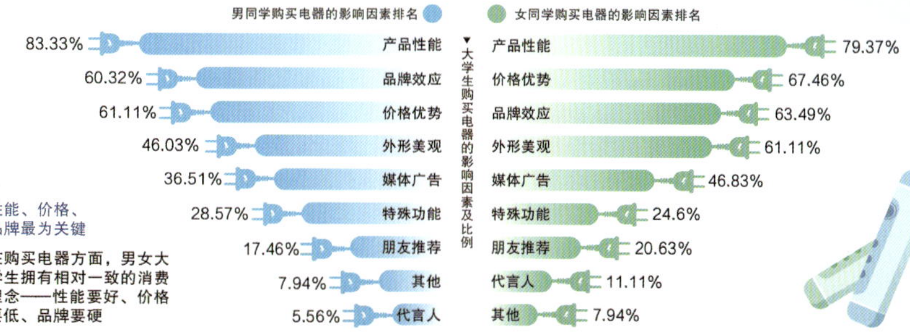

服务与折扣一个都不能少

大学生在购买电器时更在意使用期限和折扣，有近七成大学生认为，电器产品必须具备延保服务，超八成大学生更关注优惠程度

▼大学生对优惠及售后服务的选择排名（以下为多选题响应率）

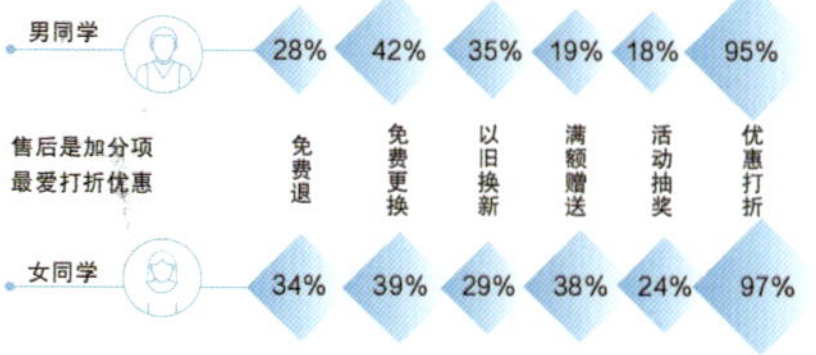

▼大学生对优惠及售后服务的偏好度

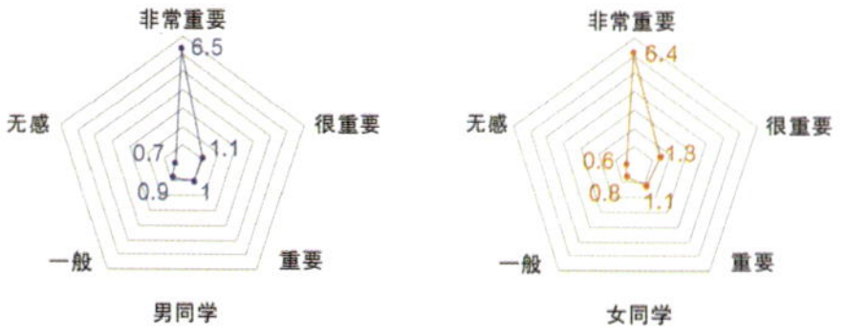

更多内容 扫码观看

数据周期：2022年7月

数据来源 京东消费及产业发展研究院 本版编辑 李 瞳 林 蔚

经济日报携手京东发布数据——

年货偏好新潮涌

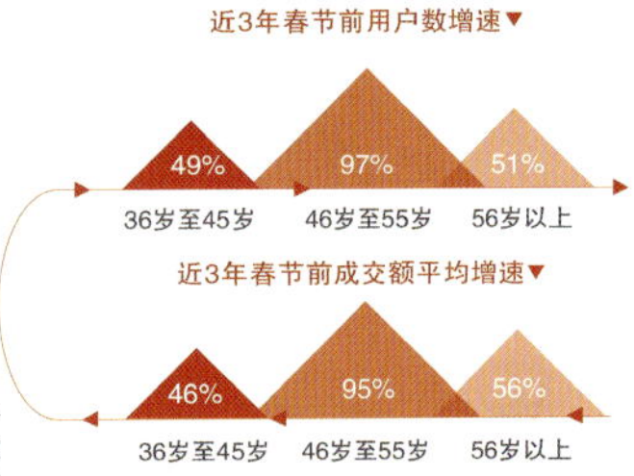

“买买买”展现消费信心

杨开新

春节前消费者添置年货热情高涨。个体间的消费偏好和消费习惯千差万别，将海量数据分门别类、条分缕析，可以看到各类群体消费结构有趣的新变化。

由于年龄、职业、性别等各有不同，消费者选购的年货往往大不相同。比如，年轻人喜欢在年前添置运动休闲用品，轻松快乐地过年；为人父母的中青年消费者替家人想得更多，要让全家都过个幸福年；中老年消费者则喜欢趁着过年买些新家具和装饰品，点亮家居生活。这些数据可以为生产者和销售者提供正向反馈，帮助他们在品类布局和投放节奏上更有针对性，实现更好的商业效果。

大不同中有大同。不同群体购买的商品和服务虽然五花八门、各有名头，但都源于对未来生活的信心，消费行为整体而言在不断升级。

消费升级折射出人们对美好生活的不懈追求。种种新消费行为，起因都是购买力稳步提升，目标都是为了过上更好的日子，只是不同类型人群对美好生活赋予不同意涵。比如，一些老年人不服老，积极适应并融入移动互联网，从网购“看客”到轻松“冲浪”，不断改善自己和家人的生活质量；作为网络原住民，“95后”年轻人更是熟稔于电商平台购物，且更加注重个人主观感受，用消费为自己的成长助力。

消费升级折射出供给侧结构性改革的成效。卖家如果不给力，买家的需求再旺盛，也只是剃头挑子一头热。很多时候，供给侧创造需求，产生了新的爆款。比如，近年来空气炸锅、暖被机等新型智能家电颇为流行，适应了家庭规模小型化、生活方式健康化等趋势，产销对路供需两旺，供给侧的发力满足了消费者过上高品质生活的愿望。

消费升级折射出中国制造品质的提升。如今，人们的消费理念更加理性淡定，不再盲目迷信洋品牌、玩概念和广告轰炸，更愿意相信口碑评价和消费体验。这种背景下，品质不断提升、价格相对亲民的国货往往更受青睐，乃至形成“国潮风”“反向海淘”，中国制造受到更多认可。

总之，消费升级让消费动能更加强劲，消费理念不断优化，消费节奏更加可持续，展现出更多消费信心。但还有一些因素制约了消费潜能的持续释放，产业、行业、企业应该继续苦练基本功，在质量、服务、品牌等方面补上短板、打造优势，注重改善消费者的全过程体验，进而让不断扩大的内需持续成为经济稳中求进的强劲动力。

说数

老中青都爱网购年货

各年龄段消费者偏好不同

“95后”喜欢在年前添置运动休闲用品，让自己过个快乐年；“85后”“75后”偏好购买儿童产品和家具，让全家过个幸福年；46岁以上用户偏好购买陶瓷、家具、家纺等用品，让家里焕然一新

*偏好系数=该年龄段各品类的成交额占比/全年龄段各品类的成交额占比−1

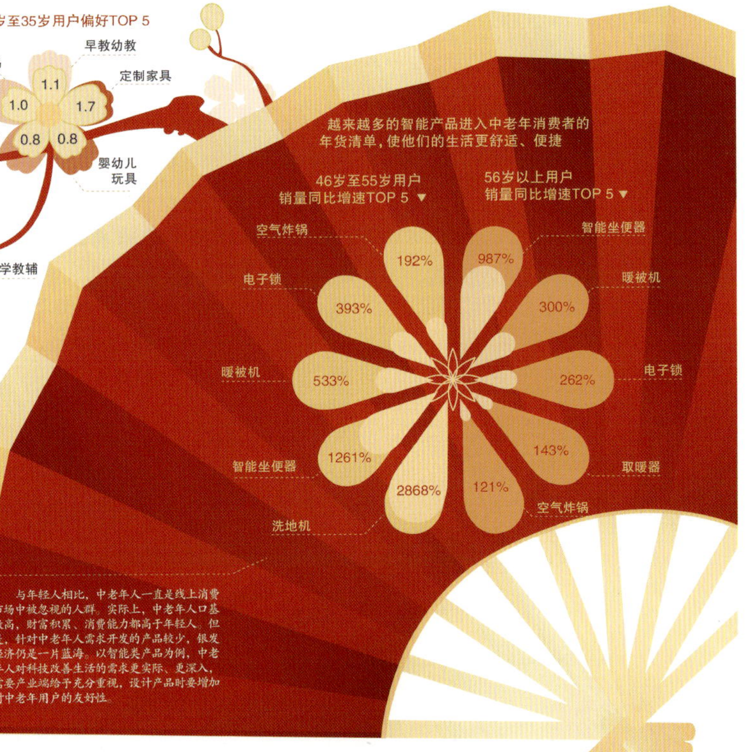

职业不同偏好不大一样

医护人员选择过年继续充电，买专业书籍成为一股风尚；白领更爱居家生活，健康娱乐两不误；产业工人、服务业人员则更偏爱美食类商品

近几年，个性化、细分化的消费趋势越来越突出。从不同年龄段消费者来看，消费分层现象十分明显。例如，“95后”活泼好动，精神消费需求高，但考虑该群体面临着一定经济压力，相关产品应着重提高性价比，以吸引目标受众；“85后”的家庭消费占比高，大量消费集中在育儿上，相关企业可多开发智力训练型游戏，增加家长与孩子共同参与的游戏活动产品。

不同性别的消费者需求有着明显差异。其中，女性是家庭消费的主要决策者。育儿、家纺家具、宠物用品等领域产品研发过程中，应更多考虑女性审美和女性视角，增加产品故事性和人性化属性，通过细节设计增加人文关怀温度。体育运动、游戏类商品应更多考虑男性的审美偏向，突出产品规格、用料、功能特征等技术指标，帮助男性消费者进行消费决策。

男女消费需求差异大

男性节前偏好悦己消费，女性更偏好家庭消费

不同职业的节前消费偏好TOP 5 ▼

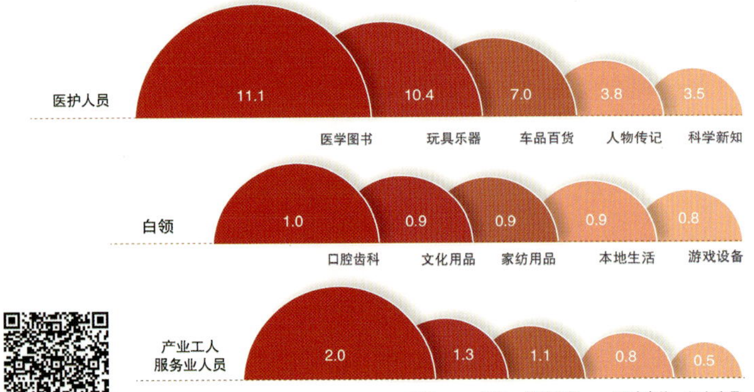

更多内容 扫码观看

*偏好系数=该职业用户群各品类的成交额占比/全部用户各品类的成交额占比−1

不同性别消费者的节前消费偏好TOP 5 ▼

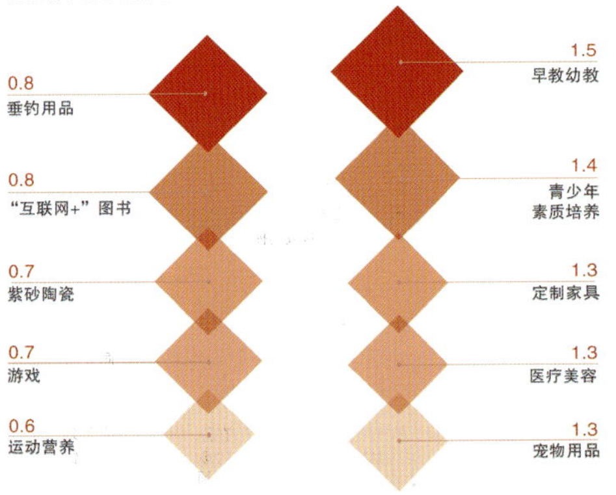

*偏好系数=不同性别用户群各品类的成交额占比/全部用户各品类的成交额占比−1

数据周期：农历腊月初九至腊月十六

数据来源 京东消费及产业发展研究院 本版编辑 李 瞳 林 蔚

经济日报携手京东发布数据——

家电产品迭代更新快

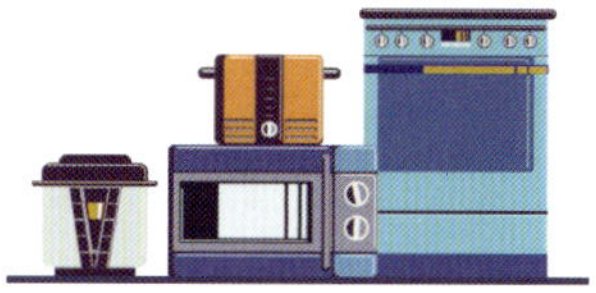

智能互联电器引领潮流

陆 飞

在消费升级趋势下，家电产品迅速迭代更新，消费者愈加关注“网红”家电产品。相关企业要想引领潮流，需要更加重“质”，包括市场提质增效、行业数智化改造等。

从消费端看，智能品质生活不仅是“95后”等年轻消费群体的专属标签，在“80后”“70后”等消费群体中也很有市场。同时，消费者对新型“网红”家电产品的接受能力和消费能力不断提升，为“网红”家电拓展市场提供了坚实基础。

从产品端看，现代家居场景与智能化息息相关，包括以空间区分的厨房、卧室、客厅、浴室，以功能区分的安防、娱乐、社交等，消费者均有智能化、互联化需求。特别是以智能冰箱、新风空调、洗碗机等产品为代表的“网红”家电，实打实地提升了消费者生活品质，在操作优化和智能水平提升方面仍有很大空间。

未来，相关企业要加快创新步伐，通过创新实现可持续发展。一方面，要打通底层生态，实现单品互联。对于用户而言，家庭内部智能设备实现在同一平台的联动或控制，是真正便利、实用的智能形态。当然，这也意味着生态平台入口成为各行业巨头的争夺战场。

另一方面，要进一步实现数据和算法磨合。智能场景实现包括三层架构：底层为获取各类数据的感知层；中层为管理层，负责处理收集到的各类信息并构建算法，实现场景智能化；顶层为应用层，即面向消费者的各类智能产品。目前，相关企业的中层技术较为薄弱，不能充分利用数据，打造应用层场景。相关企业要在这一领域持续发力，真正把数据与算法用在实处。

此外，相关企业还要做到跳出原有场景，实现跨领域合作。比如，客厅多功能化、厨房智能化、白电健康化的实现依赖于多个行业互相协同，而大多数家电产品制造商只是在产品原有功能上进行升级改造，未能满足消费者跨领域、跨功能的智能化需求。因此，新型智能家电需要更贴合用户需求，这样才能引发更多关注，拓展市场空间。

（作者系京东消费及产业发展研究院高级研究员）

说数

在消费升级的大背景下，年轻一代越来越关注健康家电，并催生了许多“网红”产品。但要“网红”成“长红”，还要下很大功夫。一方面，要提升创新能力，横向打通产品各项功能，把健康、节能等融合起来。另一方面，要加快满足消费者对健康、美观、智能等方面的要求，形成一体化产品生态。

厨房经济迈入千亿元级别，“懒人厨电”市场的火爆是其中一个缩影。在消费需求引领下，传统厨电格局发生很大改变，接下来将加速进入企业洗牌阶段。要想在激烈竞争中脱颖而出，企业需要沉下心来打造更专业的产品，实现服务精细化。

客厅消费升级带来个性化、便利化体验，为装修、家电、家居等行业发展提供重要参考。从供给侧来看，相关企业要紧跟行业升级步伐，精准对接需求侧，打造更多功能场景。同时，要优化产品供应链，通过高质量供给满足差异化、多样化新需求，赢得竞争主动权。

智能健康

智能健康白电受消费者青睐

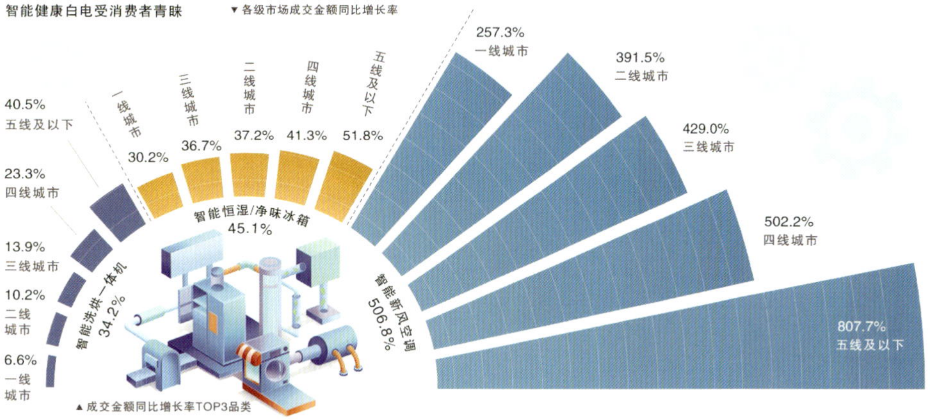

年轻消费者偏好购买洗烘一体机，中年消费者偏好新风空调，老年消费者更爱购买智能冰箱

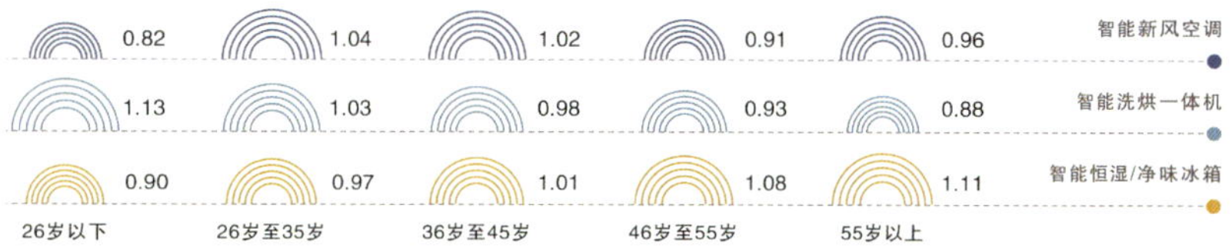

（注：偏好度=该年龄段人均销量与总体均值对比，数值越大说明该年龄人群对商品的偏好度越高）

懒人厨房

舒适客厅

年轻人更喜欢用空气炸锅烹饪食物，中年消费者更喜欢用洗碗机和多功能料理锅解放双手

各类网红厨电帮助消费者轻松料理美食，享受烹饪乐趣

高颜值、易操作、实用性强的网红客厅电器让消费者生活更舒适

年轻消费者对各类客厅网红家电的偏好度最高

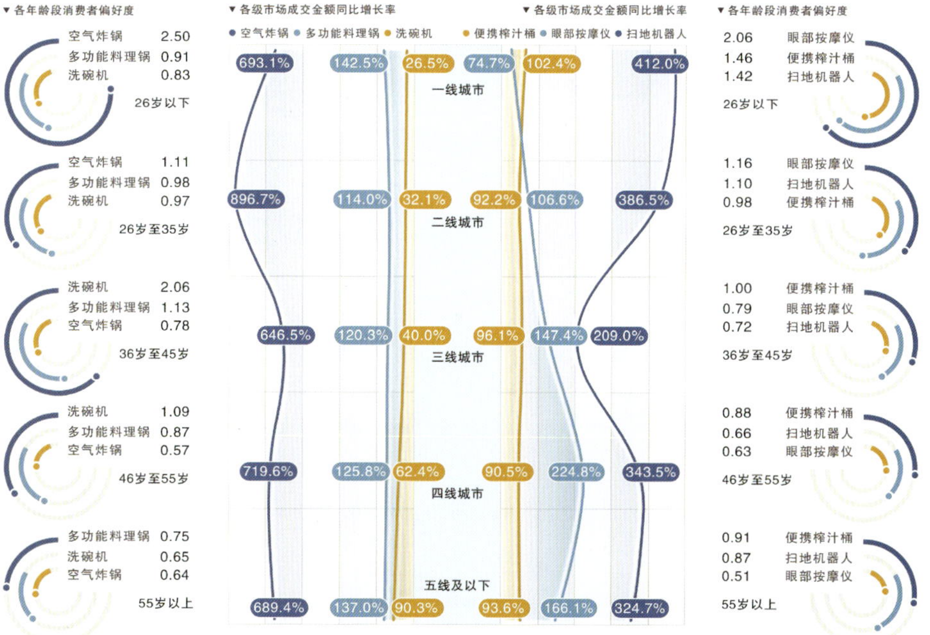

更多内容 扫码观看

数据周期：2022年上半年

数据来源 京东消费及产业发展研究院 本版编辑 李 瞳 林 蔚

经济日报携手京东发布数据——

智能化拓展家电家居市场

顺应新变化布局新生态

陆 飞

在几十年前的科幻电影中，通过声音控制家电的画面，着实让人惊叹。现在，智能化浪潮聚势而来，最普通的语音识别技术就能还原曾经可望而不可及的电影场景。而随着娱乐、健康、出行等生活领域智能化水平持续提升，智能家电家居市场获得了进一步发展的广阔空间。

从政策层面来看，政府、企业和研究机构关注、重视智能化升级趋势，着力推进相关政策及标准落地。有关部门不断从宏观层面出台促消费政策，各地政府也因地制宜地推出了一系列落地措施，助力智能产品消费。同时，中国标准化研究院等权威机构一直在推动智能化标准建设，并取得了一定效果。

从消费趋势来看，智能产品消费呈现出年龄下降、消费升级的新趋势。现阶段我国的消费主力由“80后”“90后”组成，相较于“60后”和“70后”，他们的消费理念更加前卫，对新产品特别是智能产品的接受程度更高，愿意为了尝新而埋单。

例如，随着生活水平提高，消费者对健康及环境卫生的重视度不断上升。因此，智能空调、智能扫地机等产品能够在格局本已相对稳定的市场中快速崛起。可以说，这类智能产品的热销，为其他领域的企业提供了新的发展路径——抓住消费者智能消费需求，就能获得新的增长空间。

从产品生态来看，建立一体化智能生态系统成为商家竞争的焦点。数据显示，2015年，具有智能功能的家电产品在全部家电产品中仅占1%，如今这一比例已经超过50%。随着智能化产品越来越多，涉及的领域越来越广，蓝海已在眼前，国内外诸多企业要顺应新变化，加速布局智能生态系统建设。

现阶段，智能家电家居产品与手机、电脑等高技术消费品相比，市场渗透率仍较低，但随着消费理念变化、新零售业态革新，以及相关产品和服务持续升级，智能家电家居产品的市场将越来越大。

（作者系京东消费及产业发展研究院高级研究员）

说数

总体消费变化

随着居民生活水平持续提高，智能产品消费持续快速增长。其中，家居、家电、家装等领域的智能产品能够提高生活质量，受到更多消费者青睐

▼各类智能产品消费额增长率 （注：以2020年上半年为基期）

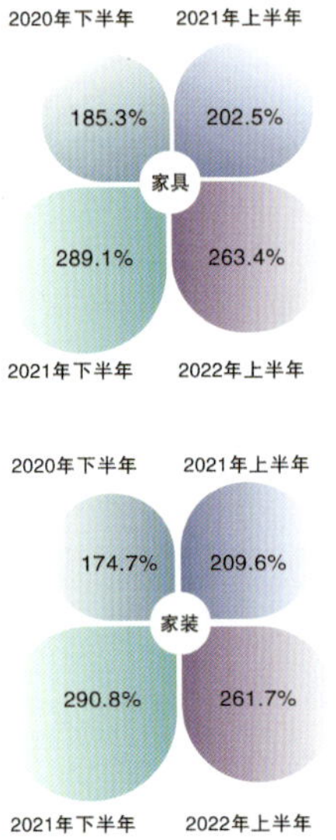

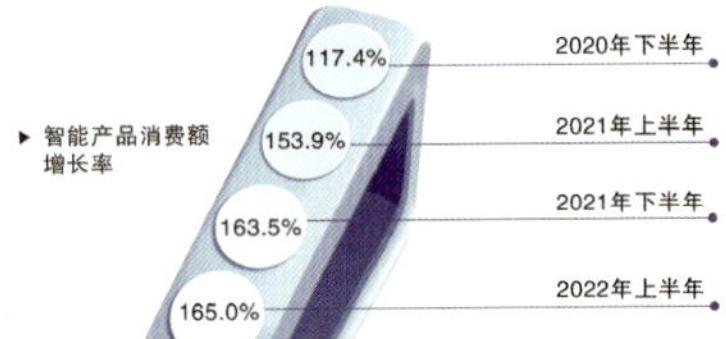

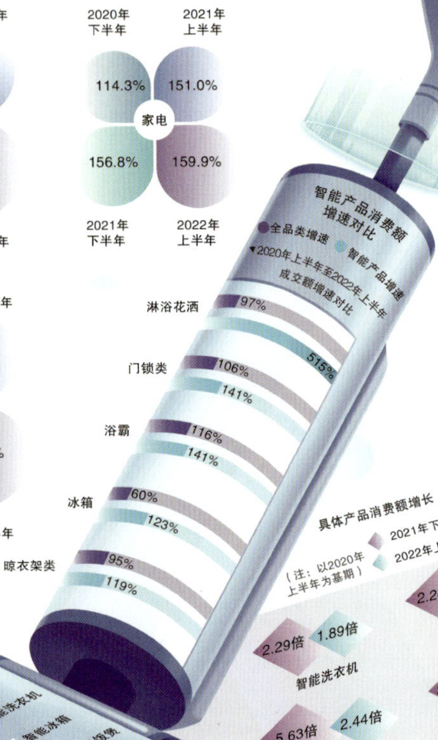

▼智能产品消费额在各品类中的占比

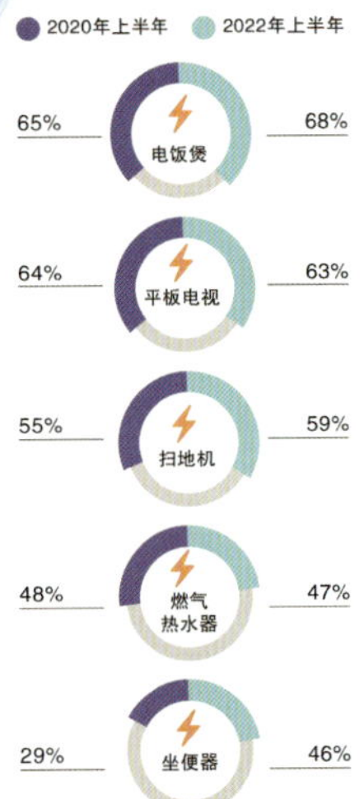

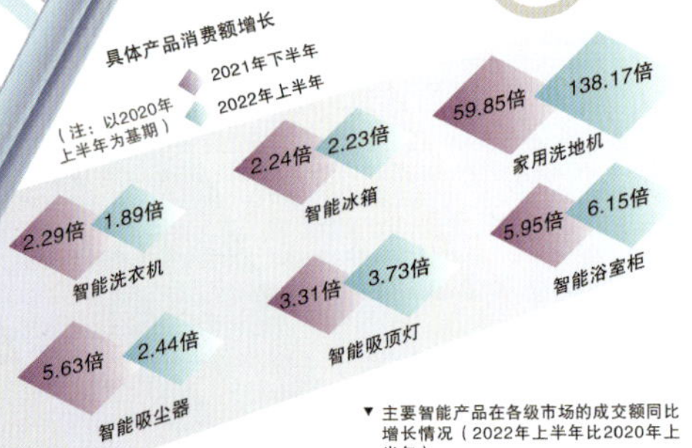

家电类智能产品：

▼消费额占比

家具家装类智能产品：

▼消费额占比

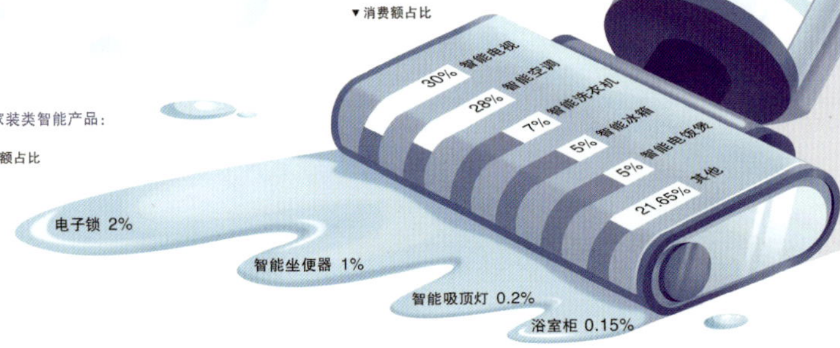

从品类来看，大家电及厨卫电器的智能化比例较高。其中，空调、电视、智能花洒等产品的销售表现亮眼。高客单价商品能够率先实现智能化，而较小型产品如灯具、坐便器等实现单一智能化并不难，难在融入整个智能生态系统，这将成为相关企业下一步发力的重点。

有的消费者喜爱娱乐智能化，有的消费者则更偏爱健康智能化，期望消费者一步到位实现整屋家居智能化升级换代比较困难。比如，年轻人更喜爱智能化小电器，追求新潮；成熟消费者偏好耐用型智能生活电器，希望智能化带来生活质量整体提升。因此，相关企业应细分用户需求，研发有针对性的智能化产品，满足不同维度的消费需求。

消费者画像

一二线城市消费者更青睐智能卫浴、智能灯具等能提高生活便捷度的产品；三四线城市消费者偏好购买扫地机器人等能减轻家务负担的智能产品

▼不同地区消费者对智能产品的偏好指数

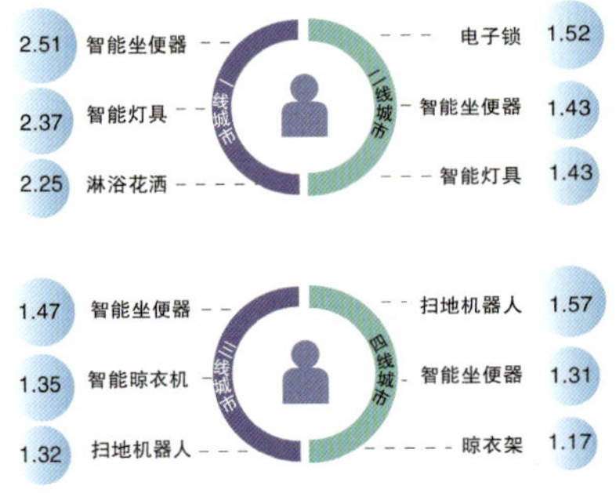

▼主要智能产品在各级市场的成交额同比增长情况（2022年上半年比2020年上半年）

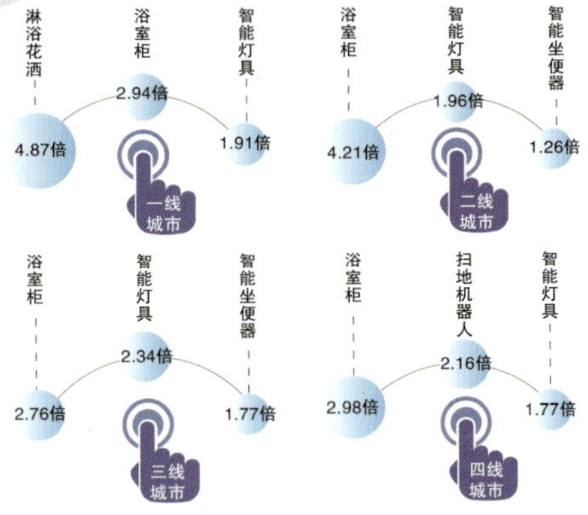

▼不同年龄消费者的偏好指数变化（2022年上半年）

	16岁至25岁	26岁至35岁	36岁至45岁	46岁至55岁
智能空调	0.95	1.02	0.99	0.99
智能冰箱	1.00	0.99	1.00	1.06
扫地机器人	1.04	1.09	0.90	0.91
智能坐便器	0.34	0.73	1.25	1.71
电动牙刷	2.84	1.04	0.72	0.55

更多内容 扫码观看

数据周期：2022年上半年

经济日报携手京东发布数据——

新创意点亮夜间经济

激发新一轮消费升级

朱双健

夜间经济的繁荣程度，被看作是一座城市经济开放度、便利度和活跃度的晴雨表。数据显示，中国夜间经济规模快速增长，截至2020年底，中国夜间经济规模突破30万亿元。

不过，不少地方所提供的服务还局限于满足人们吃喝等简单需求，且夜市和美食街同质化严重。

要想进一步挖掘夜间经济的消费潜力，激发新一轮消费升级，仅是延长营业时间和增加商户数量是远远不够的。应该看到，夜间文化休闲活动正在成为消费需求的蓝海。

夜间经济需要丰富的产品供给形态。夜间经济的时空特点和主要消费人群决定了其消费特征，需要不断增加多样化的文化体验。应打造特色夜间景观旅游、文艺演出、主题展览等多元文化形态，以满足不同年龄、文化背景和消费层次人群的需求。

夜间经济需要优化消费场景。各地应结合夜间灯光、科技等特色元素，打造更多地域文化消费场景地标，丰富人们的夜间生活。如故宫博物院举办“紫禁城上元之夜”，把文化特色融入夜间生活，在丰富了消费场景的同时，也提升了文化内涵。

积极丰富产品供给形态，优化夜间消费场景，才能让人气聚拢起来、街区热闹起来、消费兴旺起来，相应地，夜间经济的烟火气也就能更加浓郁起来。

说数

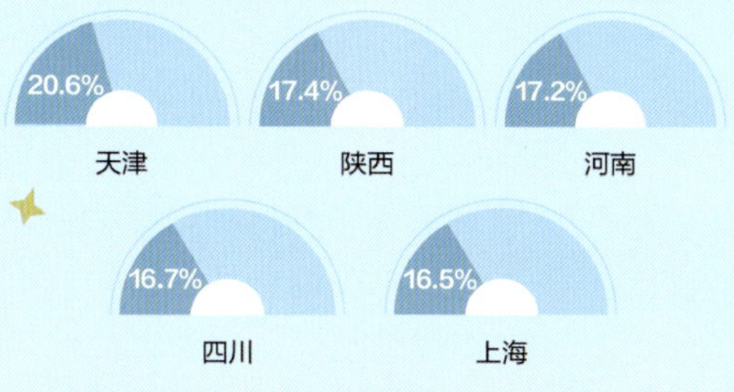

▲夜间消费订单（夜间订单量/全天订单量）占比TOP5省市

夜间消费活跃人群

26-35岁消费者是夜间消费的主力军

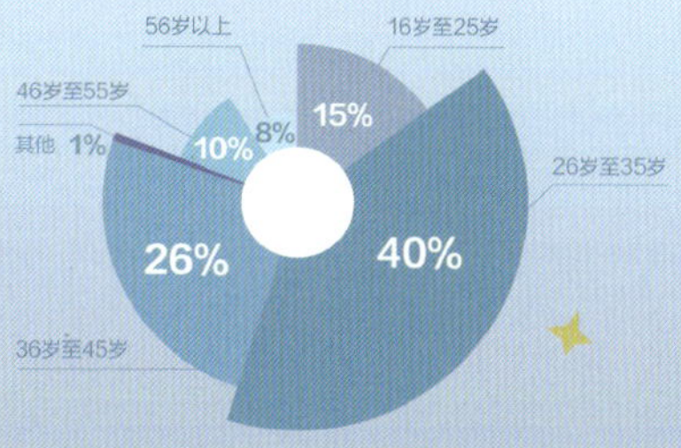

▲不同年龄段夜间订单量占比

城市白领最爱夜间买买买

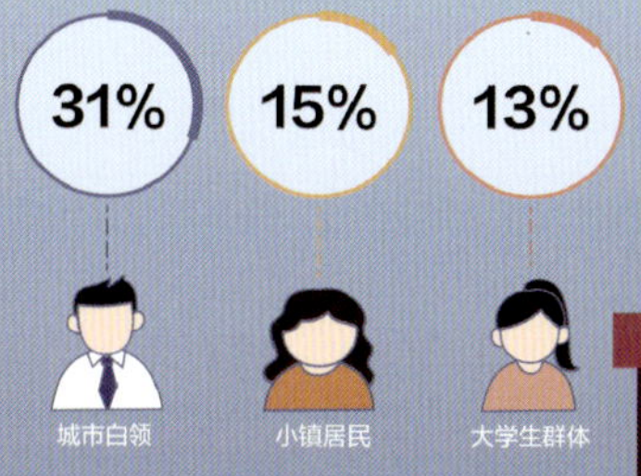

▲不同人群夜间网购订单量占比

夜间热销商品

夜宵是夜间消费重要品类，销量同比增长77%

▲销量最高的夜宵商品TOP5

IT数码类产品更多在白天挑选，夜晚下单

▲夜间销量占比高于白天销量占比

夜间出游成新时尚

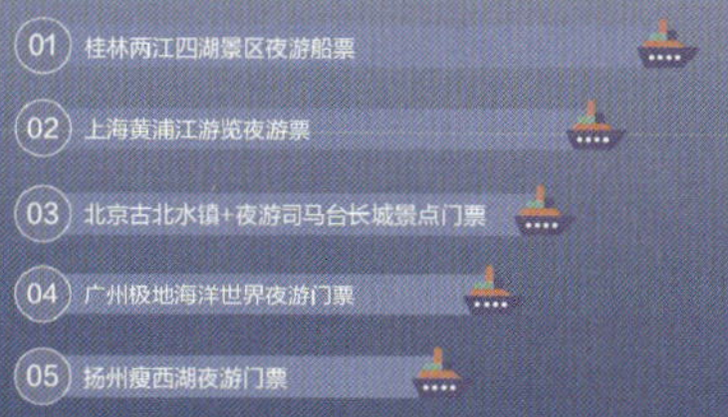

▲销量最高的夜游类商品TOP5

*数据周期：2021年5月1日至7月1日

数据来源　京东大数据研究院　本版编辑　李　苑　林　蔚

社址：北京市西城区白纸坊东街2号　读者服务：13911270606（同微信号）　查号台：58392088　邮编：100054　传真：58392840　零售每份：1.00元　广告许可证：京西工商广登字20170090号　广告热线：58392178　发行热线：58392172　昨日（北京）开印时间：3:30　印完时间：4:45　印刷：

CHAPTER 3

CONSUMPTION

从这里读懂中国消费

第三章　消费之暖

消费有温度　生活更美好

京东消费及产业发展研究院院长　刘　晖

对于大众而言，数据是一个近在眼前，却又不甚了解的事物。其中，消费数据看似硬邦邦的，其实很有温度、大有看头。消费数据背后，一件件商品经历了设计、生产、流通的变化，讲述了从无到有、从有到多的消费故事。更重要的是，作为消费主体的人，为消费赋予了独特的温度——通过消费数据，我们能够看到消费者的热爱、追求、拼搏与快乐。

异地订单暖人心

从消费波动情况看，春节前后是一年中消费最“暖”的时段——每年春节的异地订单消费，都会让人感受到跨越万水千山的牵挂与思念。

所谓异地订单，就是消费者向常用购物地址以外城市发送的订单。其中，最典型的是在大城市生活的消费者为家乡亲人购买商品所产生的订单，以及县域农村地区消费者为城里的孩子寄送的商品。

数据显示，2022年春节有超500万种商品被异地传送。从品类结构上看，手机、家电等产品的异地订单占比较高，运动和饮食等品类的异地订单增速较快。从过年送新衣、送糖果到现在送健康、送家电，消费升级趋势愈发明显。

值得注意的是，从大城市发往下沉市场的商品主要集中在高品质食品、新潮电器、智能产品等品类，属于典型的高质量消费。同时，这些大量被发往下沉市场的异地订单还会进一步带动下沉市场消费，成为低线市场消费升级的有效途径。

在“吃”这个异地订单维度上，可以更深刻的感知消费的“暖意”——父母寄给子女的年货大都是“老味道”，而子女寄回老家的则是“新花样”。从城市寄往老家的往往是具有健康、滋补属性的高客单价食品，如燕窝、佛跳墙等；而上行的食品则充满了浓浓家乡味，包括各种饱含地域特色的生鲜肉食、干货、茶叶等。

无论是春节期间从大城市走向家乡，还是由年轻人买给长辈，性能更好、品质更高、更具创新性的商品和服务，给消费者带来了更出色的体验，也在一定程度上提升了他们的生活水平，消费升级暖意融融。

“她经济”热度高

随着年龄变化，消费者购买偏好也会随之发生改变。值得注意的是，对于大部分消费者而言，最重要的转变节点是“孩子的到来”。

数据显示，26岁至35岁与36岁至45岁消费人群的消费倾向相当接近，细微的差异无非是年轻群体在美妆和电子设备上花费多些，年龄大一些的消费者在旅行、健康等方面的支出略高。而25岁以下的消费者则展现出“非家庭消费者”随心所欲的状态，这主要是因为他们在养娃支出上要远远低于其他年龄段的消费者。也就是说，无论是哪种类型的消费者，一旦有了孩子，消费模式就会出现明显改变。

值得注意的是，无论从消费金额，还是消费占比来看，女性消费一直聚焦于家庭，家电、母婴、食饮、健康等是女性消费金额占比较高的品类。其中，25岁成为女性消费者家庭消费和悦己消费之间的分水岭，25岁之后，女性的家庭消费占比将持续超过悦己消费，顾家、爱娃是女性消费者最有温度的消费标签。

当然，女性的悦己消费也在不断变化。近年来，女性悦己消费金额占比持续增长，不仅展现了女性对美好生活的不懈追求，也是消费升级的指征。同时，线上丰富的商品、便捷的服务，让女性完全不用拘泥于各种“固有人设”，她们通过多元化、个性化的消费来丰富生活，展示出不一样、更真实、有温度的自我。

职业消费渐升温

在消费数据中，不同职业群体展现出明显的差异化特征，而群体内部有消费趋同的特性，也有明显的变化。其中，体现最为明显的是不断提升职业技能的追求，以及各自提升生活品质的独特路径。

以教师群体为例，虽然不同地域、年龄的教师在消费偏好上大相径庭，但他们也有很明确的共同点：教师群体的家庭消费占比高于全站，以图书为代表的精神消费高于全站，以健康服务、有机食品、运动为代表的健康消费高于全站……一个爱家庭、爱读书、爱运动、更健康的教师形象浮现眼前。

在职业和工作相关的消费上持续升级的还有新农人。今年春耕期间的消费数据显示，“85后”“75后”新农人不仅青睐饲料、农药等实物产品，农资领域服务型消费也出现明显增长。农技服务2022年春季成交额同比增长超过10倍，特别是县域农村地区农技服务的消费占比从62%上升到82%。从实物消费扩展到服务消费，这是高线级城市用户用了超过10年时间逐步推进的过程，在县域乡村几乎与实物农资的线上消费同步展开。

此外，农村消费者更容易接受新型零售模式，在社交电商、直播电商、短视频电商等领域扮演着重要角色。数据显示，一旦县域农村消费者开始使用网购，其品类拓展速度，以及对新产品、新模式的接受速度往往都会超过一二线城市的用户，形成弯道超车的态势。

消费的核心是满足人的需求，通过数据分析洞察消费者需求，再通畅地传递到供给侧，就会形成对相关产业更大的推动，这也是消费温度向产业链更多环节的传递。期待消费的温度不断提升，更期待通过消费带动更多产业一起红火起来。

● 专家评论

市场回暖带来更多消费升级机遇

中国贸促会研究院副院长　赵　萍

随着时代发展、社会进步和人民收入水平的提高，人民对美好生活的向往更加强烈。全球新冠肺炎疫情暴发以来，我国高效统筹疫情防控和经济社会发展，线上消费平稳增长。2022年前三季度，实物商品网上零售额82374亿元，增长6.1%，占社会消费品零售总额的比重为25.7%。网上消费占比高、增速快，准确地反映出我国消费市场的发展趋势和主要特点。

2022年以来，随着国家促消费政策持续发力，重点领域消费潜力逐步释放，市场销售规模继续扩大。前三季度，社会消费品零售总额320305亿元，同比增长0.7%，而上半年为同比下降0.7%，这种消费回暖态势从春节黄金周就能看到端倪。正如《消费有温度 生活更美好》一文中显示，2022年春节有超500万种商品被异地传送。目前，我国消费市场供给端的冲击正在逐步减弱，制造业就业强势复苏，供应链逐步畅通，部分供给缺口正在修补。同时，居民消费能力持续增长。前三季度，全国居民人均可支配收入27650元，扣除价格因素实际增长3.2%。收入增长是消费回暖的重要基础，加上供给能力有保障，消费意愿上升，消费正在回暖的路上。

随着居民收入水平提高，消费升级的动力更加强劲。但由于经济发展阶段、所处的人生阶段及所在的职业不同，消费升级所指向的对象也有所不同。特别是随着年龄变化，消费者购买偏好也会随之发生改变。25岁以下的消费者随心所欲，更愿意选择“主动健康”式的消费；25岁之后的女性，家庭消费占比将持续超过悦己消费。教师的消费中，以图书为代表的精神消费占比较高。

虽然我国已经开始进入老龄化社会，但老龄社会的到来，并不意味着消费升级就此止步。中国老年消费者有三大刚需，即保障有质量生活的需要、跟上时代变化的需要和丰富精神生活的需要。为了跟上时代的脚步，老年群体连网、上网、用网的需求强烈。截至2021年底，中国60岁及以上老年网民规模达到1.19亿，互联网普及率达43.2%。这些老年人中，30%能独立出示健康码、行程卡，23%能在网上购买生活用品，20%能在网上查找信息。可以说，银发族在迅速适应并接受线上消费模式，老年人也在加快“触网”，实现网购“自由”。

因此，当前我国消费市场稳中向好基本面未变，消费升级蕴藏巨大潜力。问题在于，我们如何更好地适应消费市场回暖的大趋势，将消费升级的潜力转变为企业发展的新机遇。

食品业升级标准需先行

京东消费及产业发展研究院院长　刘　晖

近年来，消费者在购买食品时越来越注重成分、地域特征。包括有机、绿色、低脂等成分标签，以及五常大米、宁德大黄鱼、库尔勒香梨等地域标签，都成为消费者选择产品时的重要依据。但是，五花八门的各类标签，也让消费者面临“选择困难症”，食品行业相关标准的制定迫在眉睫。

消费者想要买到优质食品，往往需要掌握十八般武艺，凭借自身知识储备和火眼金睛去寻找最适合自己的产品。譬如，学习最新的健康知识，掌握各种食品加工工艺，了解添加剂的安全性，熟悉哪些地域有更优质的产品，等等。这些准备工作往往耗时耗力，延长了消费者的购买决策时间。食品行业的升级更应该依靠标准的制定和严格遵循，让消费者可以更便捷地找到目标商品，甚至放心地“闭眼买买买”。

目前，在食品行业中有两类标准在持续丰富和升级——一是地标标准，二是成分标准。原产地属性，能在一定程度上弥补农特产品知名品牌较少，消费者选择缺乏选择依据的问题。而明确的成分标准，代表着相关产品在营养、健康方面的精准功效，能够有效引导消费。

在打造地标农产品方面，各地正严格制定地标产品管理规范，严管地标产品冠名和使用。此前，五常大米遭遇“假货风波”，原产地相关部门和企业通过强化地理标识管理规范、技术守护品质等举措，夯实了五常大米这一优质品牌的基础。带有官方溯源防伪标识的五常大米所占市场份额提升5倍，农户收入同比提升200%。

在成分标准建设上，平台和企业正推出各类符合消费者需求的产品标准，在满足国标的基础上进一步升级品质要求，帮助消费者更严格地把好入口这一关。

未来，一定会有更丰富、更细分、更严格的食品标准诞生，相关企业一定要严格执行，从而让消费者可以选得更放心，买得更省心，带动我国食品产业走上高质量发展道路。

粮食产量
连续 7 年
1.3 万亿斤以上

2021 年，粮食产量创历史新高、达到 **13657** 亿斤，人均粮食占有量达到 **483** 公斤

农产品品质持续优化升级，质量安全例行监测合格率稳定在 **97**% 以上

经济日报携手京东发布数据——

农产品“货架”迭代快

食品业升级标准需先行

刘 晖

近年来，消费者在购买食品时越来越注重成分、地域特征。包括有机、绿色、低脂等成分标签，以及五常大米、宁德大黄鱼、库尔勒香梨等地域标签，都成为消费者选择产品时的重要依据。但是，五花八门的各类标签，也让消费者面临“选择困难症”，食品行业相关标准的制定迫在眉睫。

消费者想要买到优质食品，往往需要掌握十八般武艺，凭借自身知识储备和火眼金睛去寻找最适合自己的产品。譬如，学习最新的健康知识，掌握各种食品加工工艺，了解添加剂的安全性，熟悉哪些地域有更优质的产品，等等。这些准备工作往往耗时耗力，延长了消费者的购买决策时间。食品行业的升级更应该依靠标准的制定和严格遵循，让消费者可以更便捷地找到目标商品，甚至放心地“闭眼买买买”。

目前，在食品行业中有两类标准在持续丰富和升级——一是地标标准，二是成分标准。原产地属性，能在一定程度上弥补农特产品知名品牌较少，消费者选择缺乏选择依据的问题。而明确的成分标准，代表着相关产品在营养、健康方面的精准功效，能够有效引导消费。

在打造地标农产品方面，各地正严格制定地标产品管理规范，严管地标产品冠名和使用。此前，五常大米遭遇“假货风波”，原产地相关部门和企业通过强化地理标识管理规范、技术守护品质等举措，夯实了五常大米这一优质品牌的基础。带有官方溯源防伪标识的五常大米所占市场份额提升5倍，农户收入同比提升200%。

在成分标准建设上，平台和企业正推出各类符合消费者需求的产品标准，在满足国标的基础上进一步升级品质要求，帮助消费者更严格地把好入口这一关。

未来，一定会有更丰富、更细分、更严格的食品标准诞生，相关企业一定要严格执行，从而让消费者可以选得更放心，买得更省心，带动我国食品产业走上高质量发展道路。

（作者系京东消费及产业发展研究院院长）

说数

数据显示，具备有机、天然、低脂等标签的食品更容易获得消费者青睐。建议相关企业要在产品端满足消费者需求，在营销端突出产品特色，有里子也要有面子。同时，一定要注意坚守科学营养这一关，坚决杜绝过度营销。

当前，高质量农产品引领食品消费风向。特别是具有地理标识的农产品，已经成为消费者首选。建议政府和龙头企业携手建立地标农产品标准，严格规范原产地品牌使用，做好品质控制，精心呵护原产地品牌。

粮油调味

以食用油为例，消费者偏好选购包含“有机”“营养”“低芥酸”等关键词的品质升级型产品。针对不同人群的定制化特色，也成为受消费者重视的附加价值

▼成交额同比增长情况

典型品质升级关键词

有机	低芥酸	营养
71%	56%	64%

典型附加价值关键词

适合健身人群	适合老龄人群
127%	83%

在干货副食及调味品中，具有营养价值、调节功效与低脂健康的产品更受市场关注

▼成交额同比增长情况

本草银耳 374%

干货食品 超60%

低脂调味品 超53%

调味品 超17%

水产海鲜

高端海鲜水产品成为百姓餐桌常客

▼海鲜水产成交额占比

虾类	鱼类	海参
32.4%	20.7%	13.8%

▼成交额同比增长情况

霸王虾	软足类	鱼类
超10倍	超50%	超40%

品质过硬的产业带农产品尤其受欢迎

◀“618”期间成交额同比增长情况

肉禽蛋奶

高品质食材让百姓吃得更健康、更放心

▼肉禽蛋成交额占比

牛肉	鸡肉	蛋类
40.6%	17.8%	16.4%

▼成交额同比增长情况

鸡肉	无添加烤肠	可生食鸡蛋	国产牛排	原切牛肉
53%	341%	386%	88%	50%

地标好物

高品质地标农产品广受消费者认可

▶成交额同比增长情况

广东荔枝	盐池滩羊	阿克苏苹果	云南小粒咖啡	库尔勒香梨	海南荔枝	奉节脐橙
860%	196%	112%	85%	72%	67%	42%

更多内容 扫码观看

数据周期：2022年上半年

数据来源 京东消费及产业发展研究院 本版编辑 李 瞳 林 蔚

供需驱动行业创新

京东消费及产业发展研究院院长　刘　晖

当前，日用品消费市场逐步升级，来自供给侧和消费侧的双重驱动力，带来了日用品功能的不断细分和创新。

从消费侧看，消费者需求正在向多元化、精细化演变。对于不同用途和场景，与其购买通用型产品，消费者更倾向于做出更有针对性的选择。同时，新的需求也倒逼供给侧持续创新，新产品、新功能层出不穷。

首先，精细化需求体现了消费者对生活品质的追求不断升级。从家居清洁和个人护理品类的消费情况来看，身体乳、蓬蓬粉、口腔护理套装等增速领先。消费者希望在每个细分场景下使用最适合的产品，享受最好的使用效果。成分功效和安全性也是消费者看重的因素。

其次，新需求带来新机会，生产企业要不断洞察消费者需求，全力推动工艺、设计和服务创新，提供更多优质产品。如在家居清洁领域，可以针对玻璃、瓷砖、不锈钢等不同材质的特点，研发专用清洁产品，满足消费者在厨房场景、卫浴场景的不同需求。

值得关注的是，随着年轻消费者占据愈发重要的主导地位，他们在日用品创新过程中扮演的角色也越来越重要。一方面，青年群体对产品和服务的体验更为关注，愿意为服务买单；另一方面，青年群体更认可针对细分场景的专用产品，对综合型、全能型、集成型产品不太感兴趣。相关企业要加快洞察和满足青年群体的消费需求，延展产品矩阵和服务链条，研发更多具有针对性功能的产品，抢占市场先机。

最后，线上零售渗透率的提升，也为日用品行业的升级创造了新机遇。通过大数据、人工智能等技术手段，相关企业可以更加精准和及时地洞察消费者的潜在需求，特别是特定人群在相应场景下的细分需求。建议相关企业充分利用线上平台的先进技术手段，开展深入合作，重新审视市场变化，耕耘更好未来。

粮油食品和日用品类商品增长较快

商品零售额同比增长**3.6%**，限额以上单位按类别分的商品零售中八成以上保持增长

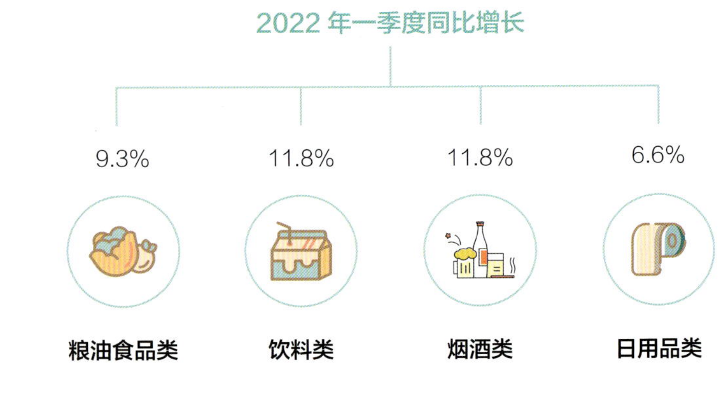

经济日报携手京东发布数据——

日用品“场景”更丰富

供需驱动行业创新

刘 晖

当前，日用品消费市场逐步升级，来自供给侧和消费侧的双重驱动力，带来了日用品功能的不断细分和创新。

从消费侧看，消费者需求正在向多元化、精细化演变。对于不同用途和场景，与其购买通用型产品，消费者更倾向于做出更有针对性的选择。同时，新的需求也倒逼供给侧持续创新，新产品、新功能层出不穷。

首先，精细化需求体现了消费者对生活品质的追求不断升级。从家居清洁和个人护理品类的消费情况来看，身体乳、蓬蓬粉、口腔护理套装等增速领先。消费者希望在每个细分场景下使用最适合的产品，享受最好的使用效果。成分功效和安全性也是消费者看重的因素。

其次，新需求带来新机会，生产企业要不断洞察消费者需求，全力推动工艺、设计和服务创新，提供更多优质产品。如在家居清洁领域，可以针对玻璃、瓷砖、不锈钢等不同材质的特点，研发专用清洁产品，满足消费者在厨房场景、卫浴场景的不同需求。

值得关注的是，随着年轻消费者占据愈发重要的主导地位，他们在日用品创新过程中扮演的角色也越来越重要。一方面，青年群体对产品和服务的体验更为关注，愿意为服务买单；另一方面，青年群体更认可针对细分场景的专用产品，对综合型、全能型、集成型产品不太感兴趣。相关企业要加快洞察和满足青年群体的消费需求，延展产品矩阵和服务链条，研发更多具有针对性功能的产品，抢占市场先机。

最后，线上零售渗透率的提升，也为日用品行业的升级创造了新机遇。通过大数据、人工智能等技术手段，相关企业可以更加精准和及时地洞察消费者的潜在需求，特别是特定人群在相应场景下的细分需求。建议相关企业充分利用线上平台的先进技术手段，开展深入合作，重新审视市场变化，耕耘更好未来。

（作者系京东消费及产业发展研究院院长）

说数

女性消费者一直主导着洗护用品市场，但随着男性用户对颜值的关注度提升，其在洗护类产品上的消费行为愈发频繁。相关企业可以加大对男性消费者的聚焦，针对男性皮肤特点进行产品创新，通过精准营销让他们更深入地了解产品，并选择适合自己的产品和服务。

在婴幼儿产品消费上，品质和安全永远是家长们关注的焦点，但随着消费升级浪潮的推进，功能创新成为新的需求点。对此，相关企业要加快拓展新赛道，针对不同地域、不同育儿习惯的消费群体推出更多定制商品，帮助家长们更好地为孩子打造成长路径。

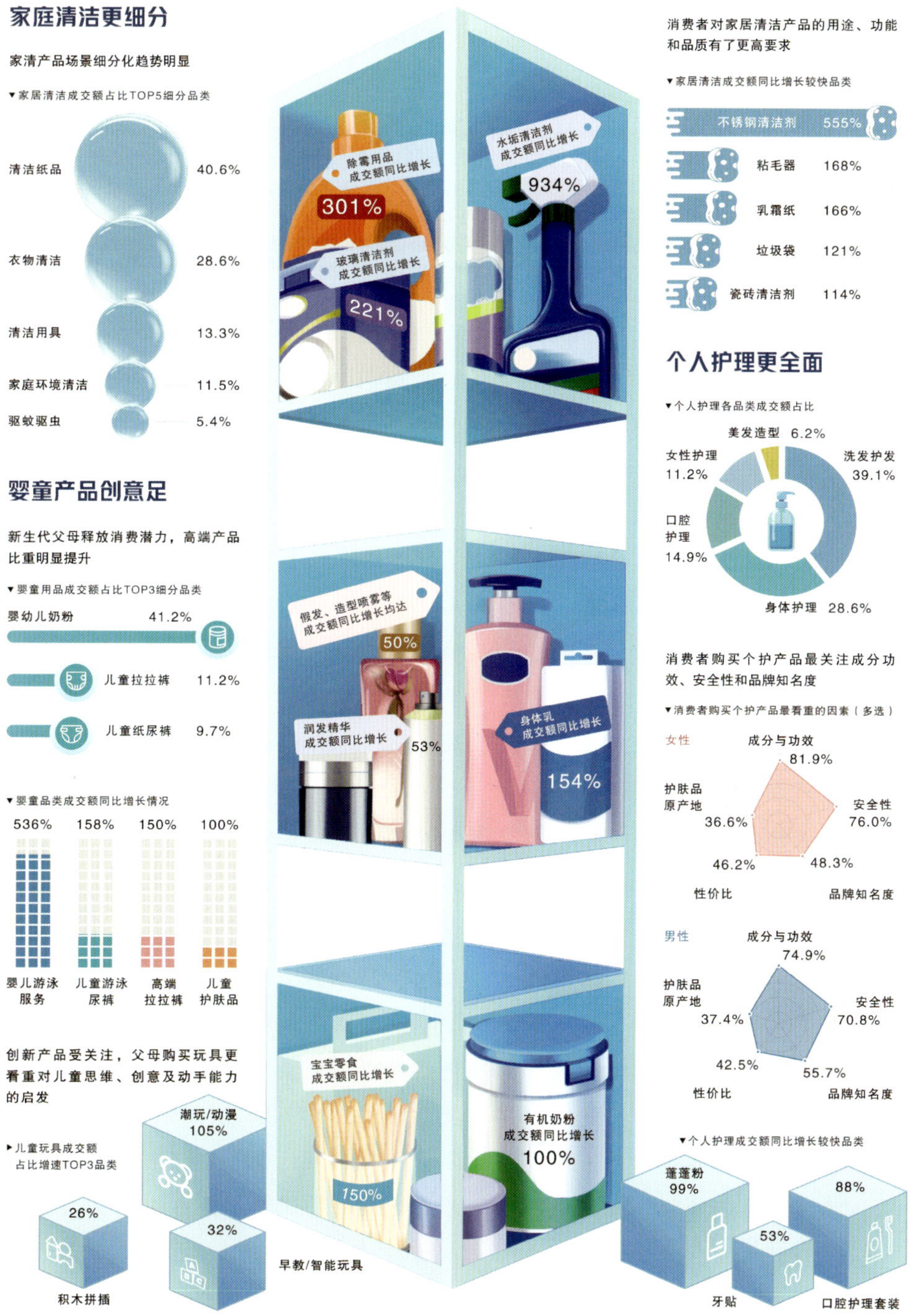

▸ 儿童玩具成交额同比增长较快品类

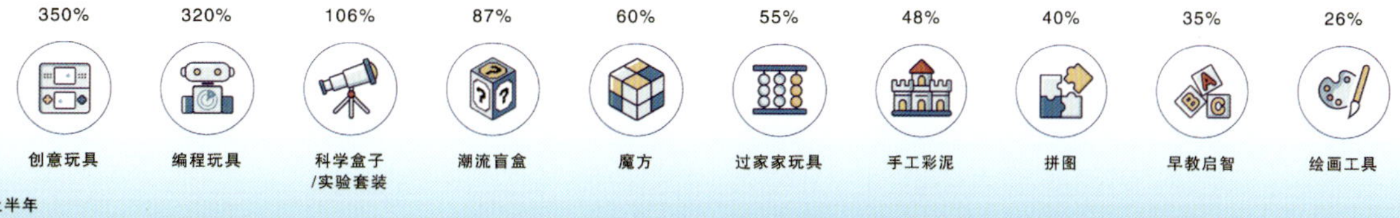

更多内容 扫码观看

数据周期：2022年上半年

数据来源 京东消费及产业发展研究院 本版编辑 李 瞳 林 蔚

挖掘全渠道消费潜力

京东消费及产业发展研究院高级研究员　董　菲

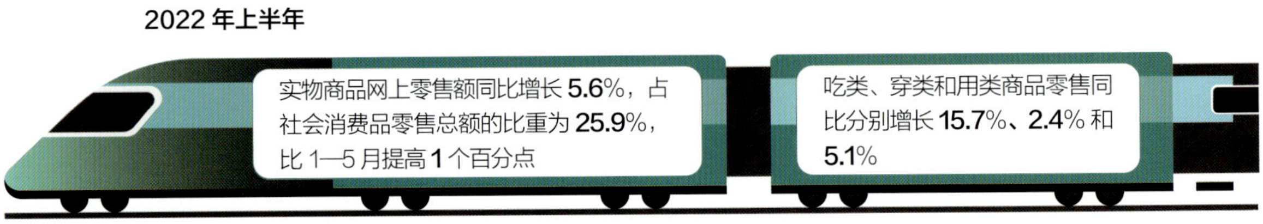

商超百货很大一部分是消费者日常生活的刚需品，种类多、消耗大、消耗快。随着线上消费的渗透率大大提升，传统的零售业态不断升级，商超品类消费日益呈现出覆盖线上线下的全渠道特征。特别是今年上半年，在疫情影响下，居民出行、线下消费场景受限，即时零售等新消费快速发展，吸引着越来越多的消费者将商超百货消费向线上转移。

线上线下一体化的商超百货业态，在不确定性因素增多的环境下，能够有效保障百姓的民生所需，为消费者打造更多、更快、更好、更省的消费体验，为实体经济的复苏和发展创造新路径。但新的商超零售模式对控货能力、仓储能力、履约成本和履约效率要求很高，极大考验着平台与企业的合作水平和综合能力。

因此，对于商超平台和企业来说，从传统刚性供应链升级为一体化数智供应链，就成了转型升级的必经之路。要持续提升线上线下服务能力和效率，重构人货场关系，实现仓储、拣货、交接、配送全链路高效履约，让消费者的购物时效更快、体验更好。

同时，消费者不再满足于商品的功能价值，而是对个性化特点感兴趣，消费需求不是无法得到满足，而是未能得到随时随地随心满足。因此，除了要通过不断研发与推广创新产品吸引更多用户关注，还要打通线上线下渠道，优化算法，针对个性化需求实现用户精细化运营，满足消费者深层次所需。

此外，当前的商超百货消费呈现出鲜明的地域差异，无论是全国性的大型商超平台还是区域性的中小型商超企业，都应根据各地消费者特征进行有针对性的战略布局。如北上广等经济发达地区的线上商超百货消费不仅用户占比高，且人均消费金额也较高，可以针对这一区域的消费者提供更多高品质、消费升级类的产品；而西藏、宁夏、青海等地的用户更偏好传统商超消费模式，可能与西南、西北地区地广人稀有关，需要平台和相关企业加强在这一区域的物流、供应链等基础设施建设。

总之，在商超百货行业快速变化的背景下，充分挖掘全渠道消费潜力，是实现获客增长的必由之路。但不管业态如何改变，消费者对更高性价比、更快速便捷服务的需求亘古不变，平台和企业要紧紧围绕“人”这一核心要素识变、求变、应变，更好满足消费需求。

经济日报携手京东发布数据——

消费者“买出”新蓝海

挖掘全渠道消费潜力

董 菲

商超百货很大一部分是消费者日常生活的刚需品，种类多、消耗大、消耗快。随着线上消费的渗透率大大提升，传统的零售业态不断升级，商超品类消费日益呈现出覆盖线上线下的全渠道特征。特别是今年上半年，在疫情影响下，居民出行、线下消费场景受限，即时零售等新消费快速发展，吸引着越来越多的消费者将商超百货消费向线上转移。

线上线下一体化的商超百货业态，在不确定性因素增多的环境下，能够有效保障百姓的民生所需，为消费者打造更多、更快、更好、更省的消费体验，为实体经济的复苏和发展创造新路径。但新的商超零售模式对控货能力、仓储能力、履约成本和履约效率要求很高，极大考验着平台与企业的合作水平和综合能力。

因此，对于商超平台和企业来说，从传统刚性供应链升级为一体化数智供应链，就成了转型升级的必经之路。要持续提升线上线下服务能力和效率，重构人货场关系，实现仓储、拣货、交接、配送全链路高效履约，让消费者的购物时效更快、体验更好。

同时，消费者不再满足于商品的功能价值，而是对个性化特点感兴趣，消费需求不是无法得到满足，而是未能得到随时随地随心满足。因此，除了要通过不断研发与推广创新产品吸引更多用户关注，还要打通线上线下渠道，优化算法，针对个性化需求实现用户精细化运营，满足消费者深层次所需。

此外，当前的商超百货消费呈现出鲜明的地域差异，无论是全国性的大型商超平台还是区域性的中小型商超企业，都应根据各地消费者特征进行有针对性的战略布局。如北上广等经济发达地区的线上商超百货消费不仅用户占比高，且人均消费金额也较高，可以针对这一区域的消费者提供更多高品质、消费升级类的产品；而西藏、宁夏、青海等地的用户更偏好传统商超消费模式，可能与西北地区地广人稀有关，需要平台和相关企业加强在这一区域的物流、供应链等基础设施建设。

总之，在商超百货行业快速变化的背景下，充分挖掘全渠道消费潜力，是实现获客增长的必由之路。但不管业态如何改变，消费者对更高性价比、更快速便捷服务的需求亘古不变，平台和企业要紧紧围绕“人”这一核心要素识变、求变、应变，更好满足消费需求。

（作者系京东消费及产业发展研究院高级研究员）

说数

商超百货类商品往往属于高频日常消费品。从上半年总体情况看，经济发达省份数据亮眼，广东的成交额占比高，上海消费增速快，北京人均消费金额排首位；同时，县域农村市场也展现出强劲的线上商超百货消费潜力。企业应充分做好市场调研，针对不同地区特点推出产品及服务，进一步挖掘商超品类消费的地域潜力。

从消费者特征来看，16岁至35岁的年轻人更习惯于享受网络消费与数字科技进步给生活带来的便利，成为线上采买商超类刚需产品的主力军；36岁至55岁的消费者虽然习惯了在线下商超采买生活必需品，但这部分人群的线上消费增速非常快。此外，男性用户更青睐选购酒类、玩具乐器等悦己型商品，女性用户更偏好选购母婴用品、生鲜等家庭型商品。结合人群偏好推出产品、制定营销策略，能够更好吸引特定消费者关注。

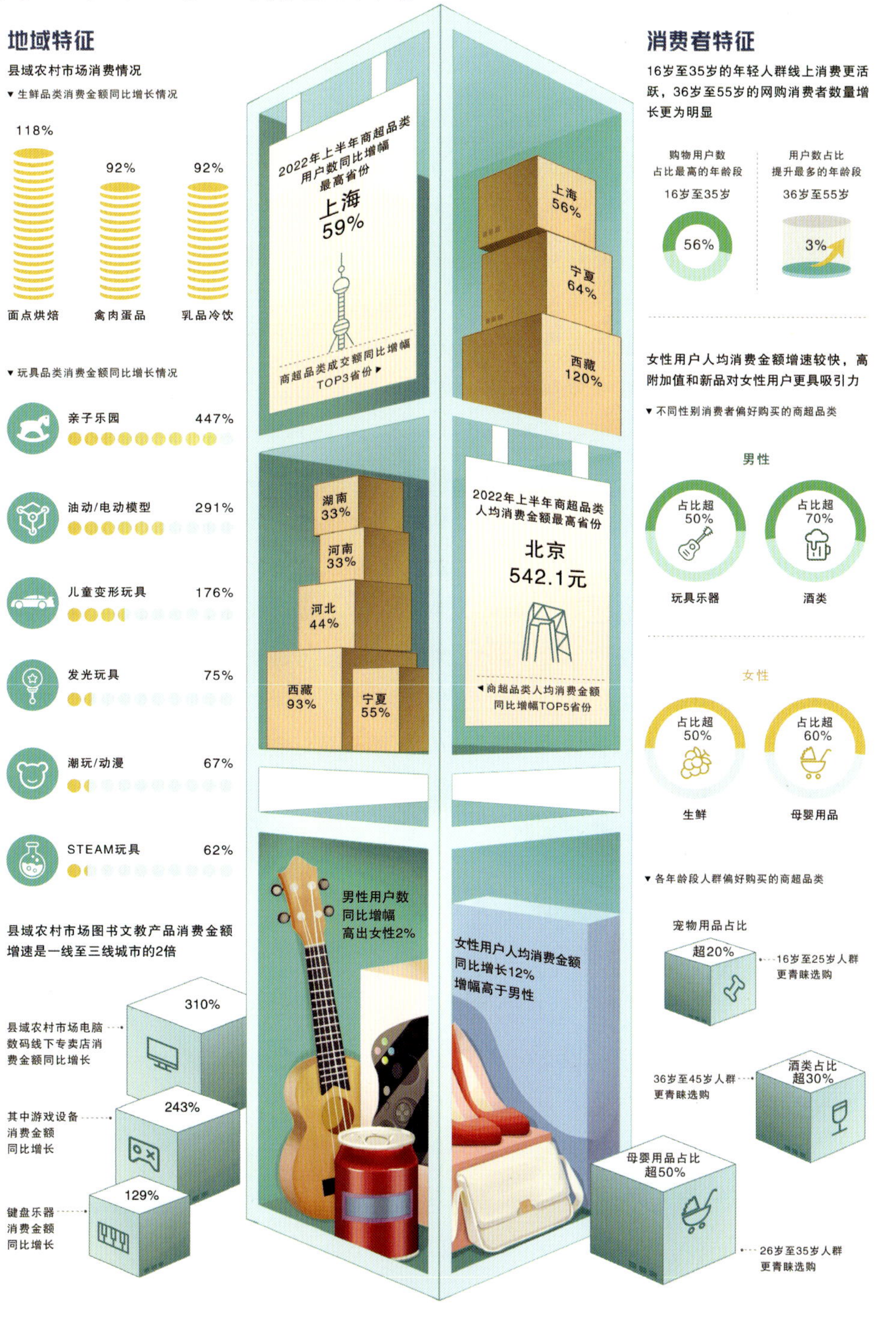

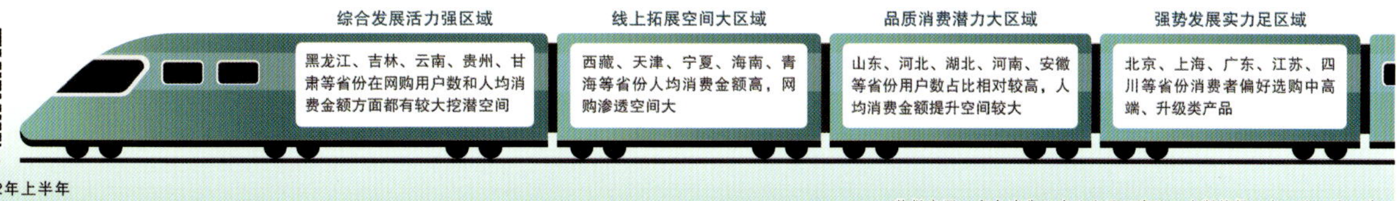

更多内容 扫码观看

数据周期：2022年上半年

数据来源 京东消费及产业发展研究院 本版编辑 李 瞳 林 蔚

卫生健康产业前景向好

京东消费及产业发展研究院高级研究员　董　菲

人民健康是社会进步的基础，是民族昌盛和国家富强的重要标志，也是广大人民群众的共同追求。随着居民生活水平的提升和健康卫生意识的增强，越来越多的消费者开始关注更加精细化的健康管理，卫生健康消费结构也变得更加多元化。

在消费升级驱动下，清洁卫生产品加快迭代更新步伐。过去一年，家居清洁类产品人均消费金额稳步提升，细分功能产品更受青睐。例如，家庭环境清洁类产品根据使用场景衍生出了更多选择，水垢清洁剂、不锈钢清洁剂等产品的销售规模稳步增长。可见，消费者对家庭清洁产品的用途、功能和品质有了更高要求，“一屋通用”已成为过去式。针对不同场景，清洁类产品的划分将越来越细，产品更新升级速度也将加快。

在互联网技术加持下，越来越多的消费者选择在线上购买医疗保健及健康服务。目前，医疗保健和健康服务产品种类日益丰富，新业态、新模式更加普及，新型健康消费正快速兴起。消费者的健康需求早已超出了治病的范畴，“防治结合”成为人们健康管理的普遍追求。疫苗、体检、重疾早筛等预防类健康服务产品成长亮眼；康复辅助、助行器、吸痰器等家用护理器械类产品也受到消费者关注。无论是保健器械、护理护具还是健康服务，消费者的认可度均持续提升，线上医疗健康行业已经迈入高质量发展阶段。

此外，随着各大药店开始拓展网上药品销售业务，方便、快捷的网上购药越来越受青睐。一方面，线上渠道有效弥补了线下药品销售渠道“慢”的缺点，加快联通上游厂商和下游客户，既提升了信息透明度，也有效保障了用药安全。另一方面，医药电商的发展满足了消费者的多元化需求，让消费者求医问药有了更多选择。

下一步，医药电商要向全品类覆盖方向靠拢，加快满足不同用户群体的健康诉求。医药产业可以借助大数据、人工智能等新技术，构筑更加便捷、高效的运转体系。通过产品和服务的不断创新升级，促进整个卫生健康产业有序健康发展。

2021

15 分钟内能够到达最近的医疗点的家庭	90%
国家基本药物目录品种增加种数	685 种
基本医疗保险参保人数超过	13.6 亿人
居民个人卫生支出占卫生总费用比例降至	27.7%

经济日报携手京东发布数据——

健康消费结构更加多元

卫生健康产业前景向好

董菲

人民健康是社会进步的基础，是民族昌盛和国家富强的重要标志，也是广大人民群众的共同追求。随着居民生活水平的提升和健康卫生意识的增强，越来越多的消费者开始关注更加精细化的健康管理，卫生健康消费结构也变得更加多元化。

在消费升级驱动下，清洁卫生产品加快迭代更新步伐。过去一年，家居清洁类产品人均消费金额稳步提升，细分功能产品更受青睐。例如，家庭环境清洁类产品根据使用场景衍生出了更多选择，水垢清洁剂、不锈钢清洁剂等产品的销售规模稳步增长。可见，消费者对家庭清洁产品的用途、功能和品质有了更高要求，“一屋通用”已成为过去式。针对不同场景，清洁类产品的划分将越来越细，产品更新升级速度也将加快。

在互联网技术加持下，越来越多的消费者选择在线上购买医疗保健及健康服务。目前，医疗保健和健康服务产品种类日益丰富，新业态、新模式更加普及，新型健康消费正快速兴起。消费者的健康需求早已超出了治病的范畴，“防治结合”成为人们健康管理的普遍追求。疫苗、体检、重疾早筛等预防类健康服务产品成长亮眼；康复辅助、助行器、吸痰器等家用护理器械类产品也受到消费者关注。无论是保健器械、护理护具还是健康服务，消费者的认可度均持续提升，线上医疗健康行业已经迈入高质量发展阶段。

此外，随着各大药店开始拓展网上药品销售业务，方便、快捷的网上购药越来越受青睐。一方面，线上渠道有效弥补了线下药品销售渠道“慢”的缺点，加快联通上游厂商和下游客户，既提升了信息透明度，也有效保障了用药安全。另一方面，医药电商的发展满足了消费者的多元化需求，让消费者求医问药有了更多选择。

下一步，医药电商要向全品类覆盖方向靠拢，加快满足不同用户群体的健康诉求。医药产业可以借助大数据、人工智能等新技术，构筑更加便捷、高效的运转体系。通过产品和服务的不断创新升级，促进整个卫生健康产业有序健康发展。

（作者系京东消费及产业发展研究院高级研究员）

说数

家庭清洁消费

家庭清洁产品在不断升级，高效、精细、优质的产品增速更快

家庭环境清洁类

▼ 成交额同比增幅

水垢清洁剂	不锈钢清洁剂	玻璃清洁剂	除霉用品	瓷砖清洁剂	地板清洁剂
484%	392%	156%	122%	68%	53%

清洁用具类

▼ 成交额同比增幅

水桶	粘毛器	扫把簸箕	清洁刷具
254%	112%	87%	80%

衣物清洁类

▼ 成交额同比增幅

留香珠	洗衣凝珠	漂白彩漂
84%	75%	61%

消费者画像

不同群体消费特征

▼ 用户数占比

58.8% 男性医药产品消费占比较高

54.6% 女性家庭清洁产品消费占比较高

地域消费情况

购买家庭清洁产品的用户多来自

山西 53.4%　黑龙江 51.6%

购买医疗保健及健康服务的用户多来自

陕西 35.2%　北京 34.9%

购买医药产品的用户多来自

海南 25.2%　内蒙古 24.2%

▲ 在各省份消费者中的占比

医药消费

消费者足不出户就能在网上药店买到各类药品，方便、快捷的网上购药方式越来越受青睐

▼ 成交额占比排名

占比	类别
11.7%	心脑血管用药
5.9%	肝胆用药
5.4%	神经系统用药
3.7%	消化系统用药
3.6%	肿瘤用药
3.4%	内分泌用药
3.4%	风湿骨外专科用药
3.1%	呼吸系统用药

随着卫生与健康意识增强，环境清洁、衣物清洁等家居清洁类商品线上消费规模持续提升。但是，一些产品仍存在细分功能不明确、噱头过大等现象。因此，企业在研发与推广家居清洁产品时，应更加重视产品的功能性与实用性，要针对不同使用场景打造不同功能的清洁产品，从而满足消费者的细分需求。

健康服务类

▼ 产品成交额同比增长

健康体检中影像检查服务	95%
疫苗服务中宫颈癌疫苗服务	106%
基因检测中重疾早筛服务	107%
口腔健康中牙齿美白服务	177%

从“治已病”到“治未病”，无病早防、有病早治、防治结合已成为人们对健康的普遍需求。在这一情况下，更多健康型服务产品走入大众视野。相关企业应充分把握消费者对个性化健康服务的需求，通过大数据、物联网等新技术，持续推动健康服务产业向智能化、数字化升级，从而提升产业效率。

更多内容 扫码观看

数据周期：2022年1月1日至3月29日

数据来源 京东消费及产业发展研究院 本版编辑 李瞳 林蔚

新赛道积蓄新动能

京东消费及产业发展研究院高级研究员　董　菲

人民健康是幸福生活的重要基础，也是民族昌盛、国家富强的重要标志。《"健康中国2030"规划纲要》把人民健康提升到了国家发展战略高度，大健康消费理念日渐深入人心，在"互联网+"加持下，催生出消费医疗、健康检测、特医食品、营养补剂、功能饮品等众多新赛道，为大健康产业提质扩容积蓄了发展新动能。

一方面，从"治和补"到"养和防"，消费者积极主动开展健康管理的意识不断增强。数据显示，居家场景下慢病管理、健康监测、自检自查等相关医疗器械产品广受欢迎。其中，血压计、血糖仪、呼吸机等家用型医疗器械不断迭代升级，专业化、智能化产品更受关注；家庭常备洗鼻器、理疗仪等品类也有亮眼表现。同时，不少消费者通过主动式健康管理服务进行疾病预防，全周期健康体检类服务、重疾早筛产品、遗传/慢病类基因检测产品、HPV疫苗预约服务等，均获得消费者青睐。

另一方面，健康消费用户越来越年轻化，健康管理概念不断延伸，调节身体机能、获得均衡营养、消除疲劳和亚健康，成为年轻人对健康的新追求。研究显示，2021年国内营养品市场规模超2600亿元，膳食补充剂及维生素占七成，18岁至35岁年龄段的消费者占比高达83.7%。调查显示，在购买营养品时，年轻人消费更趋理性，关注产品功效，看重性价比。庞大的年轻消费群体为健康消费带来新增长点，对于企业来说，要在供给端坚定"品牌年轻化"，从产品线到定价做出创新和改变，优化年轻人健康消费体验。同时，企业可以通过整合医疗健康服务能力，为消费者购买营养保健品提供更专业、高效的科普及指导服务。

巨大的潜在消费市场、年轻消费主力不断增长的健康消费需求、国家政策支持……这些因素都为大健康产业的市场前景带来无限可能，也对行业企业的综合实力提出更高要求。相关企业要不断增加优质健康产品和服务供给，全方位提升消费者的"健康安全感"。

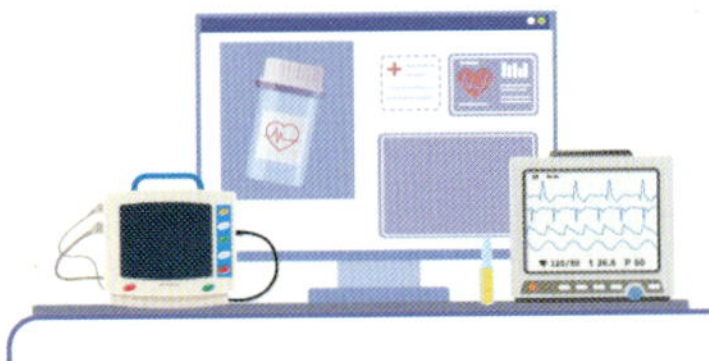

近年来，国家积极推进药品耗材集中采购和使用，已经开展的 **7** 批集采中选药品平均降价超过 **50**%，两批耗材集采平均降价超过 **80**%，开展药品谈判议价工作，平均降价超过 **50**%

全国医药工业统计数据显示，中药工业主营收入由 2012 年的 **5156** 亿元增长到 2021 年的近 **7000** 亿元

经济日报携手京东发布数据——

大健康产业提质扩容

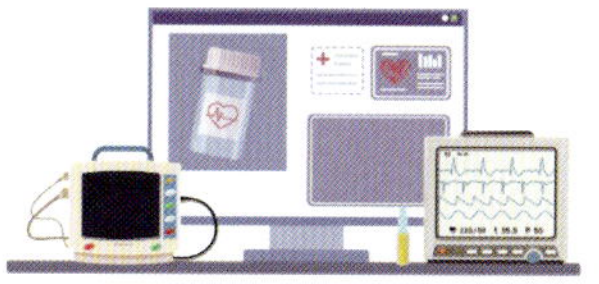

新赛道积蓄新动能

董菲

人民健康是幸福生活的重要基础，也是民族昌盛、国家富强的重要标志。《"健康中国2030"规划纲要》把人民健康提升到了国家发展战略高度，大健康消费理念日渐深入人心，在"互联网+"加持下，催生出消费医疗、健康检测、特医食品、营养补剂、功能饮品等众多新赛道，为大健康产业提质扩容积蓄了发展新动能。

一方面，从"治和补"到"养和防"，消费者积极主动开展健康管理的意识不断增强。数据显示，居家场景下慢病管理、健康监测、自检自查等相关医疗器械产品广受欢迎。其中，血压计、血糖仪、呼吸机等家用型医疗器械不断迭代升级，专业化、智能化产品更受关注；家庭常备洗鼻器、理疗仪等品类也有亮眼表现。同时，不少消费者通过主动式健康管理服务进行疾病预防，全周期健康体检类服务、重疾早筛产品、遗传/慢病类基因检测产品、HPV疫苗预约服务等，均获得消费者青睐。

另一方面，健康消费用户越来越年轻化，健康管理概念不断延伸，调节身体机能、获得均衡营养、消除疲劳和亚健康，成为年轻人对健康的新追求。研究显示，2021年国内营养品市场规模超2600亿元，膳食补充剂及维生素占七成，18岁至35岁年龄段的消费者占比高达83.7%。调查显示，在购买营养品时，年轻人消费更趋理性，关注产品功效，看重性价比。庞大的年轻消费群体为健康消费带来新增长点，对于企业来说，要在供给端坚定"品牌年轻化"，从产品线到定价做出创新和改变，优化年轻人健康消费体验。同时，企业可以通过整合医疗健康服务能力，为消费者购买营养保健品提供更专业、高效的科普及指导服务。

巨大的潜在消费市场、年轻消费主力不断增长的健康消费需求、国家政策支持……这些因素都为大健康产业的市场前景带来无限可能，也对行业企业的综合实力提出更高要求。相关企业要不断增加优质健康产品和服务供给，全方位提升消费者的"健康安全感"。

（作者系京东消费及产业发展研究院高级研究员）

说数

近年来，消费者逐步养成了线上购药习惯，并对日常保健、疾病预防等健康类产品和服务的需求愈发强烈。接下来，商家和平台应积极完善医药健康供应链和医疗健康服务生态，通过线上线下一体化服务、早筛体检服务等更为主动的方式，开展覆盖全周期的专业健康管理服务，满足消费者的健康管理需求。

当前，年轻人的健康风险意识不断增强，对健康产品和服务的专业化、便捷化、个性化等方面提出了更高要求。基于消费者需求变化，相关企业要在互联网技术加持下持续创新、不断细化产品分类。具体来看，可以从特医食品、营养补剂、功能饮品、健康检测等方面着手，持续开拓新赛道。

大众健康消费升级

消费者健康观念普遍提升，主动进行健康干预。今年"618"期间，各类健康消费实现快速增长

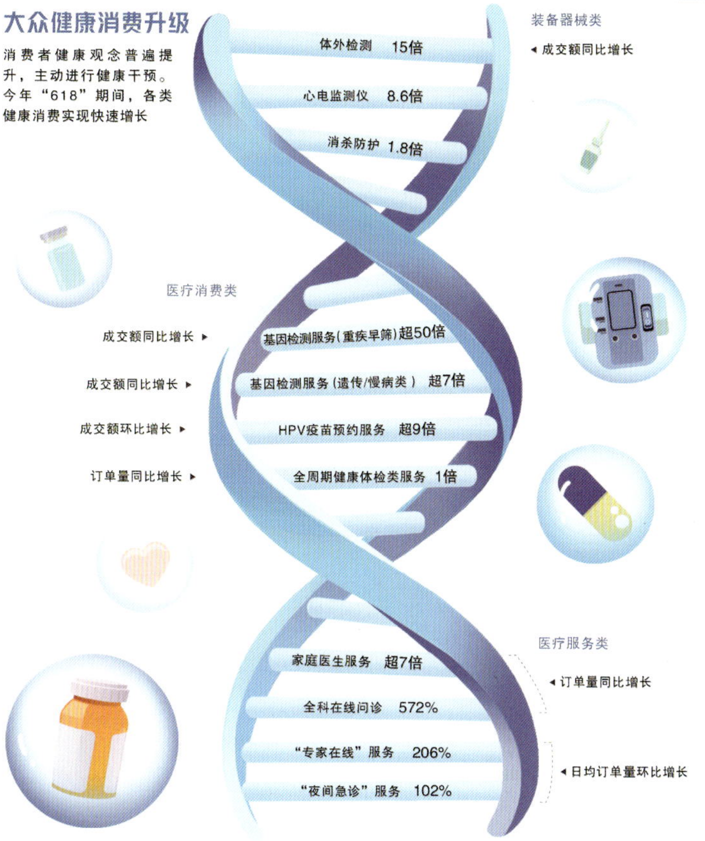

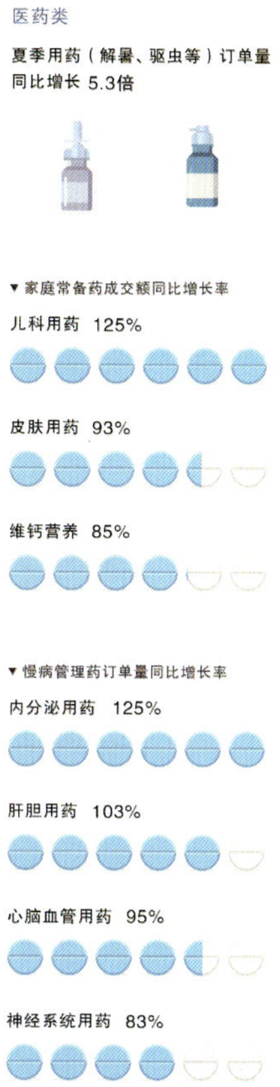

特医食品方兴未艾

特殊医学用途配方食品是居民营养健康管理的重要一环。人口老龄化、慢病患病率上升将进一步提升特医食品需求量消费量

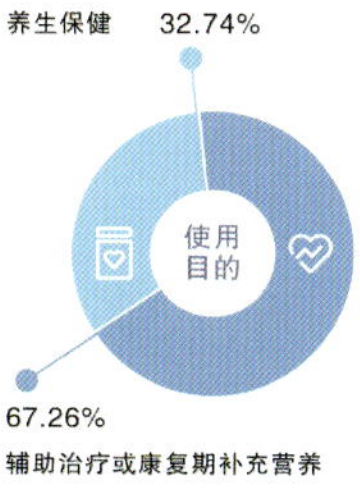

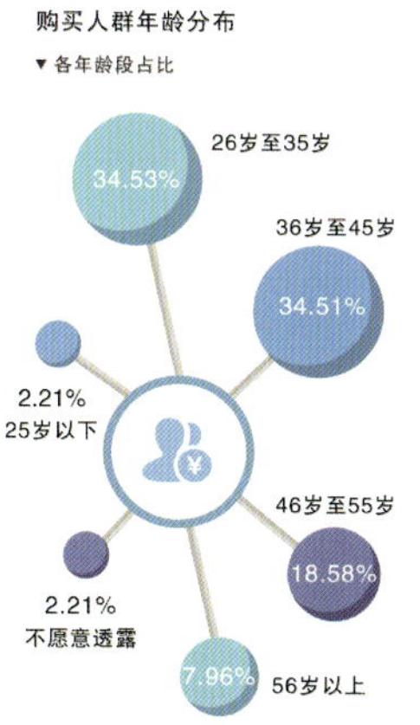

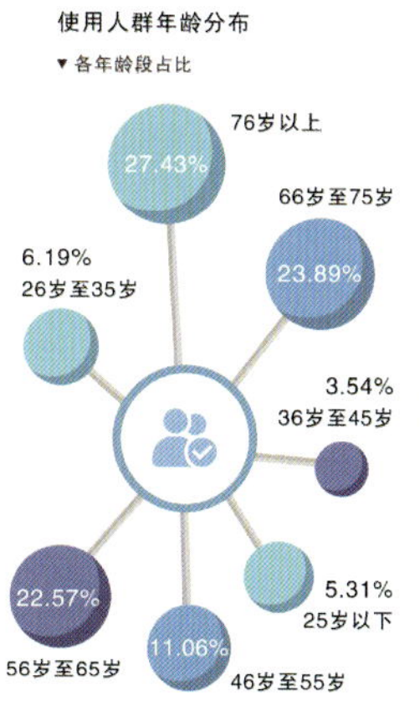

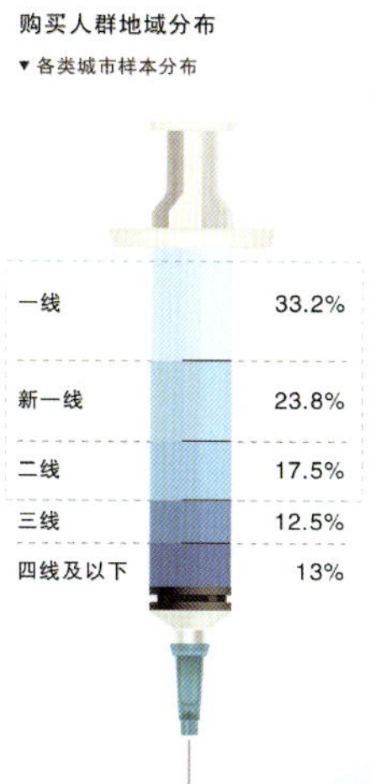

年轻人重视自我保健

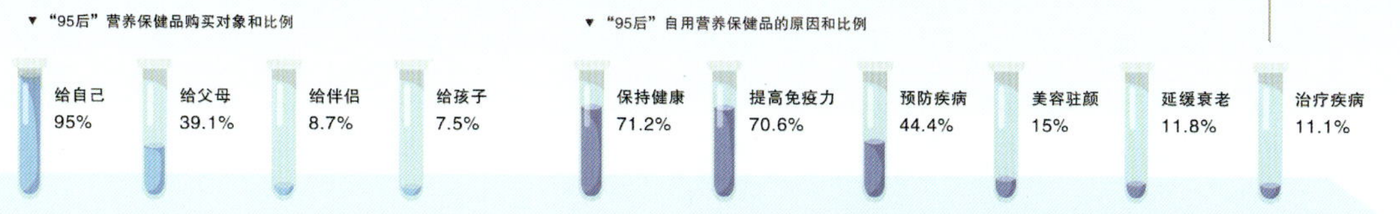

更多内容 扫码观看

数据周期：6月1日至6月18日

数据来源 京东消费及产业发展研究院 本版编辑 李睦 林蔚

拓展线上服务边界

京东消费及产业发展研究院院长　刘　晖

医疗卫生机构　　卫生机构床位　　卫生技术人员

2021 年末，全国医疗卫生机构、医疗卫生机构床位、卫生技术人员分别为 **103** 万个、**945** 万张、**1124** 万人，分别比 2012 年末增加 **8** 万个、**372** 万张、**457** 万人

截至 2021 年底，全国累计报告接种新型冠状病毒疫苗 **28.4** 亿剂次，新型冠状病毒核酸总检测能力达 **4168** 万份 / 天

近年来，互联网技术等信息化手段已经成为提升医疗质量和效率，优化区域间医疗资源配置，改善人民就医感受的重要工具。在线医疗健康服务的使用频率和消费金额持续增加，用户对医疗健康消费的技术品质、完善程度、服务态度等需求愈加明确。

新冠肺炎疫情防控期间，互联网医疗、预约诊疗在应对疫情、满足人民群众就医需求等方面发挥了积极作用。同时，疫情改变了很多人的健康观念，倡导健康生活方式，增强抵抗力和对疾病的预防监测能力，逐渐成为共识。此外，居民选择医疗和健康服务的习惯也发生了变化，由于线上服务的便利性和可及性，消费者首先把线上健康咨询、体检预约、挂号等最常见、最频繁的诊疗前项目转移到线上。从在线医疗最受关注的病种也可以看出，用户更倾向于在线上解决消化、皮肤、养生等常见健康问题，一些慢性病的续方需求也逐渐向线上迁移。对于相关机构而言，可以从这些品类切入线上健康和医疗服务，更容易获得消费者认可。

亚健康改善服务、家庭医生、慢病管理、疾病早筛防控等大健康领域涌现的新消费模式，正在成为线上医疗健康消费增长的驱动引擎。数据显示，在这类健康新消费中，年轻人占比更高。比起单纯关注诊疗环节，年轻消费者对基因检测、疫苗、精神健康管理的接受和重视程度更高，覆盖了预防、检查、诊疗、康养等全方位、全周期的健康服务。

总体来看，线上医疗健康消费正在从年轻人向更广泛的年龄群体延伸，从一二线城市向更广泛的地域扩散，具备非常好的成长性。消费者期待获得流程更便捷、资源更可及、服务更智慧的线上医疗健康服务，同时，线上信息透明的特点，也让口碑评价无法承受减分项。因此，服务品质是机构应当聚焦的核心竞争力。

大健康是一条广阔的赛道。期待全行业共同努力，推动“互联网+医疗健康”便民惠民服务向纵深发展，让全民享受更优质均衡普惠的医疗健康资源，增强人民群众就医获得感，为建设健康中国贡献力量。

经济日报携手京东发布数据——

“互联网+健康”便民惠民

拓展线上服务边界

刘晖

近年来，互联网技术等信息化手段已经成为提升医疗质量和效率，优化区域间医疗资源配置，改善人民就医感受的重要工具。在线医疗健康服务的使用频率和消费金额持续增加，用户对医疗健康消费的技术品质、完善程度、服务态度等需求愈加明确。

新冠肺炎疫情防控期间，互联网医疗、预约诊疗在应对疫情、满足人民群众就医需求等方面发挥了积极作用。同时，疫情改变了很多人的健康观念，倡导健康生活方式，增强抵抗力和对疾病的预防监测能力，逐渐成为共识。此外，居民选择医疗和健康服务的习惯也发生了变化，由于线上服务的便利性和可及性，消费者首先把线上健康咨询、体检预约、挂号等最常见、最频繁的诊疗前项目转移到线上。从在线医疗最受关注的病种也可以看出，用户更倾向于在线上解决消化、皮肤、养生等常见健康问题，一些慢性病的续方需求也逐渐向线上迁移。对于相关机构而言，可以从这些品类切入线上健康和医疗服务，更容易获得消费者认可。

亚健康改善服务、家庭医生、慢病管理、疾病早筛防控等大健康领域涌现的新消费模式，正在成为线上医疗健康消费增长的驱动引擎。数据显示，在这类健康新消费中，年轻人占比更高。比起单纯关注诊疗环节，年轻消费者对基因检测、疫苗、精神健康管理的接受和重视程度更高，覆盖了预防、检查、诊疗、康养等全方位、全周期的健康服务。

总体来看，线上医疗健康消费正在从年轻人向更广泛的年龄群体延伸，从一二线城市向更广泛的地域扩散，具备非常好的成长性。消费者期待获得流程更便捷、资源更可及、服务更智慧的线上医疗健康服务，同时，线上信息透明的特点，也让口碑评价无法承受减分项。因此，服务品质是机构应当聚焦的核心竞争力。

大健康是一条广阔的赛道。期待全行业共同努力，推动“互联网+医疗健康”便民惠民服务向纵深发展，让全民享受更优质均衡普惠的医疗健康资源，增强人民群众就医获得感，为建设健康中国贡献力量。

（作者系京东消费及产业发展研究院院长）

说数

在线医疗健康服务是一个高成长性领域，无论是消费人数、使用频次还是覆盖的服务范围，近年来均实现了快速增长。建议相关机构充分发挥线上信息留存和数据分析的便利性，做深做精健康管理和常见病相关服务，特别是发展适合线上交互咨询、能与用户形成长期深度交流的服务模式。

医疗健康服务的质量是吸引消费者从线下转移到线上的重要因素，也是相关机构的竞争力所在。从使用频率和目前比较普及的服务项目来看，口碑的积累需要时间，无法简单从线下平移到线上，相关机构要在这条赛道上做好打持久战的准备，稳扎稳打，赢得用户认可。

线上服务成为线下医疗的有力补充

了解健康情况、降低患病风险，是用户使用在线医疗服务的主要动机

▼用户使用在线医疗健康服务的动机和比例

动机	比例
及时了解健康状况	51.8%
降低患病风险	46.4%
解决轻微身体问题	31.8%
尝试新技术新产品	30.0%
指导改善生活习惯	23.1%
受他人影响	5.2%

线上医疗健康服务用户数快速增长

▼京东健康活跃用户数

时间	用户数
2019年6月	5350万人
2019年12月	5610万人
2020年6月	7250万人
2020年12月	8980万人
2021年6月	10900万人
2021年12月	12300万人

线上医疗健康服务使用频率

在线医疗健康服务使用频率及占比▼

使用频率	占比
≥6次/年	31.6%
3至5次/年	45.7%
1至3次/年	22.7%

疫情对使用频率的影响及占比▼

影响	占比
使用频次减少	0.6%
使用频次没有变化	30.7%
使用频次增加	68.7%

用户更倾向于在线上解决消化、皮肤、养生等常见健康问题

▼在线医疗健康服务用户对各类疾病的关注情况（比例）

疾病	比例	疾病	比例
消化类疾病	40.6%	儿科问题	13.3%
皮肤问题	32.7%	骨质疏松	8.4%
中医、养生相关问题	29.1%	糖尿病	7.7%
失眠	26.0%	男科	7.3%
精神压力	25.6%	肺部疾病	6.5%
心脑血管疾病	22.5%	甲亢/甲减	4.2%
妇科	19.2%	其他	0.6%

线上问诊以及诊前预约为用户主要使用的在线医疗服务

▼用户主要使用的在线医疗健康服务类型及比例

服务类型	比例
在线咨询/线上问诊	59.1%
电子挂号预约	33.3%
网上购药/药事服务	32.2%
健康管理	23.8%
在线体检报告解读	17.0%
健康知识患教科普	15.1%
消费医疗（口腔、体检等）	14.2%

调研数据显示，七成用户每年在线医疗健康服务花费301元至1200元

▼用户使用在线医疗健康服务的年度花费情况

年度花费	比例
不清楚，没算过	1.9%
≥1500元	11.6%
1201元至1500元	12.7%
901元至1200元	21.4%
601元至900元	23.6%
301元至600元	20.3%
≤300元	8.5%

线上医疗有效助力健康管理

在消费医疗服务方面，用户更关心后续服务的完善度

▶用户消费医疗服务关注因素及比例

关注因素	比例
后续服务的完善程度	55.9%
提供的服务类型丰富度	51.5%
平台可信度	34.6%
地域覆盖的全面性	26.5%
覆盖品牌的数量	22.8%

预约健康体检是用户使用最多的消费医疗服务

▼用户使用的消费医疗服务类型及比例

服务类型	比例
健康体检	70.6%
口腔健康	48.5%
疫苗预约	39.0%
癌症早筛	19.9%
基因检测	16.2%
医疗美容	15.4%
眼科服务	14.7%
孕产服务	7.4%

改善亚健康和家庭医生是用户主要使用的健康管理服务

▶用户主要使用的健康管理服务类型及比例

服务类型	比例
亚健康改善服务	55.9%
家庭医生服务	37.1%
慢病管理	32.8%
疾病早筛与防控	31.4%
康复护理	22.7%
其他	0.4%

在健康管理服务方面，用户更关注专业性

▼用户健康管理服务关注因素及比例

关注因素	比例
专业技术过硬	43.7%
服务态度优质	21.0%
后续服务完善	20.5%
收费水平合理	14.9%

更多内容 扫码观看

数据周期：2022年7月

数据来源 京东消费及产业发展研究院 本版编辑 李瞳 林蔚

打造有温度的产品和服务

京东消费及产业发展研究院院长　刘　晖

又到了母亲节这个充满温情的日子。数据显示，母亲节前饰品、鲜花、健康服务等持续热销，很多企业也借这个契机推出了许多套装产品及促销活动。但是，除了抓住节日消费商机，如何能更好满足消费者表达亲情关爱的需求，进而为母亲群体提供更优质的服务体验，是商机背后需要生产和服务企业深度思考的重要话题。

分析母亲节消费数据可以发现，形式感和实用性是两个主要消费方向。作为形式感的代表，珍珠饰品、鲜花的消费在母亲节前明显增长，特别是年轻的“95后”消费者对这类礼物的偏好非常明显。同时，“95后”消费者也是采购母亲节礼品最多的人群，节前成交额占比较平时高11%，可见这些刚刚步入社会的年轻人通过消费来表达对母亲感谢的意愿最为强烈。

健康是儿女对长辈最大的祝愿。作为实用性的代表，“送健康”是节前消费的热门，健康服务、滋补养生品消费增长明显。数据显示，近3年母亲节前，健康类产品成交额年均增速达到217%，健康服务套餐成交额年均增长68倍。

此外，服务和兴趣品类的热销也值得关注。2020年至2022年母亲节前，本地休闲娱乐品类成交额年均增长34倍，园艺品类成交额年均增长133%，游泳用品、艺术摄影类商品成交额年均增长超50%。这类消费的快速增长，体现出消费者愈加重视在精神层面、个性爱好等方面的需求，也代表着母亲群体的消费升级。

母亲节一年只有一次，我们对母亲的爱却不只在这个时间节点表达。关心关注母亲群体，不仅仅因为她们是消费的重要参与者、美好家庭的构建者，更因为她们的大爱值得更多关注。对于相关企业来说，一方面，可以通过大数据等技术赋能，更加精准地发现并推出满足母亲群体物质和精神需求的产品和服务；另一方面，也要努力从产品、营销、服务等层面打磨提升，让消费者的选择更丰富、更轻松也更有价值，让母亲们收到的礼物既有“面子”更有“里子”，让她们收获更温暖的爱意与回报。

经济日报携手京东发布数据——

母亲节消费要更有爱意

打造有温度的产品和服务

刘晖

又到了母亲节这个充满温情的日子。数据显示，母亲节前饰品、鲜花、健康服务等持续热销，很多企业也借这个契机推出了许多套装产品及促销活动。但是，除了抓住节日消费商机，如何能更好满足消费者表达亲情关爱的需求，进而为母亲群体提供更优质的服务体验，是商机背后需要生产和服务企业深度思考的重要话题。

分析母亲节消费数据可以发现，形式感和实用性是两个主要消费方向。作为形式感的代表，珍珠饰品、鲜花的消费在母亲节前明显增长，特别是年轻的“95后”消费者对这类礼物的偏好非常明显。同时，“95后”消费者也是采购母亲节礼品最多的人群，节前成交额占比较平时高11%，可见这些刚刚步入社会的年轻人通过消费来表达对母亲感谢的意愿最为强烈。

健康是儿女对长辈最大的祝愿。作为实用性的代表，“送健康”是节前消费的热门，健康服务、滋补养生品消费增长明显。数据显示，近3年母亲节前，健康类产品成交额年均增速达到217%，健康服务套餐成交额年均增长68倍。

此外，服务和兴趣品类的热销也值得关注。2020年至2022年母亲节前，本地休闲娱乐品类成交额年均增长34倍，园艺品类成交额年均增长133%，游泳用品、艺术摄影类商品成交额年均增长超50%。这类消费的快速增长，体现出消费者愈加重视在精神层面、个性爱好等方面的需求，也代表着母亲群体的消费升级。

母亲节一年只有一次，我们对母亲的爱却不只在这个时间节点表达。关心关注母亲群体，不仅仅因为她们是消费的重要参与者、美好家庭的构建者，更因为她们的大爱值得更多关注。对于相关企业来说，一方面，可以通过大数据等技术赋能，更加精准地发现并推出满足母亲群体物质和精神需求的产品和服务；另一方面，也要努力从产品、营销、服务等层面打磨提升，让消费者的选择更丰富、更轻松也更有价值，让母亲们收到的礼物既有“面子”更有“里子”，让她们收获更温暖的爱意与回报。

（作者系京东消费及产业发展研究院院长）

说数

2022年母亲节消费情况

从商品类别看，鲜花类商品是节日常备品。今年，实用型礼品的消费明显增高，冷藏菜肴成交额环比增长近13倍

从不同年龄层的消费看，18岁至25岁的消费者注重仪式感；26岁至35岁消费者更加生活化；36岁至45岁更青睐健康

▼2022年母亲节三大年龄段消费环比增长最快的品类

18岁至25岁：珠宝首饰　家用电器　鞋靴

26岁至35岁：鞋靴　家用电器　服饰内衣

36岁至45岁：医药健康　鞋靴　生鲜

健康类商品销售金额年均增速达到217%

▼2020年至2022年成交额年平均增长

食品类商品销售金额年均增速达45%

▼2020年至2022年成交额年平均增长

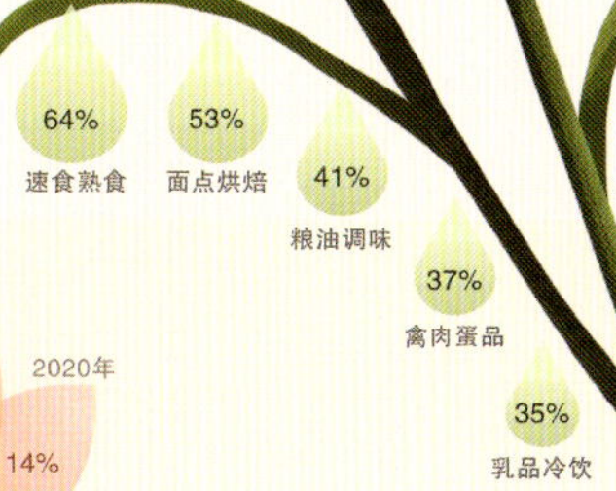

近三年母亲节总体消费情况

从消费侧看，近三年鲜花类产品销售金额年均增长超过10倍。同时，食品、健康理疗、美妆护肤等产品都有不俗的增长表现

从供给侧看，商家对母亲节的重视程度越来越高，与母亲节相关的商品数量快速增长。其中，服饰、家居产品、美妆护肤等占主导地位

▼近三年的商品数占比

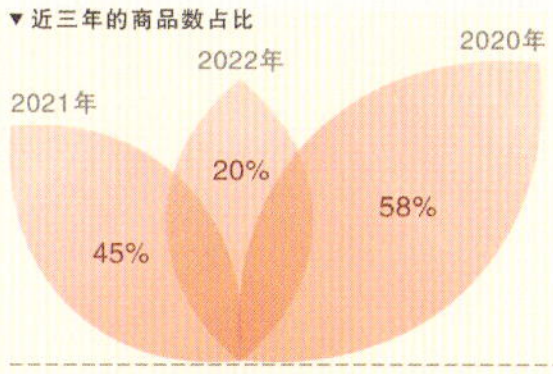

服饰内衣

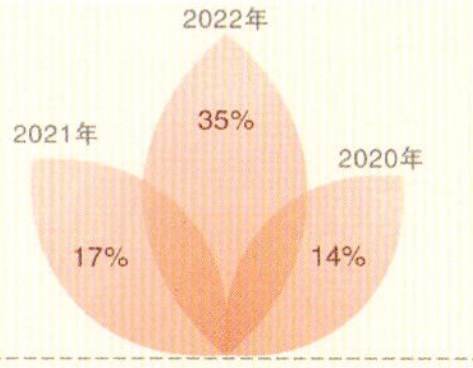

珠宝首饰

家居日用

箱包皮具

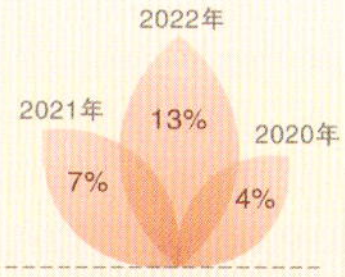

美妆护肤

休闲生活、兴趣爱好类商品销售金额年均增速635%

▼2020年至2022年成交额年平均增长

当地玩乐	3448%
园艺生活	133%
游泳用品	84%
艺术摄影	58%
户外装备	43%
花卉绿植	40%

营养保健类商品销售金额年均增速46%

▼2020年至2022年成交额年平均增长

明目益智	97%
补益安神	72%
骨骼健康	41%

对比日常消费和母亲节前的消费，形式感礼品的消费会在节前迎来爆发式增长，而以健康服务、美妆护肤为代表的实用性消费则会延伸至全年。对于企业而言，不仅要针对节点需求调整产品策略，还要不断丰富产品结构和属性，让节日礼物更加实用并带来更多温暖。

箱包服饰商品数量年均增长196%　美妆护肤类商品数量年均增长681%　营养健康类商品数量年均增长350%

▼2020年至2022年商品数年平均增长

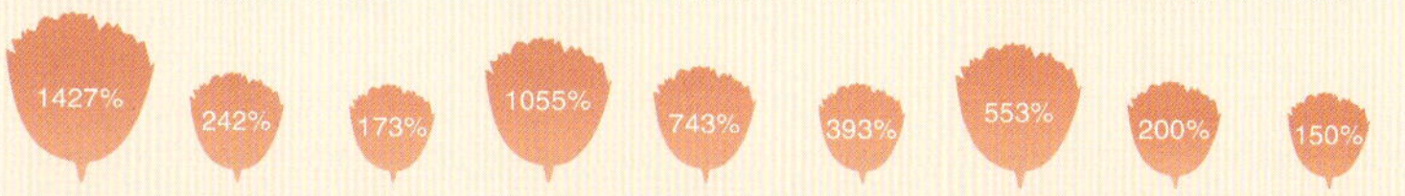

更多内容 扫码观看

同比周期：
2022年4月21日至5月4日
2021年4月26日至5月9日
2020年4月27日至5月10日
环比周期：
2022年3月21日至4月3日

数据显示，在母亲节前，名称中添加“母亲节”字样的商品，近3年年均增长了342%。可见，产品营销对引导消费有着极其重要的作用。建议商家在给相关产品命名时，加入“母亲节”“妈妈”等关键词，让消费者可以更快速地通过检索定位到更多合适的节庆礼品，从而实现双赢。

数据来源　京东消费及产业发展研究院　本版编辑　李　瞳　林　蔚

适老化改造重在改“里子”

经济日报记者　林　蔚

老年群体加速“触网”，银发经济日渐火热。近年来，我国网民的增长主体由青年向老年转化的趋势明显。数据显示，2020年以来，线上消费的新用户中增速最高的是银发族，超过2.6亿人组成的庞大银发市场商机不可小觑。

值得注意的是，老年人在使用互联网和电子设备时往往存在看不清、听不见、找不到、学不会的问题，极大影响了他们的使用体验。老年群体是数字时代的“慢跑者”，但不应成为被抛弃者。目前，在相关政策引导下，一批覆盖网购、出行等领域的适老化应用率先落地，给老年人带来了便利。

然而，当前的适老化改造大多集中在放大字体和简化操作等简单应用，主要还是根据现有标准化产品进行初级改造，并未能触及产品设计核心理念。同时，适老产品有效供给不足、产品及服务质量不高等短板突出。此外，某些企业把适老化改造变成了收割老年用户的“利器”，诱导老年人沉迷、付费。

要想挖掘银发经济潜力，解决银发族的真正痛点是前提。适老化改造“面子”要改，重点是改“里子”，以老年人的权益保障为初心，扎实做好用户调研，在操作上做减法，在服务上做加法。摸准老年群体消费脉络，探索新内容开发，打造老年人专属数字化产品。

适老化改造要真正适老，还要针对老年人使用的各种场景全方位优化，在引入新技术新机制的同时，不能缺少人文关怀。唯有如此，才能帮助老年群体跨越数字鸿沟、更好享受数字时代的便利和乐趣，并产生更大、更持续的社会和经济效益。

截至 2021 年底
我国 60 岁及以上
老年人达到 2.67 亿，
占总人口的 18.9%

截至 2022 年
第一季度，全国各类
养老服务机构和
设施数为 36 万个，
床位达到 812.6 万张

2021 年，大约有
1.2 亿 65 岁及以上的
老年人在城乡社区
接受了健康管理服务

2021 年末，
全国基本养老保险
覆盖超 10 亿人

经济日报携手京东发布数据——

银发经济越来越火热

适老化改造重在改“里子”

林 蔚

老年群体加速“触网”，银发经济日渐火热。近年来，我国网民的增长主体由青年向老年转化的趋势明显。数据显示，2020年以来，线上消费的新用户中增速最高的是银发族，超过2.6亿人组成的庞大银发市场商机不可小觑。

值得注意的是，老年人在使用互联网和电子设备时往往存在看不清、听不见、找不到、学不会的问题，极大影响了他们的使用体验。老年群体是数字时代的“慢跑者”，但不应成为被抛弃者。目前，在相关政策引导下，一批覆盖网购、出行等领域的适老化应用率先落地，给老年人带来了便利。

然而，当前的适老化改造大多集中在放大字体和简化操作等简单应用，主要还是根据现有标准化产品进行初级改造，并未能触及产品设计核心理念。同时，适老产品有效供给不足、产品及服务质量不高等短板突出。此外，某些企业把适老化改造变成了收割老年用户的“利器”，诱导老年人沉迷、付费。

要想挖掘银发经济潜力，解决银发族的真正痛点是前提。适老化改造“面子”要改，重点是改“里子”，以老年人的权益保障为初心，扎实做好用户调研，在操作上做减法，在服务上做加法。摸准老年群体消费脉络，探索新内容开发，打造老年人专属数字化产品。

适老化改造要真正适老，还要针对老年人使用的各种场景全方位优化，在引入新技术新机制的同时，不能缺少人文关怀。唯有如此，才能帮助老年群体跨越数字鸿沟、更好享受数字时代的便利和乐趣，并产生更大、更持续的社会和经济效益。

说数

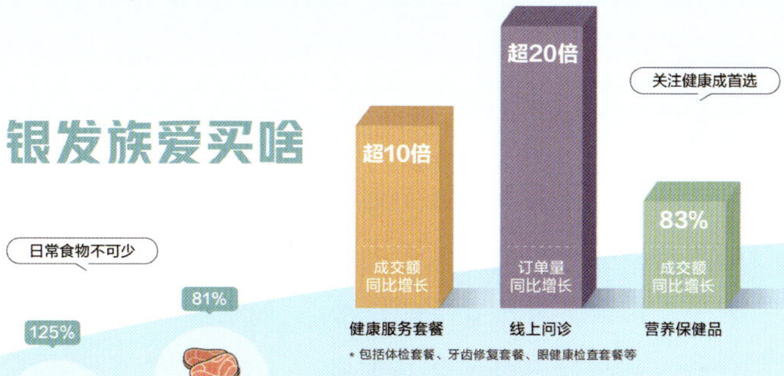

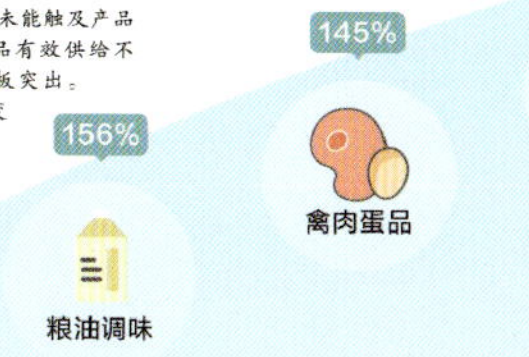

目前，线上老年商品数量是3年前的

10倍多

2020年银发族网购成交额同比增长

37%

网购频率同比增长

13%

2020年以来线上消费的新用户中增速最高的是银发族

* 银发族指56岁以上群体

老年商品地域消费不均衡，西南、西北地区待开发

创新型智能商品受青睐

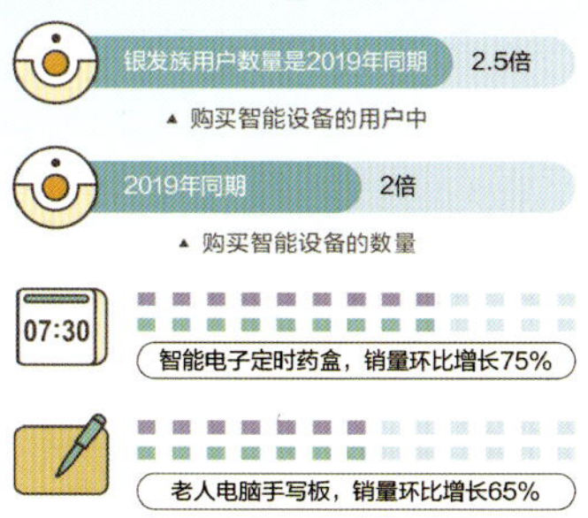

“80后”“90后”购买了近50%的老年商品

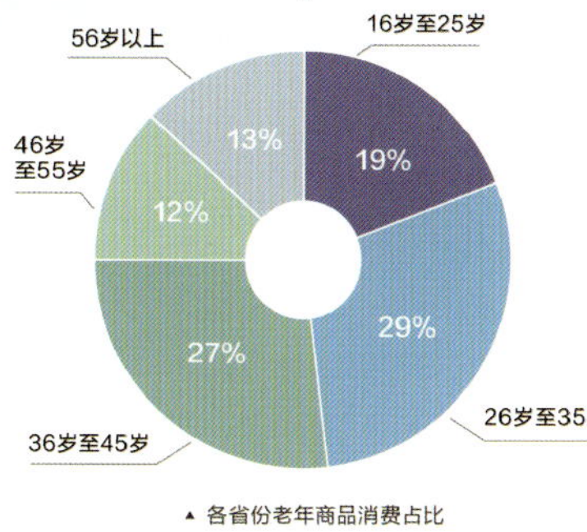

▲ 各省份老年商品消费占比

数据周期：2020年1月份至12月份

数据来源 京东大数据研究院 本版编辑 李 苑

社址：北京市西城区白纸坊东街2号 读者服务：13911270606（同微信号） 查号台：58392088 邮编：100054 传真：58392840 零售每份：1.00元 广告许可证：京西工商广登字20170090号 广告热线：58392178 发行热线：58392172 昨日（北京）开印时间：5:15 印完时间：6:25 印刷：

呵护童年从少儿用品抓起

京东消费及产业发展研究院院长　刘　晖

“六一”儿童节，儿童用品迎来一波消费热潮。给孩子购买礼物，是家长对孩子需求的判断，也代表着长辈的美好期待。因此，对儿童节的消费分析，有助于企业洞察儿童用品市场趋势，并从中发掘商机。

近年来，大量儿童专用商品涌现，细分品类成为儿童节的消费热点，代表对儿童需求和使用体验的深入挖掘和满足。同时，基于不同年龄段儿童的成长发育特点，很多商品类目的丰富度大大提升，父母也更愿意为这种精准满足孩子需求的商品买单。因此，建议品牌商和制造商进一步挖掘市场需求，深入探索用户直连制造的“反向定制”模式，并通过有效的触达手段让消费者了解这些商品和服务的价值。

儿童安全健康成长是家长的基本需求。数据显示，儿童安全座椅不仅在相关品类的搜索关键词上位列榜首，而且是儿童家具和家居商品中消费占比较高的品类。孩子天性活泼好动，并且缺乏自我保护能力，因此家长们选择儿童用品的核心关注点是安全性，例如材质、环保、稳固性、设计合理性等。儿童用品是一个良心行业，相关企业在产品安全和品质上一定要倾注最大的心血，同时立法、抽检、技术、媒体和社会监督等手段也要同步进行。

儿童高质量成长是家长们的重要需求。特别是“双减”政策落地后，家长们愈加重视寓教于乐和多元化能力培养。数据显示，儿童绘本、儿童文学类书籍销量在节前实现了环比大幅增长；跳跃玩具、遥控玩具等销量名列前茅，平衡车、滑板车的关注度很高，代表着家长对孩子快乐成长、全面发展的期许。

我国儿童用品市场有很多整体性和结构性机会，相关品牌商和制造商们要持续深耕，满足儿童和家长的精细化、个性化需求。同时，也要守住安全底线，始终保持“质量意识”，为消费者提供质量有保障的产品及完善的售后服务，以更好品质、更高标准，让孩子吃得健康、玩得开心、用得舒心、行得安全、学得充实快乐，提升儿童幸福感，创造更美好的成长环境。

2021 年，全国有幼儿园 **29.5** 万所，在园幼儿达到 **4805** 万人

学前三年毛入园率达到 **88.1%**，比 2012 年提高 **23.6** 个百分点；普惠性幼儿园覆盖率达到 **87.8%**，比 2016 年提高 **20.5** 个百分点

根据 2021 年全国食品安全监督抽检结果，婴幼儿配方食品合格率达到 **99.88%**，已经连续 **5** 年保持在 **99%** 以上

经济日报携手京东发布数据——

儿童用品细分市场成热点

呵护童年从少儿用品抓起

刘晖

“六一”儿童节，儿童用品迎来一波消费热潮。给孩子购买礼物，是家长对孩子需求的判断，也代表着长辈的美好期待。因此，对儿童节的消费分析，有助于企业洞察儿童用品市场趋势，并从中发掘商机。

近年来，大量儿童专用商品涌现，细分品类成为儿童节的消费热点，代表对儿童需求和使用体验的深入挖掘和满足。同时，基于不同年龄段儿童的成长发育特点，很多商品类目的丰富度大大提升，父母也更愿意为这种精准满足孩子需求的商品买单。因此，建议品牌商和制造商进一步挖掘市场需求，深入探索用户直连制造的“反向定制”模式，并通过有效的触达手段让消费者了解这些商品和服务的价值。

儿童安全健康成长是家长的基本需求。数据显示，儿童安全座椅不仅在相关品类的搜索关键词上位列榜首，而且是儿童家具和家居商品中消费占比较高的品类。孩子天性活泼好动，并且缺乏自我保护能力，因此家长们选择儿童用品的核心关注点是安全性，例如材质、环保、稳固性、设计合理性等。儿童用品是一个良心行业，相关企业在产品安全和品质上一定要倾注最大的心血，同时立法、抽检、技术、媒体和社会监督等手段也要同步进行。

儿童高质量成长是家长们的重要需求。特别是“双减”政策落地后，家长们愈加重视寓教于乐和多元化能力培养。数据显示，儿童绘本、儿童文学类书籍销量在节前实现了环比大幅增长；跳跃玩具、遥控玩具等销量名列前茅，平衡车、滑板车的关注度很高，代表着家长对孩子快乐成长、全面发展的期许。

我国儿童用品市场有很多整体性和结构性机会，相关品牌商和制造商们要持续深耕，满足儿童和家长的精细化、个性化需求。同时，也要守住安全底线，始终保持“质量意识”，为消费者提供质量有保障的产品及完善的售后服务，以更好品质、更高标准，让孩子吃得健康、玩得开心、用得舒心、行得安全、学得充实快乐，提升儿童幸福感，创造更美好的成长环境。

（作者系京东消费及产业发展研究院院长）

说数

当前，“80后”“90后”家长是购买儿童家具的主力人群，他们消费能力强，注重生活品质，对儿童家具有着更高要求。因此，相关企业在设计产品时要综合考虑安全性、实用性、美观度、智能化等因素，以满足多样化的消费需求。

近年来，儿童读物品种日渐多样化，消费者对内容和质量也提出了更高要求。出版社要更加注重儿童读物的质量，通过健康有趣的内容吸引儿童，帮助儿童养成良好的阅读习惯。

随着三孩生育政策全面开放，儿童玩具市场的成长空间持续扩容，特别是益智玩具越来越受家长青睐。玩具企业在研发新品时，既要注重提升产品的适用性，也要考虑对儿童动手能力和思维能力的培养，进而推出更多功能强、创意足的玩具产品。

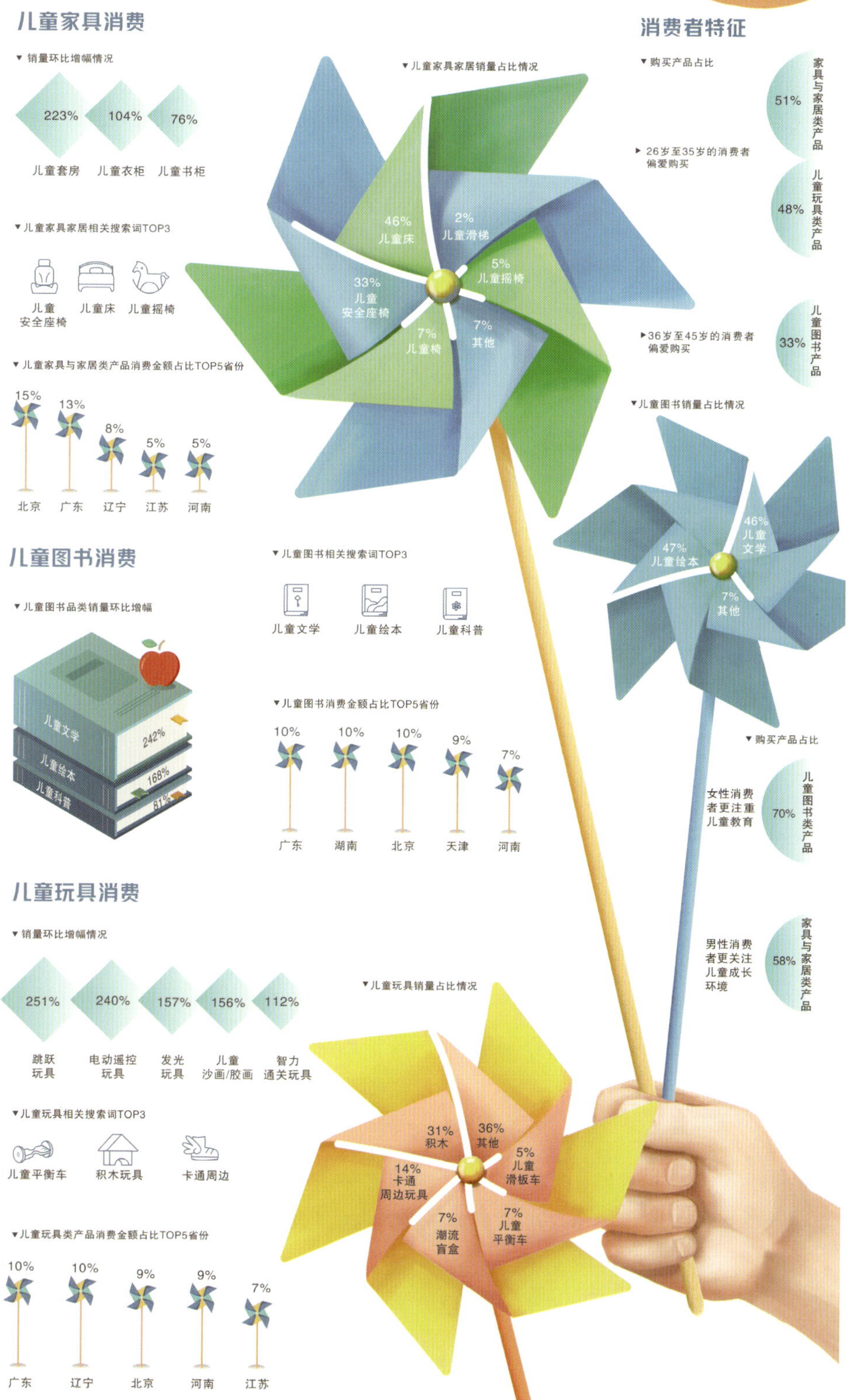

更多内容 扫码观看

数据周期：2022年5月份

数据来源 京东消费及产业发展研究院 本版编辑 李瞳 林蔚

营养健康才是“硬道理”

京东消费及产业发展研究院院长　刘　晖

- **2895** — 2021年，全国**2895**个县全部实现义务教育基本均衡
- **99.8%** — **99.8**%的中小学校办学条件达到“20条”底线要求
- **30万** — **30**万以上人口县均设有特殊教育学校
- **95%** — 残疾儿童义务教育入学率达**95**%以上

“吃好”和“好吃”在儿童零食市场上从来都不是一道选择题，在产品品质持续升级、品类丰富度不断提升的当下，孩子们可能会因为口味、包装选择某类商品，但家长一定会仔细研读成分表，确保食品的安全和营养。因此，对儿童食品企业而言，打开市场一定要满足两个条件：一是让孩子们爱吃，如创新口味、与热门IP联合营销等；二是让家长们放心，如严格保证品质、仔细权衡营养成分等。

数据显示，“六一”国际儿童节儿童零食消费增长迅速，销量环比增长47%。其中，饼干蛋糕、休闲零食、坚果炒货最受小朋友们欢迎，销量占比分别为27%、16%和12%。此外，冰淇淋、果冻布丁、牛肉小食等品类也迎来飞速增长，成交额环比分别增长132%、63%和51%。

一方面，为孩子们定制的食品更受欢迎。例如，集合多种口味迷你款冰淇淋的家庭装，适合小朋友食用的“小粽子”等。对于企业而言，推出针对儿童特点的产品不仅可以赢得小朋友喜爱，更能让家长们感受到品牌对孩子们的关爱和重视，可谓事半功倍。

另一方面，年轻家长对儿童零食的选择偏好发生了很大转变。从“好吃就行”到“营养健康”，营养更加均衡、获取高质量蛋白质、降低糖分摄入等已经成为年轻家长们选择儿童零食的重要因素。

同时，年轻家长对食品健康的认知也变得更加科学和理性。数据显示，乳制品、益生菌、冲饮谷物等具备营养健康属性的儿童饮品持续热销。从消费趋势来看，中国家长已经把乳制品作为孩子摄入高质量蛋白质的重要来源。中国乳品企业持续创新，如用舒化乳适应部分中国消费者乳糖不耐受的问题，用常温酸奶解决不便冷藏的问题等。未来，乳制品在儿童饮品市场上的地位会越来越稳固。

随着越来越多的家长对儿童饮食提出营养和健康诉求，企业也要行动起来，通过研究相关消费群体的特征，完善儿童零食产品营养配比，创新生产工艺，把新的消费理念“平移”到儿童消费市场中，不断满足消费者的新需求。

经济日报携手京东发布数据——

儿童零食风口已至

营养健康才是『硬道理』

刘 晖

“吃好”和“好吃”在儿童零食市场上从来都不是一道选择题，在产品品质持续升级、品类丰富度不断提升的当下，孩子们可能会因为口味、包装选择某类商品，但家长一定会仔细研读成分表，确保食品的安全和营养。因此，对儿童食品企业而言，打开市场一定要满足两个条件：一是让孩子们爱吃，如创新口味、与热门IP联合营销等；二是让家长们放心，如严格保证品质、仔细权衡营养成分等。

数据显示，“六一”国际儿童节儿童零食消费增长迅速，销量环比增长47%。其中，饼干蛋糕、休闲零食、坚果炒货最受小朋友们欢迎，销量占比分别为27%、16%和12%。此外，冰淇淋、果冻布丁、牛肉小食等品类也迎来飞速增长，成交额环比分别增长132%、63%和51%。

一方面，为孩子们定制的食品更受欢迎。例如，集合多种口味迷你款冰淇淋的家庭装，适合小朋友食用的“小粽子”等。对于企业而言，推出针对儿童特点的产品不仅可以赢得小朋友喜爱，更能让家长们感受到品牌对孩子们的关爱和重视，可谓事半功倍。

另一方面，年轻家长对儿童零食的选择偏好发生了很大转变。从“好吃就行”到“营养健康”，营养更加均衡、获取高质量蛋白质、降低糖分摄入等已经成为年轻家长们选择儿童零食的重要因素。

同时，年轻家长对食品健康的认知也变得更加科学和理性。数据显示，乳制品、益生菌、冲饮谷物等具备营养健康属性的儿童饮品持续热销。从消费趋势来看，中国家长已经把乳制品作为孩子摄入高质量蛋白质的重要来源。中国乳品企业持续创新，如用舒化乳适应部分中国消费者乳糖不耐受的问题，用常温酸奶解决不便冷藏的问题等。未来，乳制品在儿童饮品市场上的地位会越来越稳固。

随着越来越多的家长对儿童饮食提出营养和健康诉求，企业也要行动起来，通过研究相关消费群体的特征，完善儿童零食产品营养配比，创新生产工艺，把新的消费理念“平移”到儿童消费市场中，不断满足消费者的新需求。

（作者系京东消费及产业发展研究院院长）

说数

随着儿童零食的营养性和功能性越来越强，不少家长不再拒儿童零食于“千里之外”。商家需要进一步提高儿童零食的营养价值、健康价值，例如备受家长关注的膳食纤维、维生素、蛋白质和矿物质含量，从而满足消费者的营养需求。

儿童健康与饮食息息相关，保持食材本色、减少添加已成为市场共识。目前，儿童饮品各细分品类中，具有较高营养价值的谷物冲调、奶制品、益生菌等得到了消费者广泛认可。未来，减糖、营养化也将成为儿童饮品行业的主流趋势。

儿童食品消费情况

儿童食品市场规模持续扩大，好吃、好玩、好营养是消费者的核心诉求

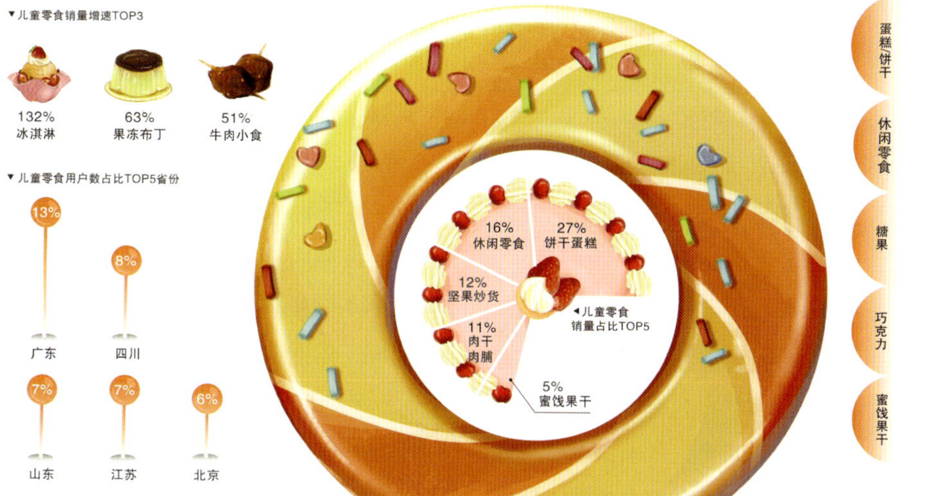

儿童饮品消费情况

乳制品、益生菌、冲饮谷物等具备营养健康属性的儿童饮品广受欢迎

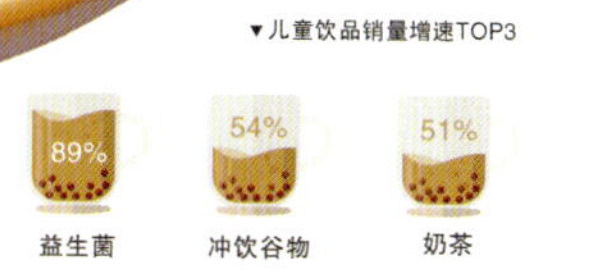

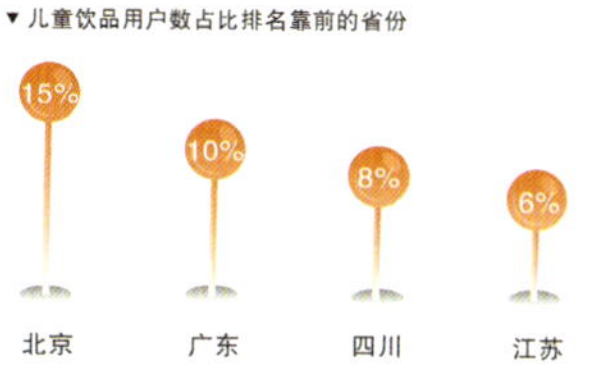

消费者特征

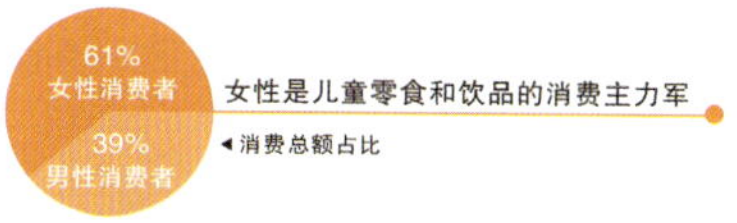

各年龄段男性消费者均喜欢购买儿童牛奶乳品，26岁至35岁的青年女性更偏爱购买儿童饮料和饼干蛋糕

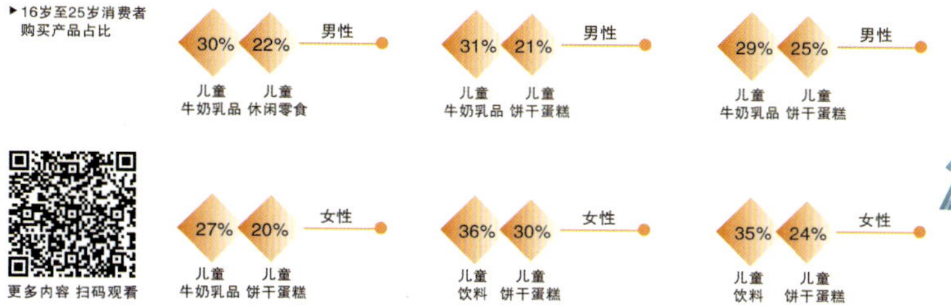

更多内容 扫码观看

数据周期：2022年5月份

数据来源 京东消费及产业发展研究院 本版编辑 李 瞳 林 蔚

让儿童多读书读好书

京东消费及产业发展研究院高级研究员　陆　飞

儿童图书关系到下一代成长，也是文化消费领域的重要组成部分。数据显示，2021年儿童图书成交额同比增长三成，占整个图书市场的约16%，童书消费可谓活力十足。

当前，越来越多父母重视从小培养孩子阅读习惯，但不同区域的消费者在童书选购方面偏好不同。其中，北上广等一线城市的童书消费品类更多元，在进口原版书、国产原创图书等品类的消费占比都较高。同时，在“双减”政策的引导下，一二线城市的家长更加重视素质教育，对知识读物的需求激增。历史/国学、科普/百科、通识教育等非虚构类童书销售持续升温。

此外，童书在县域农村地区的渗透率大幅增长，且增速远高于其他地区，城乡知识鸿沟正在下一代身上加速弥合。相关企业和平台应当抓住机会，做好县域农村地区的消费者教育引导，比如为不擅长选择的家长们提供书单推荐、套系定制、组合优惠、使用指导等服务，从而最大限度地激发出县域农村市场的文化消费潜力。

新书是文化出版领域的发展风向标。2021年出版的新童书销售数据显示，家长对孩子的阅读习惯培养日益精细化，对童书的质量和功能要求越来越高。比如，0岁至6岁的低幼读物销售同比大幅增长，立体书、有声书、乐器书、纸板书、洞洞书等形式多样的早教读物，成为年轻夫妇们的哄娃、启蒙神器。同时，家长对童书的选择，除了文字内容，在画风、音频等艺术质感和多元媒介的呈现形式上也有更多的追求。附有配套音视频、可点读、强互动性等几乎成了新书标配，甚至在一些大童科普读物中AR、VR技术的应用也不鲜见。可见对于消费者来说，书早已不只是书，它承载着玩具、游戏、音频、视频等多种功能和形式。因此，相关企业需要在新书规划过程中充分考虑引入更为多元的呈现方式，丰富消费者的阅读体验。

新书销售数据还显示，亲子共读类童书增长迅速。共同阅读成为父母高质量陪伴的一种重要方式。在共读书籍的选择方面，习惯养成、情绪管理、心理疏导、成长励志等越来越受家长重视。这类书籍往往需要更为过硬的专业背景，需要相关企业在前期做好精心策划。

少年强则国强。总体来说，童书消费市场潜力巨大，但是国内原创新IP的质量和数量还不能满足读者日益增长的需求。整体来看，我国童书在品牌塑造、运营、产业链协同等方面还有很大提升空间，期待相关企业抓住热点、强化自主研发、打造更多口碑和销量俱佳的新潮IP，造福大小读者。

▶ 全国出版少儿图书9.0亿册（张）。

全国少儿图书单品种平均印数21270册（张）

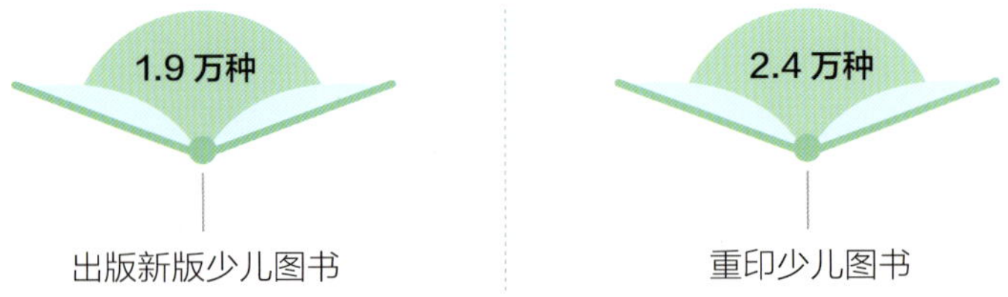

经济日报携手京东发布数据——

童书照亮孩子未来

让儿童多读书读好书

陆 飞

儿童图书关系到下一代成长，也是文化消费领域的重要组成部分。数据显示，2021年儿童图书成交额同比增长三成，占整个图书市场的约16%，童书消费可谓活力十足。

当前，越来越多父母重视从小培养孩子阅读习惯，但不同区域的消费者在童书选购方面偏好不同。其中，北上广等一线城市的童书消费品类更多元，在进口原版书、国产原创图书等品类的消费占比都较高。同时，在“双减”政策的引导下，一二线城市的家长更加重视素质教育，对知识读物的需求激增。历史/国学、科普/百科、通识教育等非虚构类童书销售持续升温。

此外，童书在县域农村地区的渗透率大幅增长，且增速远高于其他地区，城乡知识鸿沟正在下一代身上加速弥合。相关企业和平台应当抓住机会，做好县域农村地区的消费者教育引导，比如为不擅长选择的家长们提供书单推荐、套系定制、组合优惠、使用指导等服务，从而最大限度地激发出县域农村市场的文化消费潜力。

新书是文化出版领域的发展风向标。2021年出版的新童书销售数据显示，家长对孩子的阅读习惯培养日益精细化，对童书的质量和功能要求越来越高。比如，0岁至6岁的低幼读物销售同比大幅增长，立体书、有声书、乐器书、纸板书、洞洞书等形式多样的早教读物，成为年轻夫妇们的哄娃、启蒙神器。同时，家长对童书的选择，除了文字内容，在画风、音频等艺术质感和多元媒介的呈现形式上也有更多的追求。附有配套音视频、可点读、强互动性等几乎成了新书标配，甚至在一些大童科普读物中AR、VR技术的应用也不鲜见。可见对于消费者来说，书早已不只是书，它承载着玩具、游戏、音频、视频等多种功能和形式。因此，相关企业需要在新书规划过程中充分考虑引入更为多元的呈现方式，丰富消费者的阅读体验。

新书销售数据还显示，亲子共读类童书增长迅速。共同阅读成为父母高质量陪伴的一种重要方式。在共读书籍的选择方面，习惯养成、情绪管理、心理疏导、成长励志等越来越受家长重视。这类书籍往往需要更为过硬的专业背景，需要相关企业在前期做好精心策划。

少年强则国强。总体来说，童书消费市场潜力巨大，但是国内原创新IP的质量和数量还不能满足读者日益增长的需求。整体来看，我国童书在品牌塑造、运营、产业链协同等方面还有很大提升空间，期待相关企业抓住热点、强化自主研发、打造更多口碑和销量俱佳的新潮IP，造福大小读者。

（作者系京东消费及产业发展研究院高级研究员）

说数

消费者画像

电商下沉使得县域农村地区购买童书更方便，促进了知识普惠

▼ 2021年各层级市场购买童书成交额同比增长率

从消费人群来看，女性购买童书的比例更高，26岁至45岁家长为童书购买的主要群体

▼ 各年龄段消费者占比 男性 女性

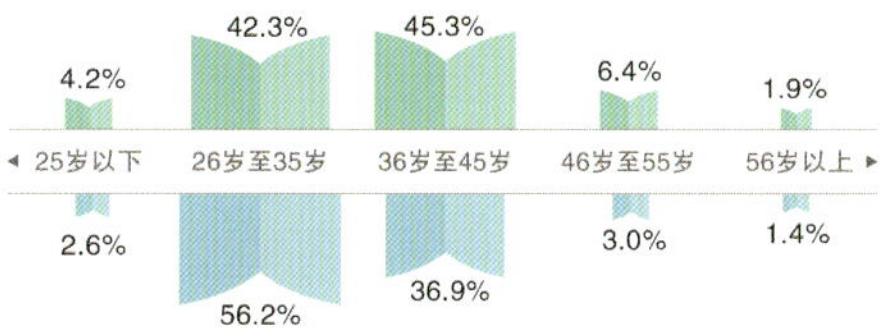

童书市场火热

东部沿海省份消费者最爱购买童书，让孩子多读书、读好书，成为驱动童书市场日益繁荣的重要力量

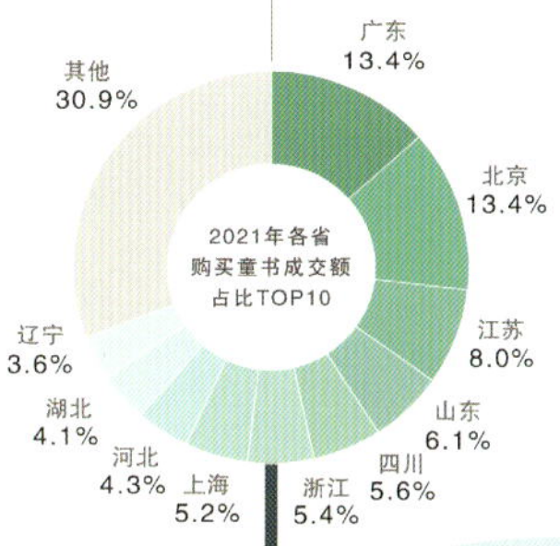

中西部一些省份的童书消费增长率较高，反映出越来越多的父母重视从小开始培养孩子的阅读习惯

▼ 2021年各省童书成交额同比增长率TOP10

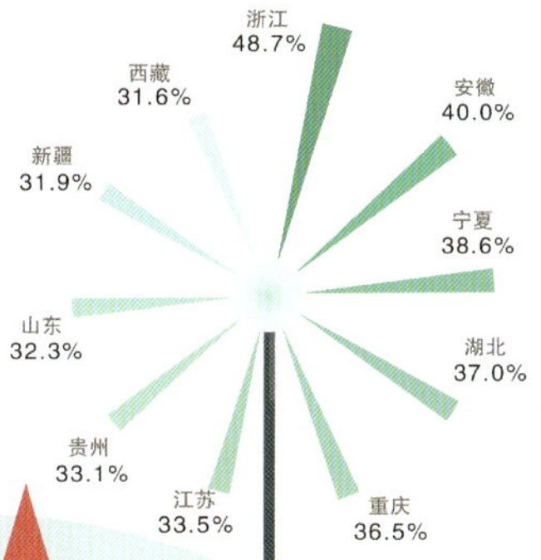

随着消费需求愈加多样化、个性化，童书品类也越来越丰富和细分。但与引进童书相比，国内原创童书还有很大提升空间，高质量产品供给有待丰富。国产作品如何打动“80后”“90后”的年轻父母？除了要在图书选题、内容质量上下足功夫外，合理的知识和价值观传递也要符合新时代育儿需要。

面向不同年龄的小读者，童书分类越来越细，提供给父母更有针对性的购书选择

▼ 2021年童书细分品类销量同比增长率TOP10

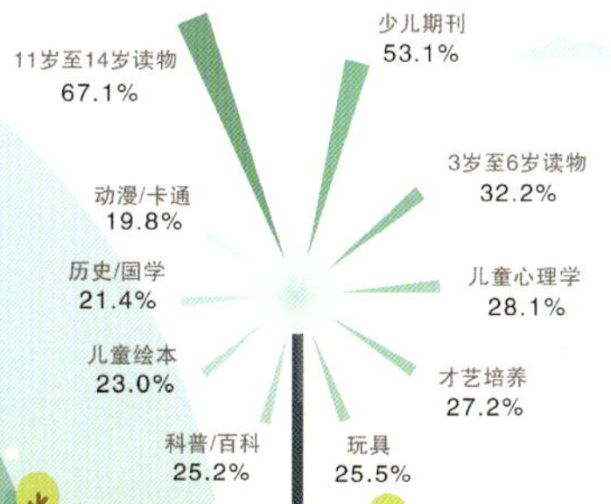

童书中的“四大金刚”——儿童文学、绘本、科普/百科、幼儿启蒙，占据了童书销量的近八成

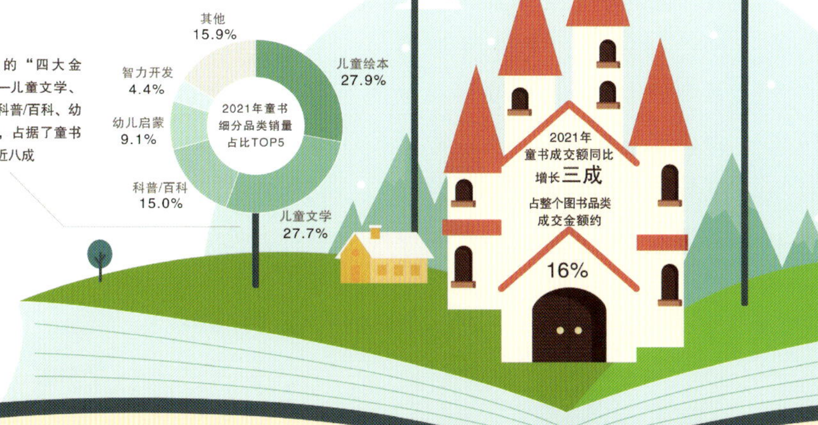

童书新书发展趋势

依据兴趣、年龄、功能分类，儿童阅读变得越来越有针对性。符合孩子年龄心智特点的读书，才会让孩子的阅读更加有效，阅读科学化才能让孩子获得均衡营养。对于出版者来说，应该以孩子为本位，从孩子的视角出发，有针对性地培养小读者，发挥原创力量，为少儿文化产业创造新的增长点，推动出版产业的高质量发展。

更多内容 扫码观看

▶ 2021年出版新书销售增长率

家长更加重视对孩子的素质教育和全方位培养

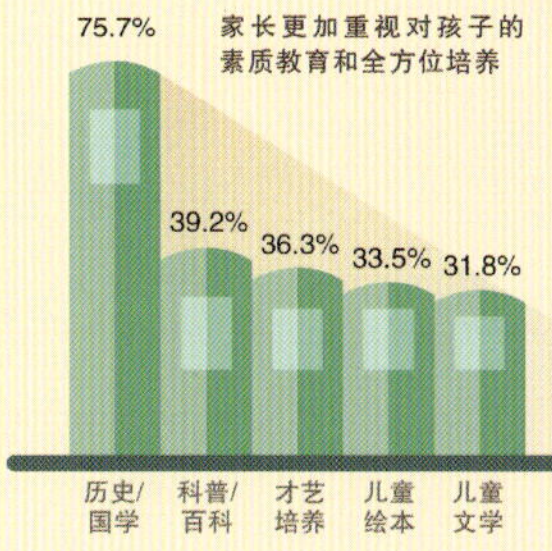

分级阅读以其系统性、渐进性的优势，在语言启蒙的过程中越来越受家长欢迎

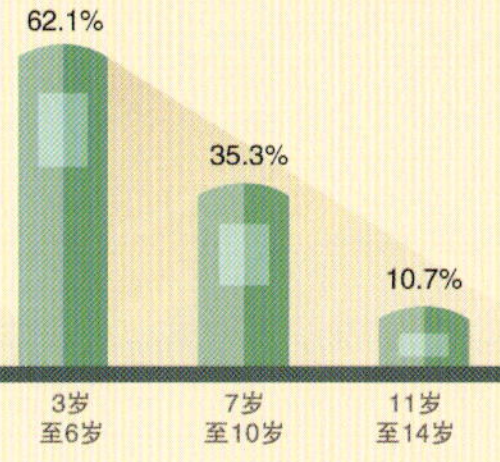

亲子共读正在成为高质量陪伴孩子成长的最重要方式之一

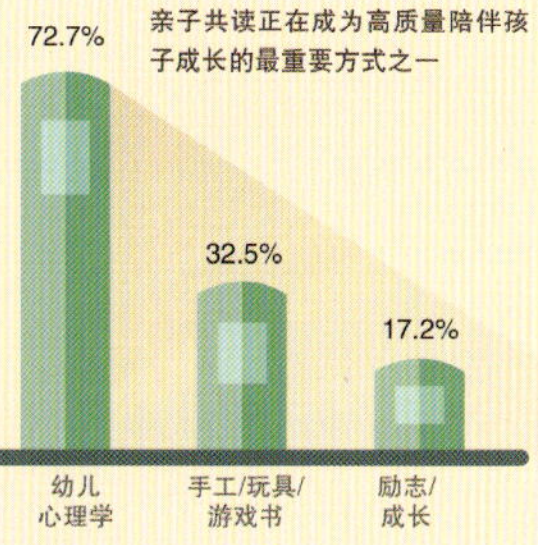

数据来源 京东消费及产业发展研究院 本版编辑 李瞳 林蔚

更好服务教师群体

京东消费及产业发展研究院院长　刘　晖

“浇花朵育桃李，桃李遍天下”，教书育人是教师这份职业最显著的标签。那么，教师群体又具有什么消费特征？

一方面，作为知识的传播者，教师需要不断丰富和提升自身文化素养，在精神消费上遥遥领先。其中，教辅书、童书和考试类书籍仍然占据教师群体书单上的“大头”，但越来越多的教师对小说、历史、军事等社会科学题材的书籍产生浓厚兴趣，反映了教师群体注重全面发展，渴望扩大知识面的需求，这一趋势值得出版商关注。

另一方面，因为有寒暑假期的便利，教师群体对户外运动一直情有独钟。除了传统的球类、田径类运动备受教师群体喜爱，年轻教师对冰上运动、滑雪运动等新潮运动的参与度也很高。这不仅让他们与学生有了更多共同话题，也影响了不少学生的选择，间接引领了潮流运动的发展。

总体来看，教师群体的家庭消费及运动消费占比较高，以图书为代表的精神消费也高于其他群体……爱家庭、爱运动、爱读书，十分符合传统上对教师形象的认知。同时，教师群体的消费也呈现出许多新变化，展现出旺盛的消费活力。

为了更好地服务教师群体，建议相关企业重视寒暑假两个时间段。寒暑假期间，教师的工作和生活安排相对自由，可以给身心充电，并把更多精力投入到家庭和爱好中。在这两个时段集中针对教师群体开展产品与服务的推广和促销，既能及时满足教师需求，又能够获得更好的商业效果。

此外，数据显示，教师群体对新潮消费理念和生活理念有较高的接受度。商家可以在健康服务、绿色消费上下功夫，针对教师创新产品和服务，使新消费理念能够辐射到更广阔的群体。教师群体的年龄、地域、偏好等差异较大，除了要满足整个群体的共性需求，相关企业还应通过新渠道、新技术、新模式，更精准地洞察和细分教师群体的差异化需求，更好地理解和关心教师群体。通过线上线下结合、反向定制等多种方法，更贴心地满足各类教师的消费需求，帮助老师们的美好生活再上新台阶。

▶ 截至 2021 年，我国共有各级各类教育专任教师 **1844** 万人，比 2012 年的 1462 万人增长 **26**%

特岗计划

319.1 万人
幼儿园专任教师

6.9 万人
特殊教育教师

从“十二五”至今

260 亿元
十年来中央累计投资超过

60 万套
支持艰苦地区建设教师宿舍

83 万人
累计入住教师超过

经济日报携手京东发布数据——

腹有诗书气自华

更好服务教师群体

刘晖

“浇花朵育桃李，桃李遍天下”，教书育人是教师这份职业最显著的标签。那么，教师群体又具有什么消费特征？

一方面，作为知识的传播者，教师需要不断丰富和提升自身文化素养，在精神消费上遥遥领先。其中，教辅书、童书和考试类书籍仍然占据教师群体书单上的“大头”，但越来越多的教师对小说、历史、军事等社会科学题材的书籍产生浓厚兴趣，反映了教师群体注重全面发展，渴望扩大知识面的需求，这一趋势值得出版商关注。

另一方面，因为有寒暑假期的便利，教师群体对户外运动一直情有独钟。除了传统的球类、田径类运动备受教师群体喜爱，年轻教师对冰上运动、滑雪运动等新潮运动的参与度也很高。这不仅让他们与学生有了更多共同话题，也影响了不少学生的选择，间接引领了潮流运动的发展。

总体来看，教师群体的家庭消费及运动消费占比较高，以图书为代表的精神消费也高于其他群体……爱家庭、爱运动、爱读书，十分符合传统上对教师形象的认知。同时，教师群体的消费也呈现出许多新变化，展现出旺盛的消费活力。

为了更好地服务教师群体，建议相关企业重视寒暑假两个时间段。寒暑假期间，教师的工作和生活安排相对自由，可以给身心充电，并把更多精力投入到家庭和爱好中。在这两个时段集中针对教师群体开展产品与服务的推广和促销，既能及时满足教师需求，又能够获得更好的商业效果。

此外，数据显示，教师群体对新潮消费理念和生活理念有较高的接受度。商家可以在健康服务、绿色消费上下功夫，针对教师创新产品和服务，使新消费理念能够辐射到更广阔的群体。教师群体的年龄、地域、偏好等差异较大，除了要满足整个群体的共性需求，相关企业还应通过新渠道、新技术、新模式，更精准地洞察和细分教师群体的差异化需求，更好地理解和关心教师群体。通过线上线下结合、反向定制等多种方法，更贴心地满足各类教师的消费需求，帮助老师们的美好生活再上新台阶。

（作者系京东消费及产业发展研究院院长）

说数

因为寒暑假的存在，教师整体消费周期和其他消费者存在明显差异。长假中，老师们有更多空闲时间来为家庭添置各类大件商品，改善生活质量。相关企业应根据这一特点，面向教师群体推出营销和优惠活动。同时，各地的促消费活动也可以考虑在寒暑假进行。

不同区域、不同年龄的教师呈现出不同的消费特征。相关企业要充分考虑教师群体消费特点，在图书、食品、健康、出行等领域创新研发设计，提供不同的产品、服务组合及定价策略。同时，除了满足好城市教师对精神生活和品质生活的需求，还应更多关心乡村教师的消费需求，提升他们的生活水平。

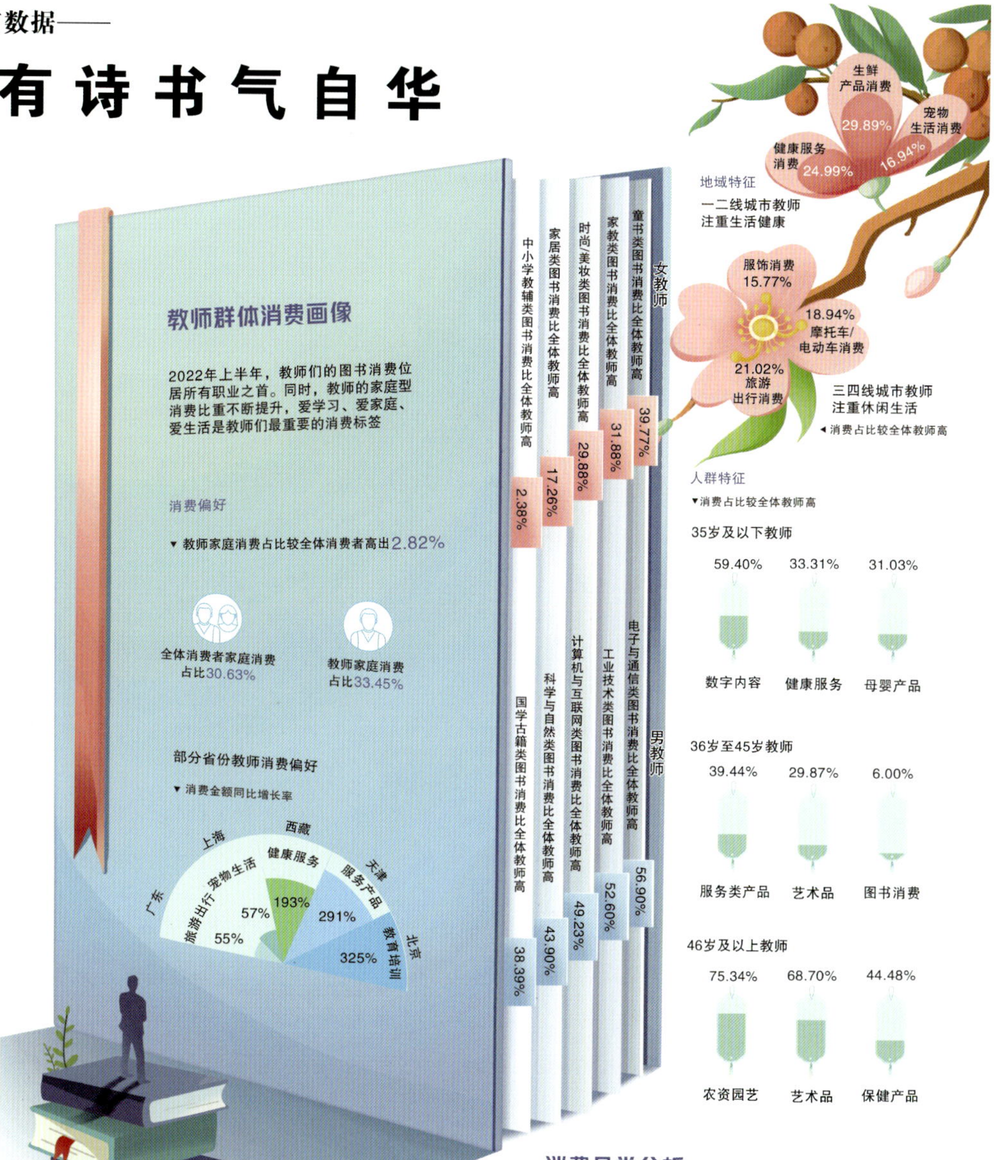

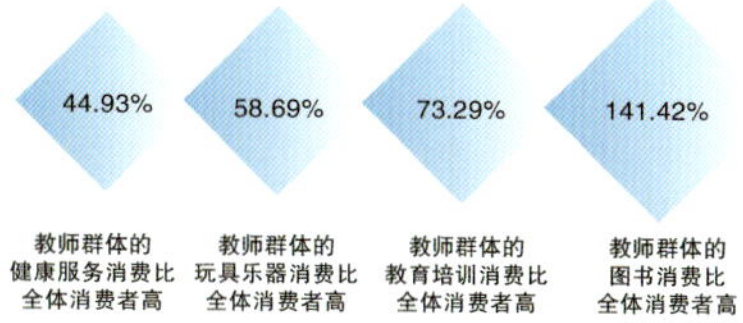

消费品类分析

教师们除了读书提升自我，也热爱运动和美食，学习与生活两不误，展现了昂扬向上的精神面貌

教师最爱读什么书

▾消费占比

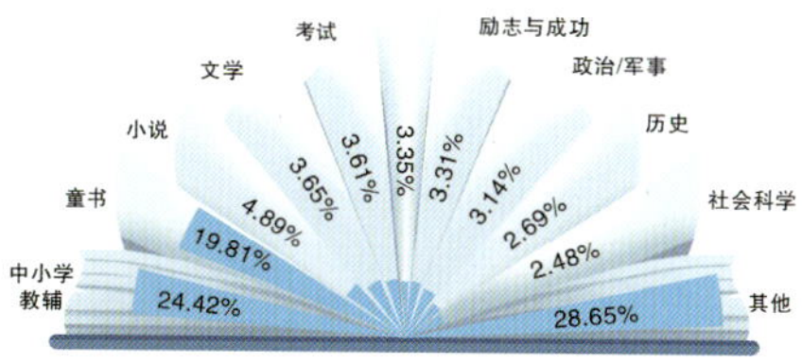

教师最爱什么食品

▼消费占比较全体消费者高

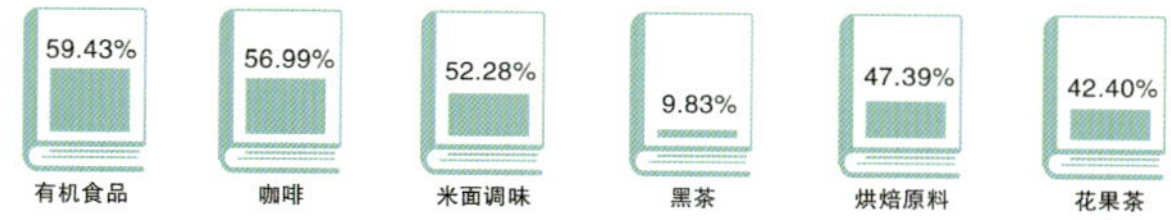

教师最爱什么运动

▾消费占比较全体消费者高

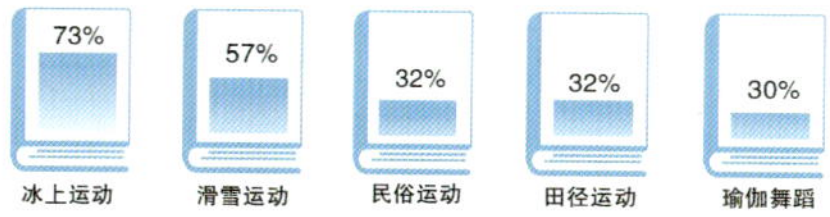

更多内容 扫码观看

数据周期：2022年上半年

数据来源 京东消费及产业发展研究院 本版编辑 李瞳 林蔚

创新让节日更浪漫

京东消费及产业发展研究院院长　刘　晖

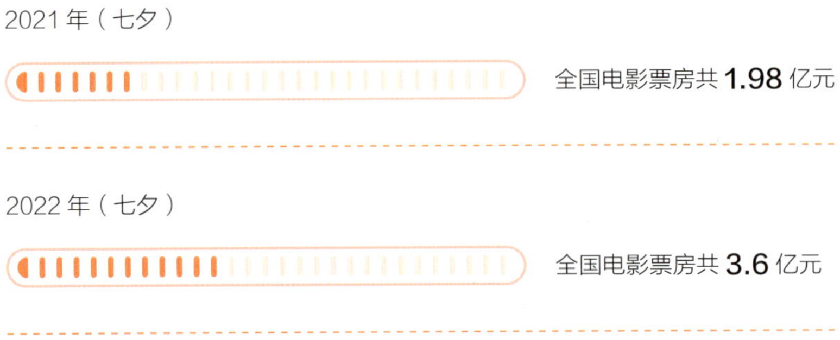

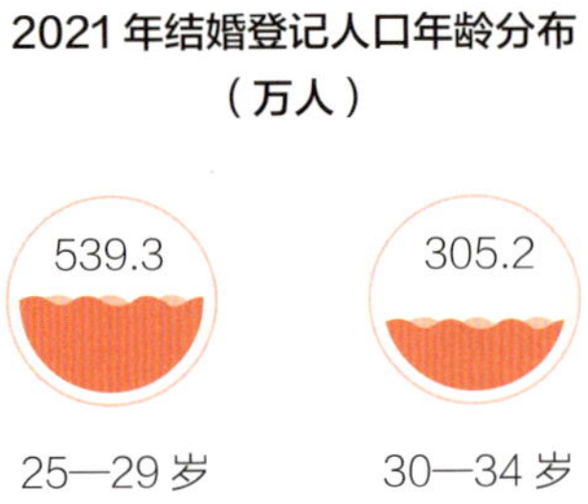

七夕作为中国传统的“情人节”，在消费侧有着重要地位。一方面，七夕已经成为重要消费节点，无论是重点品类的销量还是销售额都在逐年上升，说明消费者越来越重视这个节日；另一方面，在夏季这个消费增长相对平缓的时间段，七夕会为许多品类带来销售小高潮，聚焦于七夕的商家也越来越多了。

从消费侧看，“临时抱佛脚”的消费者大有人在，礼品消费高潮往往集中于节前两天，甚至有一部分消费者会在节后购买送给另一半的七夕礼物。同时，越是临近节日，消费者的选择也会更明确——巧克力和创意礼品是最适合临时购买的礼品，这一购物倾向值得商家关注。

此外，消费者在选择七夕礼品方面的困扰相当明显，“送女友礼物”的搜索量比“送男友礼物”多出了1.7倍，但男性送女性和女性送男性的礼物占比几乎持平，这显示出很多男性不知道该送女性什么礼物。对于商家来说，可以通过精准的商品命名和特性描述让消费者对商品有更清晰的认知。同时，商家和平台也可以给消费者提供一些购买指导、礼品清单等，帮助消费者克服“选择困难”。因此，企业需要更深入、精准地了解消费需求，让消费者的购物体验更轻松、满意。

从七夕礼品的消费群体结构来看，35岁以下年轻人是绝对的消费主力，特别是“95后”和“00后”的消费占比明显高于日常。其中，“95后”对新品更加青睐，有近一半的新品被该群体买走。商家在研发新品、规划营销策略时，可以更加关注年轻群体的诉求，让产品更加符合年轻人的审美。

值得关注的还有性别占比变化。过去，男性给女性买礼物占比较高，如今彼此送礼的比例几乎持平。可以说，越来越多女性愿意主动表达情感，带动情侣款商品的热销。企业可以通过深度定制，让情侣款商品更具仪式感，把消费者的情感鲜明、巧妙地展示出来，这样将会得到更多消费者的认可和选择。

经济日报携手京东发布数据——

甜蜜商机激发消费活力

创新让节日更浪漫

刘　晖

七夕作为中国传统的"情人节"，在消费侧有着重要地位。一方面，七夕已经成为重要消费节点，无论是重点品类的销量还是销售额都在逐年上升，说明消费者越来越重视这个节日；另一方面，在夏季这个消费增长相对平缓的时间段，七夕会为许多品类带来销售小高潮，聚焦于七夕的商家也越来越多了。

从消费侧看，"临时抱佛脚"的消费者大有人在，礼品消费高潮往往集中于节前两天，甚至有一部分消费者会在节后购买送给另一半的七夕礼物。同时，越是临近节日，消费者的选择也会更明确——巧克力和创意礼品是最适合临时购买的礼品，这一购物倾向值得商家关注。

此外，消费者在选择七夕礼品方面的困扰相当明显，"送女友礼物"的搜索量比"送男友礼物"多出了1.7倍，但男性送女性和女性送男性的礼物占比几乎持平，这显示出很多男性不知道该送女性什么礼物。对于商家来说，可以通过精准的商品命名和特性描述让消费者对商品有更清晰的认知。同时，商家和平台也可以给消费者提供一些购买指导、礼品清单等，帮助消费者克服"选择困难"。因此，企业需要更深入、精准地了解消费需求，让消费者的购物体验更轻松、满意。

从七夕礼品的消费群体结构来看，35岁以下年轻人是绝对的消费主力，特别是"95后"和"00后"的消费占比明显高于日常。其中，"95后"对新品更加青睐，有近一半的新品被该群体买走。商家在研发新品、规划营销策略时，可以更加关注年轻群体的诉求，让产品更加符合年轻人的审美。

值得关注的还有性别占比变化。过去，男性给女性买礼物占比较高，如今彼此送礼的比例几乎持平。可以说，越来越多女性愿意主动表达情感，带动情侣款商品的热销。企业可以通过深度定制，让情侣款商品更具仪式感，把消费者的情感鲜明、巧妙地展示出来，这样将会得到更多消费者的认可和选择。

（作者系京东消费及产业发展研究院院长）

说数

消费者在七夕礼品消费的选择上更具仪式感，较为青睐彩妆、配饰等展示性较强的品类。其中，情侣款能够引发更多的购买欲。例如，杯子、护肤品等日常商品，一旦商家在七夕期间推出情侣款产品，就能够在短时间内吸引大量消费者关注。因此，相关企业可以多从情侣款入手，扩展品类，创造新商机。

年轻人是七夕礼品消费的主力军，特别是26岁至35岁这个年龄段，无论购买意愿还是购买力都较为突出，他们往往会选择在七夕期间把另一半此前心心念念的商品变成礼物。为了突出节日特征，建议相关企业为目标商品搭配充满七夕氛围的包装，让礼物从里子到面子，都能够精准匹配消费者需求。

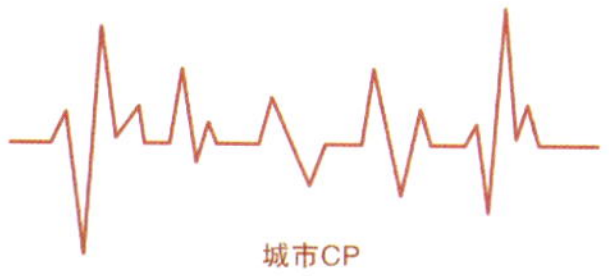

总体消费情况

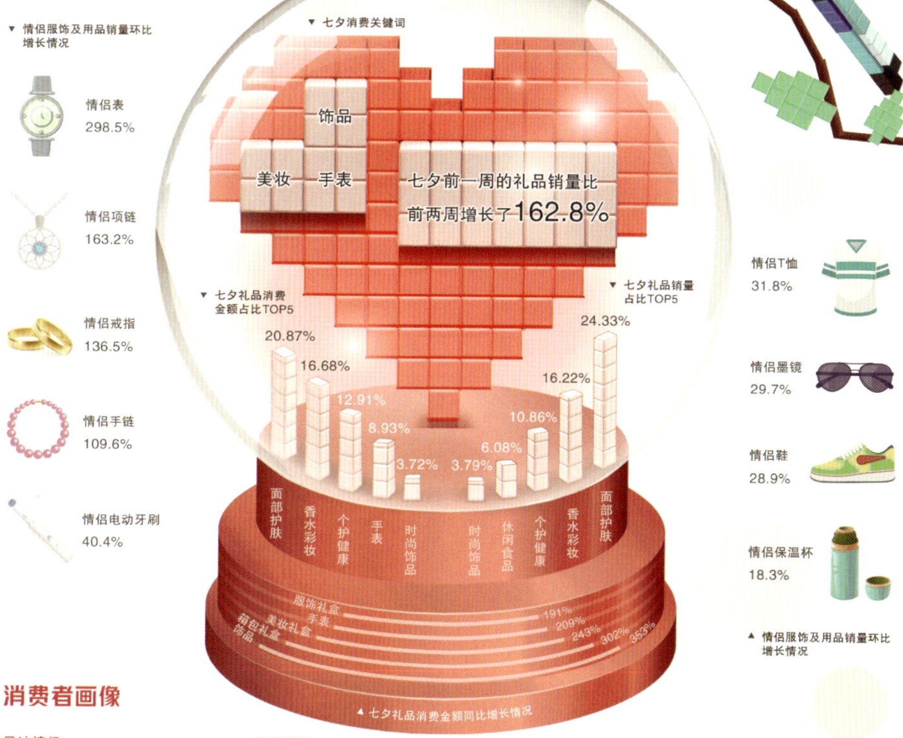

消费者画像

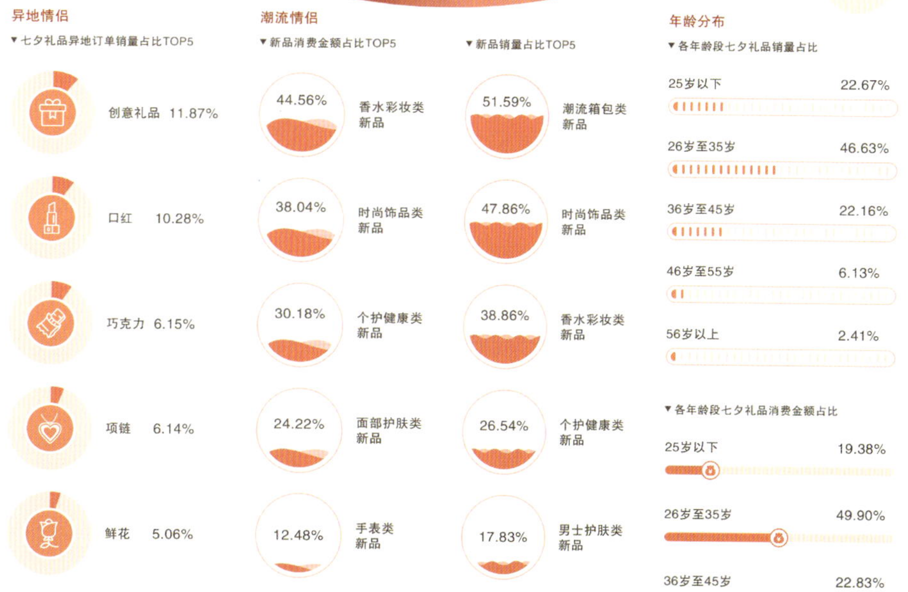

城市CP

▸ 送礼人居住地	北京	上海	深圳	成都	杭州	哈尔滨	西安
▸ 占收礼人所收全部礼品的比值	11.64%	5.01%	8.24%	10.27%	10.97%	7.93%	10.41%
▸ 收礼人居住地	上海	苏州	东莞	德阳	重庆	北京	咸阳

更多内容 扫码观看

数据周期：2022年7月24日至30日

数据来源　京东消费及产业发展研究院　本版编辑　李　瞳　林　蔚

社址：北京市西城区白纸坊东街2号　读者服务邮箱：jjrbdz@ced.com.cn　查号台：58392088　邮编：100054　传真：58392840　零售每份：1.00元　广告许可证：京西工商广登字20170090号　广告热线：58392178　发行热线：58392172　昨日(北京)开印时间：4:30　印完时间：5:45　印刷：

突破线上消费“天花板”

京东消费及产业发展研究院高级研究员　陆　飞

线上消费作为居民消费的重要组成部分，是提振内需的重要手段，有助于满足日益增长的消费和服务升级需求。如何进一步突破线上消费的“天花板”，成为企业和平台面临的重要课题。

一方面，企业和平台要根据自身资源和经营发展方向，主抓差异化竞争，为消费者提供更具“千人千面”特色的产品和服务。这样既可以避免同质化竞争带来的审美疲劳，又能充分提升品牌知名度，满足消费者个性化、多样化的需求。

另一方面，在消费升级浪潮引领下，居民的消费观念、结构、意愿都发生了较大改变，从需求侧了解消费者诉求成为线上消费创新发展的重要突破口。调查显示，消费者“买买买”时不再只是关注优惠力度，而是会更加看重平台提供的特色服务，其中，价保、正品鉴定、大件商品先行理赔位列关注度前三名。新趋势为企业和平台提供了发展新思路，商家在线上销售商品时，应更加注重相关服务的配套，从而帮助消费者解决后顾之忧。

值得注意的是，线上消费在带来便利和实惠的同时，产生的一些消费问题也不容忽视。例如，户外用品存在安全隐患；健身产品质量参差不齐；预制菜货不对板、食材不鲜、标示不明；智能家电系统稳定性差、故障频发；直播间用低价诱导购买三无产品；等等。

针对这些问题，监管部门、行业协会、企业平台需要根据消费者诉求，尽快建立行业标准和规范、完善创新监管方式、畅通维权平台，为消费者权益保护、企业商家规范经营筑起“防火墙”。

对于商家和平台而言，需要在供给侧改革上多下一些功夫。既要革除以往线上消费长期存在的弊端，如夸大宣传、销售假冒伪劣产品、售后服务滞后等问题，也要向消费者提供更好的商品、更具诚意的优惠、更省时省心的服务。唯有如此，线上消费才能承担起扩内需、促消费的重任。

制造业产品

10 年来，我国制造业产品质量合格率稳步提升，我国制造业产品质量合格率连续 5 年达到 **93%** 以上

2021 年，全国市场监管部门通过全国 12315 平台等渠道共受理消费者投诉举报咨询 **2381.2** 万件，为消费者挽回经济损失 **55.5** 亿元

2021 年，市场监管总局推进在线消费纠纷解决（ODR）机制建设，已推动 **8.7** 万家重点企业入驻全国 12315 平台。

经济日报携手京东发布数据——

营建更优质网购体验环境

突破线上消费“天花板”

陆 飞

线上消费作为居民消费的重要组成部分，是提振内需的重要手段，有助于满足日益增长的消费和服务升级需求。如何进一步突破线上消费的“天花板”，成为企业和平台面临的重要课题。

一方面，企业和平台要根据自身资源和经营发展方向，主抓差异化竞争，为消费者提供更具“千人千面”特色的产品和服务。这样既可以避免同质化竞争带来的审美疲劳，又能充分提升品牌知名度，满足消费者个性化、多样化的需求。

另一方面，在消费升级浪潮引领下，居民的消费观念、结构、意愿都发生了较大改变，从需求侧了解消费者诉求成为线上消费创新发展的重要突破口。调查显示，消费者“买买买”时不再只是关注优惠力度，而是会更加看重平台提供的特色服务，其中，价保、正品鉴定、大件商品先行理赔位列关注度前三名。新趋势为企业和平台提供了发展新思路，商家在线上销售商品时，应更加注重相关服务的配套，从而帮助消费者解决后顾之忧。

值得注意的是，线上消费在带来便利和实惠的同时，产生的一些消费问题也不容忽视。例如，户外用品存在安全隐患；健身产品质量参差不齐；预制菜货不对板、食材不鲜、标示不明；智能家电系统稳定性差、故障频发；直播间用低价诱导购买三无产品；等等。

针对这些问题，监管部门、行业协会、企业平台需要根据消费者诉求，尽快建立行业标准和规范、完善创新监管方式、畅通维权平台，为消费者权益保护、企业商家规范经营筑起“防火墙”。

对于商家和平台而言，需要在供给侧改革上多下一些功夫。既要革除以往线上消费长期存在的弊端，如夸大宣传、销售假冒伪劣产品、售后服务滞后等问题，也要向消费者提供更好的商品、更具诚意的优惠、更省时省心的服务。唯有如此，线上消费才能承担起扩内需、促消费的重任。

（作者系京东消费及产业发展研究院高级研究员）

说数

要想解决消费者在网购过程中遇到的问题，厂家需提供更多保障服务。例如，针对大件商品退换难，推出延长保障期服务；对于更新换代频繁的3C商品，推出跨品类以旧换新服务。可以说，持续更新服务内容、推出各类特色服务，不但可以促进消费，也能吸引新用户，提高老用户黏性。

除商品本身外，精细化服务和保障是吸引用户下单的重要加分项。针对不同消费需求，厂家可以进一步细分各类服务——针对想要购买3C产品的消费者推出价保、先行理赔等服务；对有意购买服饰美妆的消费者推出鉴定服务；为购买母婴用品的消费者提供随心换服务；等等。

总体来看，服务流程更透明与快递物流更迅速是消费者最核心的诉求。这就要求商家和平台严格把控商品质量，解决快递丢件、消费者隐私泄露等问题，建立产业端与消费端之间的信赖。同时，物流企业要强化数字赋能，加强科技研发和应用场景拓展，提供高水准、系列化、全流程的一体化物流服务。

更多内容 扫码观看

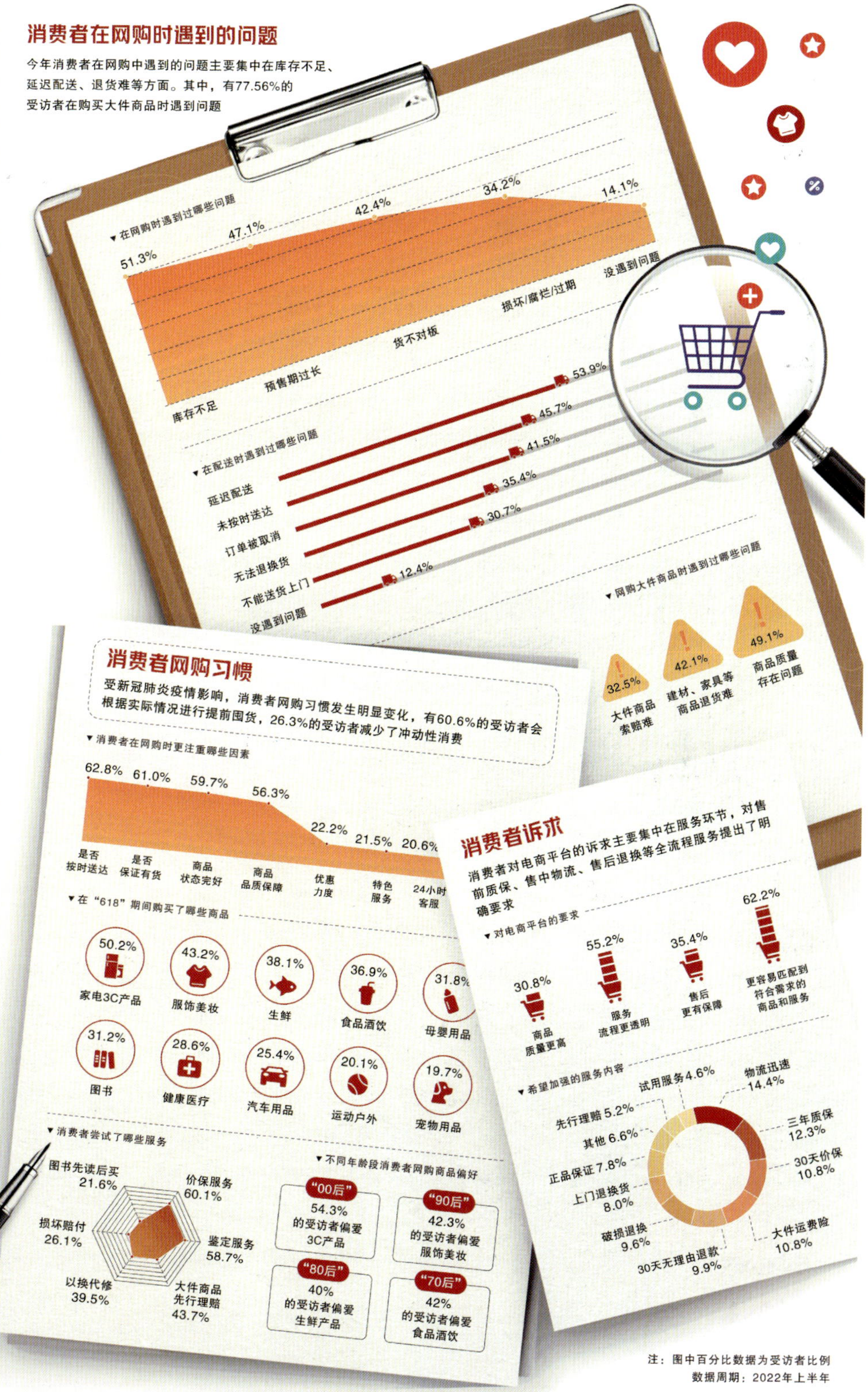

注：图中百分比数据为受访者比例
数据周期：2022年上半年

数据来源 京东消费及产业发展研究院 本版编辑 李 瞳 林 蔚

经济日报携手京东发布民生消费数据之一——

线上购粮安全省心

民生消费带动行业升级

刘　晖

近年来，民生消费在互联网零售中的地位越来越重要，无论是从民生必需品在消费结构中的占比来看，还是从消费提质、消费习惯演变的趋势来看，保障民生消费已经成为稳定社会经济、促进企业发展的重要抓手。

一方面，民生商品作为一种信任感要求高、购买频度高、用户黏性强的消费品类，对于生产和流通企业的发展非常关键。一定程度来说，如果品牌商和渠道商在民生商品领域赢得了消费者认可，不仅能够保障业务稳固发展，而且能获得拓展品类和服务模式的契机，即零售企业所期待的“高频带低频”。

另一方面，观察消费者采购米面杂粮等商品的消费习惯变化可以发现，大量用户最初在线上购买民生类产品的需求非常明确，就是“吃得更好”，其背后包含健康、营养、安全、口味等细分诉求。此后，随着线上消费习惯的养成，消费者会把更多品类的消费转移到线上，从而形成线上全品类消费拓展和升级。数据显示，健康已经成为消费者购买粮食类产品的首要因素，杂粮、低脂、低糖类产品迎来高速增长；有机产品持续热销，具备有机认证的商品品种同比增长110%，全年销售额提升78%。可以说，线上基础民生物资的消费增长成为我国市场消费升级的一个重要特征。

此外，线上民生产品消费的特色在于商品丰富度很高，各企业要注意避免产品同质化和单纯的价格竞争。用户最初选定某款产品，可能是因为线下的消费习惯延续到了线上，也可能是因为品牌的口碑。但是，在线上以搜索为主的商品选择模式下，产品命名和描述中的特质一旦能够正好切中用户需求，就更有可能形成周期性购买习惯。

因此，企业在米面杂粮等产品的线上销售中，一定要关注特色和差异性的打造。例如，针对消费者对健康、营养的关注，商家可以进一步突出绿色、有机、无公害等产品特色。针对原产地带来的品牌效应，商家可以强化商品的产地标签、塑造产地文化，同时，还可以通过制定产地标准，严把质量关，让原产地持续成为品质标志。

（作者系京东消费及产业发展研究院院长）

说数

方便食品具有标准化程度高、性价比高、便于保存等特点。近年来，各类方便食品层出不穷，越来越受消费者喜爱

▼方便食品的销量同比增长率

60% 方便米饭
136% 高端面食
110% 代餐轻食
88% 冻干粥
92% 米粉/米线

今年以来，食用更加方便、品质更高的粮食类商品保持了较高消费增速。其中，品质、健康、地域特色等成为消费者线上购买米面杂粮时最为关注的因素。这提醒相关企业，在开展线上拓展时，一定要把打造商品特色作为核心，满足消费者在健康、口味等方面的诉求，从而赢得长期信赖。

虽然不同地域和年龄段的消费者对米面杂粮的诉求略有不同，但核心诉求均锁定在产品的营养、安全和便捷等几个要素上。因此，相关企业在这类民生必需品的生产上一定要牢牢守住品质和安全底线，然后才是针对消费者需求的创新，例如，为年轻人打造更便捷的食用体验，为年长用户提供更健康的食品原料等。

消费趋势变化

健康已经成为消费者购买粮食类产品的首要因素，杂粮、低脂、低糖类产品迎来高速增长

▼杂粮、低脂、低糖产品销量同比增长率

184% 玉米
120% 糙米
92% 低脂/零脂调味汁
85% 零卡糖

有机产品持续热销，消费者主要基于健康、安全、环保等因素选购产品

110% 具备有机认证的商品品种同比增长
78% 全年销售额提升

▼消费者选择有机食品的原因及占比

原因	占比
健康	68.3%
安全	47.2%
环保	46.7%
责任	24.4%
潮流	10.8%

随着物流行业实现跨越式发展，消费者“买全国”的趋势愈发明显，这也带动了地标产品及地方特产供销两旺

从产品品类来看　▼销量同比增长率

105% 五常大米
78% 宁夏枸杞
60% 古田食用菌

从消费水平来看

人均消费金额最高▼
福建特产
平均每人消费超230元

人均购买件数最高▼
北京特产
平均每人会购买3件以上

从地域特色来看　▼近3年典型商品销售额年复合增长率

128% 福建：肉燕馄饨、手工鱼丸、馅饼
50% 湖南：湘式腊味、外婆菜、酱板鸭
41% 四川：川味腊肠、麻辣牛肉、豆腐干

消费者画像

分地域看：粮食类商品

▲杂粮占当地全部粮食消费比例：宁夏 6.6%，湖北 6.0%，四川 5.8%
▲干货食品占当地全部粮食消费比例：福建 9.1%，上海 8.7%，宁夏 8.4%
▲方便食品占当地全部粮食消费比例：青海 26.1%，宁夏 24.2%，贵州 24.0%
▲面粉占当地全部粮食消费比例：山西 8.3%，内蒙古 7.8%，吉林 7.5%
▲大米占当地全部粮食消费比例：四川 27.1%，广东 26.9%，安徽 26.9%

分年龄看

▼各年龄段消费者偏爱购买的品类及成交额占比

46岁以上：有机食品 34.7%
36岁至45岁：大米 35.2%
16岁至35岁：方便食品 61.3%

分性别看

男性：偏爱购买大米和方便食品，成交额占比超过50%
女性：偏爱购买有机食品、面粉和杂粮，成交额占比超过60%

65% 2019年至2021年干货食品销售额年复合增长率为

52% 2019年至2021年米面杂粮销售额年复合增长率为

更多内容 扫码观看

数据周期：2021年

数据来源　京东消费及产业发展研究院

本版编辑　李　瞳　林　蔚

经济日报携手京东发布民生消费数据之二——

调味品市场“津津有味”

调味品消费特点

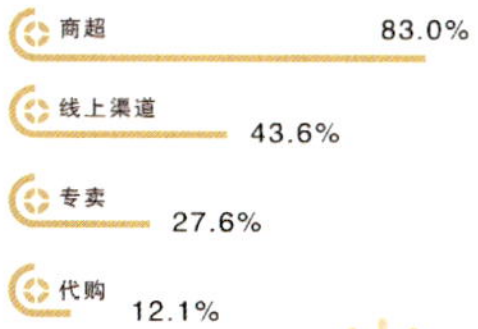

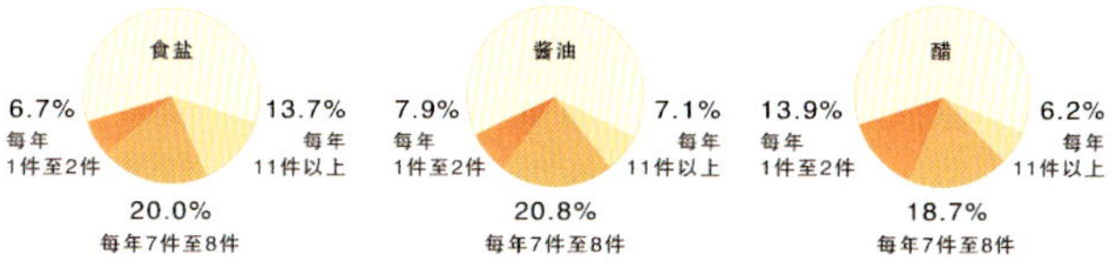

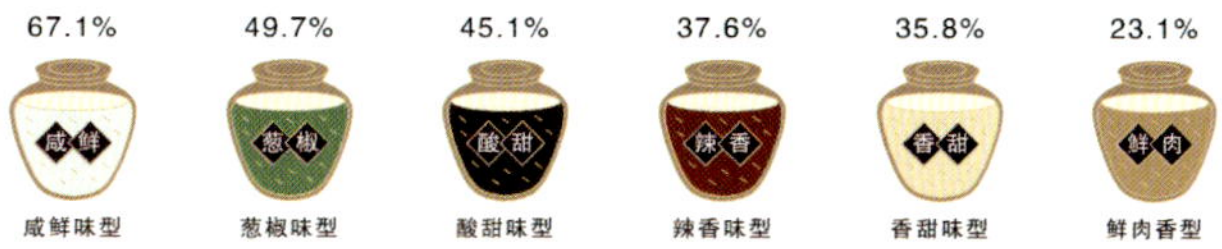

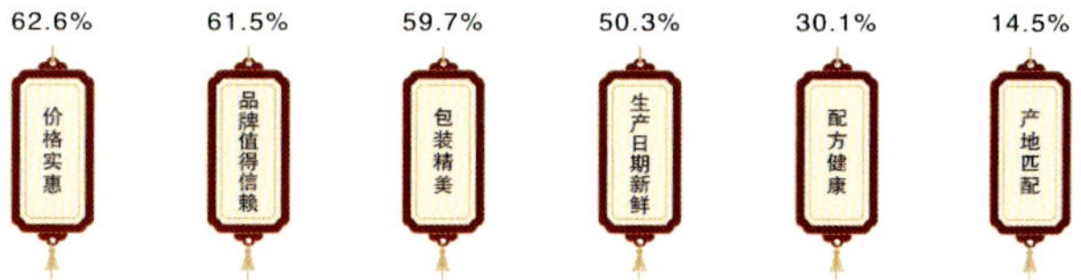

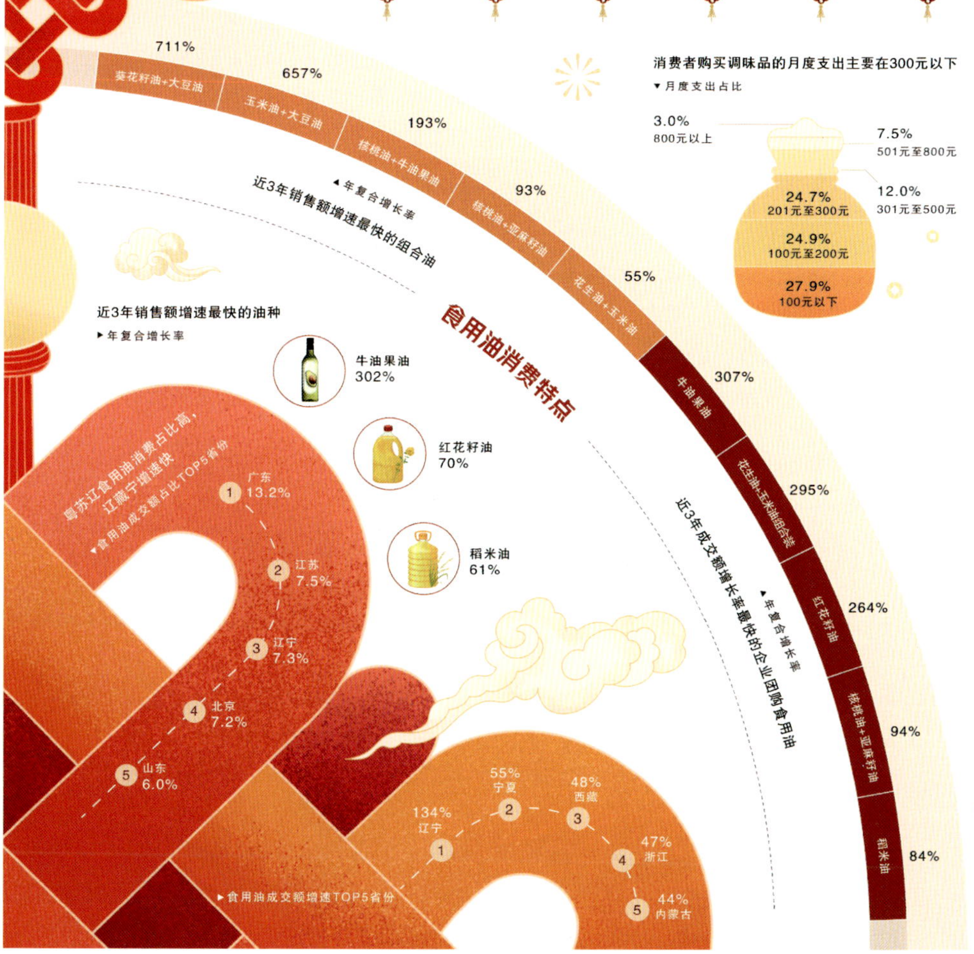

「油瓶子」里花样多

刘 晖

当前，消费者对美好生活的追求，在与美食相关的原材料消费上表现得尤为明显。其中，食用油消费就是一个鲜明的例证。消费者不仅对食用油的品质更为关注，而且对食用油的功能也提出了新的要求，行业加速形成了新的赛道，带来了发展新契机。

从消费需求看，消费者对食用油品质和健康提出了更为明确的要求。例如，单一成分食用油消费占比持续增加，表明消费者更倾向于自己决定不同油的使用场景。同时，物理压榨的花生油销售额大幅领先其他产品，特别是古法压榨的产品，体现出消费者对于制作工艺等环节的重视。

从食用油的原材料看，主打“宝宝和孕妇适用”的牛油果油成为年复合增长率最快的油种，红花籽油、稻米油、葵花籽油等细分油种也实现了快速增长。原料和其代表的营养、食用价值已经成为消费者选择食用油时非常重视的因素。

同时，随着品质和场景细分，食用油产品呈现出从单一油种走向组合包装的明确趋势，催生出许多新型混合装的食用油产品，其中最受欢迎的混合装是“葵花籽油+玉米油”。对此，相关企业可以重点关注消费者诉求，打好组合牌，抢占发展新机遇。

食用油和调味品的采购频率很高，消费者对实惠也相当关注。具体到食用油，更多体现在包装规格的选择上。从不同规格食用油的销售情况来看，最受欢迎的规格分别是5升和6.18升，大包装食用油在线上更受消费者青睐。其中最主要的原因是线上购买可以送货上门，这不仅能让企业可以放心提供高性价比的大包装商品，而且可以减少消费者的搬运烦恼。接下来，食用油企业可以进一步加深与线上平台的合作，持续丰富线上产品种类，推出更多惠民产品。

此外，因为油料作物的地域性，食用油也形成了比较明确的地域食用习惯和地域品牌。线上销售模式可以助力大量传统的地方品牌向全国市场拓展，不仅满足消费者口味和选择不断精细化的需求，也能帮助不少优秀的区域食用油企业获得更大发展。

（作者系京东消费及产业发展研究院院长）

说数

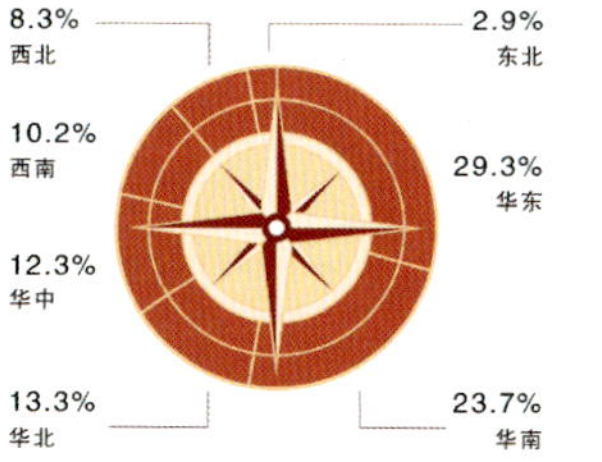

盐、酱油、醋作为调味品中的绝对主力，消费者不仅购买频度高，而且对品牌忠诚度也非常高。各地饮食习惯各异，想要改变消费者的调味品消费习惯相当难。相关企业需要牢牢把住品质大关，持续维护品牌口碑，并尝试通过更丰富的产品类型和口味创新，拓展自己的市场和用户群。

随着健康生活的理念被更多消费者认知，油品消费的细分需求愈发明确。从原料来看，牛油果、红花籽都异军突起，从用途而言，凉拌、烹炒都有了专用产品。建议食用油企业在固守花生油等传统油料品类的同时，可以针对餐饮的细分需求，特别是偏向年轻用户进行油料成分和应用场景创新。

更多内容 扫码观看

数据周期：2021年

数据来源 京东消费及产业发展研究院

本版编辑 李 睦 林 蔚

经济日报携手京东发布民生消费数据之三——

家居清洁产品更重适用场景

卫生消费趋势变化

在纸品消费领域，新产品、新品牌和新品类层出不穷，产品细分化成为商家实现高质量发展的重要方式

在擦拭巾中：

▼销量同比增长率

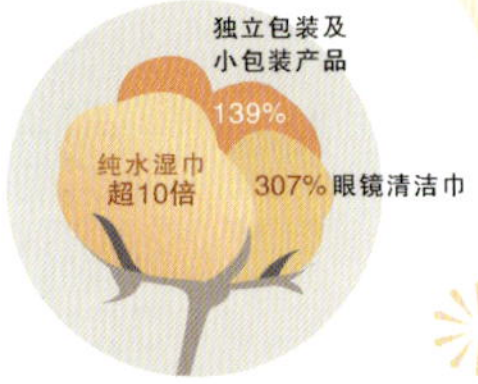

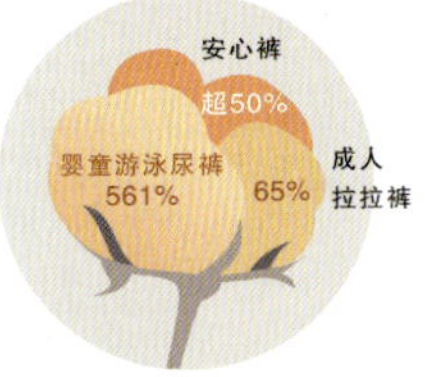

在吸收性纸品中：

▶销量同比增长率

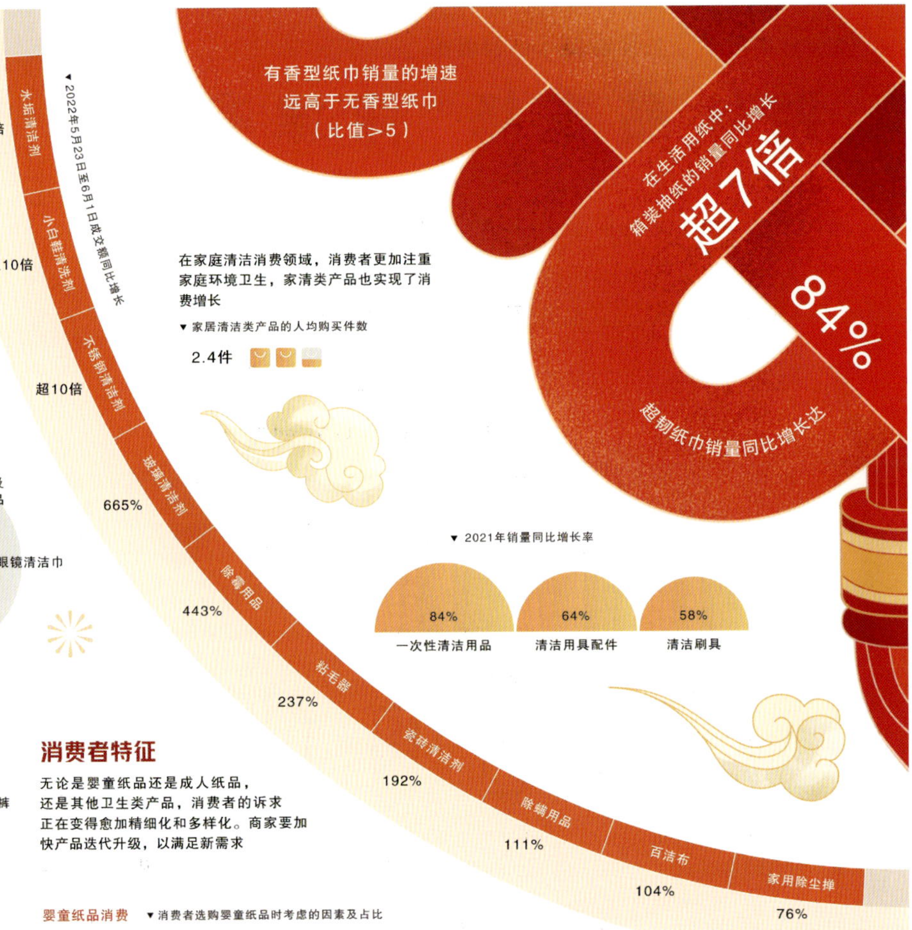

在家庭清洁消费领域，消费者更加注重家庭环境卫生，家清类产品也实现了消费增长

▼家居清洁类产品的人均购买件数

2.4件

▼2021年销量同比增长率

消费者特征

无论是婴童纸品还是成人纸品，还是其他卫生类产品，消费者的诉求正在变得愈加精细化和多样化。商家要加快产品迭代升级，以满足新需求

不管是传统的手帕纸、卫生纸，还是新兴的棉柔巾、湿厕纸，各大品牌在面对庞大的消费市场同时，也迎来了更加激烈的行业竞争。因此，企业要更加重视各类纸品的适用场景，根据不同人群的纸类偏好推出产品，形成差异化优势，进一步推动行业向高质量发展转型。

婴童纸品消费 ▼消费者选购婴童纸品时考虑的因素及占比

近年来，消费者对卫生产品的需求更加精细化、个性化，这就需要商家不断丰富产品类型，持续加快产品和服务的创新步伐，针对不同使用场景推出不同类型的产品，为消费者打造更加舒适的使用体验。对于肌肤敏感的消费者，加强抑菌护肤的高端化纸品研发；对于追求颜值的消费者，设计更加独特的个性化产品等。

新品类纸品消费 ▼消费者选购棉柔巾时考虑的因素及占比

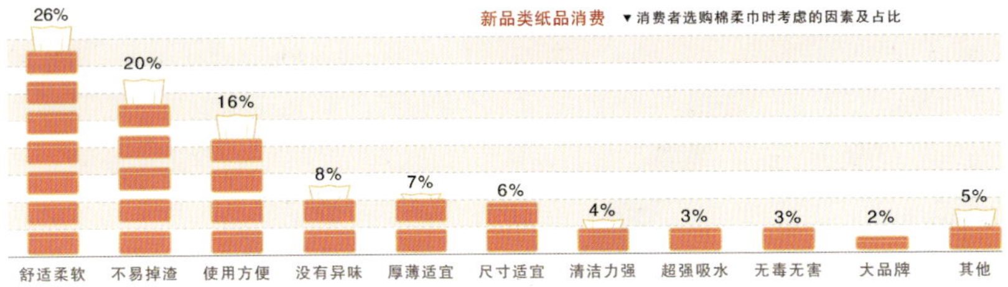

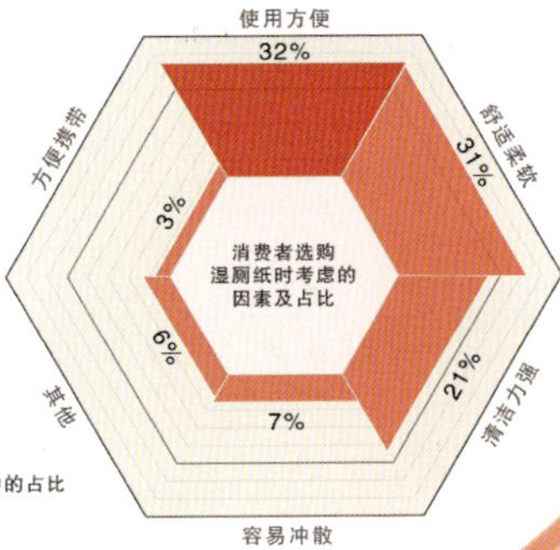

场景化助力创新发展

董 菲

纸品是人们日常生活中不可或缺的一种民生商品。从近年来各纸类的销量趋势来看，擦拭巾类、生活用纸类、吸收性卫生用品类呈现稳步增长的趋势，且主要呈现出三种特征。

其一，纸类产品呈现出持续细分化趋势。从销量上看，消费者更加青睐含有亲肤类成分的纸品，相关产品销量增长明显；消毒、灭菌、护理类产品销量也实现稳步增长。同时，消费者在选择产品时也有了更多新诉求，如希望纸品能够更加坚韧，主打“超韧”的纸巾销量同比增长达84%；有香型纸巾的销量增速也远高于无香型纸巾。

其二，围绕人群与场景进行升级，品牌商推出了更多符合消费者潜在需求的产品。例如，婴童纸尿裤高端化、专业化细分持续加速，带动婴童游泳尿裤产品的销量同比增长达561%；老年护理需求的增长带动成人拉拉裤的销量同比增长达65%。

其三，纸品应用场景的细分和扩张，将有助于推动产品创新，为高品质消费提供有力注脚。作为品质消费的代表，棉柔巾具有柔软细腻、吸水性佳、不掉屑等特点，是纸巾、化妆棉、洗脸巾等产品的新环保型替代产品，消费者对卫生与安全诉求的提升，也进一步带动了棉柔巾市场的增长。同时，有卓越的洁净功能和舒适特性的湿厕纸，逐渐成为卫生界革命性的新产品，受到消费者青睐。

此外，从各纸类的地域销售趋势来看，越来越多消费者选择在线上购买纸品。其中，五线及以下市场的销量占比更高，三线城市增速更快。企业应更加重视各类纸品的适用场景，根据不同人群的纸类偏好推出产品，形成差异化优势，进一步推动行业高质量发展。

（作者系京东消费及产业发展研究院高级研究员）

说数

▼不同年龄段消费者在各类纸品家清消费中的占比

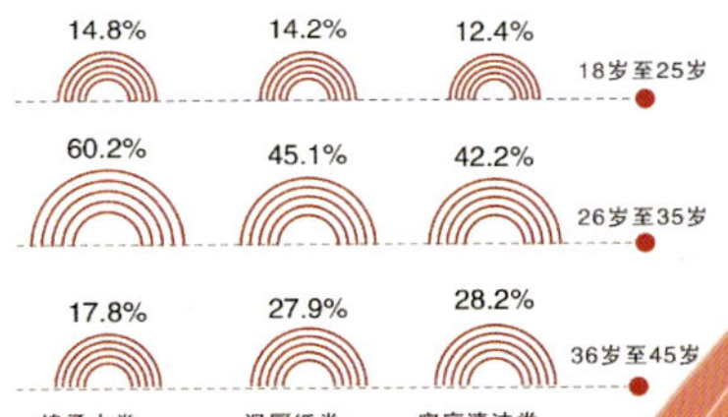

更多内容 扫码观看

数据周期：2021年

数据来源 京东消费及产业发展研究院
本版编辑 李 瞳 林 蔚

经济日报携手京东发布民生消费数据之四——

个护消费为美丽护航

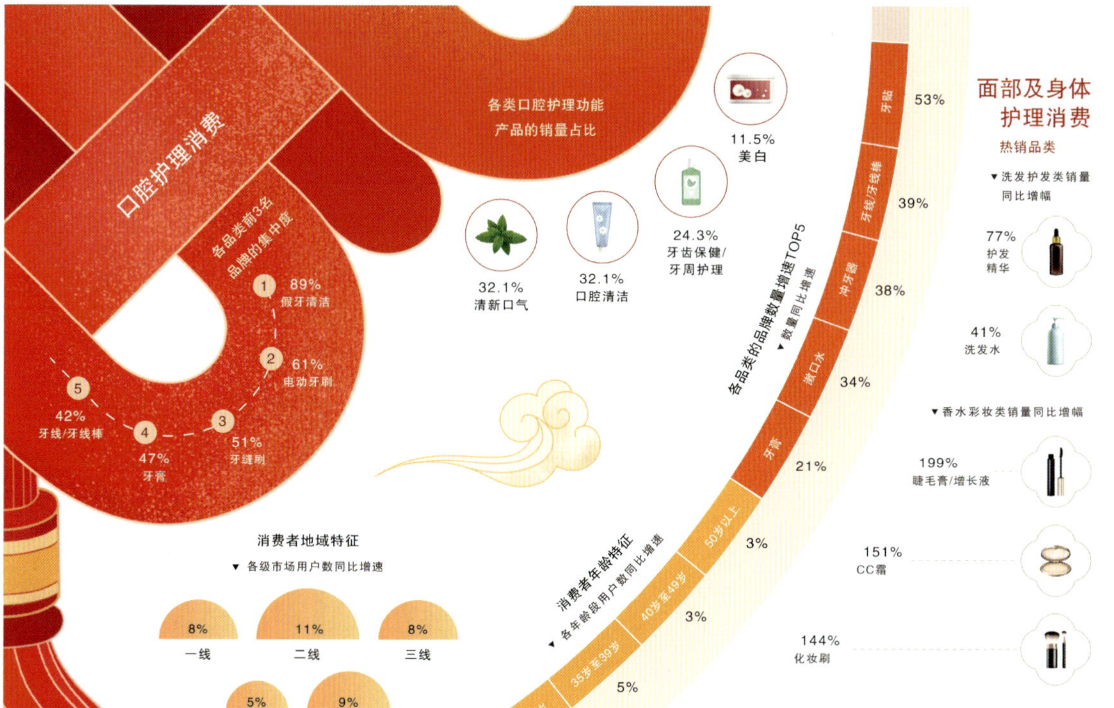

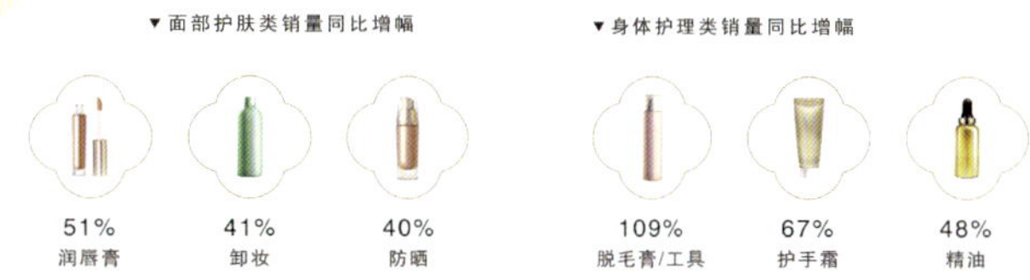

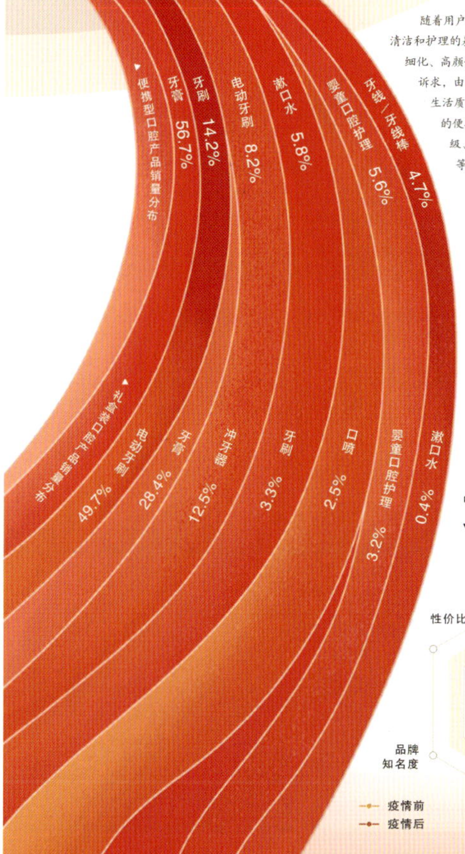

随着用户需求升级，消费者已经不满足于清洁和护理的基本功能，智能化、人性化、精细化、高颜值成为购买个人护理产品的主要诉求，由此衍生出市场发展新机遇。提高生活质量的使用体验、适用于外出场景的便携特性、更具社交属性的外观升级、适用于不同人群的精细化产品等，都成为相关企业的拓展方向。

在“颜值经济”“精致生活”等消费观念驱动下，个人护理市场还将继续稳步增长，安全、功效和成分是个人护理类产品体验升级的重要方向。相关配套工具产品也会随之兴起，如美妆、护肤类商品销售带动各类美妆护肤工具和仪器的热销。商家应继续精耕创新研发、保障产品质量，并努力提升服务品质。

消费者特征

面部及身体护理产品的消费者主要是16岁至35岁的年轻人群。同时，女性用户数占比高出所有品类10.7%

▼各年龄段用户数占比与整体对比（差值）

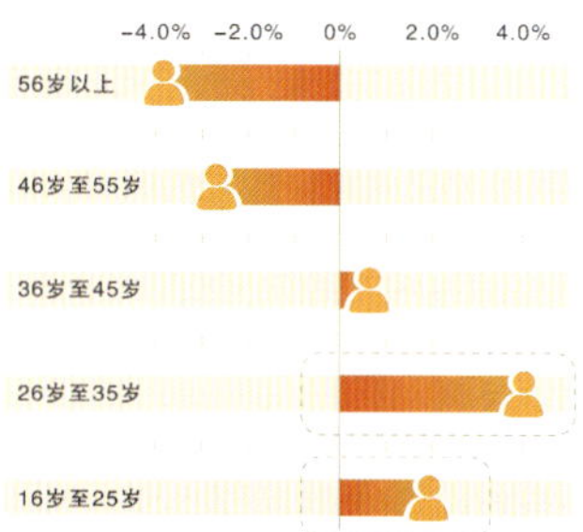

学生和白领比其他职业群体更爱购买面部及身体护理产品

▼不同职业用户数占比与整体对比（差值）

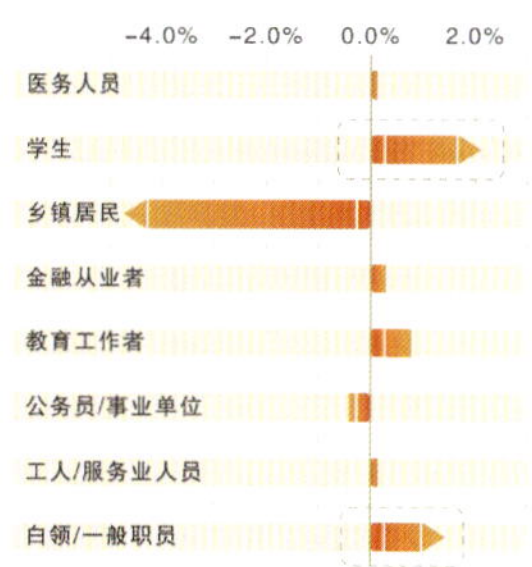

经历了新冠肺炎疫情，消费者更加关注个护产品的安全、功效和成分

▼消费者选择个护产品的关键因素偏好度对比

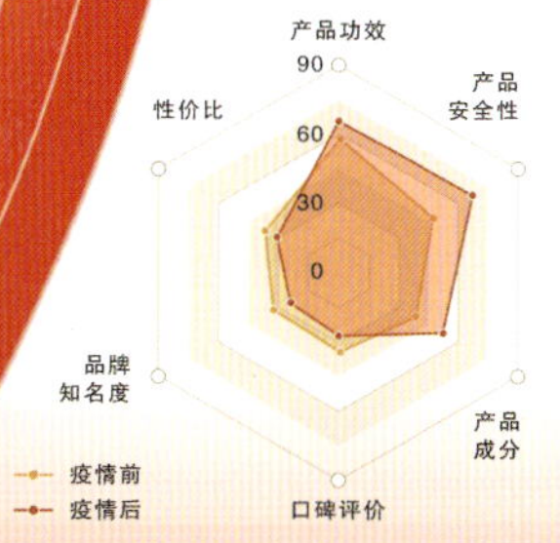

新观念带来新机遇

董 菲

追求健康美丽是人类的天性。作为日常生活中最常用的民生商品大类之一，口腔护理、面部护理、身体护理等个人护理用品越来越受消费者关注。从“刚需”到“享受”的消费观念转变，给相关企业带来新的市场拓展方向。

一是提高消费者生活质量和使用体验。当代年轻人是线上消费的主力军，他们多样化、个性化的需求，不仅影响着传统个人护理市场的发展，更带动了越来越多的新兴垂直市场诞生。

二是覆盖更多使用场景的护理需求。从消费趋势来看，小包装、便携装的个护产品越来越受欢迎，拓展了产品的使用空间，更好适应居家、户外、社交等不同场景的护理需要。同时，用户对时效性的追求，使得快速起效、保持更久成为购买的重要驱动因素，对产品配方、工艺等提出了更高要求。

三是实现更具社交属性的外观升级。越来越多的个护产品加入国潮元素，融入创意设计，探索新的搭配组合，不仅提升了使用趣味性，让生活更有仪式感，而且更易在社交平台上形成展示和传播的爆点，深受年轻消费者青睐。

四是开发适用于不同人群的精细化产品。消费人群的细分衍生出更多“新玩法”，跨界联名、艺术限定、直播热销、定制新品等均成为个护新品的营销热点，从各个维度吸引不同人群关注。

总之，个人护理消费市场的新机会层出不穷，但在这个竞争非常激烈的市场中，企业亟需尽快寻找到品牌增量场和销售突破点。因此，相关企业要把握好智能化、人性化、精细化、高颜值等消费新诉求，提高市场竞争力，早日突围出圈。

（作者系京东消费及产业发展研究院高级研究员）

说数

更多内容 扫码观看

数据周期：2021年

数据来源 京东消费及产业发展研究院
本版编辑 李 瞳 林 蔚

CHAPTER 4

CONSUMPTION

从这里读懂中国消费

第四章 消费之潮

消费新潮流　创造新动能

京东消费及产业发展研究院高级研究员　董　菲

近年来，随着我国生产力水平的不断提高和物质财富的日益丰富，人民群众文化需求的量与质均在不断增长，人们也越来越热衷于为“热爱”埋单，特别是承载着独特文化符号和内涵的潮流产品，更容易受到消费者的青睐。在新的消费趋势下，如何更好地将潮流趋势与产品品质结合起来，成为企业发展关键。

国货引领消费潮流

何为“国潮”？多数专家认为，“潮”指的是一种时尚流行趋势与审美动向，是人们热爱某种事物所形成的一种风尚。当下的“国潮”多指以时尚潮流为载体，将中华优秀传统文化与现代生活方式融合而形成的一种潮流风格。目前，很多老字号、新品牌通过对中国传统文化的创新挖掘与再创造，逐渐形成一股独特、贴近生活且能够引发大众共鸣的时尚消费潮流。

事实上，想要抓住“95后”“00后”的心，老字号品牌花的心思一点不比那些新兴品牌少。对于“80后”“90后”这些对老字号有记忆的一代人，怀旧的经典款就足以打动他们，但面对那些对老字号几乎没有任何记忆的“95后”，就得在产品创新上下功夫了，这其中有做奶糖的品牌衍生出奶糖味儿的沐浴乳，有以阿胶闻名的品牌也做起了护肤面膜，还有酿了上百年老酒的品牌也出了香水。虽然老字号的创新产品可能无法抢占主流市场，但却成功地抢占了“95后”的朋友圈。数据显示，在购买老字号的不同年龄段用户中，“85后”“90后”仍是主力消费人群，“95后”消费群的购物金额与频次则得到了快速提升。

同时，国潮商品从原材料的选择，到设计元素的体现，都能看出大众新的审美风尚正在形成，如在国潮风起步不久的美妆品类中，雕花和故宫占据了主流，而艺术品品类中，国潮早已细分成非常丰富的流派，消费者不仅更认可品牌与产品，在生活态度、审美趣味方面，也体现出较高的文化自信。

文化提升消费潜力

当前，我国文化消费总量持续增加，文化消费水平不断提高，特别是数字文化消费规模呈快速扩大趋势，对经济社会发展和社会文明程度提升起到了重要推动作用。阅读是我们获取文化知识，丰富阅历的重要方式之一，更为重要的，它也是我们连接精神世界的大门，通过阅读每一本书与作者来一次精神之约，从中汲取营养。不管大家读书是为了生活、为了事业、为了生存，还是为了下一代的教育，相信能够选择阅读的人，都具备一颗面对挑战不断提升自我的强大内心。

从图书的消费趋势上来看，消费者对实用化的图书，如考试、工具书、教辅书等方面的书籍购买销量有着明显的提升，可见随着整体社会环境的变化，大家开始重视自我充电，提升自身能力，学习更多技能来应对未来的挑战。而从阅读方式上来看，电子化阅读的便利性已经改变了越来越多人的阅读习惯，但纸质书依然有其忠实的拥趸，两者呈现出较为平衡的发展状态。

与国潮消费近似，文创产品消费的核心同样是文化认同，消费者对于文创产品的选择，是对理想生活的情绪投射，也是文化的情绪发酵。数据显示，文创产品近两年的销量也实现了高速增长，其中红色文创产品更是焕发了新的活力，进一步助力了红色文化的传承。

新消费带来新增长

只需简单加热或加工即可上桌，且菜品中包含一些难做的“大菜”“硬菜”，今年的预制菜颇受欢迎。这个曾经还只是概念的产品正在以惊人的速度照进大家的日常生活，预制菜成为当下最流行的方便产品之一。以预制菜为代表的即享食品的出现，让消费者实现了“懒”与“馋”的平衡，“效率”与“口味”的平衡，“足不出户”与“吃遍全球”的平衡，“便捷”

与“健康”的平衡。虽然目前预制菜在煎炸小食、方便食品方面偏多，但随着消费者对于健康的需求在不断提高，未来预制菜还是会多样化发展。

无独有偶，在2022年户外露营消费也成为新晋潮流新时尚。三四月份以来，户外露营游频频“出圈”，不仅带动了露营经济及产业链的发展，还提升了交通、餐饮等旅游相关消费，为旅游市场注入了新的发展动能。在此趋势下，露营相关产品，如帐篷、垫子、野餐用品等常规户外装备，防晒霜、遮阳帽等遮阳防晒类产品，以及防粉尘口罩、应急医药等产品的销量均呈现明显增长。露营之所以能够迅速发展起来，一方面在于大家可选择的户外运动方式有限；另一方面是近郊露营降低了消费门槛，更利于商家做大市场。

总体来看，“预制菜潮”与“露营潮”的大规模兴起与“出圈”，为商家提供了更广阔的发展空间。下一步，商家要把握好发展契机，加快迭代升级相关产品，助力相关行业有序、平稳、良性发展，形成正向发展循环。

专家评论

消费市场正进入高质量发展阶段

中国国际电子商务中心宏观消费首席专家　李政波

十八大以来，消费在经济增长中表现出稳定器和压舱石作用更加突出，已经成为促进国内大循环的关键环节和重要引擎，国内消费市场正在加速进入高质量发展阶段。

一是消费贡献进入持续提升阶段。社会消费品零售总额由2012年的20.6万亿元提升到2021年的44.1万亿元，增长1.1倍，年均增长8.8%。2021年消费对GDP增长的贡献率达65.4%，比2012年提升10个百分点。

二是消费结构进入多元升级阶段。2021年居民恩格尔系数比2012年下降3.2个百分点，人均服务性消费支出占居民消费支出比重比2013年提升4.5个百分点。2020年末，每百户居民家庭洗衣机、电冰箱、彩电、空调拥有量比2013年分别增长19.7%、24.1%、4.0%和67.2%。2021年汽车销量达2627.5万辆，比2012年增长36%，连续13年位居全球首位。

三是消费热点进入快速迭代阶段。绿色消费理念日益深入人心，绿色智能消费加快发展。2022年“618”期间，京东以旧换新绿色家电订单量同比增长超5倍，1-8月，新能源汽车销售同比增长1.1倍。疫情以来，营养保健食品、户外运动和居家健身、健康家电等健康消费需求快速增长。2022年“618”期间，京东健康平台超1500个营养品品牌交易量同比翻番，龙头品牌汤臣倍健旗下全品牌全网销售额突破6亿元。

四是新型消费进入创新加速阶段。2021年，全国电子商务交易额达到42.3万亿元，比2012年增长4.3倍，年均增长20.3%。直播电商继续火爆，《中国互联网络发展状况统计报告》显示，截至2022年6月，我国短视频用户规模达9.62亿，比2021年12月增加2805万，占网民整体91.5%。京东到家等平台采用货柜取货、约定取货点、在社区建立无接触配送存放点等方式，实现无接触配送服务。即时零售以品类多、30-60分钟高配送时效优势，满足消费者对购物即时性需求，2021年7月1日至2022年6月30日，京东到家平台总交易额达546亿元，同比增长68.9%，小时购交易额同比增长超2倍。

五是文化消费进入融合提质阶段。近年来，国内文化精神层面的消费呈快速扩大趋势，戏曲、话剧、脱口秀、相声等小剧场广受消费者欢迎，2021年上半年全国规模以上文化及相关产业企业营收比上年同期增长30.4%，比2019年上半年增长22.4%，两年平均增长10.6%。2022年8月暑假期间，尽管受疫情影响，电影票房收入仍实现环比增长5.8%，同比增长80.9%。

2022年下半年以来，国内疫情再次多地频发，对餐饮、旅游等聚集性消费产生明显影响，电商平台积极承担社会责任，与上下游企业加强产供销合作，通过线上下单线下配送等模式，为市场稳定和保供稳价发挥了重要作用。随着疫情常态化防控更加科学精准，促消费政策有力有效，国内消费市场将继续保持稳中向好态势，现在是全球最具活力和吸引力的第二大消费市场，不久的将来也必然会成为全球最大的消费市场。

年轻人中意中国品牌

京东消费及产业发展研究院高级研究员　董　菲

品牌，是企业乃至行业竞争力的重要体现，也是赢得国际和国内市场的重要资源。经过多年耕耘，我国自主品牌在研发、设计、制造、营销等环节都取得了长足进步，再加上国家政策大力扶持、消费者文化自信不断增强等诸多因素，使得国货消费热潮一浪高过一浪。

首先，中国品牌推出了更多符合青年消费者审美的潮流产品。在讲究“颜价比”的时代，实用已不能满足消费者的需求，越来越多的青年消费者倾向选择能提高幸福感的产品。比如，许多消费者会通过视频或文字在各类社交平台上交流下厨心得，各种“高颜值”厨房用品也随之走红，如一锅可做一切的空气炸锅、保温保鲜的焖烧杯等，这些新潮用品的兴起，大部分都是中国品牌引领的。

其次，中国品牌的创新创造更加符合青年群体的消费特点，并呈现出兼具“小渗透”及“大生态”的特征——中小企业凭借对市场的细微洞察和快速反应，在小而美的细分领域精耕细作，不断拓展产品功能和维度；大企业则持续提升创新能力，通过构建品牌生态圈，探索万物互联时代的品牌创新形式。

此外，从年轻消费者的消费行为看，年轻人正在重新以更理性的视角看待商业品牌和商业文化。他们不再盲从追大牌，也不再人云亦云买爆款，而是理性选择适合自己的产品。对此，中国品牌应进一步加强品牌建设、维护品牌形象，既要与青年消费者建立良好的沟通机制，倾听消费者声音，了解消费者需求；也要持续加强创新能力，为品牌注入看得见摸得着的硬实力。

总体来看，我国拥有超大规模市场，这为中国品牌贴近市场研发技术、推出新品、打造口碑提供了得天独厚的发展优势。企业要抓住国内市场快速升级的契机，推进品牌建设，打造更多新产品，为金字招牌积攒实力和底气。

《2022年上半年中国网络零售市场发展报告》显示，上半年国产品牌线上市场占有率达**68.8%**，网络零售额前10名的品牌中有**9**个是国产品牌

近5年，中国品牌搜索热度占比从**45%**提升至**75%**，是海外品牌的**3**倍

2021年，体现中华优秀传统文化的非遗特色产品销售额同比增长**39%**

经济日报携手京东发布数据——

国货消费节节攀升

年轻人中意中国品牌

董 菲

品牌，是企业乃至行业竞争力的重要体现，也是赢得国际和国内市场的重要资源。经过多年耕耘，我国自主品牌在研发、设计、制造、营销等环节都取得了长足进步，再加上国家政策大力扶持、消费者文化自信不断增强等诸多因素，使得国货消费热潮一浪高过一浪。

首先，中国品牌推出了更多符合青年消费者审美的潮流产品。在讲究“颜价比”的时代，实用已不能满足消费者的需求，越来越多的青年消费者倾向选择能提高幸福感的产品。比如，许多消费者会通过视频或文字在各类社交平台上交流下厨心得，各种“高颜值”厨房用品也随之走红，如一锅可做一切的空气炸锅、保温保鲜的焖烧杯等，这些新潮用品的兴起，大部分都是中国品牌引领的。

其次，中国品牌的创新创造更加符合青年群体的消费特点，并呈现出兼具“小渗透”及“大生态”的特征——中小企业凭借对市场的细微洞察和快速反应，在小而美的细分领域精耕细作，不断拓展产品功能和维度；大企业则持续提升创新能力，通过构建品牌生态圈，探索万物互联时代的品牌创新形式。

此外，从年轻消费者的消费行为看，年轻人正在重新以更理性的视角看待商业品牌和商业文化。他们不再盲从追大牌，也不再人云亦云买爆款，而是理性选择适合自己的产品。对此，中国品牌应进一步加强品牌建设、维护品牌形象，既要与青年消费者建立良好的沟通机制，倾听消费者声音，了解消费者需求；也要持续加强创新能力，为品牌注入看得见摸得着的硬实力。

总体来看，我国拥有超大规模市场，这为中国品牌贴近市场研发技术、推出新品、打造口碑提供了得天独厚的发展优势。企业要抓住国内市场快速升级的契机，推进品牌建设，打造更多新产品，为金字招牌积攒实力和底气。

（作者系京东消费及产业发展研究院高级研究员）

说数

近年来，“国潮”“国风”迅速流行，特别是在青年消费群体中，中国品牌正变得越来越有存在感。数据显示，青年群体在厨具、生鲜、家用电器等品类选择上更倾向于选择国货。下一步，相关企业需要满足市场需求，精准抓住消费群体，以更优的品质与更好的服务，赢得年轻消费者的信赖。

从下沉市场青年群体的消费习惯来看，不管是大品牌还是中小品牌，都将迎来更多发展机会。但值得注意的是，青年消费者面对中国品牌时，更加追求高品质、高性价比的消费。因此，企业在研发和推广产品时，必须不断树立起属于自己的品质感，持续提升口碑，这样才能赢得更多年轻消费者青睐。

更多内容 扫码观看

年轻人最爱买的国货品类

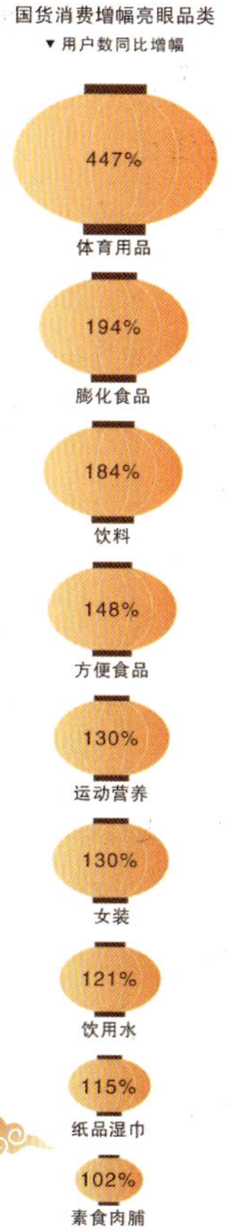

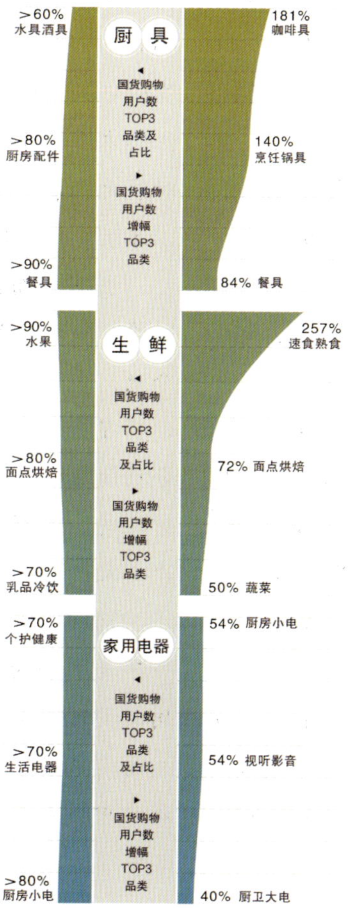

爱买国货的青年来自哪里

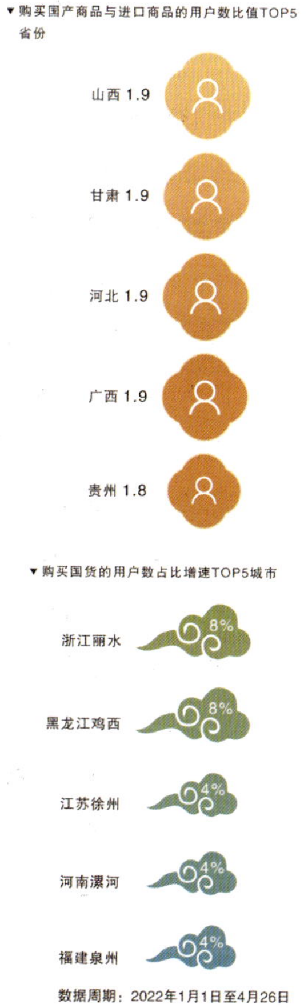

数据周期：2022年1月1日至4月26日

数据来源 京东消费及产业发展研究院 本版编辑 李 瞳 林 蔚

新设计引领国潮消费

京东消费及产业发展研究院院长　刘　晖

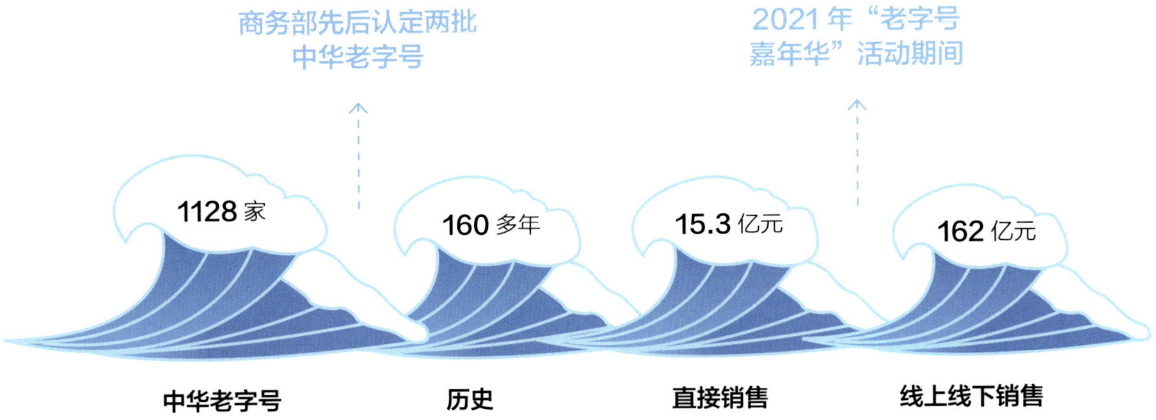

随着国民文化自信不断提升和中国品牌快速成长，国潮文化在消费者特别是年轻群体中影响力不断增强。越来越多的企业开始尝试在商品和服务中增加中国元素，形成从供给侧到消费侧的正向循环。

谈到国潮，许多企业和消费者都会联想到汉服、古风家具、大红色块、温润线条等。事实上，五千年中华文明历史中诞生过极为丰富多彩的文化元素，消费者的国潮审美也非常多样，不能用单一符号来代表国潮。

一方面，以国潮消费为代表的新型消费理念和结构不断升级，呈现出高品质、全品类、多形式等趋势。特别是以“95后”为代表的年轻人在国潮消费中扮演越来越重要角色，他们本身对中国文化的热爱，对多元化、个性化的追求，让国潮消费越来越多样。

另一方面，萝卜青菜各有所爱，消费者的国潮审美较为分散，多元化、个性化趋势愈发明显。例如，从朝代特色来分析消费数据可以发现，魏晋时期的审美得到最多认同，其次是宋代和唐代。

可见，消费者的国潮追求并不是单一的，不同人群、不同品类、不同场景，都会有不同的需求。在商品中简单堆叠各种中国元素，已经不能满足文化自信和审美水平不断提升的中国消费者，而那些对于中国美学和文化底蕴有着深刻认知，并且与现代时尚完美结合的设计才能真正赢得中国乃至全球消费者的喜爱。

对于相关企业而言，在研发产品和服务时，不能只把国潮当作单一设计元素和消费需求，而是要加大对传统文化的深入挖掘和对数字技术的精准运用，通过更丰富的创新、更精彩的产品、更精准的服务去赢得消费者。当传统文化遇到数字技术，强化的不仅仅是国潮基因，更有望为国潮的发展加入深厚的“设计力”助推。

经济日报携手京东发布数据——

中国风彰显文化自信

新设计引领国潮消费

刘 晖

随着国民文化自信不断提升和中国品牌快速成长，国潮文化在消费者特别是年轻群体中影响力不断增强。越来越多的企业开始尝试在商品和服务中增加中国元素，形成从供给侧到消费侧的正向循环。

谈到国潮，许多企业和消费者都会联想到汉服、古风家具、大红色块、温润线条等。事实上，五千年中华文明历史中诞生过极为丰富多彩的文化元素，消费者的国潮审美也非常多样，不能用单一符号来代表国潮。

一方面，以国潮消费为代表的新型消费理念和结构不断升级，呈现出高品质、全品类、多形式等趋势。特别是以“95后”为代表的年轻人在国潮消费中扮演越来越重要角色，他们本身对中国文化的热爱，对多元化、个性化的追求，让国潮消费越来越多样。

另一方面，萝卜青菜各有所爱，消费者的国潮审美较为分散，多元化、个性化趋势愈发明显。例如，从朝代特色来分析消费数据可以发现，魏晋时期的审美得到最多认同，其次是宋代和唐代。

可见，消费者的国潮追求并不是单一的，不同人群、不同品类、不同场景，都会有不同的需求。在商品中简单堆叠各种中国元素，已经不能满足文化自信和审美水平不断提升的中国消费者，而那些对于中国美学和文化底蕴有着深刻认知，并且与现代时尚完美结合的设计才能真正赢得中国乃至全球消费者的喜爱。

对于相关企业而言，在研发产品和服务时，不能只把国潮当做单一设计元素和消费需求，而是要加大对传统文化的深入挖掘和对数字技术的精准运用，通过更丰富的创新、更精彩的产品、更精准的服务去赢得消费者。当传统文化遇到数字技术，强化的不仅仅是国潮基因，更有望为国潮的发展加入深厚的“设计力”助推。

（作者系京东消费及产业发展研究院院长）

说数

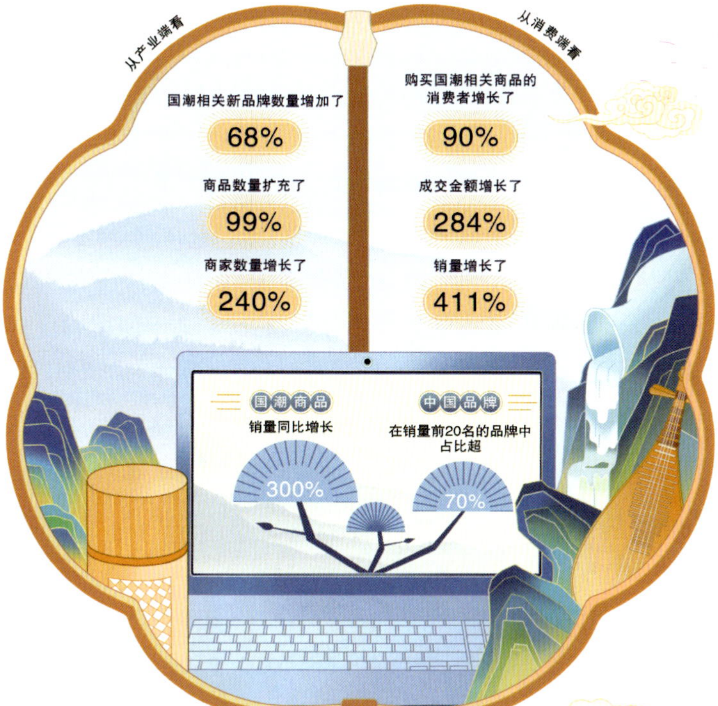

老字号助力国潮消费

今年“618”期间，国潮消费迎来又一个高峰，其中老字号品牌持续发挥自身价值，成为国潮消费浪潮中的最大增量

- 销售额破亿元的老字号品牌数量增长了 1.72倍
- 老字号销量增速是全部品牌销量增速的 2.33倍
- 购买老字号的消费者数量同比增速为全部消费者增速的 2.09倍
- 年轻人对老字号品牌感兴趣的比例 75%
- “95后”购买老字号商品的成交额同比增长 141%

（来源：京东超市）

国潮商品，特别是老字号国潮商品正赢得越来越多年轻人的关注和认可，这背后最主要的原因是文化自信。但是，要持续赢得年轻人青睐，老字号必须在充分发挥自身的文化积淀和工艺积累的基础上持续创新，在年轻人关注的领域推出产品和服务。其中，对传承的坚守和对潮流的追求是企业特别需要精准权衡的因素。

国潮商品越来越有范

近年来，国潮商品的设计越来越精致，不同品类更是呈现出不同的设计风格，金属、故宫、浮雕等元素被融入电脑、美妆、手机等商品中

电脑办公类

▼2018年至2021年，电脑办公品类不同风格国潮商品数量的年均增长率

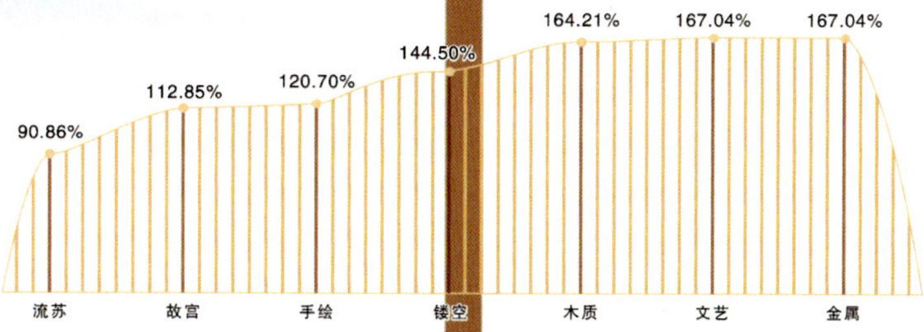

手机通讯类

▼2018年至2021年，手机通讯品类不同风格国潮商品数量的年均增长率

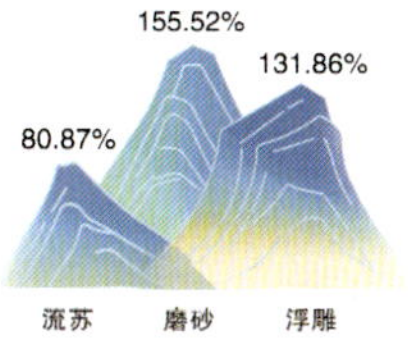

无论是原材料的选择，还是设计元素的体现，国潮产品正呈现出多元化发展趋势。在美妆品类中，雕花元素和故宫元素占据了主流位置，其他风格还有待开发，建议相关企业可以抓住文化IP等热点，拓展产品风格思路；在艺术品类中，国潮早已细分成非常丰富的流派，相关企业应坚持不断强化差异化优势。

美妆护肤类

▼2018年至2021年，美妆护肤类不同风格国潮商品数量的年均增长率

- 雕花 80.15%
- 故宫 69.08%

艺术品类 ▼2018年至2021年，艺术品类不同风格国潮商品数量的年均增长率

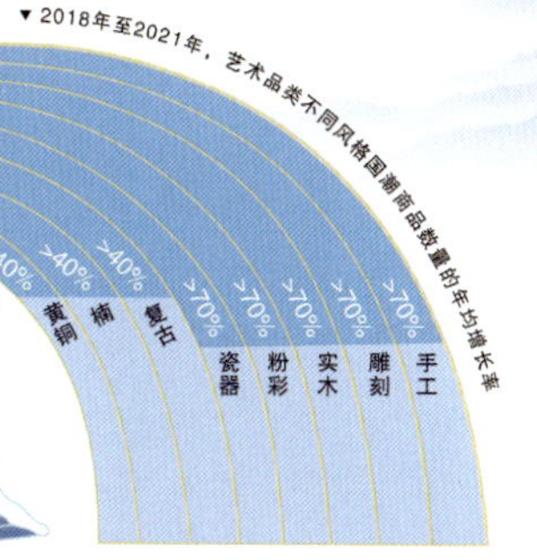

汽车用品类

▼2018年至2021年，汽车用品不同风格国潮商品数量的年均增长率

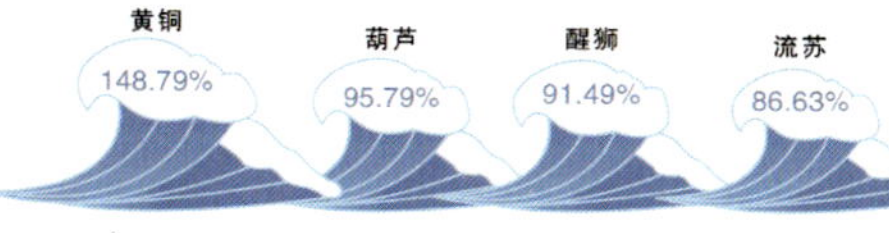

玩具乐器类

▼2018年至2021年，玩具乐器类不同风格国潮商品数量的年均增长率

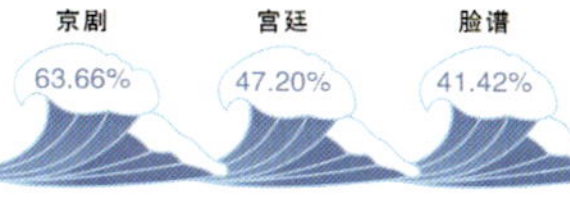

更多内容 扫码观看

数据周期：2018年至2021年

数据来源 京东消费及产业发展研究院 本版编辑 李 瞳 林 蔚

抓住年轻人消费心理

京东消费及产业发展研究院高级研究员　陈　瑶

青年群体特别是1995年至2009年出生的“互联网世代”，他们的日常消费具有碎片化信息引导消费行为的特征，同时青年人更有自己的主见、喜欢新的尝试，热衷体验不同的消费场景。因此，想要获得青年消费者的青睐其实并不容易。

首先，这一群体兼具理性与个性，这让他们成为最难讨好的消费群体。该群体成长于优渥的大环境，受教育程度高，能够主导自己的人生选择。在这样的成长环境下，他们拥有较高的消费能力和消费潜力，但也形成了独特的价值观。企业针对这一群体推出产品时，要考虑实用、颜值、个性、健康等多重因素，通过细节上的升级优化，让产品实现差异化，从而在市场上脱颖而出。同时，还要在产业链的各个环节提升软实力，打造符合青年群体人设和文化的产品，让消费者找到共鸣。

其次，青年群体的生活信息化程度高，网络引领作用强，有利于科技产品推广和小众商品“破圈”。随着互联网应用的快速发展，网络娱乐文化兴起，移动社交愈发火爆。受此影响，他们习惯以碎片化的方式获取信息，手机成为其社交、消费、娱乐等活动的主要渠道。数据显示，在不同年龄段的消费者中，18岁至25岁的青年消费群体对创新型产品、科技型产品的偏好度是最高的。可以说，他们是最早尝试使用新产品的人群，也是各种创新应用的推动型力量。科技创新产品在研发和推广时，可以更多调查研究这一群体的需求和意见，以其消费行为偏好为蓝本，设计研发适合他们的科技产品，抢占新的消费空间。

此外，青年群体认知多元、需求细分、圈层明显，专业性要求更高。他们的成长期是中国经济快速发展、综合国力上升的重要时期，这让其具有了全球视野，认知也更为多元。因此，在各年龄层的消费者中，青年群体的研究型消费最为突出，他们会研究商品的原料、成分、技术等，并在社交平台形成各个领域深度交流的圈层文化。而想要获得这一群体的认可，就要求企业在研发、生产和营销中用更好的技术，打造更过硬的品质，讲更好的故事。

我国已建成世界最大规模高等教育体系，在学总人数超过4430万人

全国接受高等教育的人口达到2.4亿，新增劳动力平均受教育年限达13.8年

十年来，全国800多个研究生培养单位向经济社会发展主战场输送了60多万名博士和650多万名硕士

经济日报携手京东发布数据——

青年群体消费的新特点

抓住年轻人消费心理

陈 瑶

青年群体特别是1995年至2009年出生的“互联网世代”，他们的日常消费具有碎片化信息引导消费行为的特征，同时青年人更有自己的主见、喜欢新的尝试，热衷体验不同的消费场景。因此，想要获得青年消费者的青睐其实并不容易。

首先，这一群体兼具理性与个性，这让他们成为最难讨好的消费群体。该群体成长于优渥的大环境，受教育程度高，能够主导自己的人生选择。在这样的成长环境下，他们拥有较高的消费能力和消费潜力，但也形成了独特的价值观。企业针对这一群体推出产品时，要考虑实用、颜值、个性、健康等多重因素，通过细节上的升级优化，让产品实现差异化，从而在市场上脱颖而出。同时，还要在产业链的各个环节提升软实力，打造符合青年群体人设和文化的产品，让消费者找到共鸣。

其次，青年群体的生活信息化程度高，网络引领作用强，有利于科技产品推广和小众商品“破圈”。随着互联网应用的快速发展，网络娱乐文化兴起，移动社交愈发火爆。受此影响，他们习惯以碎片化的方式获取信息，手机成为其社交、消费、娱乐等活动的主要渠道。数据显示，在不同年龄段的消费者中，18岁至25岁的青年消费群体对创新型产品、科技型产品的偏好度是最高的。可以说，他们是最早尝试使用新产品的人群，也是各种创新应用的推动型力量。科技创新产品在研发和推广时，可以更多调查研究这一群体的需求和意见，以其消费行为偏好为蓝本，设计研发适合他们的科技产品，抢占新的消费空间。

此外，青年群体认知多元、需求细分、圈层明显，专业性要求更高。他们的成长期是中国经济快速发展、综合国力上升的重要时期，这让其具有了全球视野，认知也更为多元。因此，在各年龄层的消费者中，青年群体的研究型消费最为突出，他们会研究商品的原料、成分、技术等，并在社交平台形成各个领域深度交流的圈层文化。而想要获得这一群体的认可，就要求企业在研发、生产和营销中用更好的技术，打造更过硬的品质，讲更好的故事。

（作者系京东消费及产业发展研究院高级研究员）

说数

近年来，国潮商品以独特的文化元素和精神，在年轻人中刮起了新风潮。但是，国潮不是简单的文化符号，相关产品要基于自身品牌文化，从精神层面选择与国潮元素相结合，做创新型的思考和创造，这样才能获得更多关注和青睐。

当前，颜值经济已经成为年轻人的普遍审美追求，特别是在同质化商品竞争中，消费者往往会根据“颜值”来做选择题。因此，商家在设计产品时，需要全面提升审美水平，让产品更加美观。但也需要注意，颜值只是加分项，内在质量才是产品的根基。

在不同年龄段消费者中，18岁至25岁青年对智能产品的偏好度最高。在智能产品研发过程中，可以更多贴近年轻人的需求，征求他们的反馈意见不断改进，使创新型产品能够打开市场，形成与消费者的正向反馈。

更多内容 扫码观看

消费关键词：国潮

青年群体购买含有中国元素商品的数量增长326%

▼含有中国元素的商品销量占比

消费关键词：颜值

青年群体购买高颜值商品的数量同比增长166%

▼高颜值商品销量同比增长

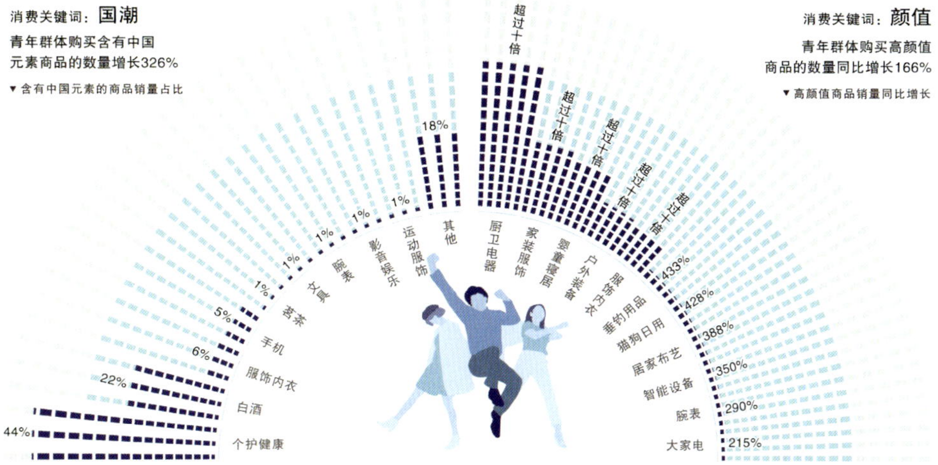

青年群体消费趋势

青年一代是互联网原住民，在手机通讯、数码产品上的消费远高于平均水平。同时，他们更乐于尝试新产品、体验新业务

消费关键词：方便

青年群体在时间上能省则省，是使用外送服务和上门服务的主要人群

▼服务类商品销量同比增长

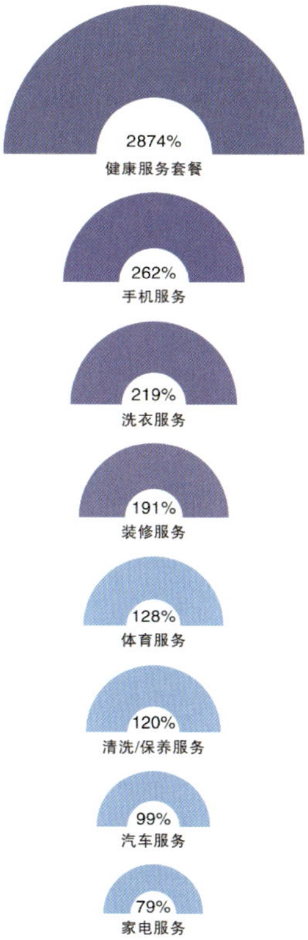

消费关键词：低糖

青年群体更在意商品是否低糖，低糖类茶饮、啤酒、调味品的购买量同比增长超过20倍

消费关键词：健康

青年群体对健康有着很高的需求，引领了保健产品、美容产品和抗衰老产品的年轻化发展趋势

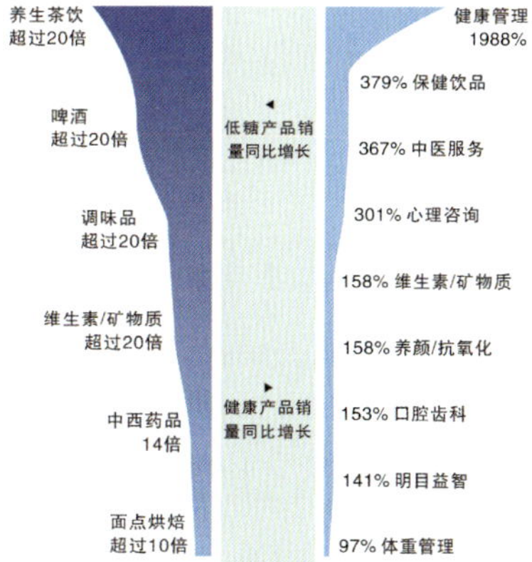

在不同类型智能产品中，青年群体更加关注出行类产品

消费关键词 智能

在不同年龄段消费者中，18岁至25岁青年对智能产品的偏好度最高

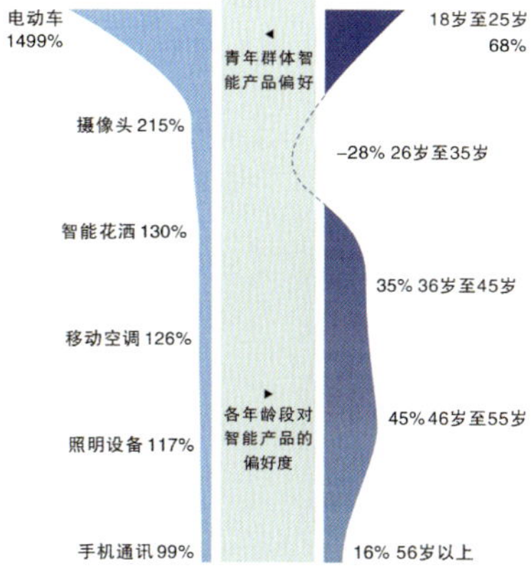

青年群体消费画像

①人群构成

我国1995年至2009年出生的青年超2.6亿人

②消费偏好

▼青年群体消费偏好

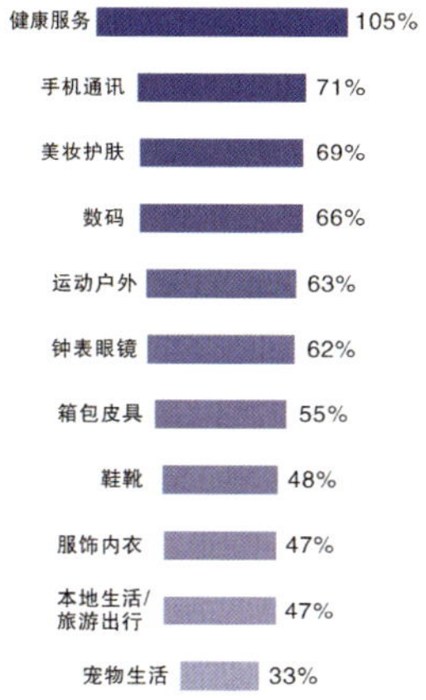

消费偏好算法：青年群体各品类的消费占比/全站用户各品类的消费占比-1

2022年1月1日至2022年4月25日

数据来源 京东消费及产业发展研究院 本版编辑 李 瞳 林 蔚

满足青年精神消费需求

京东消费及产业发展研究院高级研究员　陆　飞

新时代中国青年生长在中华民族发展的最好时期，优越的物质发展环境，富足的精神成长空间，更高的教育水平，更广阔的视野，培养出了他们自信自强、担当有为的气质和风采，也催生了青年对精神文化消费的旺盛需求。

成长于崛起的中国，这届青年人具有更为独特的心理状态。调查显示，青年人特别是新潮的“95后”在投入精神活动时，并不会过度寻求他人的认可和社交层面的满足，而是专注于自己真正喜欢的领域。同时，青年人会主动用各种方式来充实自己的生活，比如工作日更喜欢阅读、观看、收听学习成长类内容，在休闲时间广泛涉猎音乐、旅游、科技等领域。此外，青年人的文化自信和民族自豪感更强烈、表现出更加积极的爱国情怀，以年轻人话语体系创作的家国叙事文艺作品越来越受欢迎。

因此，如何更好同青年群体的消费需求和情感契合，实现青年人自我价值的满足，彰显独特身份、独特归属感、独特个性体验的极致追求，成为一个重要命题。

一方面，要不断构建全方位、多样化、高质量的文化产品供给体系，在内容供应上“加量”，在传播效率上“加速”，在认同度上“加厚”，积极回应消费者所思、所想、所盼，让青年消费者获得个性化、定制化、精准化的精神消费服务，获得更具特色的文化体验、文化认知、文化享受。

另一方面，要提升公共文化服务水平，不断引导青年人提高文化品位、文明素养和审美能力，帮助青年人塑造正确的人生观、世界观、价值观。通过大力发展先进文化产业和文化事业，更好满足包括青年在内的广大消费者日益增长的高品质文化需要和精神需求，推动实现精神层面的共同富裕，从而实现社会效益和经济效益的统一。

如果说，物质是构成美好生活的骨骼和实体，那么精神就是美好生活的灵魂和血脉。国家的希望在青年，民族的未来在青年。乘着新时代东风和互联网之潮，在当代青年的引领下，中国精神文化消费市场潜力很大，必将成为推动经济增长的重要引擎。

2014 年以来，在新登记注册的市场主体中，大学生创业者超过 **500** 万人

2021 年回国创新创业的留学人员首次超过 **100** 万

截至 2021 年底，全国志愿服务信息系统中 14 岁至 35 岁的注册志愿者已超过 **9000** 万人

截至 2021 年 6 月，35 岁及以下党员共 **2367.9** 万名，占党员总数的 **24.9**%。截至 2021 年底，共青团员总数达 **7371.5** 万名

经济日报携手京东发布数据——

精神消费市场潜力大

满足青年精神消费需求

陆 飞

新时代中国青年生长在中华民族发展的最好时期，优越的物质发展环境，富足的精神成长空间，更高的教育水平，更广阔的视野，培养出了他们自信自强、担当有为的气质和风采，也催生了青年对精神文化消费的旺盛需求。

成长于崛起的中国，这届青年人具有更为独特的心理状态。调查显示，青年人特别是新潮的“95后”在投入精神活动时，并不会过度寻求他人的认可和社交层面的满足，而是专注于自己真正喜欢的领域。同时，青年人会主动用各种方式来充实自己的生活，比如工作日更喜欢阅读、观看、收听学习成长类内容，在休闲时间广泛涉猎音乐、旅游、科技等领域。此外，青年人的文化自信和民族自豪感更强烈，表现出更加积极的爱国情怀，以年轻人话语体系创作的家国叙事文艺作品越来越受欢迎。

因此，如何更好同青年群体的消费需求和情感契合，实现青年人自我价值的满足，彰显独特身份、独特归属感、独特个性体验的极致追求，成为一个重要命题。

一方面，要不断构建全方位、多样化、高质量的文化产品供给体系，在内容供应上“加量”，在传播效率上“加速”，在认同度上“加厚”，积极回应消费者所思、所想、所盼，让青年消费者获得个性化、定制化、精准化的精神消费服务，获得更具特色的文化体验、文化认知、文化享受。

另一方面，要提升公共文化服务水平，不断引导青年人提高文化品位、文明素养和审美能力，帮助青年人塑造正确的人生观、世界观、价值观。通过大力发展先进文化产业和文化事业，更好满足包括青年在内的广大消费者日益增长的高品质文化需要和精神需求，推动实现精神层面的共同富裕，从而实现社会效益和经济效益的统一。

如果说，物质是构成美好生活的骨骼和实体，那么精神就是美好生活的灵魂和血脉。国家的希望在青年，民族的未来在青年。乘着新时代东风和互联网之潮，在当代青年的引领下，中国精神文化消费市场潜力很大，必将成为推动经济增长的重要引擎。

（作者系京东消费及产业发展研究院高级研究员）

说数

当代青年文化素养普遍提高，兴趣爱好涉猎广泛，更加注重精神生活的充实与提升。因此，进一步了解青年消费者在提升自我、释放压力、寻找兴趣等方面的需求，能够帮助企业准确研判青年消费者在精神消费方面的特点和喜好，从而为供给侧提供产品迭代升级思路，进而提升青年人的精神消费动机，推动整个消费市场良性运行。

在影音消费上，电影行业需要进一步开发IP的潜力，特别是要挖掘更多国内好IP，深化主创、题材等对核心受众的影响力，从而与青年群体产生更多情感和文化上的共鸣。音乐界则需要更加垂直化、分众化，强化青年群体的社交需求，让更多同类型用户产生互动，激发优秀原创作品的创作氛围。

在书籍消费上，广大原创作者和出版方不仅要更加注重青年群体的需求，了解他们的所思所想，以青年人的话语体系创作更多年轻人爱看的中国故事，发挥正向价值引导作用，引领时代发展潮流。同时，还要不断吸纳新读者，拓宽阅读的广度和深度，为青年人创造更好的阅读体验和空间。

更多内容 扫码观看

数据周期：2022年4月

当代青年精神消费特点

青年精神消费动机

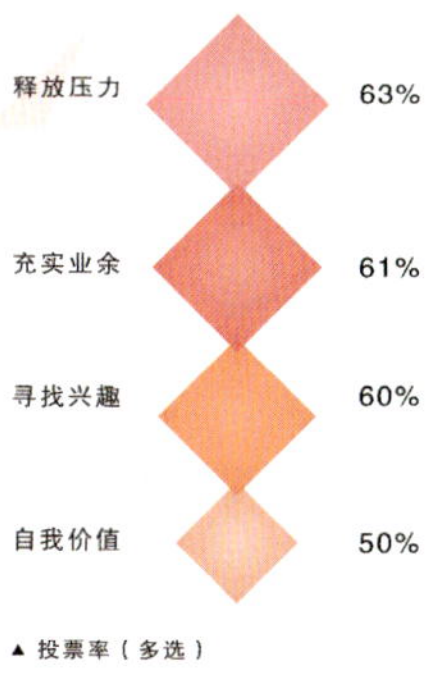

音乐

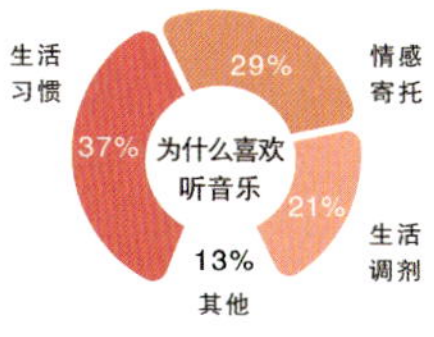

阅读

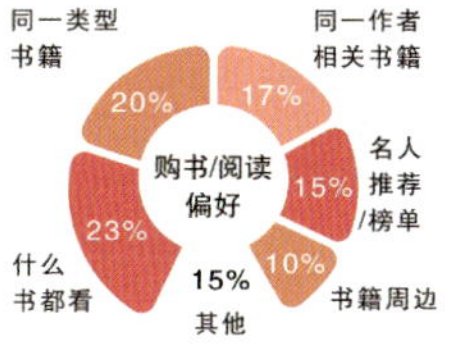

青年人精神消费偏好

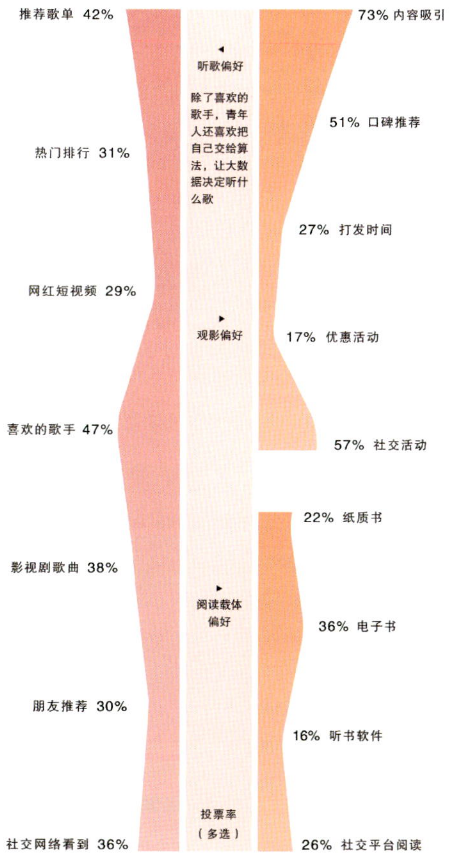

精神消费持续增长

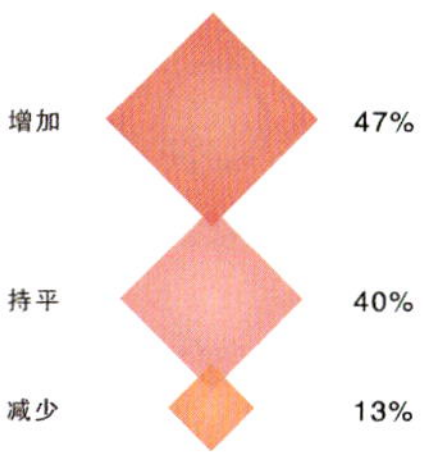

电影

观众整体结构年轻化趋势明显

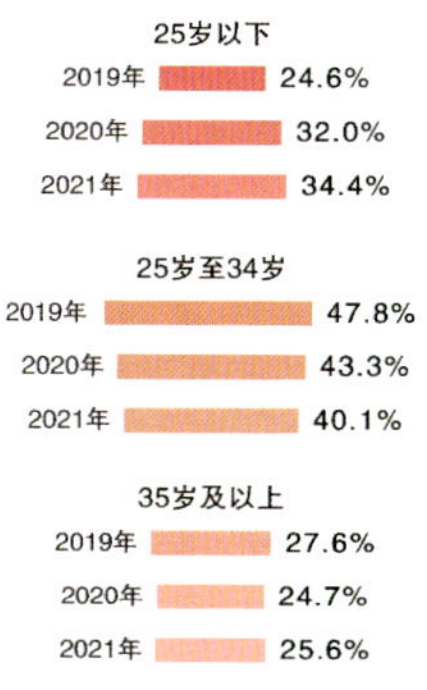

（来源：猫眼）

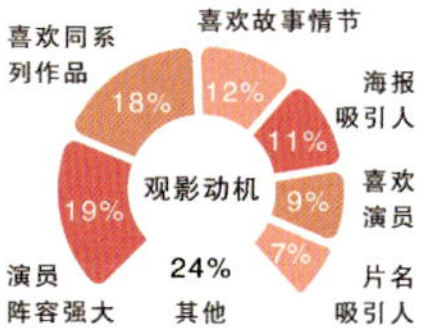

数据来源 京东消费及产业发展研究院 本版编辑 李 瞳 林 蔚

图书消费的文化标签

京东消费及产业发展研究院院长　刘　晖

图书在传承文明、提高国民素质、推动经济社会发展等方面始终发挥着重要作用。近年来，纸质书、电子书的线上销售持续增长，阅读通过数字技术的发展得到复兴，极大丰富了人们的体验、拓宽了阅读的广度。

如果用图书消费的变与不变来分析，每年都在变化的是爆款书籍排行和阅读人群数量，不变的则是每个地域的文化标签，以及功能性、实用性图书和经典文学的长盛不衰。图书是一个需要坚持的市场，建议出版行业精准锁定读者群，通过高质量的内容、精准的营销赢得用户口碑，并建立自身的差异化竞争力、影响力，而不是一味地追逐社会热点，为了短期效益而偏离主航道。

图书消费不仅代表了一个地区消费升级的情况，更在一定程度上会对带动当地消费升级和经济发展产生深远影响。以蝉联中国线上图书消费榜首的北京来说，北京是一个文化消费标杆城市，图书消费在本地消费中占比高，与其“伴生”的还有服务消费、升级型消费占比高等特点。这些数据体现出北京消费者教育水平较高、消费理念先进等特色。图书等精神消费会提升消费者素养，进一步形成更好的信息获取习惯和更成熟的消费理念，进而形成促进精神消费和消费升级的正向循环。

有趣的是，从图书消费中还可以瞥见每一个地域的文化“基因”。这些文化基因已经深深写入城市和乡村的血脉，并与当地的经济属性相互影响。例如，在前沿科技相关的书籍销售上，北京和深圳名列前茅；上海的国际金融中心属性在金融图书消费中尽显；福州、宁波是极具“文艺范”的城市；石家庄、长沙的读者爱读休闲书籍，更能享受生活；武汉、银川是学霸聚集地，考试书籍占比高……图书出版和发行企业抓住这些地域的文化属性，针对性地推动相关图书的营销，就有可能和当地读者产生更好互动、获得更多认同，取得事半功倍的效果。

人们为了美好生活而投入时间、精力、资源，对于图书消费来说更是如此。阅读是对未来的投资，是给自己，也是给下一代的礼物。当下，得益于线上技术的发展，数字阅读的空间和场景得到极大拓展，为未来的阅读提供了更富想象力的空间。但无论技术如何进步，优质内容永远是出版商和平台的竞争优势所在。对于相关企业而言，图书市场是一块坚持耕耘就会形成持续收获的沃土，要基于用户不断变化的阅读习惯做好大数据分析，精准把握读者需求，持续进行内容和服务的优化与创新，不断赢得更多忠实的读者，获得更广阔的发展空间。

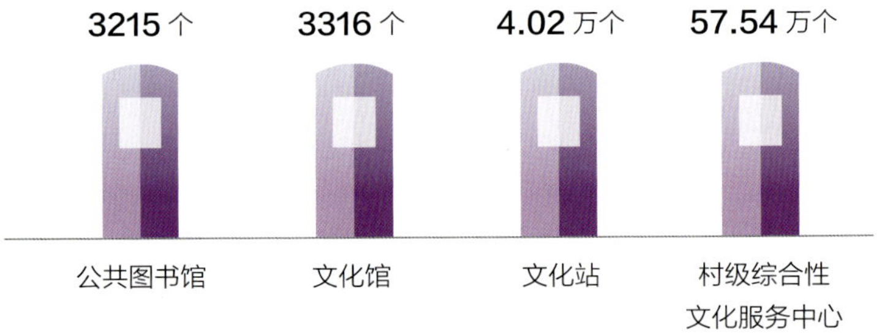

经济日报携手京东发布数据——

人们在读什么书

图书消费的文化标签

刘晖

图书在传承文明、提高国民素质、推动经济社会发展等方面始终发挥着重要作用。近年来，纸质书、电子书的线上销售持续增长，阅读通过数字技术的发展得到复兴，极大丰富了人们的体验、拓宽了阅读的广度。

如果用图书消费的变与不变来分析，每年都在变化的是爆款书籍排行和阅读人群数量，不变的则是每个地域的文化标签，以及功能性、实用性图书和经典文学的长盛不衰。图书是一个需要坚持的市场，建议出版行业精准锁定读者群，通过高质量的内容、精准的营销赢得用户口碑，并建立自身的差异化竞争力、影响力，而不是一味地追逐社会热点，为了短期效益而偏离主航道。

图书消费不仅代表了一个地区消费升级的情况，更在一定程度上会对带动当地消费升级和经济发展产生深远影响。以蝉联中国线上图书消费榜首的北京来说，北京是一个文化消费标杆城市，图书消费在本地消费中占比高，与其"伴生"的还有服务消费、升级型消费占比高等特点。这些数据体现出北京消费者教育水平较高、消费理念先进等特色。图书等精神消费会提升消费者素养，进一步形成更好的信息获取习惯和更成熟的消费理念，进而形成促进精神消费和消费升级的正向循环。

有趣的是，从图书消费中还可以瞥见每一个地域的文化"基因"。这些文化基因已经深深写入城市和乡村的血脉，并与当地的经济属性相互影响。例如，在前沿科技相关的书籍销售上，北京和深圳名列前茅；上海的国际金融中心属性在金融图书消费中尽显；福州、宁波是极具"文艺范"的城市；石家庄、长沙的读者爱读休闲书籍，更能享受生活；武汉、银川是学霸聚集地，考试书籍占比高……图书出版和发行企业抓住这些地域的文化属性，针对性地推动相关图书的营销，就有可能和当地读者产生更好互动、获得更多认同，取得事半功倍的效果。

人们为了美好生活而投入时间、精力、资源，对于图书消费来说更是如此。阅读是对未来的投资，是给自己，也是给下一代的礼物。当下，得益于线上技术的发展，数字阅读的空间和场景得到极大拓展，为未来的阅读提供了更富想象力的空间。但无论技术如何进步，优质内容永远是出版商和平台的竞争优势所在。对于相关企业而言，图书市场是一块坚持耕耘就会形成持续收获的沃土，要基于用户不断变化的阅读习惯做好大数据分析，精准把握读者需求，持续进行内容和服务的优化与创新，不断赢得更多忠实的读者，获得更广阔的发展空间。

（作者系京东消费及产业发展研究院院长）

说数

2021年图书消费成绩单

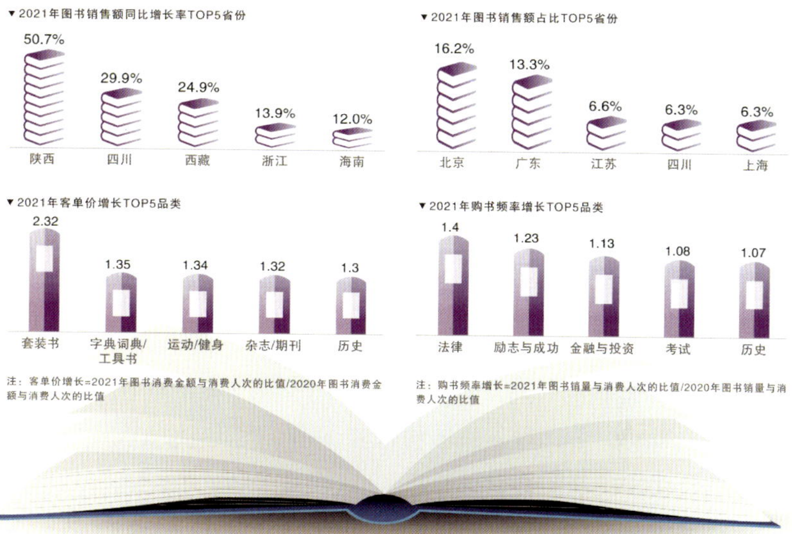

精神消费亮点多

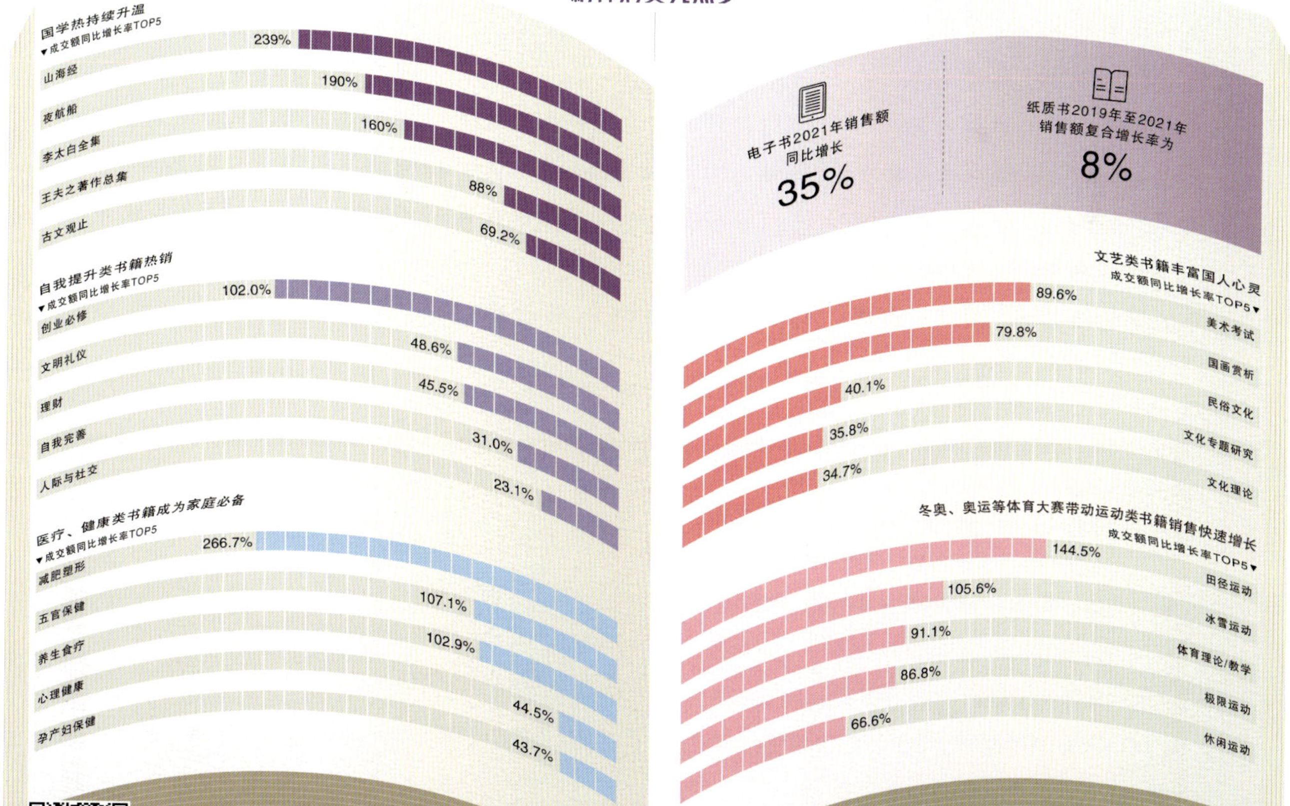

更多内容 扫码观看

从"一卷在手"到"一屏万卷"，线上读书已成为一种新的生活方式。相关企业要加快数字阅读产品形态和线上服务模式的创新探索，加大优质内容供给，精准把握用户需求，为读者提供更丰富、更便捷、更智慧的阅读产品和服务。

近年来，国学热度高涨，体现了中国人的文化自信。出版商应结合新的时代条件，继续传承和弘扬中华优秀传统文化和中华美学精神，推动中华优秀传统文化创造性转化、创新性发展，回归思想本源，开发出更多雅俗共赏的文化产品。

数据周期：2021年

数据来源　京东消费及产业发展研究院　本版编辑　李　瞳　林　蔚

了解年轻群体阅读需求

京东消费及产业发展研究院高级研究员　陆　飞

近年来，图书消费用户的年轻化趋势愈发明显，越来越多的青年人通过阅读找到适合自己的学习方法与成长方向。特别是在青年群体成为经济社会发展主力军的当下，如何进一步满足青年群体的阅读需求，值得仔细研究。

目前，青年群体的阅读模式仍处于“基础建设”阶段。数据显示，在阅读时间占比中，青年人花费在学习、考试类书籍上的阅读时间最多。同时，这一群体还爱读小说、青春文学等类型的书籍，并在外语学习、IT与互联网等方面下足了功夫。

从需求侧看，青年人的书单主要包括考试、婚恋、心理学和文学小说类书籍，消费全额增幅均明显大于平均值。但在管理、经济、法律、历史等方面仍需阅读和阅历的积淀。

从供给侧看，部分书商为了追求销量与业绩，经常会基于表面消费现象，以“年轻化”为噱头，为青年群体贴标签，并依照刻板化标签推出各类书籍。例如，将封面设计得时尚亮眼、取各种华而不实的书名，抑或是利用二次元、社交、段子等流行文化作为营销卖点。但是，这种表面功夫只是对消费现象的肤浅解读，对于青年人的真实需求，仍需要进一步深入探讨和理解。

事实上，这一届青年消费群体的文化素养较高，在思想上更加包容多元，兴趣更加广泛多样，自身具有更超前的想法与创新能力。表现在精神消费上，是青年群体更希望通过阅读来获得知识、共鸣与认同。如故宫IP的走红、文物综艺的大热等，都是通过与青年人在感情上共鸣，增加民族自豪感，在文化上赋予知识，增强文化自豪感。

对此，出版商在策划书籍时，可以更多地从知识、情感、精神层面着手，在内容上更加贴近青年人的价值观和世界观，打造更多精品好书，这样才能得到更多青年人认可。

▼ 国家大力推动实施数字图书馆推广工程和文化共享工程，大量优质数字资源到达基层。全国所有的地级市图书馆、**99**%的县级图书馆，都能获得**145**TB的数字资源提供给读者，包括**30**万册电子图书、**7700**余种期刊、**20**万首音乐音频等

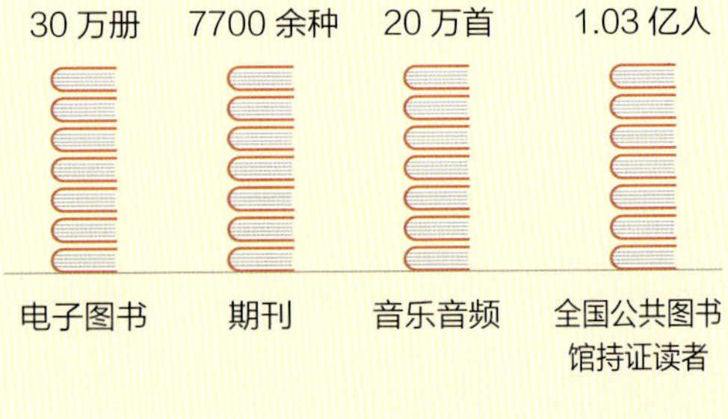

经济日报携手京东发布数据——

生活满溢书香气

了解年轻群体阅读需求

陆 飞

近年来，图书消费用户的年轻化趋势愈发明显，越来越多的青年人通过阅读找到适合自己的学习方法与成长方向。特别是在青年群体成为经济社会发展主力军的当下，如何进一步满足青年群体的阅读需求，值得仔细研究。

目前，青年群体的阅读模式仍处于“基础建设”阶段。数据显示，在阅读时间占比中，青年人花费在学习、考试类书籍上的阅读时间最多。同时，这一群体还爱读小说、青春文学等类型的书籍，并在外语学习、IT与互联网等方面下足了功夫。

从需求侧看，青年人的书单主要包括考试、婚恋、心理学和文学小说类书籍，消费金额增幅均明显大于平均值。但在管理、经济、法律、历史等方面仍需阅读和阅历的积淀。

从供给侧看，部分书商为了追求销量与业绩，经常会基于表面消费现象，以“年轻化”为噱头，为青年群体贴标签，并依照刻板化标签推出各类书籍。例如，将封面设计得时尚亮眼、取各种华而不实的书名，抑或是利用二次元、社交、段子等流行文化作为营销卖点。但是，这种表面功夫只是对消费现象的肤浅解读，对于青年人的真实需求，仍需要进一步深入探讨和理解。

事实上，这一届青年消费群体的文化素养较高，在思想上更加包容多元，兴趣更加广泛多样，自身具有更超前的想法与创新能力。表现在精神消费上，是青年群体更希望通过阅读来获得知识、共鸣与认同。如故宫IP的走红、文物综艺的大热等，都是通过与青年人在感情上共鸣，增加民族自豪感，在文化上赋予知识，增强文化自豪感。

对此，出版商在策划书籍时，可以更多地从知识、情感、精神层面着手，在内容上更加贴近青年人的价值观和世界观，打造更多精品好书，这样才能得到更多青年人认可。

（作者系京东消费及产业发展研究院高级研究员）

说数

购书偏好

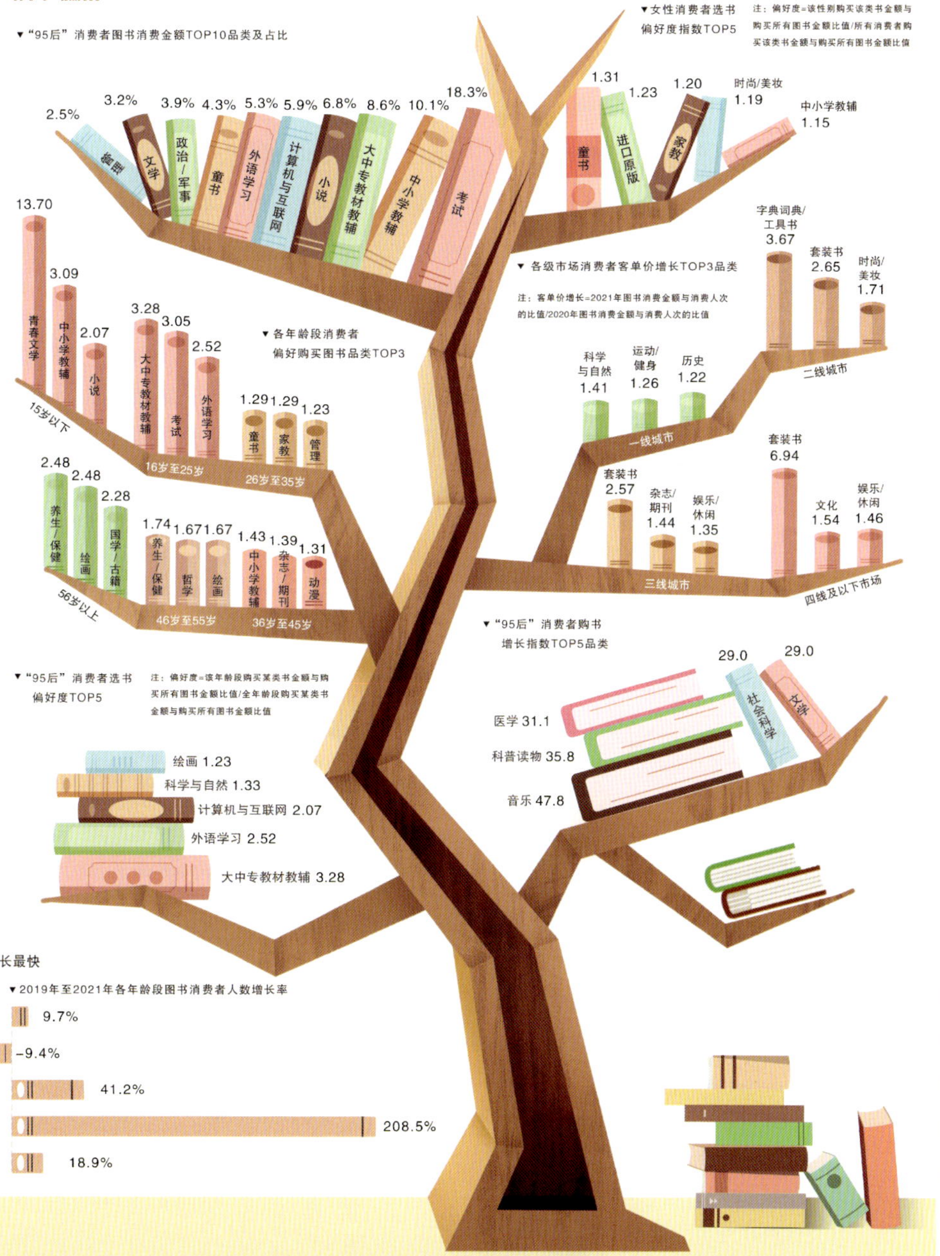

读者特点

女性用户增长迅速，2021年占总量47.6%的女性消费者贡献了52%的图书销量

▼2021年消费者占比

男	女
52.4%	47.6%

▼2019年至2021年消费者人数增长率

男	女
12.5%	23.3%

中青年消费者是图书购买的主力，中年消费者增长最快

	▼2021年各年龄段图书消费者占比	▼2019年至2021年各年龄段图书消费者人数增长率
15岁以下	0.1%	9.7%
16岁至25岁	10.5%	-9.4%
26岁至35岁	38.2%	41.2%
36岁至45岁	40.6%	208.5%
46岁至55岁	8.6%	18.9%

最爱买书的是哪类人

▼2021年图书消费者的职业占比TOP5

白领/一般职员	教师	公务员/事业单位	农民	学生
30.3%	14.4%	13.2%	12.7%	11.8%

▼2019年至2021年消费者人数增长率TOP5

公务员/事业单位	工人/服务业人员	白领/一般职员	金融从业者	医务人员
184.6%	128.6%	76.8%	72.1%	71.4%

数据显示，36岁至45岁的消费者读书，是为了解决当下遇到的困惑和烦恼。同时这一群体还是成熟的互联网零售用户，以及消费升级、享受生活的主力人群，市场可重点关注他们的阅读需求。

县域农村地区消费者更倾向于购买考试、农林业等“实用书籍”，而一二线城市消费者则更喜欢选购管理、经济、艺术、科学类书籍。书商应考虑到我国特有国情，推出更多针对不同地区不同需求的实用书籍，以及更具普遍价值的提升类书籍。

更多内容 扫码观看

数据周期：2021年

数据来源 京东消费及产业发展研究院 本版编辑 李 瞳 林 蔚

颜值经济　市场消费新态势

京东消费及产业发展研究院高级研究员　董　菲

春夏之交，越来越多的消费者开始关注服饰、美妆等潮流产品。与此同时，商家也不断推出颜值类新品。从需求侧到供给侧，颜值经济给整个消费市场带来了无限活力。

颜值经济促进了美妆护肤类产品消费。当下，消费者更加注重护肤保养，美丽的妆容、健康的皮肤，成为提升幸福感的重要依据。因此，面膜、乳液、洁面及精华类产品在基础护肤品类中表现亮眼。在美妆方面，口红和香水作为彩妆主力依旧保持较高占比，蜜粉、粉底液、粉饼成为新的品类增长点。总体来看，在美妆护肤领域消费者更青睐品牌商品，而新兴品牌的崛起也让消费者在价位和功效上有了更多选择。

颜值经济促进了服饰内衣类产品消费。“一年之计在于春”，消费者往往喜欢在春季大量选购新装，释放美的信号。在服饰领域，除了提升舒适感，消费者的关注点更多是美学设计、价值标签。一方面，消费者更加青睐独具特色的服饰产品，设计师品牌及潮牌服饰等越来越受欢迎；另一方面，消费者更加注重通过各类服饰配饰来凸显自身的个性特质，如渔夫帽、潮流眼镜等产品的销量均取得快速增长。

颜值经济促进了健康类产品消费。消费者不仅注重外在美，还十分关注身体健康。日常健康护理类的产品，如剃须刀、电动牙刷、按摩器等产品销量亮眼，黑头仪、冲牙器、按摩椅等健康个护电器的销量环比都有较大增幅。企业在做产品研发和推广时，应更加注重个护健康类产品的功能性，推出更符合消费者喜好、个性化健康需求的产品。

当然，不同年龄不同性别的消费群体对美也有着不同追求。从消费趋势来看，有人注重面部护肤，有人注重香水彩妆；有人注重穿着舒适度，有人注重服饰设计感；有人注重日常护理，有人注重局部功效型产品……企业可相应推广更符合不同人群需求的品质商品。

经济日报携手京东发布数据——

潮流聚人气 市场春意浓

颜值经济 市场消费新态势

董 菲

春夏之交，越来越多的消费者开始关注服饰、美妆等潮流产品。与此同时，商家也不断推出颜值类新品。从需求侧到供给侧，颜值经济给整个消费市场带来了无限活力。

颜值经济促进了美妆护肤类产品消费。当下，消费者更加注重护肤保养，美丽的妆容、健康的皮肤，成为提升幸福感的重要依据。因此，面膜、乳液、洁面及精华类产品在基础护肤品类中表现亮眼。在美妆方面，口红和香水作为彩妆主力依旧保持较高占比，蜜粉、粉底液、粉饼成为新的品类增长点。总体来看，在美妆护肤领域消费者更青睐品牌商品，而新兴品牌的崛起也让消费者在价位和功效上有了更多选择。

颜值经济促进了服饰内衣类产品消费。“一年之计在于春”，消费者往往喜欢在春季大量选购新装，释放美的信号。在服饰领域，除了提升舒适感，消费者的关注点更多是美学设计、价值标签。一方面，消费者更加青睐独具特色的服饰产品，设计师品牌及潮牌服饰等越来越受欢迎；另一方面，消费者更加注重通过各类服饰配饰来凸显自身的个性特质，如渔夫帽、潮流眼镜等产品的销量均取得快速增长。

颜值经济促进了健康类产品消费。消费者不仅注重外在美，还十分关注身体健康。日常健康护理类的产品，如剃须刀、电动牙刷、按摩器等产品销量亮眼，黑头仪、冲牙器、按摩椅等健康个护电器的销量环比都有较大增幅。企业在做产品研发和推广时，应更加注重个护健康类产品的功能性，推出更符合消费者深度、个性化健康需求的产品。

当然，不同年龄不同性别的消费群体对美也有着不同追求。从消费趋势来看，有人注重面部护肤，有人注重香水彩妆；有人注重穿着舒适度，有人注重服饰设计感；有人注重日常护理，有人注重局部功效型产品……企业可相应推广更符合不同人群需求的品质商品。

（作者系京东消费及产业发展研究院高级研究员）

说数

春季形象活力焕新

春季是皮肤问题高发季节，功效护肤品和美妆产品迎来一波销售热潮

▼ 香水彩妆类销量占比TOP5

口红	16.3%
香水	15.8%
粉底液/膏	11.9%
唇彩唇蜜/唇釉	10.7%
隔离霜/妆前乳	8.1%

▼ 面部护肤类销量占比TOP5

面膜	乳液/面霜	洁面	套装/礼盒	面部精华
17.5%	12.4%	10.7%	8.2%	7.3%

防晒销量环比增幅184%

▼ 消费者更关注（热度指数）

户外防水	4.5
养护精华	3.1
保湿隔离	2.5

卸妆销量环比增幅48%

▼ 消费者更关注（热度指数）

敏感肌	2.7
三合一	2.2
氨基酸	2.0

面膜销量环比增幅43%

▼ 消费者更关注（热度指数）

补水保湿	4.6
国货	3.9
熬夜修护	3.6

蜜粉/散粉销量占比环比增幅25%

▼ 消费者更关注（热度指数）

控油	2.1
定妆持久	1.4
携带方便	1.2

粉底液/膏销量占比环比增幅23%

▼ 消费者更关注（热度指数）

遮瑕防汗	1.2
白皙	1.1
自然	1.1

粉饼销量占比环比增幅23%

▼ 消费者更关注（热度指数）

持妆提亮	1.4
防水遮瑕	0.5
立体修容	0.5

注：热度指数根据购物用户数排名前三的商品计算得出

从美发到美容到美牙再到美体，消费者越来越注重对全身各个部位的精细保养。个护健康类电器产品快速迭代，新功能不断开发，也在持续创造新的消费需求。在这一过程中，涌现了无数新的品牌和创意，各大电商平台也在轮番上演激烈的消费者争夺战。当然，要想吸引新时代年轻人的目光，还得“内外兼修”——技术创新、产品升级、良好的使用体验和效果始终是核心竞争力所在。

解锁春夏潮流穿搭

消费者在春季置办新装的需求较大，各服饰品类销量实现环比大幅增长

男装类销量环比增长TOP5

POLO衫	680%
短裤	506%
男士T恤	359%
男装套装	191%
中老年男装	189%

女装类销量环比增长TOP5

女士T恤	502%
设计师/潮牌	279%
雪纺衫	276%
秀禾服	245%
短裤	242%

服饰配件类销量环比增长TOP5

渔夫帽	695%
时尚腰带	471%
遮阳帽	428%
装饰眼镜	308%
太阳镜	270%

消费者特征

从年龄来看

▼ 各年龄段消费者偏爱购买品类及占比

16岁至25岁	26岁至35岁	46岁以上
美妆护肤类	个护健康类	服饰内衣类
24.3%	42.3%	20.5%

从性别来看

▼ 男女消费者偏爱购买品类及占比

女性 更爱使用美妆护肤类产品提升颜值 58.7%

男性 更爱选购服饰内衣 59.5%

新冠肺炎疫情使得健康护肤观念越来越深入人心，特别是“口罩脸”问题让修复、保湿和抗敏成为主流的基础护肤趋势，消费者更加注重产品的安全性、功效和成分。对此，企业可以加大对功能成分和安全不致敏等卖点的营销。同时，消费者在选购美妆护肤品时也已不再满足于基础护理，越来越注重产品的多重功效叠加。企业在产品研发时，可围绕核心功能进行多种附加效果的研发和拓展。

要颜值也要健康

颜值经济加持下，越来越多消费者期望从头精致到脚，消费者对中高端个人护理产品需求旺盛

更多内容 扫码观看

▼ 个护健康类销量占比TOP5

剃须刀	电动牙刷	按摩器	电吹风	电动牙刷头
18.4%	15.7%	13.8%	12.0%	6.4%

▼ 个护健康类销量环比增长TOP5

黑头仪	冲牙器	按摩器	按摩椅	电动剃须刀
84%	56%	54%	51%	49%

数据周期：2022年3月

数据来源 京东消费及产业发展研究院 本版编辑 李 瞳 林 蔚

数字化赋能品牌竞争力

京东消费及产业发展研究院高级研究员　陈　瑶

近年来，随着居民收入水平持续提升，衣着支出占消费支出的比重进一步提高。消费者对服装服饰的需求仍在上升，只要找准方向，服饰产业仍有较大成长空间。

首先，要紧抓数字化机遇。与传统渠道相比，数字化渠道能够使生产者和消费者互相“看见”，生产者可以通过用户评价、留言等数据了解消费者需求和痛点，从而有针对性地进行产品研发，避免传统生产中“盲赌”爆款、积压库存等风险。同时，数字技术通过深入的用户洞察，可以更高效更精准触达细分市场消费者，减少新品推出的周期和成本，降低投入门槛。

值得注意的是，数字技术极大改变了以往服装企业生产效率低、产品质量难控制、响应客户个性化定制化订单能力缺失等问题。不论是感知潮流、还是创造潮流，数字经济都是很好的助力。基于消费者对个性化、高端服饰的需求，国内已经出现了不少数字化的服装定制企业。随着数字技术和实体企业深度融合，纺织服装产业将实现做大做强、转型升级，品牌影响力和竞争力不断增强。

其次，国货当自强。过去多年，国际品牌一直在中国市场占据重要位置。与国际大牌相比，我国服装行业仍面临设计水平低、品牌知名度不高等问题。一般而言，服装业运营主要有三个环节：研发设计、加工生产和品牌渠道运营。其中，研发设计利润占35%，品牌渠道运营利润占55%，加工生产企业利润只占10%。如果只参与生产环节，市场分配的主动权就掌握在别人手里，企业拿到的回报最少。目前受新冠肺炎疫情、国际物流等因素影响，很多服装加工企业已经意识到，创立自己的品牌并利用数字化转型的重要性。

未来，随着中国品牌在产品设计、功能实现、产品质量等方面不断进步，国产品牌一定可以快速崛起，并在产业链中形成差异化竞争优势。

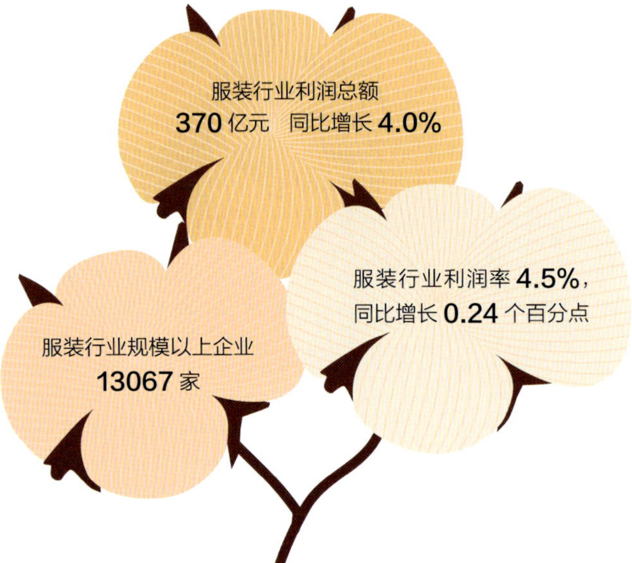

2022 年 1 月至 7 月

经济日报携手京东发布数据——

盛夏带火清凉服饰

数字化赋能品牌竞争力

陈 瑶

近年来，随着居民收入水平持续提升，衣着支出占消费支出的比重进一步提高。消费者对服装服饰的需求仍在上升，只要找准方向，服饰产业仍有较大成长空间。

首先，要紧抓数字化机遇。与传统渠道相比，数字化渠道能够使生产者和消费者互相“看见”，生产者可以通过用户评价、留言等数据了解消费者需求和痛点，从而有针对性地进行产品研发，避免传统生产中“盲赌”爆款、积压库存等风险。同时，数字技术通过深入的用户洞察，可以更高效更精准触达细分市场消费者，减少新品推出的周期和成本，降低投入门槛。

值得注意的是，数字技术极大改变了以往服装企业生产效率低、产品质量难控制、响应客户个性化定制化订单能力缺失等问题。不论是感知潮流、还是创造潮流，数字经济都是很好的助力。基于消费者对个性化、高端服饰的需求，国内已经出现了不少数字化的服装定制企业。随着数字技术和实体企业深度融合，纺织服装产业将实现做大做强、转型升级，品牌影响力和竞争力不断增强。

其次，国货当自强。过去多年，国际品牌一直在中国市场占据重要位置。与国际大牌相比，我国服装行业仍面临设计水平低、品牌知名度不高等问题。一般而言，服装业运营主要有三个环节：研发设计、加工生产和品牌渠道运营。其中，研发设计利润占35%，品牌渠道运营利润占55%，加工生产企业利润只占10%。只参与生产环节，市场分配的主动权掌握在别人手里，企业拿到的回报最少。目前受新冠肺炎疫情、国际物流等因素影响，很多服装加工企业已经意识到，创立自己的品牌并利用数字化转型的重要性。

未来，随着中国品牌在产品设计、功能实现、产品质量等方面不断进步，国产品牌一定可以快速崛起，并在产业链中形成差异化竞争优势。

（作者系京东消费及产业发展研究院高级研究员）

说数

近年来，消费领域的个性化、差异化趋势越来越突出，这有利于品牌特色的形成与创新。其中，在服装领域，消费者通过社交平台研究服饰搭配、分享时尚信息，使得他们的视野和消费选择更丰富。相关企业在营销时，要更加注重社交平台的作用，与消费者形成良性互动，积蓄产业活力。

面料是服装类产品的核心要素之一，不仅影响服装的色彩、款式，也反映了服饰的风格与特性。数据显示，今年棉麻、丝麻等混纺面料很受消费者欢迎。相关厂商可以在这些面料上多下功夫，推出更多消费者青睐的服装。

裙摆飘飘是夏天的一道风景线，每年夏装的款式都有很多新变化，如色彩、图案等。今年热销的裙装、泳装商品中，显瘦、遮肚子等关键词出现的次数更多，表现出人们对视觉苗条的重视。此外，功能型服饰销售增长很快，如抗菌内衣、速干衣等，这些功能型服饰适配特定人群需求，在细分市场中更容易获得关注。

夏日颜色

今年夏天注定是五光十色的。在服饰颜色的选择上，鲜艳的活力色仍是大多数消费者首选；
同时，咖色、棕色、驼色等知性色服饰销量增长明显

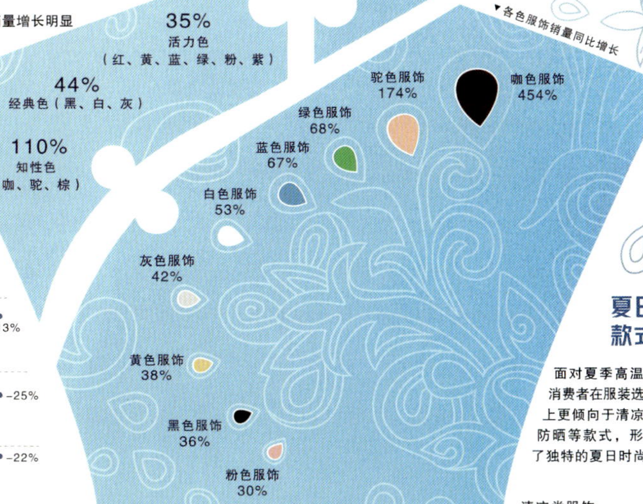

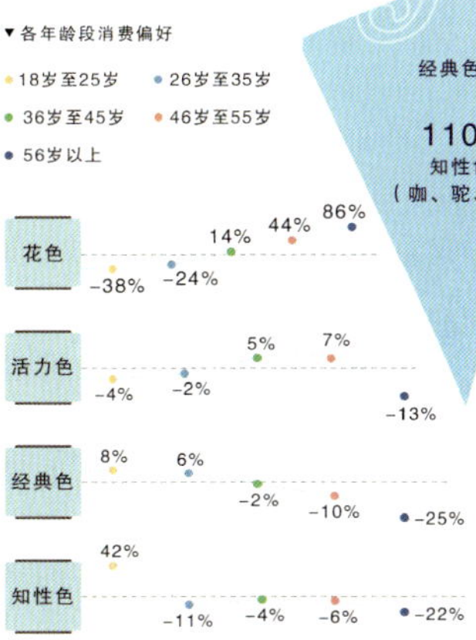

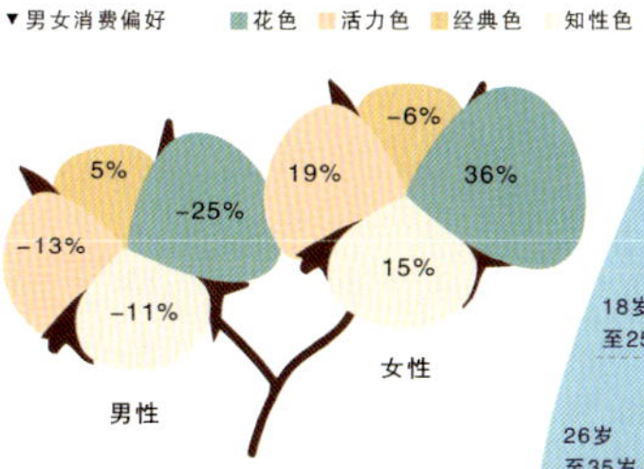

夏日面料

在夏季服饰的面料选择上，大部分消费者更青睐材质柔软、透气、轻薄的面料。但在近几年，春夏穿着的薄款针织衫也自成一派，形成了新颖的夏日着装风格

最受消费者青睐的服饰面料为棉、冰丝、麻、雪纺、真丝等

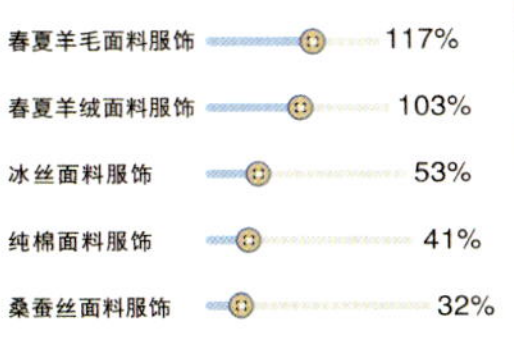

▼各年龄段消费偏好

	麻	棉	桑蚕丝	雪纺	羊毛	真丝
56岁以上	114%	20%	137%	67%	99%	103%
46岁至55岁	55%	9%	85%	45%	85%	66%
36岁至45岁	10%	7%	1%	8%	21%	-2%
26岁至35岁	-30%	-4%	-34%	-21%	-29%	-26%
18岁至25岁	-38%	-16%	-46%	-27%	-70%	-31%

更多内容 扫码观看

数据周期：2022年6月1日至2022年7月24日

夏日款式

面对夏季高温，消费者在服装选择上更倾向于清凉、防晒等款式，形成了独特的夏日时尚

▼各年龄段消费偏好

	短裤	短袖T恤	连衣裙	显瘦裤装	短裙	中长裙
18岁至25岁	15%	12%	-20%	-6%	33%	-33%
26岁至35岁	0%	7%	-16%	22%	-22%	-23%
36岁至45岁	-5%	-2%	4%	14%	-25%	10%
46岁至55岁	-7%	4%	37%	29%	-27%	54%
56岁以上	-11%	9%	50%	25%	-31%	63%

清凉类服饰

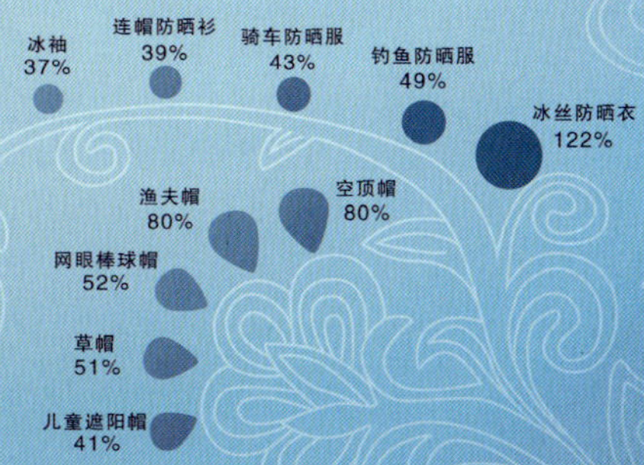

运动类服饰
今年夏天泳衣销量同比增长242%

最畅销的泳衣

数据来源 京东消费及产业发展研究院 本版编辑 李 瞳 林 蔚

将“新奇特”升级为“高精尖”

京东消费及产业发展研究院高级研究员　陆　飞

电子数码产品一直以“黑科技”“新奇特”作为营销卖点，特别是在居家、户外等娱乐场景不断拓展的今天，电子数码产品快速迭代升级，已经从最初的产品功能化迈向解决用户痛点的产品智能化，引领消费潮流。

首先，新潮数码产品引领消费趋势转变。“80后”“90后”消费者普遍追求便捷个性化体验，在移动互联网、云计算、大数据加持下，电子数码产品为消费者带来更为智能、舒适的生活方式。例如，消费者居家时间变多，VR、投影和大屏电视等家庭数码设备能够提供丰富的娱乐消遣项目，满足消费者在居家场景中的娱乐需求。

其次，各大厂商积极打造数码生态链、扶持内容创新。硬件市场呈现爆发趋势，软件生态建设也初见成效，数码产品不再是中看不中用的“摆件”。不仅如此，合理的价格也降低了潜在消费者的尝试门槛，引发越来越多关注。

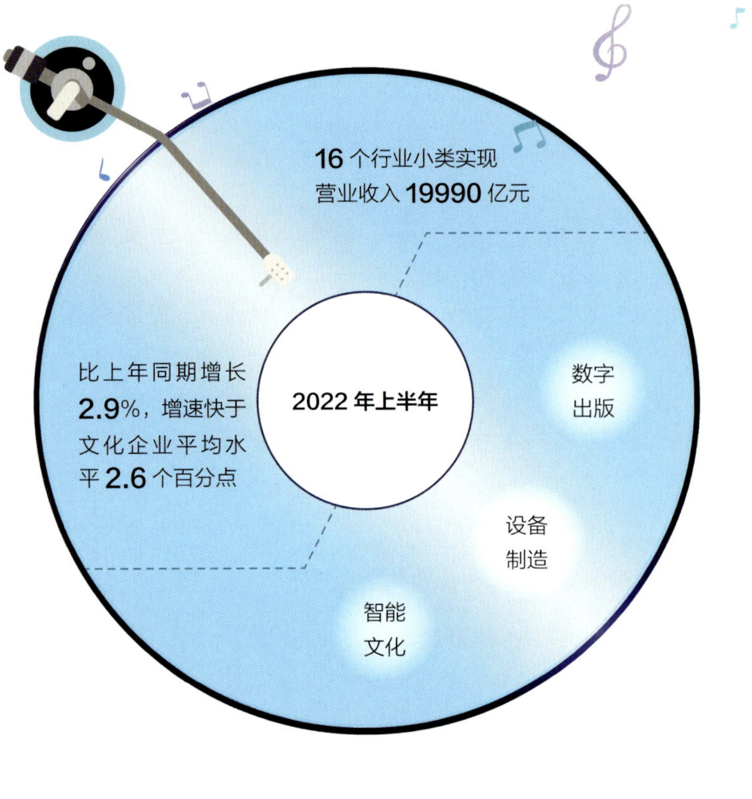

此外，疫情趋于好转，户外数码产品消费逐渐回暖，被压抑的市场需求全面反弹。在年轻消费群体带动下，智能手环、无人机等户外智能装备逐渐成为消费电子市场的宠儿。可以预见，户外消费场景拓展将带动相关数码产品消费热潮。

市场欣欣向荣，行业蒸蒸日上。但是，我国电子数码行业仍面临诸多发展瓶颈：一是自主创新能力不足；二是产品过度集中于低端市场；三是对使用场景的适配性较低。

因此，对于相关企业来说，要想获得长期成功，创新变得尤为重要——要通过创新实现产品由低端向高端跃迁；要通过创新完成消费场景升级；要通过创新增强自身发展底气……从而引领智能化、自动化、绿色化发展趋势，真正将“新奇特”升级为“高精尖”，完善自有电子数码产品生态圈，全方位提升用户体验。

经济日报携手京东发布数据——

娱乐数码消费日趋多元

将『新奇特』升级为『高精尖』

陆　飞

电子数码产品一直以"黑科技""新奇特"作为营销卖点，特别是在居家、户外等娱乐场景不断拓展的今天，电子数码产品快速迭代升级，已经从最初的产品功能化迈向解决用户痛点的产品智能化，引领消费潮流。

首先，新潮数码产品引领消费趋势转变。"80后""90后"消费者普遍追求便捷个性化体验，在移动互联网、云计算、大数据加持下，电子数码产品为消费者带来更为智能、舒适的生活方式。例如，消费者居家时间变多，VR、投影和大屏电视等家庭数码设备能够提供丰富娱乐消遣项目，满足消费者在居家场景中的娱乐需求。

其次，各大厂商积极打造数码生态链、扶持内容创新。硬件市场呈现爆发趋势，软件生态建设也初见成效，数码产品不再是中看不中用的"摆件"。不仅如此，合理的价格也降低了潜在消费者的尝试门槛，引发越来越多关注。

此外，疫情趋于好转，户外数码产品消费逐渐回暖，被压抑的市场需求全面反弹。在年轻消费群体带动下，智能手环、无人机等户外智能装备逐渐成为消费电子市场的宠儿。可以预见，户外消费场景拓展将带动相关数码产品消费热潮。

市场欣欣向荣，行业蒸蒸日上。但是，我国电子数码行业仍面临诸多发展瓶颈，一是自主创新能力不足；二是产品过度集中于低端市场；三是对使用场景的适配性较低。

因此，对于相关企业来说，要想获得长期成功，创新变得尤为重要——要通过创新实现产品由低端向高端跃迁；要通过创新完成消费场景升级；要通过创新增强自身发展底气……从而引领智能化、自动化、绿色化发展趋势，真正将"新奇特"升级为"高精尖"，完善自有电子数码产品生态圈，全方位提升用户体验。

（作者系京东消费及产业发展研究院高级研究员）

说数

近几年，以投影、VR、大屏电视为代表的家庭视觉娱乐产品大放异彩。打造优质家庭影音娱乐中心，要在内容丰富程度、视觉效果像素量级、硬件交互性支持等三方面实现突破。目前家庭数码影音产品的视觉效果已基本能够满足用户需求，交互性也有了较大提升。亟待解决的关键问题在于提供更丰富和高质量的娱乐内容、尽快出台相关标准、继续提升设备性能等。针对这些消费需求，家庭视觉娱乐市场仍有巨大发展潜力。

户外智能装备是一块覆盖面很大的市场，产品价格从几十元到上万元不等，无论是新手尝鲜还是专业玩家，都能找到适合自己的定位。但很多初级户外智能装备存在同质化、应用场景单一、核心竞争力不强、无法解决用户更高层次需求等问题。随着硬件及算法不断迭代更新，中高端户外智能数码产品成为拉开相关企业间差距的重要方向。用户对产品的使用效果要求更高，期待更为专业的购买和使用指导建议，看重对场景的实时适配和纠正以及状态提示功能，这些都成为企业在产品和服务开发方面需要努力提升的方向。

居家娱乐

居家数码产品升级，助力消费者打造心仪的家庭影音娱乐中心

青年消费者更爱购买投影仪和VR眼镜等新潮娱乐产品，中老年消费者更偏好购买大屏电视

各年龄段消费者对居家娱乐类产品的偏好 ▸

■ 26岁以下　■ 26岁至35岁　■ 36岁至45岁　■ 46岁至55岁　■ 55岁以上

注：偏好度=该年龄段人均销量与总体均值对比，数值越大说明该年龄人群对商品的偏好度越高

户外装备

各类户外数码装备成为年轻人出行必备，留住美好瞬间，让运动效果看得见

青年消费者对各类户外数码装备的偏好度均超过中老年消费者

各年龄段消费者对户外装备类产品的偏好 ▸

■ 26岁以下　■ 26岁至35岁　■ 36岁至45岁　■ 46岁至55岁　■ 55岁以上

注：偏好度=该年龄段人均销量与总体均值对比，数值越大说明该年龄人群对商品的偏好度越高

极客体验

消费者对科技数码产品的品质和专业性能要求越来越高

中老年消费者偏好购买高保真功放设备，提升家庭影音体验；年轻消费者偏好购买高速路由器和数码相机

各年龄段消费者对极客类产品的偏好 ▸

■ 26岁以下　■ 26岁至35岁　■ 36岁至45岁　■ 46岁至55岁　■ 55岁以上

注：偏好度=该年龄段人均销量与总体均值对比，数值越大说明该年龄人群对商品的偏好度越高

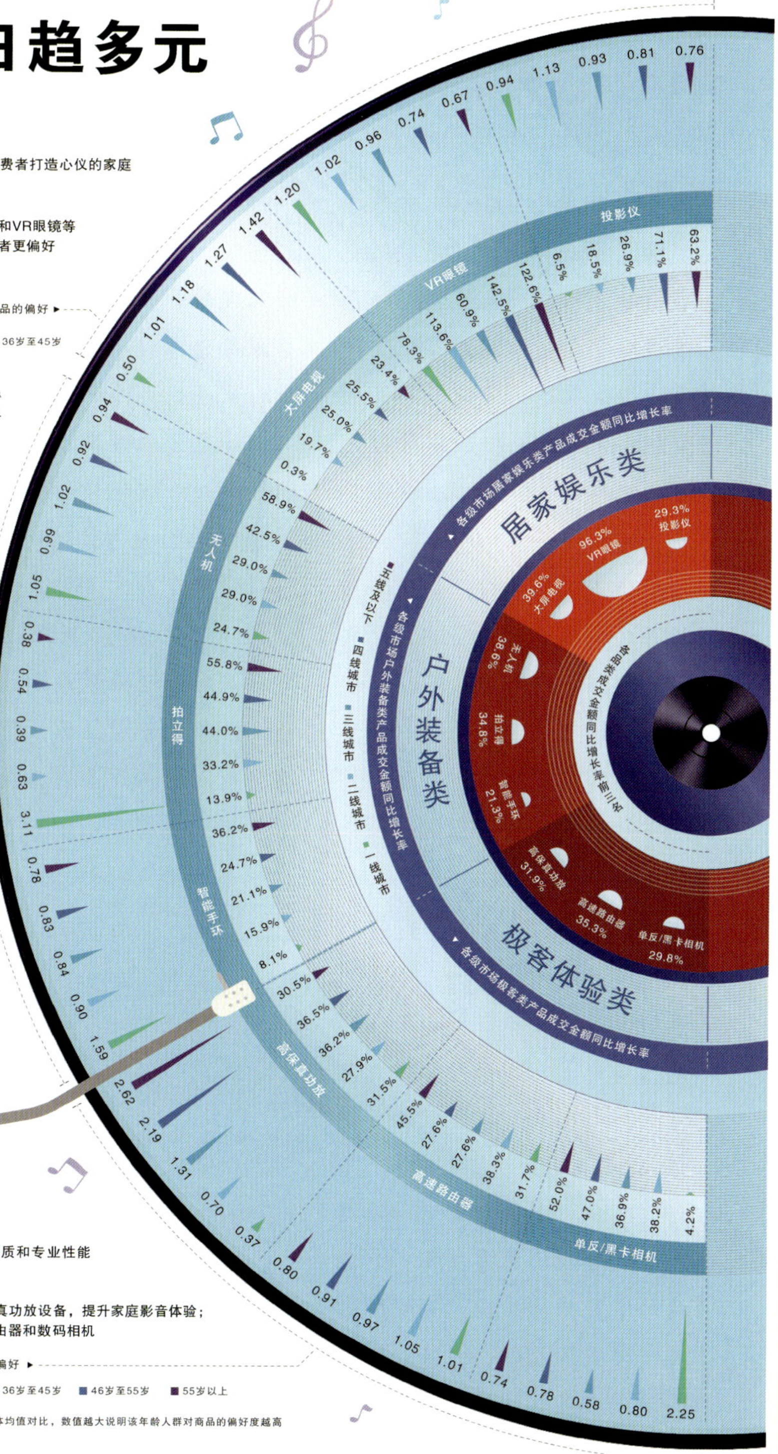

▾偏好购买居家娱乐产品的城市TOP3			▾偏好购买户外装备产品的城市TOP3			▾偏好购买科技数码产品的城市TOP3		
投影仪	VR眼镜	大屏电视	无人机	拍立得	智能手环	高保真功放	高速路由器	单反/黑卡相机
南昌　成都　沈阳	杭州　厦门　三亚	西宁　长沙　银川	成都　昆明　呼和浩特	福州　上海　广州	芜湖　武汉　南京	深圳　上海　宁波	北京　苏州　厦门	大理　西宁　北京

更多内容 扫码观看

数据周期：2022年上半年

数据来源　京东消费及产业发展研究院　本版编辑　李　瞳　林　蔚

社址：北京市西城区白纸坊东街2号　读者服务邮箱：jjrbdz@ced.com.cn　查号台：58392088　邮编：100054　传真：58392840　零售每份：1.00元　广告许可证：京西工商广登字20170090号　广告热线：58392178　发行热线：58392172　昨日（北京）开印时间：3:45　印完时间：5:05　印刷：

商用厨电迎发展新契机

京东消费及产业发展研究院高级研究员　柴祯祯

我国餐饮行业经过多年发展，已经形成超过5万亿元规模的大市场。虽然新冠肺炎疫情对整个行业造成了一定冲击，但这也是一次破而后立的契机——原有的粗放发展模式已不可持续，行业重新整合势在必行。

首先，餐饮行业的服务功能正在向细致化、全链条化发展。在经历疫情考验后，餐饮市场实现了从数量增长向质量提升的转变。目前，整个行业正不断探索新增长模式，展现出了新发展活力。接下来，对于餐饮企业而言，如何打造符合消费者口味的菜品、搭建稳定的供应链体系、完善贴心细致的服务等，将成为助推行业发展，形成差异化竞争优势的核心。

对此，餐饮企业可以通过引入更智能的电器设备和更便捷的服务软件系统，实现功能整合、流程优化、管理升级，提升运营效率、扩大运营收入规模，充分实现降本增效。

其次，餐饮业正在通过技术与设备升级，提升智能化、个性化服务效率。近年来，休闲餐饮、定制化餐饮成为餐饮行业发展的新方向，相应的厨电设备也从标准化向个性化、定制化演变。这一变化给商用厨电设备企业带来了新的机遇和挑战，系统化设计、一体化解决方案已成为必须“拿下”的新课题。

从厨电供应商角度看，要满足餐饮企业采购全流程需求，就要充分整合线上线下渠道。商用厨房设备企业要适应新的市场格局和消费习惯，用互联网思维审视行业变化，改变行业发展格局。例如，在售前阶段，对产品进行重新定义和设计；在售中和售后阶段，利用大数据优势，快速、精准地提供各类使用咨询和完备的上门服务。

随着疫情形势好转和行业格局变迁，越来越多的餐饮企业或主动或被动开启转型。口味更新颖、服务更周到、响应更迅速、链条更完整的商业模式正在加速形成。在这样的形势下，相信未来几年，餐饮行业和商用厨电设备行业将走上新的发展快车道。

- 2021年，全国住宿和餐饮业全年新设市场主体 **305.9** 万户，略超2019年 **304** 万户的水平，较2020年增长 **14.8**%
- 城镇非私营单位中，住宿和餐饮业就业人员年平均工资为 **53631** 元，同比增长 **9.8**%。城镇私营单位中，住宿和餐饮业就业人员平均工资为 **46817** 元，同比增长 **10.8**%

住宿和餐饮新设市场主体　　非私营单位平均工资　　私营单位平均工资

经济日报携手京东发布数据——

餐饮业从量变到质变

商用厨电迎发展新契机

柴祯祯

我国餐饮行业经过多年发展，已经形成超过5万亿元规模的大市场。虽然新冠肺炎疫情对整个行业造成了一定冲击，但这也是一次破而后立的契机——原有的粗放发展模式已不可持续，行业重新整合势在必行。

首先，餐饮行业的服务功能正在向细致化、全链条化发展。在经历疫情考验后，餐饮市场实现了从数量增长向质量提升的转变。目前，整个行业正不断探索新增长模式，展现出了新发展活力。接下来，对于餐饮企业而言，如何打造符合消费者口味的菜品、搭建稳定的供应链体系、完善贴心细致的服务等，将成为助推行业发展，形成差异化竞争优势的核心。

对此，餐饮企业可以通过引入更智能的电器设备和更便捷的服务软件系统，实现功能整合、流程优化、管理升级，提升运营效率、扩大运营收入规模，充分实现降本增效。

其次，餐饮业正在通过技术与设备升级，提升智能化、个性化服务效率。近年来，休闲餐饮、定制化餐饮成为餐饮行业发展的新方向，相应的厨电设备也从标准化向个性化、定制化演变。这一变化给商用厨电设备企业带来了新的机遇和挑战，系统化设计、一体化解决方案已成为必须“拿下”的新课题。

从厨电供应商角度看，要满足餐饮企业采购全流程需求，就要充分整合线上线下渠道。商用厨房设备企业要适应新的市场格局和消费习惯，用互联网思维审视行业变化，改变行业发展格局。例如，在售前阶段，对产品进行重新定义和设计；在售中和售后阶段，利用大数据优势，快速、精准地提供各类使用咨询和完备的上门服务。

随着疫情形势好转和行业格局变迁，越来越多的餐饮企业或主动或被动开启转型。口味更新颖、服务更周到、响应更迅速、链条更完整的商业模式正在加速形成。在这样的形势下，相信未来几年，餐饮行业和商用厨电设备行业将走上新的发展快车道。

（作者系京东消费及产业发展研究院高级研究员）

说数

经历了疫情考验，餐饮行业不断探索新增长模式，焕发出新发展活力。对于企业来说，成熟的商业模式、符合消费者口味的菜品、稳定的供应链配送、贴心细致的服务，都将成为助推餐饮业发展的动力。针对餐饮企业的运营难点痛点，标准化、环保化、系统化发展方向将成餐饮企业未来的经营重心。

未来，厨电供应商应充分整合线下和线上渠道的功能和价值，为餐饮企业提供更优质的产品和更放心的服务。例如，在售前阶段，支持用户在线查看设备原貌和功能，提供专业的选购建议，并上门提供免费试用，充分消除企业购买顾虑；在售后阶段，提供专业的安装使用指导及配套维修服务。

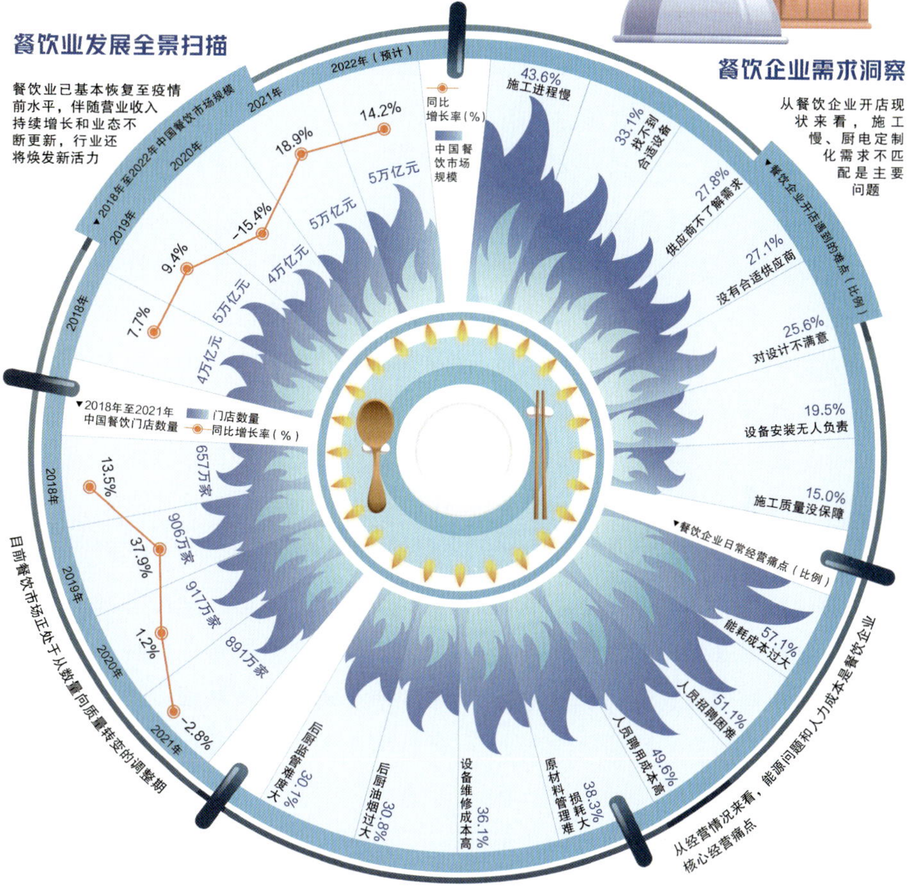

餐饮企业厨电采购需求

调研显示，大部分餐饮企业会在开店时一次性购齐大型厨电设备，采买费用约占开店总费用的三分之一

▸餐饮企业最常采购的厨电设备类型及比例

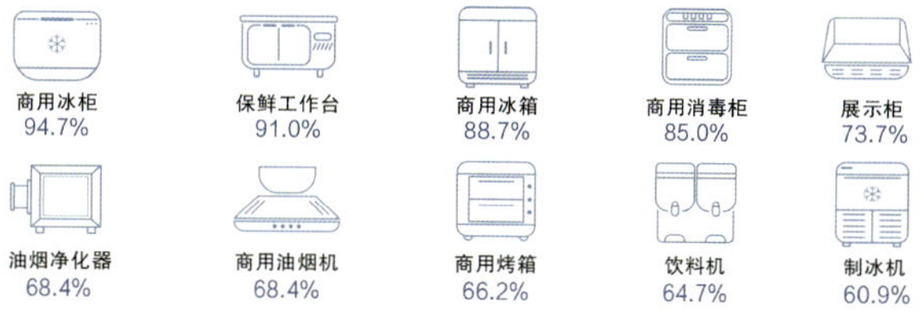

设备老旧、功能单一、不智能是餐饮企业使用厨电时的主要痛点

▾厨电设备使用痛点（比例）

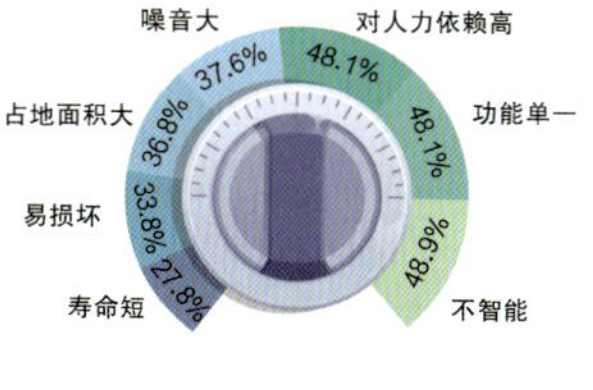

餐饮企业期待厨电设备做到安全保障智能化和操作标准化

▾对厨电设备功能的期待（比例）

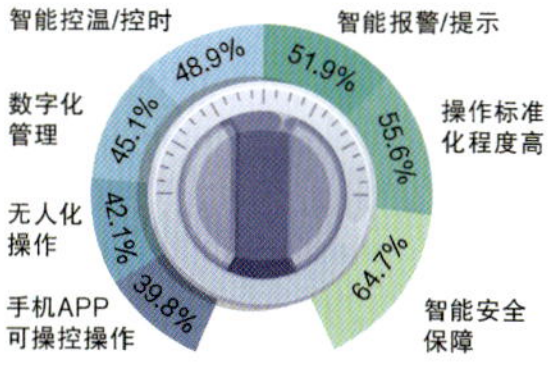

除了性价比、寿命和功能外，服务也是餐饮企业采购厨电的主要关注点

▾厨电设备采购关注因素（比例）

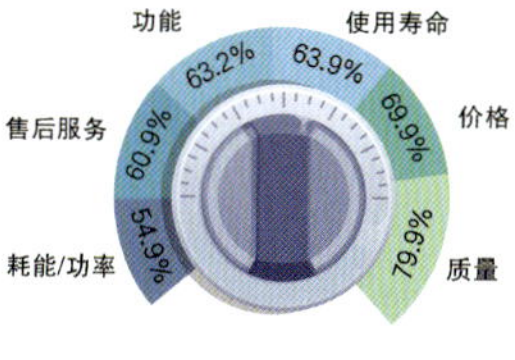

餐饮企业还希望能够享受更多的厨电采购增值服务，包括定期检修、清洁保养等

▸对厨电采购增值服务的期待（比例）

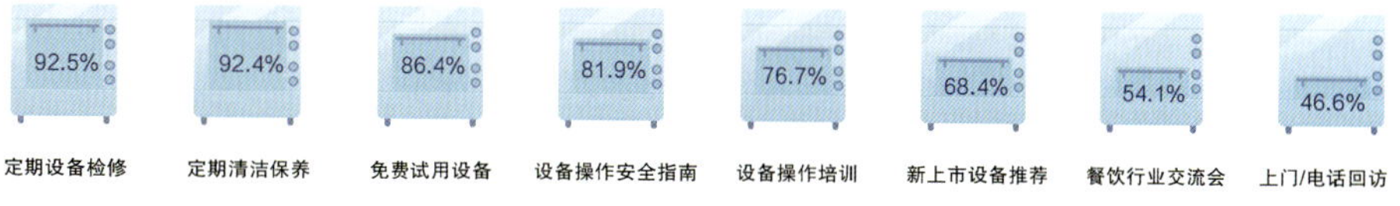

更多内容 扫码观看

数据周期：2022年上半年

数据来源　京东消费及产业发展研究院　本版编辑　李　曈　林　蔚

用品质和安全赢得市场

京东消费及产业发展研究院院长　刘　晖

近两年，预制菜可谓是食品市场上的一匹黑马，不仅品种丰富、口味多样，消费持续走高，诸多上下游企业也纷纷入局。预制菜行业如何又好又快发展，成为热点话题。

总体来看，预制菜之所以走红，主要是因为其日渐丰富的品类，满足了人们对于美食的渴望，解决了消费者厨艺“不精”的问题。同时，年轻消费群体逐步成为市场重要需求侧，他们快节奏的生活，和对便捷、健康餐饮的追求，也助推了预制菜市场的发展。目前，预制菜市场已迅速开始细分，针对不同用户的诉求，企业可以选择不同的发力方向。

一方面，从品牌、口味、菜系分析不难发现，很多消费者想通过预制菜在家里轻松吃出“下馆子”的感觉，因此在线下餐饮市场上占据主导地位的菜系、菜品和知名品牌，很自然地在预制菜市场中唱主角。2021年闽粤菜系、江淮菜系、川湘菜系和西北菜系预制菜商品成交额分别同比增长180%、160%、150%和80%。老字号入局虽晚，但增速快，展示出品牌对消费者的深远影响力，实现了“后发先至”。

因此，对于具备天然的品牌竞争优势和用户信赖度的传统餐饮和食品品牌来说，发力预制菜领域，更容易赢得广大消费者尤其是中老年的青睐。在这个过程中，老字号可以充分发挥品牌影响力，不断巩固自己的优势。除了把最知名的拿手好菜用预制菜模式打入市场，针对更多用户群的产品创新和拓展也会让这类企业有更好的成长空间。

另一方面，很多消费者选择预制菜就是为了方便和健康。数据显示，2021年代餐轻食品类成交额同比增长82%，同时女性群体的儿童速食成交额同比增长78%。建议新入局企业可以更加聚焦这类需求，不仅在产品设计上突出健康和便捷，也要通过短视频等新型消费渠道精准对接这些消费者。

以预制菜为代表的即享食品的出现，让消费者实现了“懒”与“馋”的平衡，“效率”与“口味”的平衡，“足不出户”与“吃遍全球”的平衡，“便捷”与“健康”的平衡。不过，无论在这个想象无限的市场里能创造出多少种花样，品质和安全永远是食品企业必须坚守的行业底线，也是预制菜是否能持续赢得消费者信赖的核心。

在经历 2020 年疫情严重影响之后，2021 年上半年，全国餐饮收入 **21712** 亿元，餐饮消费规模基本恢复至 2019 年同期水平

2021 年，餐饮收入超过 **4.7** 万亿元，是 2012 年的 **2** 倍，2013 年至 2021 年年均增长 **7.7**%。2021 年，全国住宿和餐饮业增加值 **17853** 亿元，同比增长 **14.5**%

经济日报携手京东发布数据——

预制菜消费持续走高

用品质和安全赢得市场

刘 晖

近两年，预制菜可谓是食品市场上的一匹黑马，不仅品种丰富、口味多样，消费持续走高，诸多上下游企业也纷纷入局。预制菜行业如何又好又快发展，成为热点话题。

总体来看，预制菜之所以走红，主要是因为其日渐丰富的品类，满足了人们对于美食的渴望，解决了消费者厨艺“不精”的问题。同时，年轻消费群体逐步成为市场重要需求侧，他们快节奏的生活，和对便捷、健康餐饮的追求，也助推了预制菜市场的发展。目前，预制菜市场已迅速开始细分，针对不同用户的诉求，企业可以选择不同的发力方向。

一方面，从品牌、口味、菜系分析不难发现，很多消费者想通过预制菜在家里轻松吃出“下馆子”的感觉，因此在线下餐饮市场上占据主导地位的菜系、菜品和知名品牌，很自然地在预制菜市场中唱主角。2021年闽粤菜系、江淮菜系、川湘菜系和西北菜系预制菜商品成交额分别同比增长180%、160%、150%和80%。老字号入局虽晚，但增速快，展示出品牌对消费者的深远影响力，实现了“后发先至”。

因此，对于具备天然的品牌竞争优势和用户信赖度的传统餐饮和食品品牌来说，发力预制菜领域，更容易赢得广大消费者尤其是中老年的青睐。在这个过程中，老字号可以充分发挥品牌影响力，不断巩固自己的优势。除了把最知名的拿手好菜用预制菜模式打入市场，针对更多用户群的产品创新和拓展也会让这类企业有更好的成长空间。

另一方面，很多消费者选择预制菜就是为了方便和健康。数据显示，2021年代餐轻食品类成交额同比增长82%，同时女性群体的儿童速食成交额同比增长78%。建议新入局企业可以更加聚焦这类需求，不仅在产品设计上突出健康和便捷，也要通过短视频等新型消费渠道精准对接这些消费者。

以预制菜为代表的即享食品的出现，让消费者实现了“懒”与“馋”的平衡，“效率”与“口味”的平衡，“足不出户”与“吃遍全球”的平衡，“便捷”与“健康”的平衡。不过，无论在这个想象无限的市场里能创造出多少种花样，品质和安全永远是食品企业必须坚守的行业底线，也是预制菜是否能持续赢得消费者信赖的核心。

（作者系京东消费及产业发展研究院院长）

说数

虽然生活节奏加快，人们对于饮食品质的要求却从未降低，在消费升级潮流的推动下，消费者对于绿色、健康、美味的食品需求大幅提升。当前，预制菜行业从业者众多，龙头企业市占率低，地域性特色明显，市场空间大，但竞争日趋激烈。鲜明的品牌形象、良好的产品口碑将成为企业核心竞争力，助力企业壮大自身优势，提升产品附加值。

解锁更多消费场景

预制菜不仅为居家生活带来方便美味，更是成为馈赠亲友的新选择

2021年，预制菜异地订单成交额同比增长 186%

2021年，预制菜礼盒成交额同比增长 232%

▼送出预制菜更多的省份及成交额占比

省份	占比
北京	23%
广东	10%
上海	10%
河北	8%
江苏	7%

▼收到预制菜更多的省份及成交额占比

省份	占比
浙江	24%
上海	24%
河北	10%
广东	10%
北京	6%

儿童速食成妈妈们的新选择

2021年女性群体的儿童速食成交额同比增长78%

▼不同地区女性购买儿童速食的偏好指数

注：某地区女性购买儿童速食偏好指数=该地区女性购买儿童速食金额占比/该地区女性购买全站商品的金额占比*100

“一人食”走俏

2021年，“一人食”产品数量同比增长超1倍

▸“一人食”各品类成交额同比增速

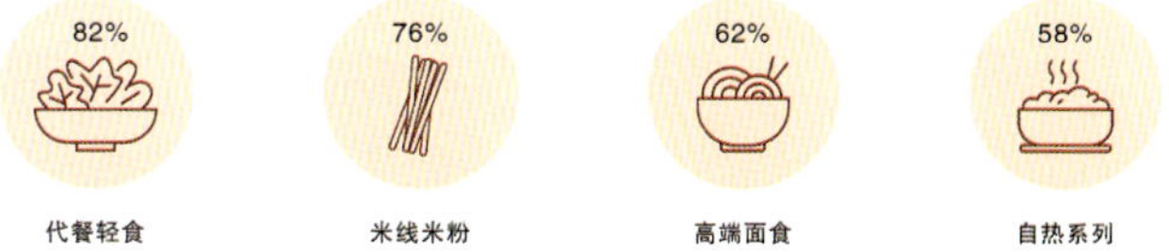

近年来，人们的消费和生活习惯发生变化，也放大了家庭、聚会、郊游等更多的预制菜应用场景。现代餐饮形态多样，预制菜企业需要密切跟踪市场动态，把握消费者的口味和偏好，积极进行菜品研发，针对不同渠道和不同消费场景打造不同口味产品，打出产品组合拳，从而覆盖到更多消费人群及消费场景。

更多内容 扫码观看

数据周期：2021年

数据来源 京东消费及产业发展研究院 本版编辑 李 瞳 林 蔚

满足不同群体消费体验

京东消费及产业发展研究院高级研究员　柴祯祯

2022 年上半年，全国餐饮收入 **20040** 亿元。初步核算，2022 年上半年住宿和餐饮业 GDP 为 **7667** 亿元

近年来外卖餐饮服务快速增长，2019 年至 2021 年限额以上单位餐饮配送及外卖送餐服务营业额年均增速超过 **15**%，其中 2021 年比上年增长超过 **30**%，增速明显快于餐饮业整体水平

2021 年食品工业规模以上企业营业收入从 2012 年的 **8.1** 万亿元增长到 **9.1** 万亿元

近年来，随着“宅经济”“懒人经济”的蓬勃发展，许多人的消费和生活习惯发生了变化。国人餐饮消费形式和消费观念的多元化，赋予冷冻、方便食品极大的创新空间。冷链技术和服务的发展，又进一步加速了预制菜市场的扩容。

当前，购买预制菜的消费者中，中青年人群占比最高。经济发达地区是预制菜的主要消费区域。目前，预制菜的销售主要集中在华东和华北地区，2021年一二线城市预制菜成交金额占比达60%。“烹饪方便简单”“省时省力”“不会做饭也可尝试”“味道不输饭店”，从消费者的评价来看，解决“不会做、不好吃、没时间”的厨房难题，是预制菜获得消费者青睐的重要原因。

虽然我国预制菜行业已经初具规模，但相较于美、日等预制菜发达市场而言，仍然存在销售区域小、地域特征明显、行业集中度低、规模以上企业较少等问题。面对持续扩容的预制菜市场和日益激烈的行业竞争，企业应当多方位构建核心优势。

从需求端看，现代餐饮形态多样，消费者喜好更加多元，企业应当密切跟踪市场动态，针对主要消费群体和目标市场，把握消费者的口味与偏好，匹配消费者的核心需求，从而更好地贴近消费者，打造品牌的影响力。强大的品牌影响力有助于企业快速打开预制菜市场，获取更高的产品附加值。同时，企业应该不断加大研发投入，做好口味上的突破和改进，推陈出新，从而满足不同年龄段消费者的差异化需求。

从供给端看，由于大部分预制菜需要冷链运输、低温保存，这对企业的物流配送和冷链技术提出了更高的要求，尤其是在跨区域流通时企业要进一步保证产品的新鲜度和时效性。企业应当打造一套完善、高效的供应链体系，以保障企业产品质量及配送效率，从而实现企业规模的扩张。只有构筑强大的供应链体系，才有望帮助企业从众多竞争者中脱颖而出。

经济日报携手京东发布数据——

预制菜市场持续扩容

满足不同群体消费体验

柴祯祯

近年来，随着“宅经济”“懒人经济”的蓬勃发展，许多人的消费和生活习惯发生了变化。国人餐饮消费形式和消费观念的多元化，赋予冷冻、方便食品极大的创新空间。冷链技术和服务的发展，又进一步加速了预制菜市场的扩容。

当前，购买预制菜的消费者中，中青年人群占比最高。经济发达地区是预制菜的主要消费区域。目前，预制菜的销售主要集中在华东和华北地区，2021年一二线城市预制菜成交金额占比达60%。“烹饪方便简单”“省时省力”“不会做饭也可尝试”“味道不输饭店”，从消费者的评价来看，解决“不会做、不好吃、没时间”的厨房难题，是预制菜获得消费者青睐的重要原因。

虽然我国预制菜行业已经初具规模，但相较于美、日等预制菜发达市场而言，仍然存在销售区域小、地域特征明显、行业集中度低、规模以上企业较少等问题。面对持续扩容的预制菜市场和日益激烈的行业竞争，企业应当多方位构建核心优势。

从需求端看，现代餐饮形态多样，消费者喜好更加多元，企业应当密切跟踪市场动态，针对主要消费群体和目标市场，把握消费者的口味与偏好，匹配消费者的核心需求，从而更好地贴近消费者，打造品牌的影响力。强大的品牌影响力有助于企业快速打开预制菜市场，获取更高的产品附加值。同时，企业应该不断加大研发投入，做好口味上的突破和改进，推陈出新，从而满足不同年龄段消费者的差异化需求。

从供给端看，由于大部分预制菜需要冷链运输、低温保存，这对企业的物流配送和冷链技术提出了更高的要求，尤其是在跨区域流通时企业要进一步保证产品的新鲜度和时效性。企业应当打造一套完善、高效的供应链体系，以保障企业产品质量及配送效率，从而实现企业规模的扩张。只有构筑强大的供应链体系，才有望帮助企业从众多竞争中脱颖而出。

（作者系京东消费及产业发展研究院高级研究员）

说数

近年来餐饮消费形式和观念的多元化，给冷冻和方便食品带来极大创新空间。其中，预制菜逐渐被各个年龄段消费者所接受。“走红”不意味着“长红”，预制菜企业需要深入挖掘消费者的核心需求，密切关注市场需求变化，从而准确把握产品定位。同时，还要主动创新，进一步细化产品结构，以满足不同群体的消费体验。

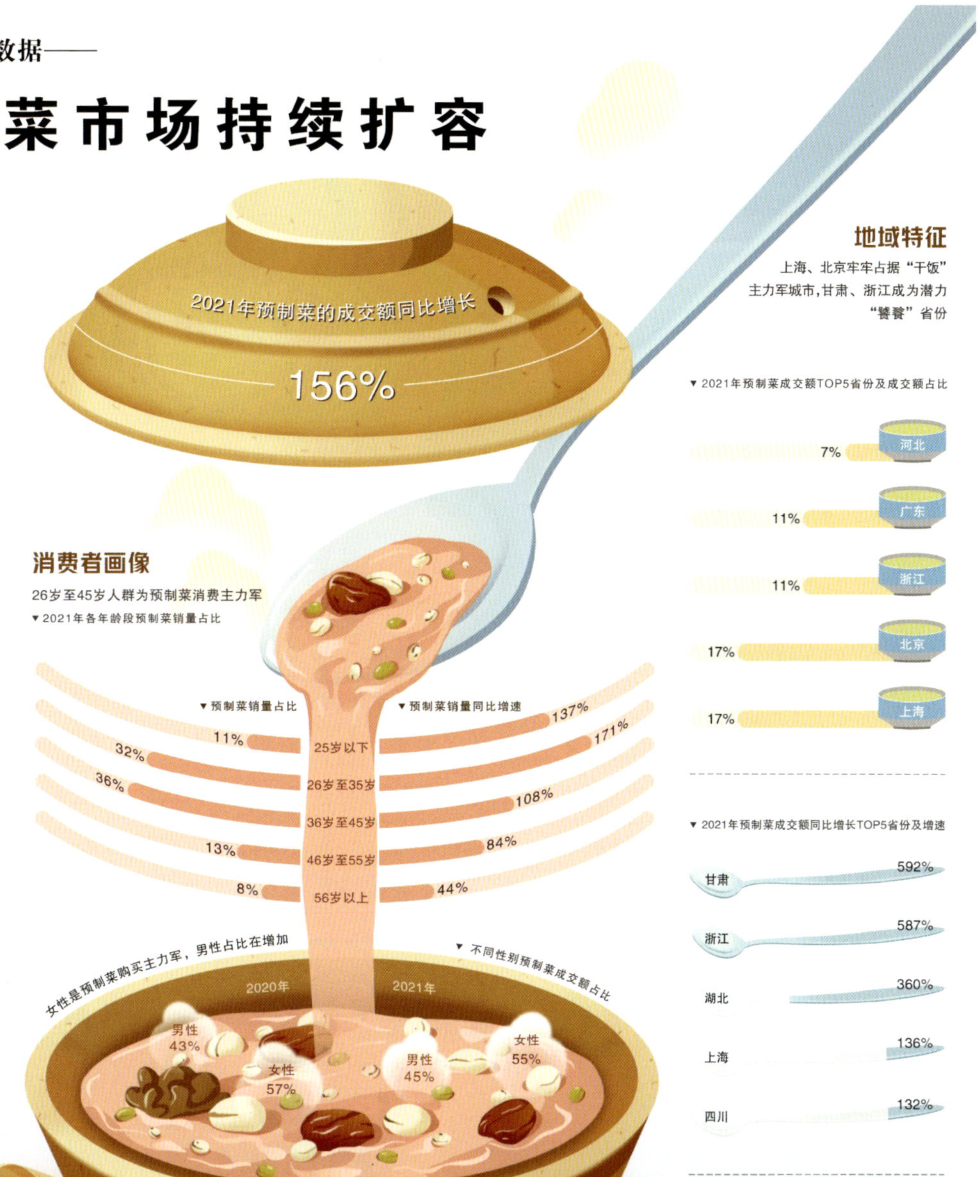

从区域来看，购买预制菜的消费者主要集中在一二线城市，这主要是因为物流直接影响菜品口感和销售覆盖范围。因此，仓储、供应链和运输技术对于企业规模扩张，特别是拓展广大县域城市和西部地区的市场尤为重要。相关企业应努力打造完善、高效的供应链体系，加快构建从生产到物流到销售到入户的全流程生态网络。

华东和华北地区买走了超六成的预制菜

▼ 2021年预制菜销量占比

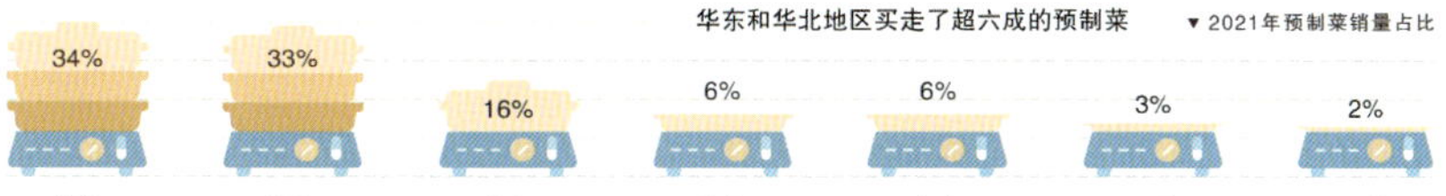

数据周期：2021年

数据来源 京东消费及产业发展研究院 本版编辑 李 瞳 林 蔚

相机市场百花齐放

京东消费及产业发展研究院高级研究员　柴祯祯

随着内容社交时代用户的记录习惯养成以及极限运动的风靡，相机市场正逐渐复苏。从“摄影穷三代”到如今的飞入寻常百姓家，全民摄影时代已然来临。而在消费升级的大趋势下，无论是在相机技术还是人们的拍照方式上，摄影器材行业正经历着快速变化。

首先，相机功能更加细分。数码技术日新月异，性能飞速提升的同时，各类型相机相继出现，以满足旅行、家庭、运动、视频拍摄等更多场景的需要。Vlog的兴起，照片、视频类社交媒体的蓬勃发展，使得轻量化的微单、数码相机成为消费者除了智能手机以外最好的选择。户外运动、极限运动的风靡，使得运动相机成为户外运动装备中增长最令人瞩目的品类之一。可以预见的是，随着技术的发展和消费者需求的变化，相机市场会进一步多样化，进入新兴的混合细分领域。

其次，相机的用户群体在不断扩大。短视频、直播以及内容社交媒体的火爆，带动年轻消费者成为摄影器材消费的增长动力源。而不同消费群体在选择相机时的偏好也大不相同。女性摄影爱好者偏爱购买轻巧、高颜值的入门级相机；男性消费者则更青睐专业器材。因此，商家在新品开发和制定营销策略时，应注意优化产品矩阵，满足不同消费者需求。

最后，专业能力是品牌护城河。近年来，智能手机的冲击、行业竞争的白热化、市场碎片化带来的挑战等因素，使得不少相机巨头把目光转向了更有想象空间的医疗、工业、航天等成像领域。但对于消费市场来说，具备技术优势的专业产品依然具有优势，特别是对相关从业者和摄影爱好者来说，相机与镜头依然是必需品，需要不断升级换代。在追求提升性能、增强功能性的同时，能否凭借独特设计和个性来收获用户的青睐，将是各家品牌角逐的另一个战场。

无论是微单的火爆还是CCD相机的回归，抑或是智能手机摄像头品质的不断提升，都是摄影领域多元化的象征。只有满足不同场景下消费需求，才能真正让摄影器材消费百花齐放。

2020年

产量　全国照相机产量为1028.22万台，数码照相机产量为560.30万台

专利　照相术、电影术、电刻术专利申请授权量为7369项

进出口　照相及电影用品进口额为28.98亿美元，出口额为9.33亿美元

拥有量　居民平均每百户年末照相机拥有量12.1台

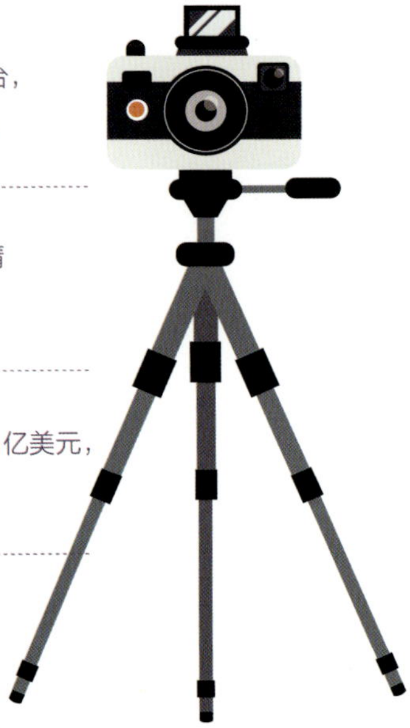

经济日报携手京东发布数据——

透过镜头看商机

相机市场百花齐放

柴祯祯

随着内容社交时代用户的记录习惯养成以及极限运动的风靡，相机市场正逐渐复苏。从“摄影穷三代”到如今的飞入寻常百姓家，全民摄影时代已然来临。而在消费升级的大趋势下，无论是在相机技术还是人们的拍照方式上，摄影器材行业正经历着快速变化。

首先，相机功能更加细分。数码技术日新月异，性能飞速提升的同时，各类型相机相继出现，以满足旅行、家庭、运动、视频拍摄等更多场景的需要。Vlog的兴起，照片、视频类社交媒体的蓬勃发展，使得轻量化的微单、数码相机成为消费者除了智能手机以外最好的选择。户外运动、极限运动的风靡，使得运动相机成为户外运动装备中增长最令人瞩目的品类之一。可以预见的是，随着技术的发展和消费者需求的变化，相机市场会进一步多样化，进入新兴的混合细分领域。

其次，相机的用户群体在不断扩大。短视频、直播以及内容社交媒体的火爆，带动年轻消费者成为摄影器材消费的增长动力源。而不同消费群体在选择相机时的偏好也大不相同。女性摄影爱好者偏爱购买轻巧、高颜值的入门级相机；男性消费者则更青睐专业器材。因此，商家在新品开发和制定营销策略时，应注意优化产品矩阵，满足不同消费者需求。

最后，专业能力是品牌护城河。近年来，智能手机的冲击、行业竞争的白热化、市场碎片化带来的挑战等因素，使得不少相机巨头把目光转向了更有想象空间的医疗、工业、航天等成像领域。但对于消费市场来说，具备技术优势的专业产品依然具有优势，特别是对相关从业者和摄影爱好者来说，相机与镜头依然是必需品，需要不断升级换代。在追求提升性能、增强功能性的同时，能否凭借独特设计和个性来收获用户的青睐，可能将是各家品牌角逐的另一个战场。

无论是微单的火爆还是CCD相机的回归，抑或是智能手机摄像头品质的不断提升，都是摄影领域多元化的象征。只有满足不同场景下消费需求，才能真正让摄影器材消费百花齐放。

（作者系京东消费及产业发展研究院高级研究员）

说数

总体消费情况

随着出游需求提升以及全民Vlog风潮持续发酵，各式摄影装备受到热捧。其中，微单相机、数码相机消费增长明显；下沉市场成为摄影器材消费新增长点

▾主要摄影器材2022年上半年与2021年的成交额占比差值

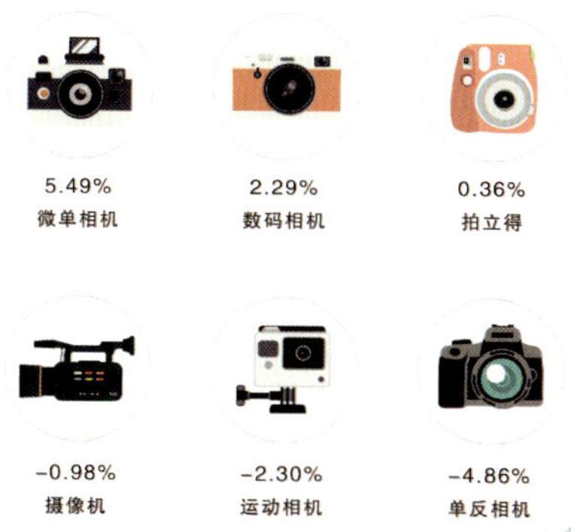

消费者画像

年轻消费者已成为摄影器材消费的主力。其中，女性消费者的消费潜力还有待挖掘；男性消费者对专业器材的偏好值得商家重点关注

▾各年龄段消费者偏好指数　注：偏好指数越高说明越愿意购买该品类

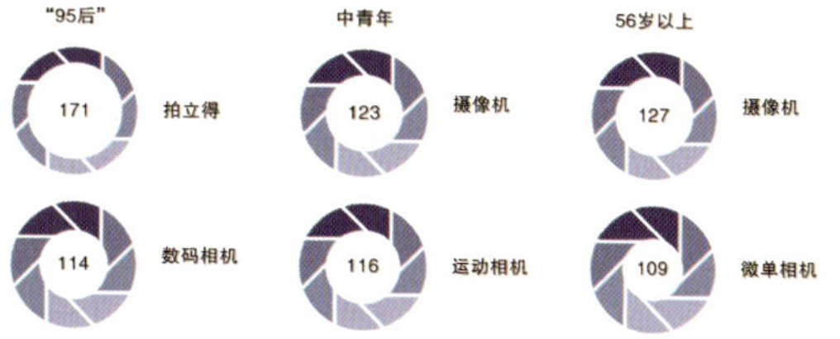

各地区摄影器材成交额占比

▸2022年上半年各级市场成交额占比

▸各级市场的购买偏好指数

注：偏好指数越高说明越愿意购买该品类

▾各年龄段人群摄影器材消费金额占比

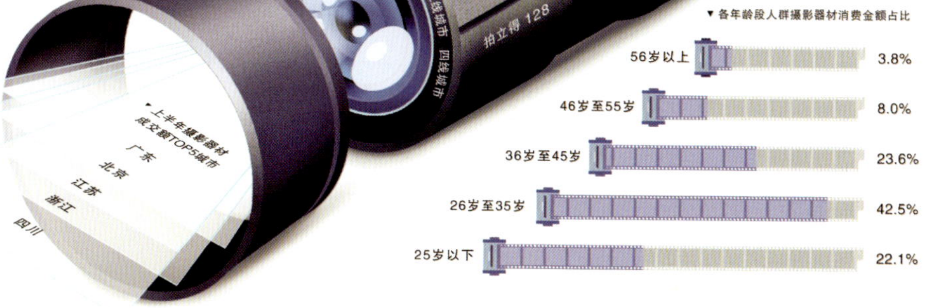

35岁以上成熟消费者经济实力更强，通常是专业型摄影器材消费的主力。但是如今随着短视频、Vlog的流行，年轻用户占比逐年提升，女性摄影爱好者不断增加，成为轻巧、高颜值的入门级相机消费的中坚力量。针对不同偏好的用户群体，企业要打好差异化战略。在研发新品时，可以针对广大视频创作者的需求，积极进行摄像功能优化，更好适配主流视频APP。

虽然智能手机拍照功能不断完善，但是在拍摄专业性、场景适配性方面，专业摄影器材依然具备强大优势。随着技术发展，相机产品进一步多样化，从单反相机、微单相机到运动相机、拍立得，满足消费者不同需求的各类产品应运而生。总体来看，轻量化和便携性是相机发展的重要趋势。具备丰富设计经验、能够独立进行研发生产，不断强化技术研究能力的厂商将在市场竞争中取得优势。

▾不同消费群体的摄影器材消费金额占比　● 男性　● 女性

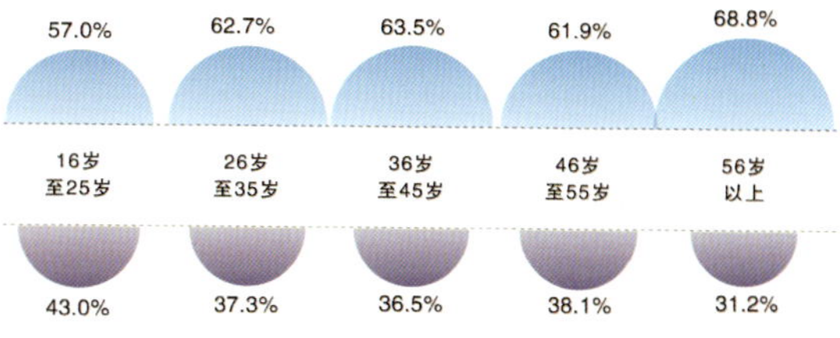

▾不同性别消费者的偏好指数　● 男性　● 女性　注：偏好指数越高说明越愿意购买该品类

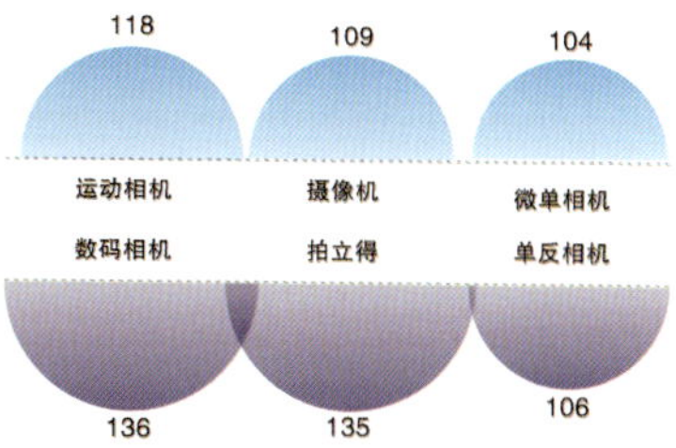

更多内容 扫码观看

数据周期：2022年上半年

数据来源 京东消费及产业发展研究院　本版编辑 李 瞳 林 蔚

用心用情做强 IP

经济日报记者　孟　飞

北京环球影城于2021年9月20日正式开业。和游客一样充满期待的，还有主题公园运营者。毕竟，国际大型主题公园赚钱能力，在上海迪士尼乐园身上早有体现。不过，与国际主题公园相比，国内主题公园日子并不好过，数据显示，国内七成左右的主题公园还在为盈利而努力。

从1989年内地第一家主题公园深圳“锦绣中华”开业算起，国内主题公园已发展30余年，目前无论是数量还是类型，都位居世界前列。如此规模的主题公园，却不能带来相应的效益，关键在于大部分主题公园存在概念不清、盲目建设等问题，其中最突出的问题是缺少成熟IP，以及打造成熟IP的能力。

国内主题公园做强IP要从两方面发力。一是继续打造成熟IP。中国从来都不缺少IP，无论是神话故事还是历史传奇，都有不少大IP。主题公园打造成熟IP，不能仅将形象套用到游乐设施上，应该对自有IP做逻辑化、系统化的梳理，通过挖掘其背后的故事、情感，并带入到场景和服务中，增强旅游体验的沉浸感。

二是提升运营IP的能力。一般来说，成熟IP都有大量粉丝，主题乐园可以充分运用粉丝资源，通过场景移植、开发周边衍生品、丰富IP内涵等方式帮助用户与IP深度链接。同时，还要立足本土实际，讲好中国故事，提高科技含量，提升专业运作水平，用心、用情打造更多爆款文旅产品。

IP是主题公园可持续发展的灵魂。国内主题公园不仅要拥有IP，更要有源源不断创造IP和运用IP的能力，如此，才能在商业道路上走得更远。

经济日报携手京东发布数据——

主题公园带旺金秋旅游

用心用情做强IP

孟 飞

北京环球影城将于9月20日正式开业。和游客一样充满期待的，还有主题公园运营者。毕竟，国际大型主题公园赚钱能力，在上海迪士尼乐园身上早有体现。不过，与国际主题公园相比，国内主题公园日子并不好过，数据显示，国内七成左右的主题公园还在为盈利而努力。

从1989年内地第一家主题公园深圳“锦绣中华”开业算起，国内主题公园已发展30余年，目前无论是数量还是类型，都位居世界前列。如此规模的主题公园，却不能带来相应的效益，关键在于大部分主题公园存在概念不清、盲目建设等问题，其中最突出的问题是缺少成熟IP，以及打造成熟IP的能力。

国内主题公园做强IP要从两方面发力。一是继续打造成熟IP。中国从来都不缺少IP，无论是神话故事还是历史传奇，都有不少大IP。主题公园打造成熟IP，不能仅将形象套用到游乐设施上，应该对自有IP做逻辑化、系统化的梳理，通过挖掘其背后的故事、情感，并带入到场景和服务中，增强旅游体验的沉浸感。

二是提升运营IP的能力。一般来说，成熟IP都有大量粉丝，主题乐园可以充分运用粉丝资源，通过场景移植、开发周边衍生品、丰富IP内涵等方式帮助用户与IP深度链接。同时，还要立足本土实际，讲好中国故事，提高科技含量，提升专业运作水平，用心、用情打造更多爆款文旅产品。

IP是主题公园可持续发展的灵魂。国内主题公园不仅要拥有IP，更要有源源不断创造IP和运用IP的能力，如此，才能在商业道路上走得更远。

说数

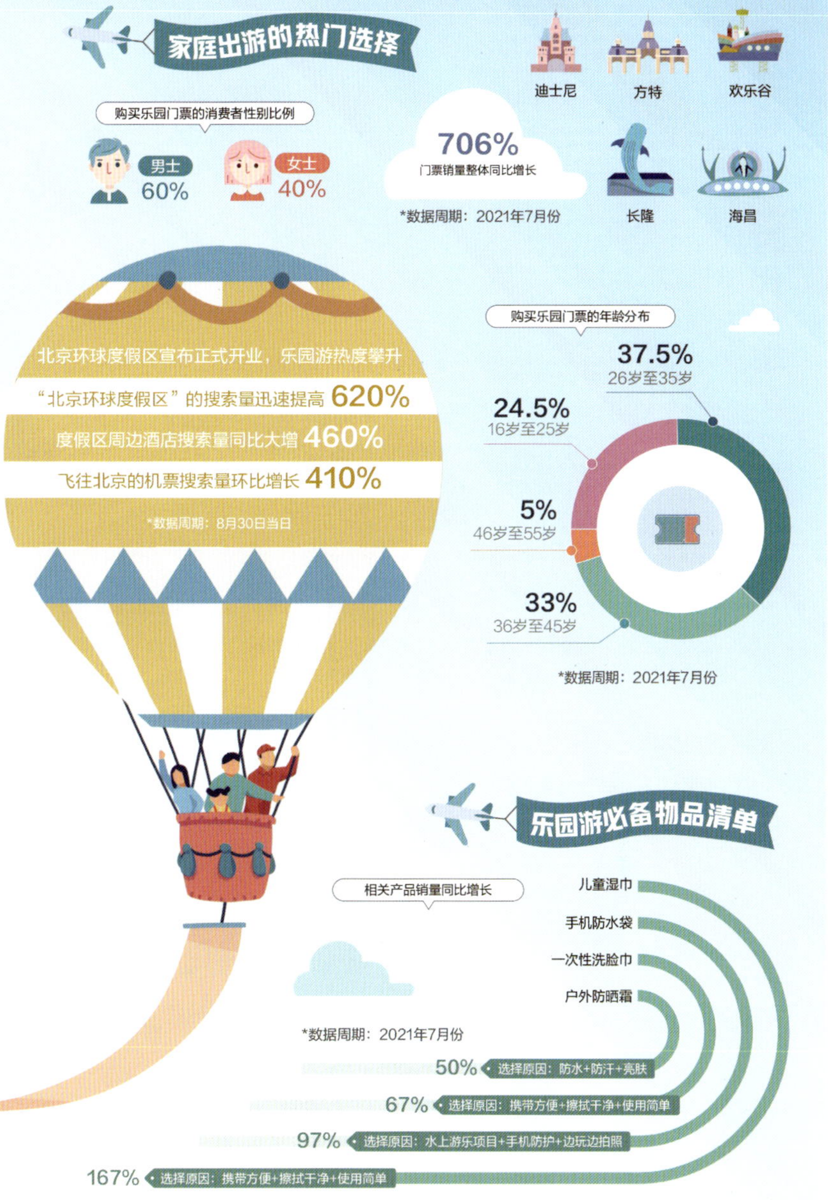

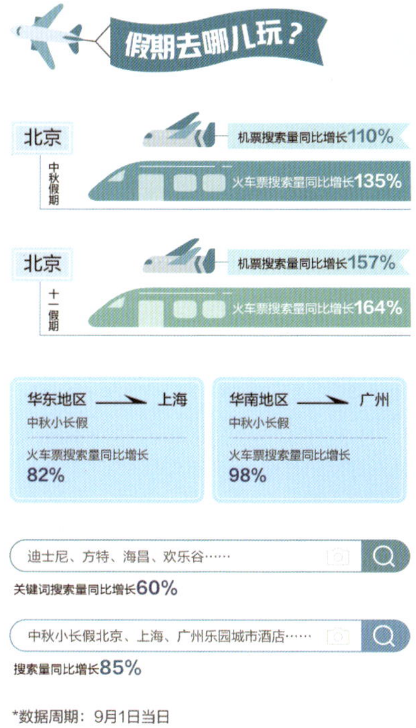

数据来源 京东消费及产业发展研究院 本版编辑 李 瞳 李 苑

社址：北京市西城区白纸坊东街2号 读者服务：13911270606（同微信号） 查号台：58392088 邮编：100054 传真：58392840 零售每份：1.00元 广告许可证：京西工商广登字20170090号 广告热线：58392178 发行热线：58392172 昨日（北京）开印时间：5:25 印完时间：6:40 印刷：

经济日报携手京东发布数据——

老字号焕发新活力

老字号搭上时代快车

刘 晖

提到老字号，消费者的脑海中往往浮现出古色古香的门脸、百年不变的产品、鬓角染白的顾客……千万别被固有观念欺骗了，现在的老字号早已成为走在时代前沿的弄潮儿。如今，大量老字号不仅搭上了线上零售、数字科技的时代快车，更在消费群体、产品服务上不断创新，其展现的活力丝毫不亚于很多新兴品牌。

从消费场景、目标人群等维度分析，老字号还有相当深厚的市场潜力可以深度挖掘。其中，在消费场景拓展方面，老字号在礼品、收藏等场景的销量增速迅猛，传统节日期间更是消费高峰；在目标人群扩容方面，大城市消费者和中青年消费者的消费占比已超过70%。综合来看，老字号在下沉市场、年轻群体和日常使用场景中还有巨大成长空间。因此，老字号要凭借浓厚的文化底蕴、出色的品质传承等固有优势，增强面向新用户、新市场的精准创新，在商品品类、服务品质等方面多下功夫。

首先，要进一步增强年轻消费群体的认可度，让自身焕发新的活力。数据显示，“90后”在中国网民的占比超过44%，他们在消费中，对个性化、服务体验和文化内涵的追求更为突出，对老字号有着天然的认同感和亲和性。

年轻人对中国传统文化兴趣十足，无论是出于对祖辈、父辈那一代生活的好奇，还是伴随他们成长的大量中国文化元素，如葫芦娃、黑猫警长、孙悟空……老字号有天然的优势和他们展开对话。他们对个性化、服务体验和文化内涵的追求更突出，他们心目中并没有对进口品牌和国产品牌的固有认知，也可以说没有品牌间的那道“国境线”。对他们而言，筛选标准往往是，更适合我的品牌，更酷的品牌，更个性的品牌。

其次，以老字号为代表的大量中国品牌更加重视自身“硬实力”的成长。它们从单纯追求性价比，到重视用户细分需求和体验，不断提升技术、设计、服务等水平；因为更了解和重视本地消费者，从商品、营销、渠道到服务，中国品牌决策更灵活，响应速度更快，也更容易赢得认可。因为与线上零售的合作不断深入，老字号更容易通过线上渠道精准获取用户需求，从产生的功能、设计、定价，甚至营销和服务都切中消费者的痛点。

不难看到，老字号在文化和品牌上的认知优势，加上和年轻消费者产生共鸣的产品、功能、设计、营销方式，“破圈”的成功概率会非常高。走出历史光环，在新国潮、数字化等加持下，老字号必将迎来崭新机遇。

（作者系京东消费及产业发展研究院院长）

说数

老字号也时尚

▸“95后”在同仁堂中各品类的购买量占比

阿胶	面膜
4%	23%

▸“95后”在大白兔中各品类的购买量占比

香水	沐浴乳	奶糖
46%	41%	20%

▾ 年轻人最爱购买的老字号网红产品TOP5

① 沈大成抹茶牛奶青团
② 大白兔香氛保湿护手霜
③ 杏花楼开袋即食酱鸭
④ 知味观龙井茶酥
⑤ 同仁堂七子白面膜粉

消费人群、场景更多元

用途

▾ 相关老字号品牌商品销售额同比增长

家用	礼赠	收藏
94%	53%	1806%

节日特征

▾ 老字号节日专属商品销量同比增长

春节	元宵	端午
72%	70%	40%

消费主力

一二线用户占比超70%

家庭用户占比超50%

30岁至49岁用户占比超70%

老字号传承核心是对产品品质的坚守，在经历岁月沉淀之后，成为了一种独有的、个性化的价值主张，正是这种坚守让越来越多的年轻人喜欢上老字号品牌商品。接下来，老字号品牌可以通过打造跨界产品、联名产品等，进一步收获年轻消费群体的关注。

近年来，老字号品牌通过持续创新，市场竞争力和品牌影响力均得到了明显提升。面对消费者的消费升级需求，老字号品牌可以在家用场景、礼赠场景、收藏场景等方面持续发力，打造多元化、多维度的细分消费场景。

入驻电商平台已成为老字号品牌传承发展的新方式。借助电商发达的物流及服务网络，老字号品牌能够突破地域限制，获得庞大的增量用户，实现跨越式发展。下一步，老字号品牌可通过电商平台为消费者量身定制产品，在传承中不断创新发展。

地域消费特征（2021年下半年）

▾ 老字号商品成交额占比TOP5省份

北京	广东	上海	江苏	山东
16.0%	14.7%	10.8%	8.0%	5.3%

▾ 老字号商品成交额同比增幅超100%的地区

广东江门市	海南三沙市	新疆昆玉市	青海海北藏族自治州	海南澄迈县	安徽黄山市
166%	157%	154%	106%	106%	101%

▾ 老字号商品成交额占比增长TOP5省份

北京	上海	浙江	河北	辽宁
4.8%	1.2%	0.8%	0.7%	0.6%

更多内容 扫码观看

数据周期：2021年

数据来源 京东消费及产业发展研究院 本版编辑 李 瞳 林 蔚

经济日报携手京东发布数据——

大学生消费日趋理性

与年轻消费群体共同成长

刘 晖

开学季对广大大学生群体特别是大学生而言，是一个重要消费节点。面对即将到来的校园生活，他们有大量的物资购买需求。对企业而言，能够更快更好满足这一群体在开学季的消费需求，就能够抓住未来一年甚至几年学生消费的趋势密码。

一方面，大学生群体是未来消费市场的主力，赢得了这一群体的信赖和认可，就等于提前布局未来更为庞大的市场；另一方面，他们也是新消费的代表，无论对新兴产品和服务，还是对新型购物方式和消费模式，都有很高的接受度。因此，满足该群体消费需求就是掌握未来的流量密码。

调研和消费数据均显示，大学生群体的消费观念正在快速转变，不再一味追求个性张扬，购物心理更加理性。

理性主要体现在大学生群体消费的频率和动机。作为电子产品的重度用户及新品的绝对拥趸，大学生们的换新周期已经普遍延长到2年以上。同时，大学生群体的换新动机也更趋理性，颜值和追新不再是主要因素，够不够用才是决定性的。调研显示，产品老旧反应慢和原有功能无法满足需求，已经成为大学生换新的主要原因。

大学生群体对购物性价比的关注也是理性消费的特征之一。对于采购时机的选择，大学生们在开学季的消费热情甚至超越了“618”“双11”等时间节点，这也是为什么越来越多的商家选择在这一时间段进行促销活动。

此外，大学生对服务水平和消费体验的关注度大大提升。例如，超一半大学生体验过以旧换新、只换不修等增值服务；近七成大学生认为电器产品必须具备延保服务。大学生群体不仅重视服务，而且擅长享受和使用新服务。

总体来看，重视校园市场的布局和拓展，走品牌年轻化之路，将成为很多企业的重要发展路径。因此，要勇于、敢于、善于主动布局未来，通过精准洞察大学生消费需求，充分迎合和引导他们在品质、服务等方面的消费习惯，与年轻群体一同成长，为品牌注入更强生命力。

（作者系京东消费及产业发展研究院院长）

说数

小到手机，大到家电，电器已成为大学生活必不可少的重要装备。其中，笔记本电脑是支出最高的电器类型，手机则是更换最快的电器，此外，剃须刀、吹风机等小电器也在大学生必购清单上。对于商家来说，在开学季这个时间点推出适合学生群体的产品及优惠活动，可以进一步增强年轻用户黏性、拓展自己的产品维度。

学生群体在购买电器产品时更关注性能、价格及品牌。其中，优惠打折是大学生的最爱，完善的售后服务则是加分项。品牌厂商要充分认识到大学生的消费观念日趋理性，要针对产品和服务进行优化升级，用完善的售后增值服务擦亮品牌，通过细致的服务、极致的性价比抢占先机。

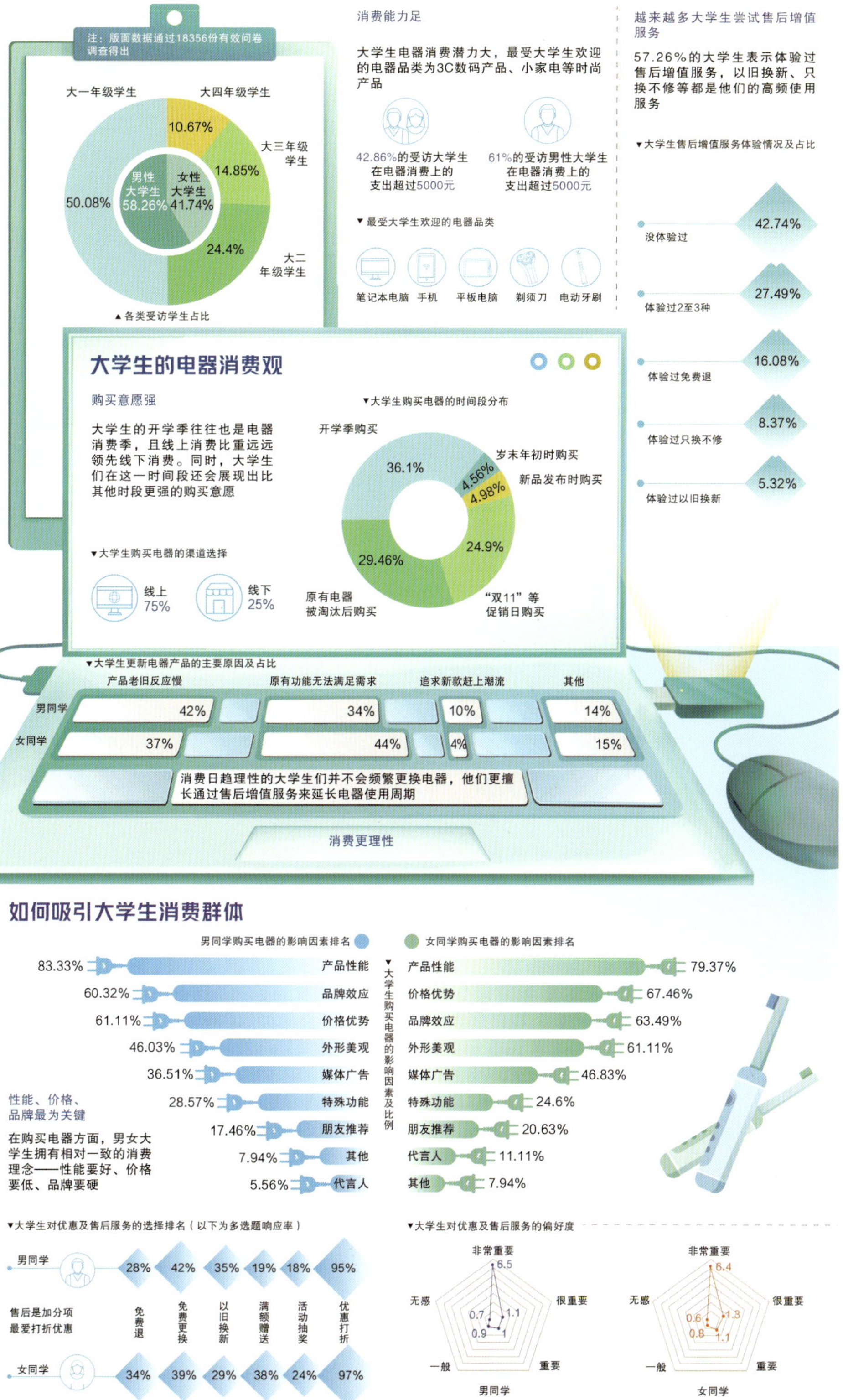

服务与折扣一个都不能少

大学生在购买电器时更在意使用期限和折扣，有近七成大学生认为，电器产品必须具备延保服务，超八成大学生更关注优惠程度

更多内容 扫码观看

数据周期：2022年7月

数据来源 京东消费及产业发展研究院 本版编辑 李 瞳 林 蔚

CHAPTER 5

CONSUMPTION

从这里读懂中国消费

第五章　消费之靓

消费有“靓”点 生活质量高

京东消费及产业发展研究院高级研究员 柴祯祯

近年来，随着线上消费愈加火热，消费者的需求和行为也随之改变，呈现新的趋势性特点，整体上正从温饱型向舒适型、发展型、享受型转型，消费者更为关注个性、品质、健康、美丽、绿色等关键词。消费升级步伐加快，消费呈现出新的“靓”点。

跨境消费活力十足

随着我国进一步扩大对外开放，越来越多进口商品走入国内消费者的生活和工作，在丰富“货架”的同时，更好地满足了人们对于美好生活的向往。

在线上进口消费市场，“80后”“90后”依然占据主流消费地位，26岁至35岁消费人群占比接近五成。值得关注的是，46岁至55岁年龄段的消费人群对进口消费热情正快速提升。同时，不同年龄段人群偏好的品类也大不相同，如“95后”更具有国际化视野且充满个性，在物质条件逐渐改善的情况下，更关注商品的品质，追求满足个人偏好的小众商品；对于“银发族”来说，他们更偏爱购买食品饮料、服饰内衣等进口商品。

进口消费增长得益于我国主动扩大进口、引进优质品牌、改善消费结构的有力举措。同时，跨境电商平台进一步促进了进口贸易便利化，有助于拓宽进口商品的销售渠道。随着电商平台基础设施建设、供应链效率提升等方面逐步完善，近年来县域农村市场的进口消费热度持续上涨，与2019年相比，2021年县域农村市场的进口消费成交额增长了174%，并在品类上呈现出明显的消费升级特点。

伴随着中国经济持续增长，越来越多的进口品牌借助良好高效的供应链生态体系，进入中国市场，满足消费者更多样、更高品质的消费需求。持续活跃的进口市场将在很大程度上对国内消费市场起到补充作用，进而满足我国居民不断增长的消费需求。

绿色消费产销两旺

近年来，无论是供给侧还是需求侧，都越来越重视绿色、低碳、可持续的生产生活方式，并衍生出绿色出行、绿色居家、绿色建材、节能家电等各类消费场景。

自“双碳”目标提出后，各方围绕碳中和的赛跑已悄然展开。2022年年初，国家发展改革委、工业和信息化部等七部门印发《促进绿色消费实施方案》，指出必须在消费各领域全周期全链条全体系深度融入绿色理念，全面促进消费绿色低碳转型升级，鼓励推进绿色消费积分机制。

从节能节水到以旧换新，这些政府倡导、商家和消费者“双向奔赴”的负责任消费行为，不仅有利于环境保护、可持续发展，更能让消费者享受到美好、健康和高效的生活。

数据显示，25岁以下人群对节能产品的敏感性不高，但当他们成家立业后，会迅速提升对节能产品的需求。因此可以进一步增强各品类产品的节能功能，从而引导整个市场的发展风向。

此外，家电以旧换新也是一项卓有成效的绿色环保举措。不少家庭往往遵循“不坏不换”原则，特别是冰箱、空调、洗衣机等大件白电往往存在“超期服役”现象。为解决老旧家电回收难题，继续推广以旧换新，提升服务便利性、扩大用户选择范围，能够拉动新型家电消费，客观上起到节能降耗效果。

从消费者角度看，偏好节能/节水产品的消费者对价格有显著的敏感性，如果对高能效/水效产品进行补贴，可能会拉动更多潜在消费。

接下来，绿色消费发展的关键驱动力将是消费端与产业端的良性循环，由消费者与企业共同推动行业螺旋式上升

节日消费带来新动能

中国是礼仪之邦，中国人更加注重节日的仪式感。因此逢年过节，要么是外出旅行，要

么走亲访友，都是拉动消费的重要时间节点。

2022年以来，“假日露营”消费方兴未艾，五一、端午、国庆小长假以及暑期，朋友圈里两种风景最为火爆：一是露营野餐，二是订餐家宴。数据显示，2022年以来，全国用户购买野餐用品成交额同比增长181%，吊床类增长102%，帐篷/垫子类增长100%，烧烤用具增长41%。从年龄段看，26岁至35岁人群是这一潮流的引领者，消费金额占总人群的48%；但是36岁至55岁人群增长更快，而且他们更倾向于购买大型、适合全家使用的装备，客单价是平均值的1.9倍。与此同时，“家宴”也带动了预制菜的火爆。

节假日已成为撬动消费潜能、释放消费需求的关键时点。以七夕为例，作为中国传统的“情人节”，在消费侧有着重要地位。一方面，作为重要消费节点，无论是重点品类的销量还是销售额都在逐年上升，说明消费者越来越重视这个节日；另一方面，在夏季这个消费增长相对平缓的时间段，七夕会为许多品类带来销售小高潮，聚焦于七夕的商家也越来越多了。未来，我国节假日消费需求将呈现品质化、便利化、人性化等特点。

从跨境消费、绿色消费、节日消费的趋势中，反映出的是中国消费市场最“靓丽”的风景线，也是如今中国整体消费升级态势的缩影：高线市场将进口、绿色、数字化、智能化产品的便利传导到下沉市场；而各地特色农产品则借助京东产销全供应链上行到全国各地，节日消费则进一步刺激了流动、消费和新品类增长，充分体现了中国经济的韧性和多元化。

专家评论

大数据下的消费新风向

中国国际电子商务中心电子商务首席专家　李鸣涛

当前受国内外形势影响，供给冲击、需求收缩、预期转弱是我国经济发展面临的三大挑战。以扩大消费为突破口打造经济发展的可靠动力已经成为我国经济应对挑战的重要手段，其中线上消费对于促销费而言具有风向标的作用。

按照国家统计局公布的数据，2021年，全国网上零售额达13.1万亿元，同比增长14.1%，增速比上年加快3.2个百分点。其中，实物商品网上零售额达10.8万亿元，首次突破10万亿元，同比增长12.0%，占社会消费品零售总额的比重为24.5%，对社会消费品零售总额增长的贡献率达23.6%。数据背后一方面反映出我国电商零售市场已经成为消费市场不可或缺的组成部分，同时，线上零售仍然处于快速发展阶段，其增速远远高于线下零售，电商创新依然活跃，发展动力十足。另一方面，除了电商的市场渠道价值外，我们还应更加关注的是线上消费背后的大数据增值价值。

区别于线下消费，消费者在线上的每一次点击、滑动、搜索、浏览、下单、评价、退换货等行为均会形成数据留存，电商企业依据这些数据可以对消费者进行大数据画像，进而精准地把握消费者偏好，为消费者提供个性化服务，提升消费体验的同时增强消费者粘性。基于平台海量消费者的消费数据，就可以从消费品类、消费热点、区域分布、进口出口等多维度分析出消费的新特点、新趋向，发挥线上消费数据的导引价值。正如《从这里读懂中国消费——消费为什么能》基于消费大数据，科学揭示出当前消费者更为关注个性、品质、健康、美丽、绿色等相关的产品，消费升级步伐加快等消费新趋向，有助于政府和企业及时把握消费变化，更加精准地优化产品和服务供给。

基于大数据进行分析，我们看到“客制化”“价值型购买”“精准创新”的概念已经大行其道，基于电商大数据精准消费洞察引导下的产品创新和品牌迭代成为众多爆款产品的背后逻辑。依托消费大数据的支持，生产商、品牌商可以掌握精准的消费数据和客户画像，进而聚焦细分市场实现品牌定位的细分化；数字化供应链还可以充分发挥小、快、灵优势整合产业链上下游资源，服务快速迭代的细分消费需求；社交网络、电商平台、智能空间给了品牌全方位多渠道连接客户的手段，持续增强用户的品牌心智。可以说，正是数字化手段的综合应用才使得生产者第一次可以这么近距离、全方位地贴近消费者，进而奠定品牌及产品独特的竞争力。

在电商大数据的加持下，政府与市场主体从“需”和“供”两端发力精准拉动消费和优化供给的能力正得到快速提升，电商大数据的开放价值正得以充分体现，发现消费之靓，始于数据。

创造价值赢得未来

京东消费及产业发展研究院院长　刘　晖

近来，各大电商平台纷纷进入“618”年中大促模式。线上消费变得愈发火热，展现了中国消费市场的韧性与潜力，同时也为大量品牌商、制造商、渠道商带来了更为强劲的发展动能。

从消费侧来看，“价值型购买”趋势越来越明显。消费者更加理性，不仅不再只是为了追求拥有和消费的过程，而且更加关注消费后的价值体验。

这种趋势对整体市场发展带来了更为正向的影响。回归价值，意味着企业潜心技术创新、品质与服务升级，意味着凭借产品和服务赢得良好口碑的品牌和企业更能形成可持续高质量发展。同时，这也要求品牌商、制造商舍弃短期行为，苦练“内功”，通过真正的差异化竞争去获得消费者认可。

消费者的“价值型购买”体现在购物决策的过程延长。在“618”前1个月甚至3个月，很多消费者就把心仪的商品加入购物车，此后不仅关注价格变动，而且会通过商品评价和评测文章不断审视自己的选择。

同时，消费者在衡量购物选择时，考虑的不只是性价比，而且会仔细评估产品或服务带来的体验与价值，以及为工作和生活品质带来的提升。这一趋势意味着新技术、高性能的产品将变得更受青睐，对相关商家提出了更高要求。接下来，无论是制造、销售，还是售后服务企业，都需要加快升级，凭借更先进的技术、更出色的设计、更可靠的品质和更优异的服务，为消费者带来更多、更长久的价值。

值得注意的是，“价值型购买”还将推动上游企业更加聚焦产品和服务本身，而不是仅仅寄希望于通过放大营销声量带来消费转化。对于企业来说，首先要通过大数据等方式精准挖掘目标消费群体的价值主张，锁定消费者的需求点。接下来，要通过技术创新、设计创新，让自己的商品和服务能满足，甚至是适当超前满足消费者的需求。

人均消费支出

全国居民人均消费支出24100元，比2012年增加12046元，年均实际增长5.9%，居民消费升级态势明显

恩格尔系数

全国居民恩格尔系数为29.8%，比2012年下降3.2个百分点

教育文娱等支出

全国居民人均教育文化娱乐消费支出增长27.9%；人均交通通信消费支出增长14.3%

服务消费支出

居民服务消费支出占居民人均消费支出的比重为44.2%，比2013年提高4.5个百分点

经济日报携手京东发布数据——

消费市场走向成熟

创造价值赢得未来

刘　晖

近来，各大电商平台纷纷进入"618"年中大促模式。线上消费变得愈发火热，展现了中国消费市场的韧性与潜力，同时也为大量品牌商、制造商、渠道商带来了更为强劲的发展动能。

从消费侧来看，"价值型购买"趋势越来越明显。消费者更加理性，不仅不再只是为了追求拥有和消费的过程，而是更加关注消费后的价值体验。

这种趋势对整体市场发展带来了更为正向的影响。回归价值，意味着企业潜心技术创新、品质与服务升级，意味着凭借产品和服务赢得良好口碑的品牌和企业更能形成可持续高质量发展。同时，这也要求品牌商、制造商舍弃短期行为，苦练"内功"，通过真正的差异化竞争去获得消费者认可。

消费者的"价值型购买"体现在购物决策的过程延长。在"618"前1个月甚至3个月，很多消费者就把心仪的商品加入购物车，此后不仅关注价格变动，而且会通过商品评价和评测文章不断审视自己的选择。

同时，消费者在衡量购物选择时，考虑的不只是性价比，而是会仔细评估产品或服务带来的体验与价值，以及为工作和生活品质带来的提升。这一趋势意味着新技术、高性能的产品将变得更受青睐，对相关商家提出了更高要求。接下来，无论是制造、销售，还是售后服务企业，都需要加快升级，凭借更先进的技术、更出色的设计、更可靠的品质和更优异的服务，为消费者带来更多、更长久的价值。

值得注意的是，"价值型购买"还将推动上游企业更加聚焦产品和服务本身，而不是仅仅寄希望于通过放大营销声量带来消费转化。对于企业来说，首先要通过大数据等方式精准挖掘目标消费群体的价值主张，锁定消费者的需求点。接下来，要通过技术创新、设计创新，让自己的商品和服务能满足，甚至是适当超前于消费者的需求。

（作者系京东消费及产业发展研究院院长）

说数

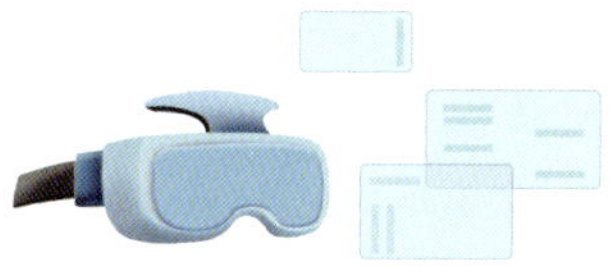

从水果消费来看，越来越多的消费者对应季水果更有兴趣，也愿意尝试"远方的味道"。而对于有机食品和低温奶的青睐，则更多源于这些产品上的健康标签。相关企业无论在产品开发还是卖点打造上，都应该把健康和口味放到同等重要的地位。

年轻人对健康非常关注，引领了从治已病到治未病的健康潮流。从事基因检测、疫苗等健康服务的企业可以针对青年消费群体的特点，加强预防、检测、疫苗等类型服务产品的搭配和推广，通过更好服务青年群体，向更广泛的年龄段和地域渗透。

消费场景建设是一个具有极大发展潜力的领域，随着消费者生活方式的改变，不仅有大量新场景诞生，也有许多老场景被赋予新的价值。厂商要通过大数据等手段，更精准、敏锐地认知不同场景下的需求变化，不仅要创造新场景，更要加紧改造老场景。

更多内容 扫码观看

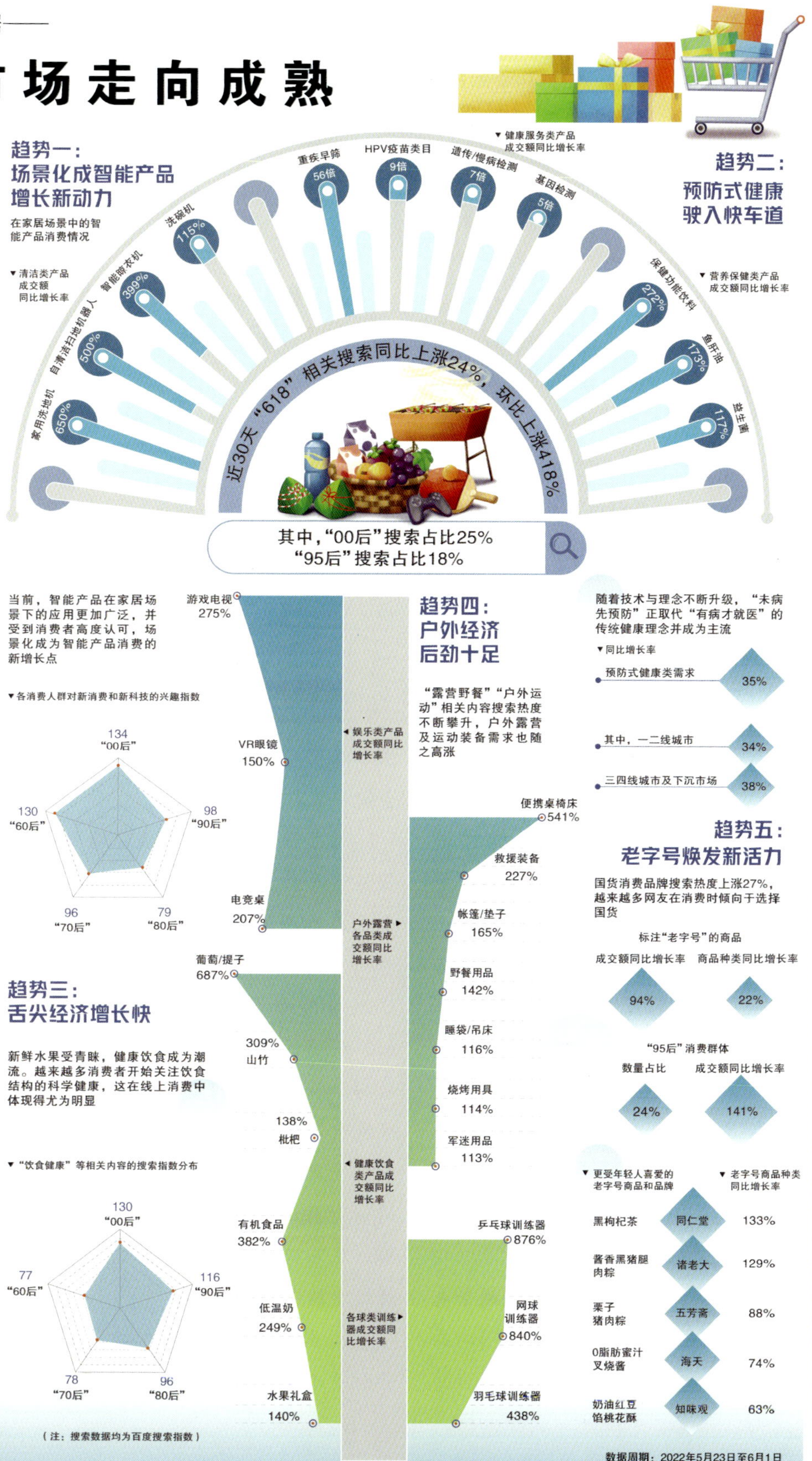

数据来源　京东618消费趋势洞察报告　本版编辑　李　瞳　林　蔚

绿色消费不能忽视价值导向

京东消费及产业发展研究院院长　刘　晖

2013年至2021年，全国累计造林总面积约**5944**万公顷

截至2021年底，工信部组织实施了**300**余项绿色制造重大工程项目，发布了**184**家绿色制造系统解决方案供应商，制定绿色制造相关标准**500**多项，培育建设了

2783家
绿色工厂

223家
绿色工业园区

296家
绿色供应链企业

近年来，无论是供给侧还是需求侧，都越来越重视绿色、低碳、可持续的生产生活方式，并衍生出绿色出行、绿色居家、绿色建材、节能家电等各类消费场景。在推动绿色消费的过程中，商家和消费者不能忽视价值导向。

数据显示，以LED光源、太阳能等为代表的节能节水商品销售增长迅猛；以有机绿色为特征的食品和家居家装用品受到青睐；以旧换新更是成为了拉动家电消费的重要引擎。这些负责任的消费行为，不仅有利于环境保护、可持续发展，更能让消费者享受到美好、健康和高效的生活。

中国消费者的绿色消费行为一定程度上已经超前于对绿色消费的认知。调查显示，仅有6%的中国消费者"完整了解"有责任消费的概念，但已有87%的消费者开始践行有责任的消费举措。例如，消费者可能并不完全了解大家电能效等级指标的具体含义，但在选购家电时会趋向于在可承受范围内购买能效更优质的产品。背后的根本原因，就是绿色消费给社会带来了实实在在的价值。

对企业而言，绿色消费趋势值得关注，但要注意的是，无论是产品和服务设计，还是营销举措，都要从消费者的角度思考能带来哪些实惠。例如，明确展示节能电器的节电数据、节水马桶的节水比例、绿色食品的具体优势……让消费者在享受商品和服务价值的同时，增进对绿色消费的了解，从而与企业共同担负起可持续发展责任。

另外，家电以旧换新也是一项卓有成效的绿色环保举措。不少家庭往往遵循"不坏不换"原则，特别是冰箱、空调、洗衣机等大件白电往往存在"超期服役"现象。为解决老旧家电回收难题，继续推广以旧换新，提升服务便利性、扩大用户选择范围，能够拉动新型家电消费，客观上起到节能降耗效果。

接下来，绿色消费发展的关键驱动力将是消费端与产业端的良性循环，由消费者与企业共同推动行业螺旋式上升。在这个过程中，消费端价值的发掘、创造和提升会成为产业侧持续关注的焦点。

经济日报携手京东发布数据——

拥抱低碳环保新生活

绿色消费不能忽视价值导向

刘 晖

近年来，无论是供给侧还是需求侧，都越来越重视绿色、低碳、可持续的生产生活方式，并衍生出绿色出行、绿色居家、绿色建材、节能家电等各类消费场景。在推动绿色消费的过程中，商家和消费者不能忽视价值导向。

数据显示，以LED光源、太阳能等为代表的节能节水商品销售增长迅猛；以有机绿色为特征的食品和家居家装用品受到青睐；以旧换新更是成为了拉动家电消费的重要引擎。这些负责任的消费行为，不仅有利于环境保护、可持续发展，更能让消费者享受到美好、健康和高效的生活。

中国消费者的绿色消费行为一定程度上已经超前于对绿色消费的认知。调查显示，仅有6%的中国消费者"完整了解"有责任消费的概念，但已有87%的消费者开始践行有责任的消费举措。例如，消费者可能并不完全了解大家电能效等级指标的具体含义，但在选购家电时会趋向于在可承受范围内购买能效更优质的产品。背后的根本原因，就是绿色消费给社会带来了实实在在的价值。

对企业而言，绿色消费趋势值得关注，但要注意的是，无论是产品和服务设计，还是营销举措，都要从消费者的角度思考能带来哪些实惠。例如，明确展示节能电器的节电数据、节水马桶的节水比例、绿色食品的具体优势……让消费者在享受商品和服务价值的同时，增进对绿色消费的了解，从而与企业共同担负起可持续发展责任。

另外，家电以旧换新也是一项卓有成效的绿色环保举措。不少家庭往往遵循"不坏不换"原则，特别是冰箱、空调、洗衣机等大件白电往往存在"超期服役"现象。为解决老旧家电回收难题，继续推广以旧换新，提升服务便利性、扩大用户选择范围，能够拉动新型家电消费，客观上起到节能降耗效果。

接下来，绿色消费发展的关键驱动力将是消费端与产业端的良性循环，由消费者与企业共同推动行业螺旋式上升。在这个过程中，消费端价值的发掘、创造和提升会成为产业侧持续关注的焦点。

（作者系京东消费及产业发展研究院院长）

说数

在国家和地方出台的各类优惠政策推动下，越来越多节能节水产品走入消费者日常生活。特别是在年轻消费群体中，节能节水类家电和建材颇受欢迎。商家要积极迎合年轻消费者对环保产品的需求，针对室内污染、能耗过高等问题，进一步在相关产品中增添绿色、节能、环保等特性。

健康饮食日渐成为消费者共识，有机食品虽然价格较高，但凭借营养和品质逐渐成为餐桌常客。食品加工企业可以通过精深加工，扩大产品种类、提高附加值，增强有机食品的吸引力。同时，还要做好产品营销，普及健康知识，让更多消费者认识和了解有机产品。

数据显示，我国已有超过1.8亿台家电达到安全使用年限，以旧换新市场规模庞大。开展以旧换新业务，不仅能有效刺激消费需求，还能通过回收再加工缓解原材料价格上涨给企业带来的成本压力。接下来，商家要在创新服务上下功夫，以更好的服务和产品吸引消费者，助力绿色消费、循环经济健康发展。

更多内容 扫码观看

数据周期：5月20日至6月5日

有机消费

336万件有机产品被消费者买走。其中，食品饮料类有机产品194万件，母婴类有机产品88万件，生鲜类有机产品16万件

主要品类消费增长情况

▼ 食品饮料类有机产品成交额同比增长情况

▼ 生鲜类有机产品成交额同比增长情况

消费者画像

牛奶乳品是受全年龄段消费者欢迎的有机产品

▼ 各年龄段消费者偏爱购买的有机产品TOP3

主要品类消费增长情况

▼ 大家电类以旧换新产品成交额同比增长情况

▼ 厨卫家电类以旧换新产品成交额同比增长情况

节能节水

主要品类消费增长情况

▼ 节能节水类家用电器成交额同比增长情况

▼ 节能节水类家装建材成交额同比增长情况

消费者画像

电风扇、冰箱、LED光源是受各年龄段消费者青睐的节能产品

▼ 各年龄段消费者偏爱购买的节能产品TOP3

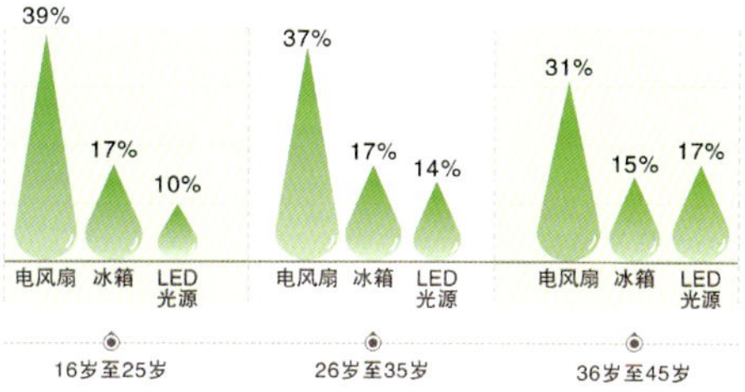

以旧换新

217万件以旧换新相关产品被消费者买走。其中，大家电类以旧换新产品售出187万件，厨卫家电类以旧换新产品售出15万件

消费者画像

空调、洗衣机、平板电视以旧换新，是全年龄段消费者首选

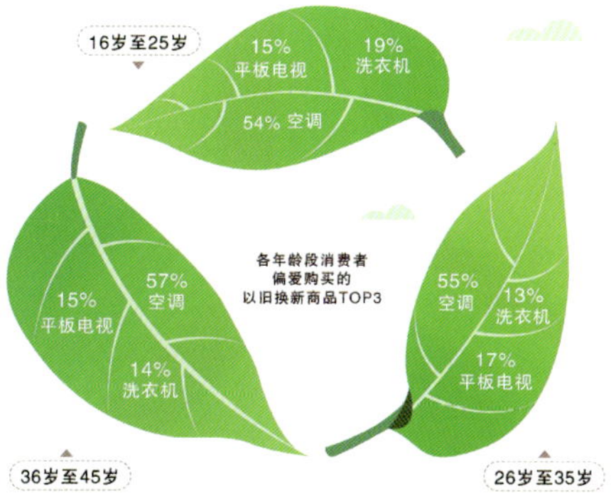

数据来源 京东消费及产业发展研究院 本版编辑 李 瞳 林 蔚

以旧换新不只拉动消费

京东消费及产业发展研究院高级研究员　陆　飞

近年来，在有关政策驱动下，我国资源利用效率显著提升，再生资源对原生资源的替代比例持续提高，旧物回收、以旧换新成为新蓝海，相关行业迎来快速发展的黄金期。

有趣的是，调研数据显示，大部分消费者虽然还没有“完整了解”环保、绿色等内涵与范畴，但却早已开始实践绿色环保的消费行为，这主要是通过使用各平台以旧换新服务实现的。可以说，以旧换新不仅是一种拉动消费升级的手段，还引领了绿色消费观念的形成，并由此衍生出“循环供应链”概念。

从用户端来看，年轻一代能够更快地接受循环经济模式。随着年轻人消费能力持续增强，绿色环保消费理念加速普及，循环经济发展壮大的底气更足了。

除了用户端，企业端也通过多种形式推动循环经济快速发展。例如，在手机回收领域，相关企业通过更便捷的服务和更实惠的价格，吸引了大量消费者关注，推动了绿色消费理念在3C消费生态中生根发芽。接下来，相关企业要通过提升品质、保护隐私、完善标准、增强保障等方式，助力更广泛的消费群体接受循环经济理念，进而推动整个行业进入可持续发展模式。

同时，我们也要深刻认识到，实现更加“有责任地”绿色生产和消费，不能单纯依靠消费者自我认知和约束来实现，还需要制造商、流通商、零售商、科技企业及行业协会等在供给侧形成合力，从而实现多维度、多领域协同发展。

相信在多方努力下，我们一定能实现绿色低碳循环发展的总体目标。“旧物”不再是“废物”，而是重新进入新的生命周期，完成“从摇篮到摇篮”的进化，使得整个经济体系实现循环往复、生生不息。

2021 年，天然气、水核风光电等清洁能源占能源生产总量的比重为 **26.4**%，比 2012 年提高 **11.1** 个百分点

目前，我国已建成覆盖全国 **31** 个省、自治区、直辖市超过 **1** 万个新能源汽车动力电池回收服务网点

2021 年，单位国内生产总值能耗比 2012 年累计降低 **26.4**%，年均下降 **3.3**%

经济日报携手京东发布数据——

循环经济串起绿色产业链

以旧换新不只拉动消费

陆 飞

近年来，在有关政策驱动下，我国资源利用效率显著提升，再生资源对原生资源的替代比例持续提高，旧物回收、以旧换新成为新蓝海，相关行业迎来快速发展的黄金期。

有趣的是，调研数据显示，大部分消费者虽然还没有“完整了解”环保、绿色等内涵与范畴，但却早已开始实践绿色环保的消费行为，这主要是通过使用各平台以旧换新服务实现的。可以说，以旧换新不仅是一种拉动消费升级的手段，还引领了绿色消费观念的形成，并由此衍生出“循环供应链”概念。

从用户端来看，年轻一代能够更快地接受循环经济模式。随着年轻人消费能力持续增强，绿色环保消费理念加速普及，循环经济发展壮大的底气更足了。

除了用户端，企业端也通过多种形式推动循环经济快速发展。例如，在手机回收领域，相关企业通过更便捷的服务和更实惠的价格，吸引了大量消费者关注，推动了绿色消费理念在3C消费生态中生根发芽。接下来，相关企业要通过提升品质、保护隐私、完善标准、增强保障等方式，助力更广泛的消费群体接受循环经济理念，进而推动整个行业进入可持续发展模式。

同时，我们也要深刻认识到，实现更加“有责任地”绿色生产和消费，不能单纯依靠消费者自我认知和约束来实现，还需要制造商、流通商、零售商、科技企业及行业协会等在供给侧形成合力，从而实现多维度、多领域协同发展。

相信在多方努力下，我们一定能实现绿色低碳循环发展的总体目标。“旧物”不再是“废物”，而是重新进入新的生命周期，完成“从摇篮到摇篮”的进化，使得整个经济体系实现循环往复、生生不息。

（作者系京东消费及产业发展研究院高级研究员）

说 数

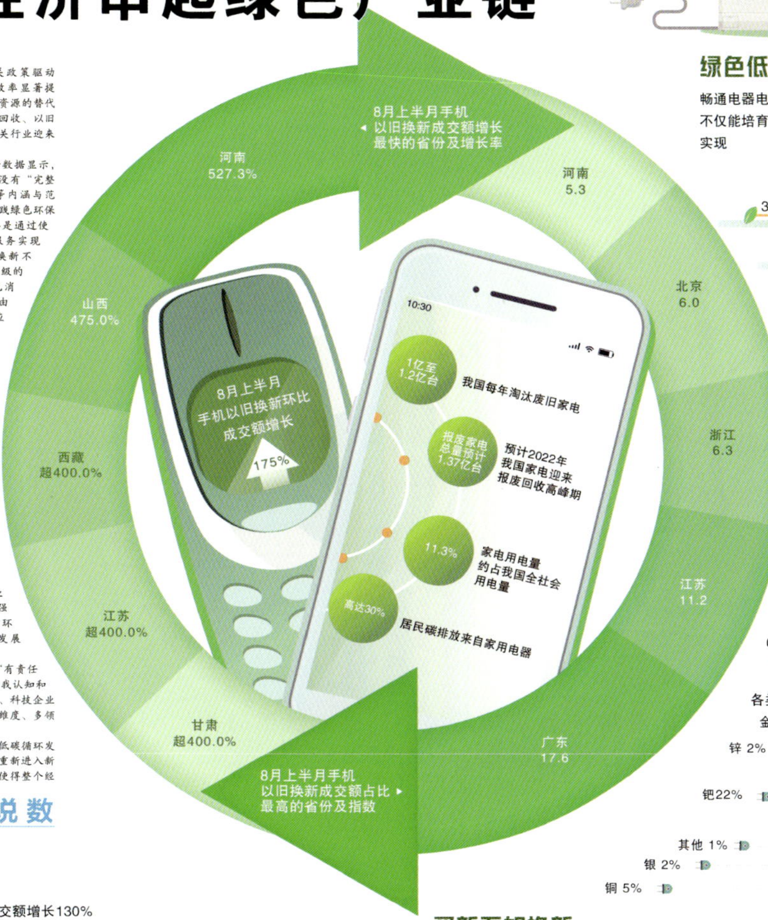

绿色低碳变废为宝

畅通电器电子产品回收渠道，大力发展循环经济，不仅能培育绿色消费理念，还有利于“双碳”目标实现

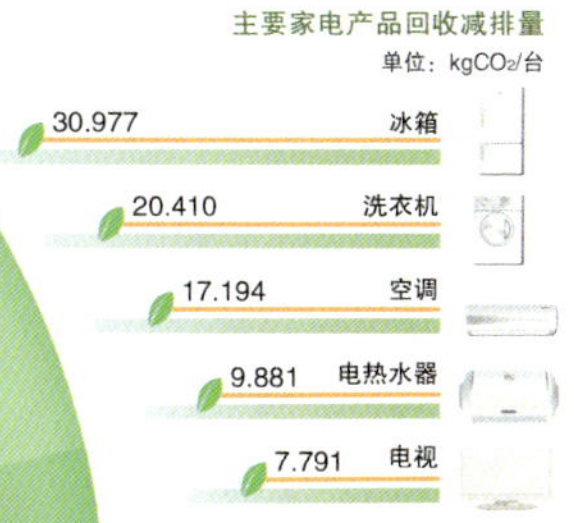

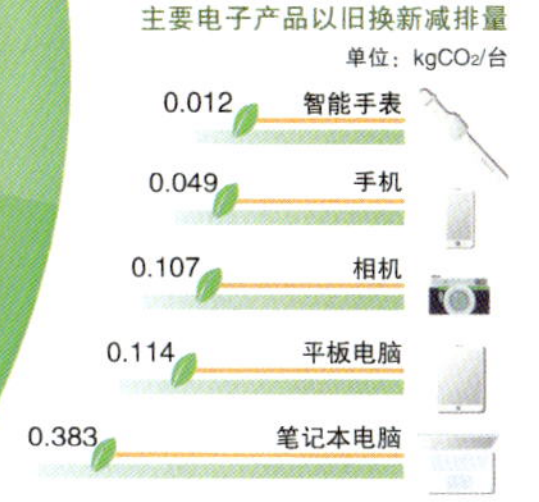

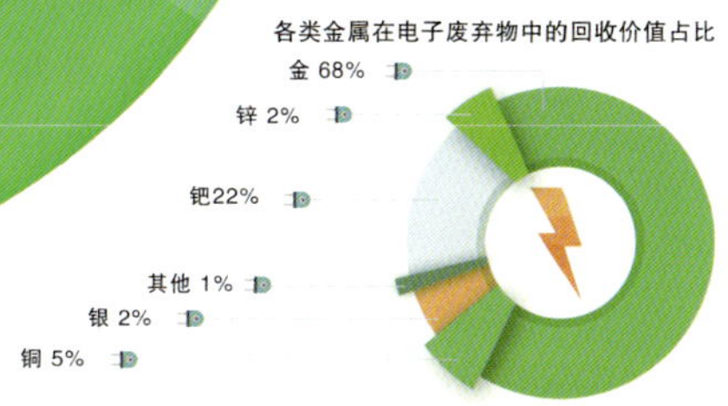

循环经济已成共识

8月上半月，家电以旧换新环比成交额增长130%

▾ 家电以旧换新成交额增长最快的省份及增长率

▾ 家电以旧换新成交额占比最高的省份及指数

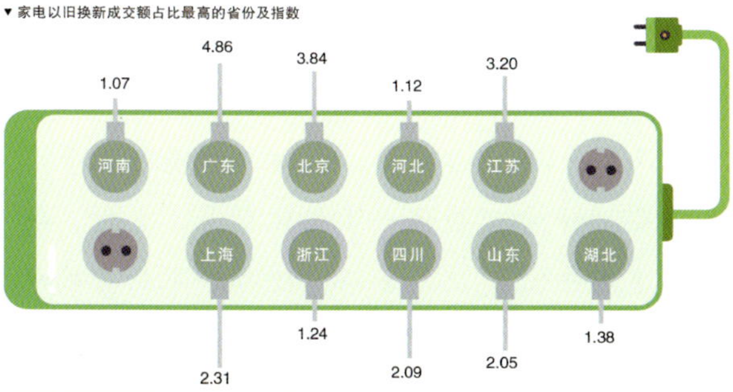

买新不如换新

越来越多消费者通过以旧换新，成为绿色生活参与者倡导者，并有力推动行业升级

2022年上半年：

▸ 京东电器通过以旧换新推动超26.2万吨碳减排

▾ 回收电器减少的碳排放：超6.2万吨

▾ 换新的一级能效空调、冰箱、电视、洗衣机、热水器五大类家电减少的碳排放：每年超20万吨

（按1棵树1年吸收18.3kg的CO_2计算）

今年“618”期间

更多内容 扫码观看

合规回收交易是近年来二手市场增长的亮点，并在一定程度上加速了“可持续”认知的普及，改变了传统的“资源—产品—废弃物”的单向线性经济。接下来，回收平台需注意增强回收体系的便捷性，并搭建相应的检测系统，保证具有二次使用价值的回收物品在清除隐私后，以合理的价格进入二手市场。

消费者对环境保护认知度及隐私保护意识的提升，使得他们对旧物回收、以旧换新等服务提出了更高要求。相关平台应加快打造类型多样、方便高效、形式灵活的以旧换新服务，在进一步完善数据迁移、隐私清除、面对面回收等增值服务的同时，持续传播绿色消费理念，推动绿色生活方式转变。

数据来源 京东消费及产业发展研究院 本版编辑 李 瞳 林 蔚

拉长跨境电商供应链

京东消费及产业发展研究院高级研究员　柴祯祯

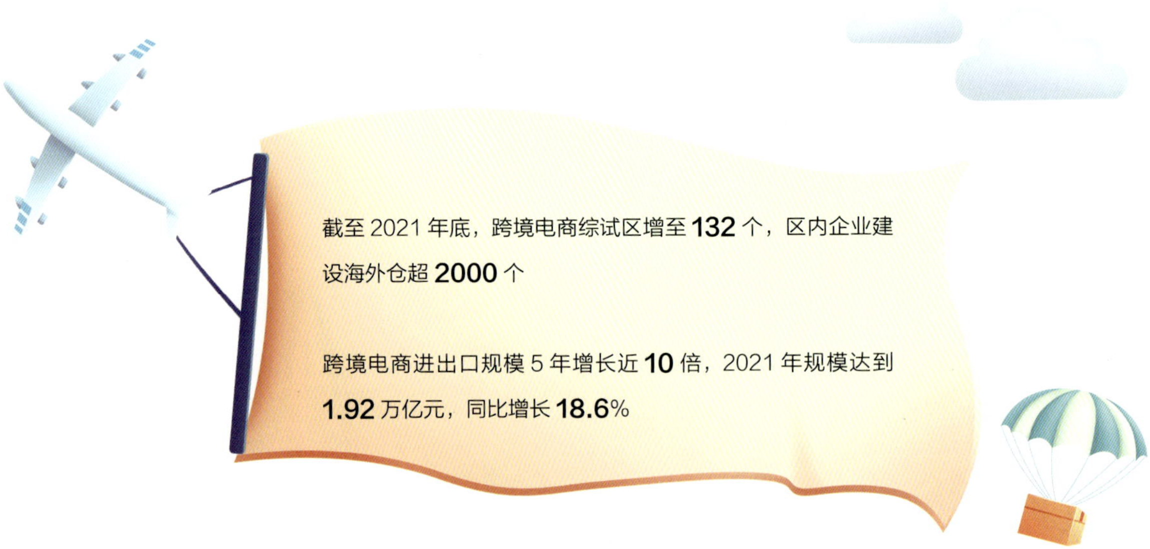

近年来，跨境电商市场交易规模稳步增长，全球网购渗透率快速提升，使得跨境电商行业迎来发展高峰。目前，跨境电商已成为外贸发展新动能、转型升级新渠道和高质量发展新抓手。

从供给端来看，由于新冠肺炎疫情和地缘政治因素的叠加影响，供应链不确定性加剧，跨境电商供应链的协同与整合正变得更加重要。消费者对物流时效、服务差异化的要求，也使得跨境电商的物流交付需要具备更强的全球响应能力。因此，建立一体化的跨境供应链系统成为同质化竞争加剧下跨境电商企业突围的关键。同时，由于海外消费者需求个性化和订单碎片化等特点，柔性供应链更能满足跨境消费需求，实现降本增效。供应链上下游密切高效合作能缩短产品信息流通渠道，加速供应链环节中的信息流通，实现整个流程中的供需平衡。

从需求端来看，由于海外的消费习惯和文化差异天然存在，因此精准的市场及用户洞察对跨境电商更加重要。针对不同消费群体，需构建差异化营销策略。面向对价格较为敏感的消费群体，提供高性价比商品，构建平台社交功能，通过精准营销提升用户黏性。同时，针对不同地区和国家的特色节日、南北半球不同季节，也可以推出差异化选品和定制等服务。

在不确定性增加的环境下，高性价比、丰富的产品矩阵、良好的口碑和知名度将帮助跨境电商企业进一步打开海外市场。而品牌力、渠道力和运营力将成为行业竞争力的核心指标。同时，跨境电商平台应进一步优化交易、支付、物流、营销、技术等商业基础设施建设，打造一站式服务生态，从而帮助更多中国优质企业成功出海。

经济日报携手京东发布数据——

全球网购渗透率快速提升

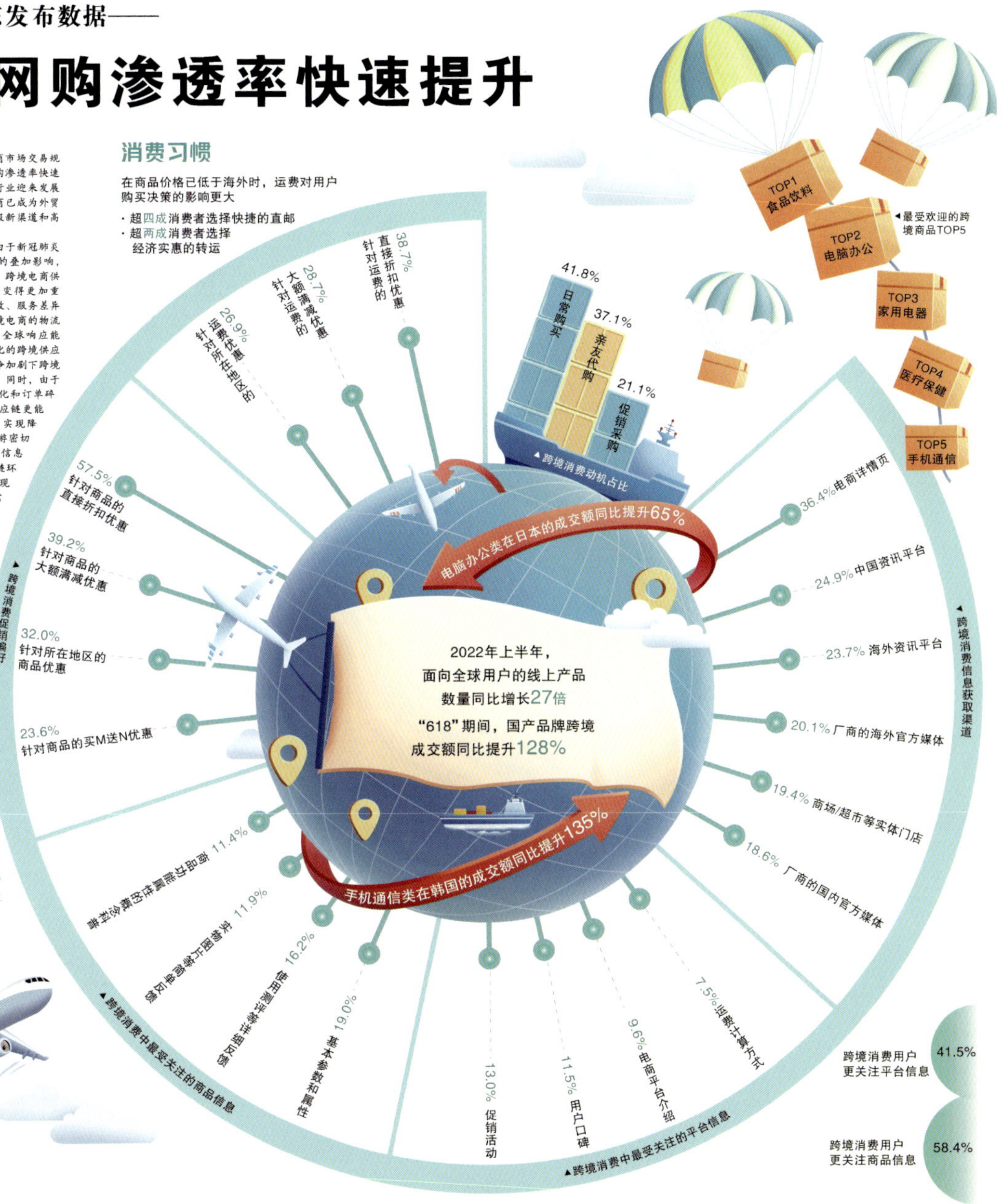

拉长跨境电商供应链

柴祯祯

近年来，跨境电商市场交易规模稳步增长，全球网购渗透率快速提升，使得跨境电商行业迎来发展高峰。目前，跨境电商已成为外贸发展新动能、转型升级新渠道和高质量发展新抓手。

从供给端来看，由于新冠肺炎疫情和地缘政治因素的叠加影响，供应链不确定性加剧，跨境电商供应链的协同与整合正变得更加重要。消费者对物流时效、服务差异化的要求，也使得跨境电商的物流交付需要具备更强的全球响应能力。因此，建立一体化的跨境供应链系统成为同质化竞争加剧下跨境电商企业突围的关键。同时，由于海外消费者需求个性化和订单碎片化等特点，柔性供应链更能满足跨境消费需求，实现降本增效。供应链上下游密切高效合作能缩短产品信息流通渠道，加速供应链环节中的信息流通，实现整个流程中的供需平衡。

从需求端来看，由于海外的消费习惯和文化差异天然存在，因此精准的市场及用户洞察对跨境电商更加重要。针对不同消费群体，需构建差异化营销策略。面向对价格较为敏感的消费群体，提供高性价比商品，构建平台社交功能，通过精准营销提升用户黏性。同时，针对不同地区和国家的特色节日、南北半球不同季节，也可以推出差异化选品和定制等服务。

在不确定性增加的环境下，高性价比、丰富的产品矩阵、良好的口碑和知名度将帮助跨境电商企业进一步打开海外市场。而品牌力、渠道力和运营力将成为行业竞争力的核心指标。同时，跨境电商平台应进一步优化交易、支付、物流、营销、技术等商业基础设施建设，打造一站式服务生态，从而帮助更多中国优质企业成功出海。

（作者系京东消费及产业发展研究院高级研究员）

说数

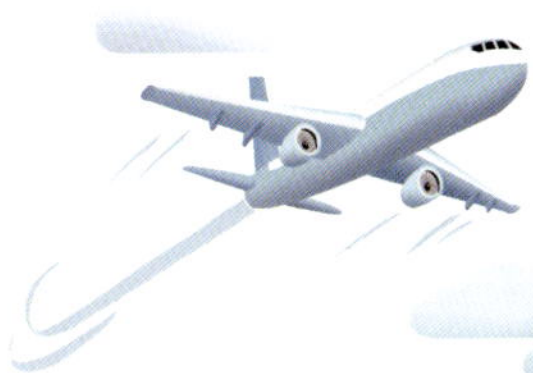

消费特征

生活习惯

海外用户面临的生活习惯差异主要体现在饮食和医疗保健方面，用户更倾向于保持原有消费习惯

偏好购买品类：

包装零食（辣条、鸭舌、螺蛳粉等）　防疫物资、常备中药

平台优势

国产电脑数码产品性价比高，且大促价格优惠，用户跨境购买偏好明显

偏好购买品类：

电脑办公　手机数码

保质商品

用户对一些长距离运输不易损坏且购买周期不固定的商品有跨境消费需求

偏好购买品类：

国潮运动、服饰　玩具

地区差异

一些商品在境外价格普遍偏高，消费者更倾向于跨境购买囤货

偏好购买品类：

正版图书　母婴用品

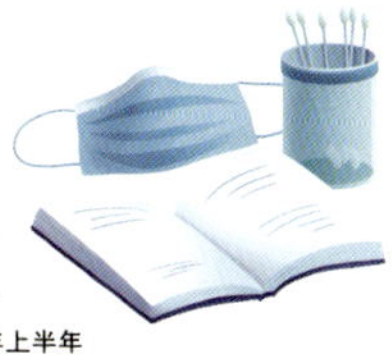

海外消费者在跨境消费时，对商品本身的属性更为关注，且促销活动和物流费用对消费者选择电商平台的影响较大。针对海外消费群体，既要通过精准营销增强企业竞争力，也要加快产品创新满足消费者多样化需求。同时，商家及平台除了提供快捷直邮服务，还可以推出跨境集运和其他物流相关保障服务，提升跨境物流速度和质量，降低综合成本。

与国外商品相比，国内商品物美价廉，更符合华人使用习惯。为满足海外消费者多元化和差异化的购物需求，商家应进一步丰富产品矩阵。跨境电商企业可以推出针对不同特色节日会场，根据南北半球不同季节进行差异化选品和产品定制等，为商家及品牌构建多维度营销。

更多内容 扫码观看

数据周期：2022年上半年

数据来源　京东消费及产业发展研究院　本版编辑　李　瞳　林　蔚

大市场孕育大机遇

京东消费及产业发展研究院高级研究员　柴祯祯

随着我国进一步扩大对外开放，进口商品日益丰富了国内的消费市场。进口商品消费越来越深地融入人们的工作和生活中，更好地满足了人民对于美好生活的向往。

当前，居民消费结构正处于持续升级阶段，多层次、多样化需求特征明显，消费市场潜力大、韧性强、活力足，具有广阔发展空间。进口市场的消费需求更是呈现出多元化、高端化等特点。在进口消费中，手机通讯设备、电脑办公、母婴、美妆护肤和家用电器等是最受消费者欢迎的品类。与去年同期相比，今年上半年手机通讯、美妆护肤的进口消费占比大幅提升。

进口消费增长得益于我国主动扩大进口、引进优质品牌、改善消费结构的有力举措。同时，跨境电商平台进一步促进了进口贸易便利化，有助于拓宽进口商品的销售渠道。此外，随着电商平台基础设施建设、供应链效率提升等方面逐步完善，近年来县域农村市场的进口消费热度持续上涨，与2019年相比，2021年县域农村市场的进口消费成交额增长了174%，并在品类上呈现出明显的消费升级特点。下沉市场崛起，将成为进口消费未来的重要增长点。

在加速构建新发展格局过程中，消费已经成为双循环发展的核心动力、关键环节和重要枢纽，为全球跨国公司提供了巨大的市场机遇。同时，中国市场有大量的新消费需求，为全球企业的科技创新提供了丰富的应用场景，有利于推动国内外企业创新发展，实现产业结构升级。特别是消费者对创新、绿色、健康产品的需求日益增长，要求相关企业进一步提升自身研发制造水平，抓住消费升级机会。

大市场孕育大机遇。中国将继续坚定不移扩大开放，更有效率地实现内外市场联通、要素资源共享，推动消费稳步恢复、持续发展，既满足人民日益增长的美好生活需要，也为国际经济注入更多正能量。

2020 年
我国货物和服务贸易
总额达 **5.3** 万亿美元，
首次超过美国成为全球
第一大贸易国

2021 年
我国货物和服务贸易
总额达 **6.9** 万亿美元
继续保持世界第一

经济日报携手京东发布数据——

进口消费从尝鲜到常态

大市场孕育大机遇

柴祯祯

随着我国进一步扩大对外开放，进口商品日益丰富了国内的消费市场。进口商品消费越来越深地融入人们的工作和生活中，更好地满足了人民对于美好生活的向往。

当前，居民消费结构正处于持续升级阶段，多层次、多样化需求特征明显，消费市场潜力大、韧性强、活力足，具有广阔发展空间。进口市场的消费需求更是呈现出多元化、高端化等特点。在进口消费中，手机通讯设备、电脑办公、母婴、美妆护肤和家用电器等是最受消费者欢迎的品类。与去年同期相比，今年上半年手机通讯、美妆护肤的进口消费占比大幅提升。

进口消费增长得益于我国主动扩大进口、引进优质品牌、改善消费结构的有力举措。同时，跨境电商平台进一步促进了进口贸易便利化，有助于拓宽进口商品的销售渠道。此外，随着电商平台基础设施建设、供应链效率提升等方面逐步完善，近年来县域农村市场的进口消费热度持续上涨，与2019年相比，2021年县域农村市场的进口消费成交额增长了174%，并在品类上呈现出明显的消费升级特点。下沉市场崛起，将成为进口消费未来的重要增长点。

在加速构建新发展格局过程中，消费已经成为双循环发展的核心动力、关键环节和重要枢纽，为全球跨国公司提供了巨大的市场机遇。同时，中国市场有大量的新消费需求，为全球企业的科技创新提供了丰富的应用场景，有利于推动国内外企业创新发展，实现产业结构升级。特别是消费者对创新、绿色、健康产品的需求日益增长，要求相关企业进一步提升自身研发制造水平，抓住消费升级机会。

大市场孕育大机遇。中国将继续坚定不移扩大开放，更有效率地实现内外市场联通、要素资源共享，推动消费稳步恢复、持续发展，既满足人民日益增长的美好生活需要，也为国际经济注入更多正能量。

（作者系京东消费及产业发展研究院高级研究员）

说数

以前消费者关心的是"有没有"，现在更注重"好不好"；以前想的是"买啥货"，现在多考虑"买啥牌"，消费偏好正从"越便宜越好"向多元化、个性化、品质化转型，这也为越来越多跨国企业提供了潜在机遇。随着进口品类的丰富、跨境电商规范化和渠道多样化愈发重要。对于品牌来说，产品的质量保证仍然是获得消费者青睐的重要因素。商家应及时跟踪市场变化、精准洞察消费趋势、不断推陈出新，满足国内消费者需求。

14亿人口的大市场，既是我国独一无二的潜力所在，也是世界寻找新动力、开拓新空间的发展机遇所在。特别是庞大的县域农村市场，消费潜力巨大，仍有待开掘。随着下沉市场对进口消费的需求变大，跨境企业及电商的供应链体系建设变得越来越重要。受采购与物流限制，跨境电商平台模式重，供应链长，因此标准化与时效性是供应链建设的重中之重。跨境电商应着力打造一体化供应链体系，畅通物流通道，强化产品溯源，提升用户体验。

更多内容 扫码观看

数据周期：2022年上半年

进口消费特点

进口消费线上市场稳步发展，呈现多元化、高端化特点

各省份进口消费情况

与去年同期相比，今年上半年手机通讯、美妆护肤占比大幅提升，反映居民更高品质的消费需求

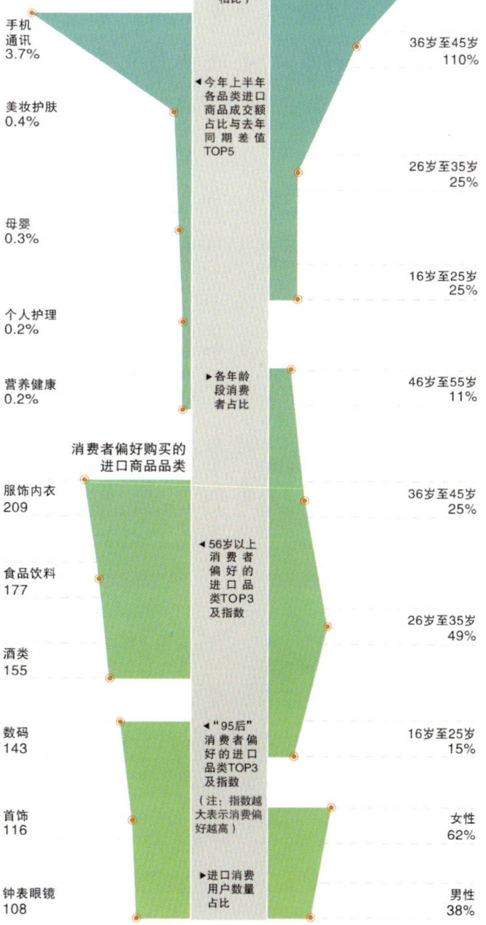

消费者画像

"80后""90后"为进口消费主力军，46岁至55岁人群进口消费潜力大

县域农村地区进口消费热度持续上涨

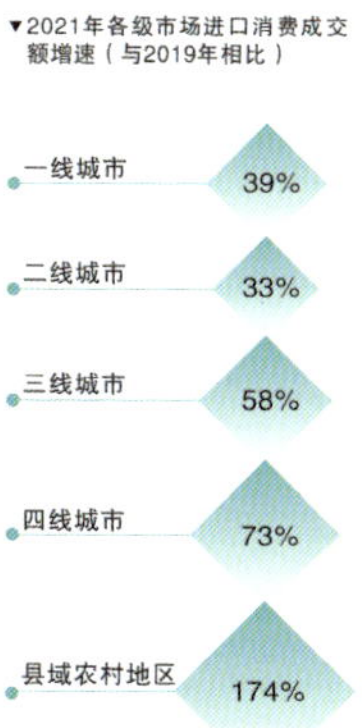

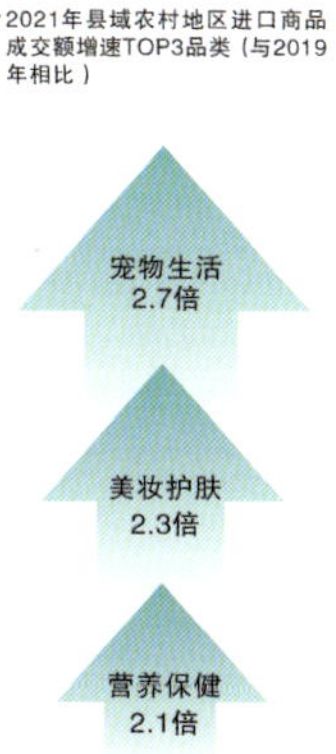

又到品茗好时节

京东消费及产业发展研究院高级研究员　董　菲

淡淡的茶香，蕴含着东方文化的深情和含蓄。时下又到了采茶、制茶和品茗的好时节。进入3月，各类茗茶开始预售和销售。

数据显示，消费者最爱购买的春茶为花草茶、绿茶、普洱茶、红茶和乌龙茶。但不同年龄段的消费者对茶的偏好有所不同。36岁至45岁成熟消费群体注重调理养生，偏爱购买黑茶；26岁至35岁的消费者更注重身材管理，偏爱购买乌龙茶；而16岁至25岁的年轻消费群体则更加注重美容养颜功效，选购了更多的花果茶。值得关注的是，今年3月销售增长最快的茶类也正是年轻一代更为喜爱的花果茶。茶企在做产品推广时应多注重“茶功效”和“茶文化”的输出，与不同消费群体产生情感沟通，提升市场需求。

从地域茶消费的特征来看，南北方的饮茶偏好也大有不同。南方省份依然是饮茶大省，广东、福建、江苏、四川等多个南方省份茶品成交额占比名列前茅，这些地区的消费者更偏爱花草茶、普洱茶等；北方省份的消费者则更喜爱乌龙茶和龙井茶。

在消费升级的大背景下，区域特色茶品通过线上平台销售至全国各地，成为新风向，也逐步形成了地方茶系的“出圈效应”。以安徽黄山毛峰为例，安徽省本地的消费占比为20.1%，江苏、广东、上海等省份则成了黄山毛峰的消费大省，宁夏、海南、云南也有越来越多的消费者选购黄山毛峰。从全国各省份的成交额增速来看，越来越多的重庆消费者购买浙江安吉白茶、江西消费者购买福建武夷岩茶、广西消费者购买贵州都匀毛尖、青海消费者购买云南滇红等。电商企业不断助力高品质茶叶上行，助推地方茶产品进一步打破区域范围，实现了全国性的销售拓展。

此外，随着消费者茶饮方式愈加个性化和多元化，更多简便、快捷的茶叶消费方式不断涌现。企业通过运用现代深加工技术，把茶叶加工成茶饮料，或与传统食品相结合制成茶食品，可更加充分地提取茶叶的功能性营养成分。以龙井茶与衍生产品龙井茶酥为例，龙井茶酥的用户群体更偏年轻化，其中学生群体的占比较龙井茶高出12.7%，同时从地域对比来看，北京、辽宁、广东消费者更爱购买龙井茶酥，江苏、山东、河北消费者更爱购买龙井茶，深加工茶食品较茶叶本身能吸引更大范围的消费者。

我国是茶叶消费大国，有悠久的饮茶历史和博大精深的茶文化。从线上茶消费的数据来看，茗茶及其衍生物市场仍有广阔的发展空间，未来仍将保持稳定增长。

2021 年全国干毛茶产量　　出口　　出口额

经济日报携手京东发布数据——

四月春茶飘香时

又到品茗好时节

董 菲

淡淡的茶香，蕴含着东方文化的深情和含蓄。时下又到了采茶、制茶和品茗的好时节。进入3月，各类茗茶开始预售和销售。

数据显示，消费者最爱购买的春茶为花草茶、绿茶、普洱茶、红茶和乌龙茶。但不同年龄段的消费者对茶的偏好有所不同。36岁至45岁成熟消费群体注重调理养生，偏爱购买黑茶；26岁至35岁的消费者更注重身材管理，偏爱购买乌龙茶；而16岁至25岁的年轻消费群体则更加注重美容养颜功效，选购了更多的花果茶。值得关注的是，今年3月销售增长最快的茶类也正是年轻一代更为喜爱的花果茶。茶企在做产品推广时应多注重“茶功效”和“茶文化”的输出，与不同消费群体产生情感沟通，提升市场需求。

从地域茶消费的特征来看，南北方的饮茶偏好也大有不同。南方省份依然是饮茶大省，广东、福建、江苏、四川等多个南方省份茶品成交额占比名列前茅，这些地区的消费者更偏爱花草茶、普洱茶等；北方省份的消费者则更喜爱乌龙茶和龙井茶。

在消费升级的大背景下，区域特色茶品通过线上平台销售至全国各地，成为新风向，也逐步形成了地方茶系的“出圈效应”。以安徽黄山毛峰为例，安徽省本地的消费占比为20.1%，江苏、广东、上海等省份则成了黄山毛峰的消费大省，宁夏、海南、云南也有越来越多的消费者选购黄山毛峰。从全国各省份的成交额增速来看，越来越多的重庆消费者购买浙江安吉白茶、江西消费者购买福建武夷岩茶、广西消费者购买贵州都匀毛尖、青海消费者购买云南滇红等。电商企业不断助力高品质茶叶上行，助推地方茶产品进一步打破区域范围，实现了全国性的销售拓展。

此外，随着消费者茶饮方式愈加个性化和多元化，更多简便、快捷的茶叶消费方式不断涌现。企业通过运用现代深加工技术，把茶叶加工成茶饮料，或与传统食品相结合制成茶食品，可更加充分地提取茶叶的功能性营养成分。以龙井茶与衍生产品龙井茶酥为例，龙井茶酥的用户群体更偏年轻化，其中学生群体的占比较龙井茶高出12.7%，同时从地域对比来看，北京、辽宁、广东消费者更爱购买龙井茶酥，江苏、山东、河北消费者更爱购买龙井茶，深加工茶食品较茶叶本身能吸引更大范围的消费者。

我国是茶叶消费大国，有悠久的饮茶历史和博大精深的茶文化。从线上茶消费的数据来看，茗茶及其衍生物市场仍有广阔的发展空间，未来仍将保持稳定增长。

（作者系京东消费及产业发展研究院高级研究员）

说数

消费者特征

从年龄来看，26岁至45岁的消费者更爱购买茶叶，占比达到全部消费者的68%

16岁至25岁
偏爱购买花果茶

21.9%

▲占全部花果茶消费者比例

26岁至35岁
偏爱购买乌龙茶

31.7%

▲占全部乌龙茶消费者比例

36岁至45岁
偏爱购买黑茶

36.7%

▲占全部黑茶消费者比例

从职业来看，企业白领是最爱买茶的消费群体，占全部茶品消费者的31%

企业白领偏爱购买乌龙茶

35.6%

◄占全部乌龙茶消费者比例

事业单位人员、金融从业者和教育工作者偏爱购买黑茶

31.6%

▲占全部黑茶消费者比例

地域特征

从地域来看，南方省份仍然是喝茶大省，多个南方省份茶品成交额占比名列前茅

▼成交额占比TOP5省份

广东 18.9%
北京 8.6%
福建 7.1%
江苏 5.8%
四川 5.0%

▼成交额占比TOP5茶类

花草茶 19.7%
绿茶 17.6%
普洱茶 12.5%
红茶 11.7%
乌龙茶 7.6%

从全国各省份消费茶类偏好来看

消费者偏爱选购花草茶的省份及消费金额占比
广东 32.3%
四川 22.4%
湖北 21.8%

消费者偏爱选购绿茶的省份及消费金额占比
辽宁 43.8%
安徽 37.0%
四川 24.9%

消费者偏爱选购普洱茶的省份及消费金额占比
云南 57.1%
广西 23.7%
广东 19.7%

消费者偏爱选购红茶的省份及消费金额占比
福建 34.4%
吉林 14.6%
海南 14.3%

消费者偏爱选购乌龙茶的省份及消费金额占比
辽宁 15.4%
福建 14.3%
吉林 9.0%

消费者偏爱选购龙井茶的省份及消费金额占比
浙江 20.8%
江西 15.3%
辽宁 15.1%

地方茶系也“出圈”

不少地方茶品借助线上渠道，在其他省份实现了销售高增长

安徽黄山毛峰
▼消费增长率TOP3省份
云南 84%
海南 107%
宁夏 114%
本省消费占比 20.1%

浙江安吉白茶
▼消费增长率TOP3省份
辽宁 79%
浙江 132%
重庆 137%
本省消费占比 11.6%

福建武夷岩茶
▼消费增长率TOP3省份
湖北 57%
江西 109%
福建 177%
本省消费占比 34.8%

贵州都匀毛尖
▼消费增长率TOP3省份
湖北 64%
新疆 66%
广西 70%
本省消费占比 21.7%

云南滇红
▼消费增长率TOP3省份
北京 177%
四川 187%
青海 449%
本省消费占比 小于5%

当下，饮茶已经成为一种生活方式。无论是青年群体还是中老年群体，不管是教育工作者还是企业白领，都在茶消费上显露出各自的特点，如美容养颜、身材管理、调理养生等不同诉求。因此，茶企在推广产品时，应多注重与消费者的沟通，满足不同需求，打开更广阔的市场。

在消费升级大背景下，很多极富地域特色的茶叶商品通过线上平台销往全国各地，形成了地方茶系的“出圈效应”。从数据来看，跨地区购茶已经成为一种时尚。接下来，茶企应加快线上融合速度，借助大数据、云消费等新技术建立消费新场景，从而更有效地对接市场需求，为全国消费者持续提供各地优质茶叶。

数据周期：2022年3月1日至3月22日

更多内容 扫码观看

数据来源 京东消费及产业发展研究院 本版编辑 李瞳 林蔚

艾粽飘香话创新

京东消费及产业发展研究院高级研究员　董　菲

“粽子香，香厨房。艾叶香，香满堂。”在时间的持续推移与沉淀中，传统美食粽子不断推陈出新，让端午节的餐桌更加丰富多彩。

数据显示，2022年端午节前推出的新口味粽子超过130种，销量环比增长近5倍。新食材带来新变化，甜咸之争已经不再是粽子话题的主战场，各种新潮、猎奇的口味越来越吸睛。例如，藤椒牛肉粽、香辣小龙虾粽等网红跨界美食销售火爆，销量环比增幅均超过10倍。以地方名菜作为馅料的佛跳墙粽，添加了名贵食材的鲍鱼粽、燕窝粽、黑松露粽，都让小小粽子身价倍增。还有奶茶粽、螺蛳粉粽、臭豆腐粽、植物肉粽……总之，只有想不到，万物皆可“粽”。

对于粽子消费市场来说，不仅新口味粽子越来越多，入局的企业也越来越多。一些茶品烘焙、线下餐饮商家推出新口味粽子，实现了品类延伸，提升了品牌知名度。而老字号的推陈出新，既可以巩固品牌优势，同时还能拉近与年轻消费者之间的距离。

新口味粽子能够打破审美疲劳，满足消费者追新尝新的个性化需求，以及对口味、健康的重视。特别是对年轻消费者来说，他们更加重视产品的体验感和颜值，不断推出新品对于抓住这些消费者至关重要。但是整体来看，粽子的用户黏性相对较差，新口味产品淘汰率高，有的新产品话题度大于美誉度，经不起消费者检验。因此，想从网红食品进阶成为“长红产品”，还有很长的路要走。

一方面，传统文化是节日美食的精神内核。商家需要在保持传统特色和大胆创新之间做好平衡，并做好对新产品的品质把控，在粽子消费市场形成创新与传承的双核动力。

另一方面，趣味性和新颖性虽然吸睛，但好吃永远是食品的核心竞争力。口味创新可以大胆，但不能跑偏。如果挖空心思用“怪味出圈”来拉高消费者的期待值，过后难免会被“打回原形”，变成一次性消费品。只有做到从品牌到口味的全面提升，才会给企业带来更大的发展空间。

2022 年端午节假期，国内旅游人次和旅游收入分别恢复至疫情前的八成和六成，恢复程度比“五一”假期均提高 **20** 个百分点以上

国家税务总局增值税发票数据显示，2022 年端午小长假期间，全国零售业销售收入同比增长 **9.5%**。

经济日报携手京东发布数据——

传统粽子口味翻新

艾粽飘香话创新

董 菲

"粽子香，香厨房。艾叶香，香满堂。"在时间的持续推移与沉淀中，传统美食粽子不断推陈出新，让端午节的餐桌更加丰富多彩。

数据显示，今年端午节前推出的新口味粽子超过130种，销量环比增长近5倍。新食材带来新变化，甜咸之争已经不再是粽子话题的主战场，各种新潮、猎奇的口味越来越吸睛。例如，藤椒牛肉粽、香辣小龙虾粽等网红跨界美食销售火爆，销量环比增幅均超过10倍。以地方名菜作为馅料的佛跳墙粽，添加了名贵食材的鲍鱼粽、燕窝粽、黑松露粽，都让小小粽子身价倍增。还有奶茶粽、螺蛳粉粽、臭豆腐粽、植物肉粽……总之，只有想不到，万物皆可"粽"。

对于粽子消费市场来说，不仅新口味粽子越来越多，入局的企业也越来越多。一些茶品烘焙、线下餐饮商家推出新口味粽子，实现了品类延伸，提升了品牌知名度。而老字号的推陈出新，既可以巩固品牌优势，同时还能拉近与年轻消费者之间的距离。

新口味粽子能够打破审美疲劳，满足消费者追新尝新的个性化需求，以及对口味、健康的重视。特别是对年轻消费者来说，他们更加重视产品的体验感和颜值，不断推出新品对于抓住这些消费者至关重要。但是整体来看，粽子的用户黏性相对较差，新口味产品淘汰率高，有的新产品话题度大于美誉度，经不起消费者检验。因此，想从网红食品进阶成为"长红产品"，还有很长的路要走。

一方面，传统文化是节日美食的精神内核。商家需要在保持传统特色和大胆创新之间做好平衡，并做好对新产品的品质把控，在粽子消费市场形成创新与传承的双核动力。

另一方面，趣味性和新颖性虽然吸睛，但好吃永远是食品的核心竞争力。口味创新可以大胆，但不能跑偏。如果挖空心思用"怪味出圈"来拉高消费者的期待值，过后难免会被"打回原形"，变成一次性消费品。只有做到从品牌到口味的全面提升，才会给企业带来更大的发展空间。

（作者系京东消费及产业发展研究院高级研究员）

说数

端午节前粽子销量环比增长超

440%

其中低温粽子销量增长超

550%

新口味粽子超过130种

销量环比增长近

500%

（注：肉粽、枣粽、豆沙粽、蛋黄粽以外的粽子，统称为新口味粽子）

咸粽子与甜粽子的销售比例约为

4 : 1

男性消费者更爱尝试新口味，且偏好咸味，女性消费者偏好甜味，甜咸粽喜好分化明显

▼新口味粽子销量环比增幅

男性 537%

女性 462%

男性消费者偏爱购买：鲍鱼干贝粽、佛跳墙粽、黑松露排骨粽

女性消费者偏爱购买：艾草豆沙粽、糙米蜜枣粽、藜麦蜜枣粽

消费者特征

从新口味粽子销量来看，广东消费者领跑全国，北京和江苏紧随其后

▼新口味粽子销量占比

广东 16%、北京 12%、江苏 9%、浙江 6%、湖北 7%、其他地区 6%

四川	1264%
湖北	1468%
陕西	1576%
浙江	1673%
江苏	1717%

▲新口味粽子销量环比增幅TOP5

26岁至35岁的青年消费者更愿尝试新口味粽子

	16岁至25岁	26岁至35岁	36岁至45岁	46岁至55岁	56岁以上
新口味粽子销量环比增幅	497%	588%	441%	460%	377%
各年龄段偏爱购买的粽子口味及销量占比	藜麦芋泥粽 超30%	燕窝水晶粽 超40%	大黄米豆沙粽 超40%	黄米红豆粽 超30%	酱香黑猪肉粽 超30%

各地销量环比增长超10倍的新口味粽子 ▶

北京	湖北	四川	陕西	江苏	浙江	广东
赤豆蜜枣粽	赤豆蜜枣粽	大黄米蜜枣粽	烧肉粽	蛋黄鲜肉粽	原汤蛋黄五花肉粽	蛋黄鲜肉粽
黑芝麻核桃粽	桂花蜜藕粽	赤豆蜜枣粽	蛋黄鲜肉粽	火腿肉粽	蛋黄鲜肉粽	烧肉粽
		八宝粽		香辣小龙虾粽	烧肉粽	

更多内容 扫码观看

数据周期：2022年5月11日至5月23日　环比周期：2022年4月11日至4月23日

新味道受欢迎

各类新奇、高端食材融入传统节日美食，不断满足消费者尝新需求

▼新口味粽子（甜口）搜索量环比增幅TOP5

黑芝麻核桃粽	燕窝水晶粽	紫糯枣泥栗心粽	大黄米豆沙粽	桂花蜜藕粽
1100%	1020%	800%	700%	583%

▼新口味粽子（咸口）搜索量环比增幅TOP5

鲍鱼烧肉粽	鲍鱼粽	烧肉粽	佛跳墙粽	鲍鱼干贝粽
1800%	644%	561%	533%	400%

▼新口味粽子销量环比增幅TOP10

香肠粽	>10倍
藤椒牛肉粽	>10倍
松茸鲜肉粽	>10倍
佛跳墙粽	>10倍
香辣小龙虾粽	>10倍
燕窝水晶粽	731%
鲍鱼粽	643%
大黄米豆沙粽	625%
蛋黄裹蒸粽	604%
蛋黄鲜肉粽	574%

我国各大传统节日基本都搭配固定美食，形成节日特有的符号。传统节日美食与网红食品"跨界"组合的新品层出不穷，不仅给人们提供了新的"舌尖体验"，也给传统节日增添了新的趣味。如今，食物的趣味性、新颖性越来越成为吸睛点，商家需要在保持传统特色和大胆创新之间做好平衡，特别是做好对新口味产品的品质把控，给传统美食注入新的"灵魂"。

各地饮食文化迥异，对新口味食品的偏好也存在差异。从端午节前粽子的整体销售情况来看，不同地域、不同年龄段人群的喜好分化明显，南北老少"通吃"的产品相对较少。同时，随着新生代人群成为消费主流，消费端倒逼产业端升级发展的趋势也越来越明显。商家应针对不同地域、不同年龄段人群提供更符合消费者饮食习惯和需求的新产品。

数据来源　京东消费及产业发展研究院　本版编辑　李　瞳　林　蔚

月饼消费回归理性

京东消费及产业发展研究院高级研究员　董　菲

中秋佳节，人们的餐桌上少不了美味香甜的月饼。随着月饼逐渐演变成创意展示台、吃得到的新文创，这一赛道的天花板也被品牌们推向了更高点。2022年中秋节月饼消费有哪些新趋势？

实用、理性、健康成为月饼消费关键词。2022年6月以来，月饼"限价令""瘦身令"相继实施，严格约束产品包装和价格，倡导节俭、反对浪费，成效明显，广受消费者欢迎。众多品牌推出小号月饼，享受美味又不浪费，备受年轻人喜爱。同时，月饼消费正在回归理性，消费者在挑选时更加务实，口味、配送速度等成为重要考虑因素，平价月饼礼盒销售火爆。此外，各大品牌均推出低糖月饼礼盒，低脂、无添加剂等成为营销重点，以满足消费者的健康诉求。

月饼消费正打破时间和空间的限制。从2021年至2022年前7个月的销售走势来看，2022年的月饼销售更加日常化，在过年聚会的2月、大促活动的6月、家庭聚餐高峰的7月等都出现了销售小高潮。同时，从消费者的评价反馈来看，月饼的"特产""点心""礼赠"等属性越发明显，日常购买和食用比例大幅提升。

老字号历久弥新，新品牌仍需沉淀。一方面，品尝了各种猎奇口味后，传统月饼依然是消费者的心头好。蛋黄莲蓉、流心奶黄、五仁、黑芝麻、豆沙等传统口味销量排名靠前；热度很高的新口味月饼虽然增速很快，但在总体销量上依然难以同经过岁月检验的老风味匹敌。

另一方面，与前两年的新老月饼"混战"场面相比，2022年的老字号迸发出了更强生命力。老字号品牌在坚守对工艺品质追求的同时，通过紧跟年轻人消费潮流，加大创新力度，融合国潮风尚，进一步巩固了市场地位。而一些新消费品牌月饼价格虚高、馅料以次充好等乱象频发，口碑不一，还需要向老字号学习对产品的用心与坚持，不能在收获更高知名度的同时，失去做食品的初心。

从整体来看，2022年的月饼种类更丰富，传统口味占据主导地位，但地方特色、新颖风味、国潮时尚和营养健康理念的产品占比进一步增加。在竞争激烈的月饼赛道中，外观设计、工艺升级、口味创新已成为品牌出圈过程中缺一不可的要素，谁能站稳"C位"，还需看后劲。与其在热度和营销套路上不断内卷，不如把更多心思放到产品研发和质量上来，让月饼回归中秋雅致温情的本质，更好地体现阖家团圆的美好寓意。

2022年中秋节假期，全国国内旅游出游**7340.9万**人次，按可比口径恢复至2019年同期的**72.6%**；实现国内旅游收入**286.8亿元**，恢复至2019年同期的**60.6%**

经济日报携手京东发布数据——

中秋市场气象新

月饼消费回归理性

董 菲

中秋佳节，人们的餐桌上少不了美味香甜的月饼。随着月饼逐渐演变成创意展示台、吃得到的新文创，这一赛道的天花板也被品牌们推向了更高点。今年中秋节月饼消费有哪些新趋势？

实用、理性、健康成为月饼消费关键词。6月以来，月饼“限价令”“瘦身令”相继实施，严格约束产品包装和价格，倡导节俭、反对浪费，成效明显，广受消费者欢迎。众多品牌推出小号月饼，享受美味又不浪费，备受年轻人喜爱。同时，月饼消费正在回归理性，消费者在挑选时更加务实，口味、配送速度等成为重要考虑因素，平价月饼礼盒销售火爆。此外，各大品牌均推出低糖月饼礼盒，低脂、无添加剂等成为营销重点，以满足消费者的健康诉求。

月饼消费正打破时间和空间的限制。从去年至今年前7个月的销售走势来看，今年的月饼销售更加日常化，在过年聚会的2月、大促活动的6月、家庭聚餐高峰的7月等都出现了销售小高潮。同时，从消费者的评价反馈来看，月饼的“特产”“点心”“礼赠”等属性越发明显，日常购买和食用比例大幅提升。

老字号历久弥新，新品牌仍需沉淀。一方面，品尝了各种猎奇口味后，传统月饼依然是消费者的心头好。蛋黄莲蓉、流心奶黄、五仁、黑芝麻、豆沙等传统口味销量排名靠前；热度很高的新口味月饼虽然增速很快，但在总体销量上依然难以同经过岁月检验的老风味匹敌。

另一方面，与前两年的新老月饼“混战”场面相比，今年的老字号迸发出了更强生命力。老字号品牌在坚守对工艺品质追求的同时，通过紧跟年轻人消费潮流，加大创新力度，融合国潮风尚，进一步巩固了市场地位。而一些新消费品牌月饼价格虚高、馅料以次充好等乱象频发，口碑不一，还需要向老字号学习对产品的用心与坚持，不能在收获更高知名度的同时，失去做食品的初心。

从整体来看，今年的月饼种类更丰富，传统口味占据主导地位，但地方特色、新颖风味、国潮时尚和营养健康理念的产品占比进一步增加。在竞争激烈的月饼赛道中，外观设计、工艺升级、口味创新已成为品牌出圈过程中缺一不可的要素，谁能站稳“C位”，还需看后劲。与其在热度和营销套路上不断内卷，不如把更多心思放到产品研发和质量上来，让月饼回归中秋雅致温情的本质，更好地体现阖家团圆的美好寓意。

（作者系京东消费及产业发展研究院高级研究员）

说数

从销量情况看，新口味月饼消费表现亮眼，已成为日常化的点心零食；传统月饼消费则主要集中在中秋节前一段时间，节日属性更为明显。这一消费分化趋势值得关注，企业在满足日常消费需求时，可以侧重味道的研发，以新口味为主要卖点；在中秋节前，则要为传统月饼留下更大的生产和营销空间，从而满足节日消费需求。

不同消费者在选购月饼时呈现出明显的偏好差异。对看重产品质感的消费者，企业可以重点推出消费升级类产品；对更倾向尝新的消费者，企业可以通过新奇特产品营造差异化优势，或者配合创意IP吸引消费者关注，进一步挖掘中秋节消费潜力；对更关注购物体验的消费者，企业可以通过完善售前售后服务，增强用户黏性和对品牌的认可度。

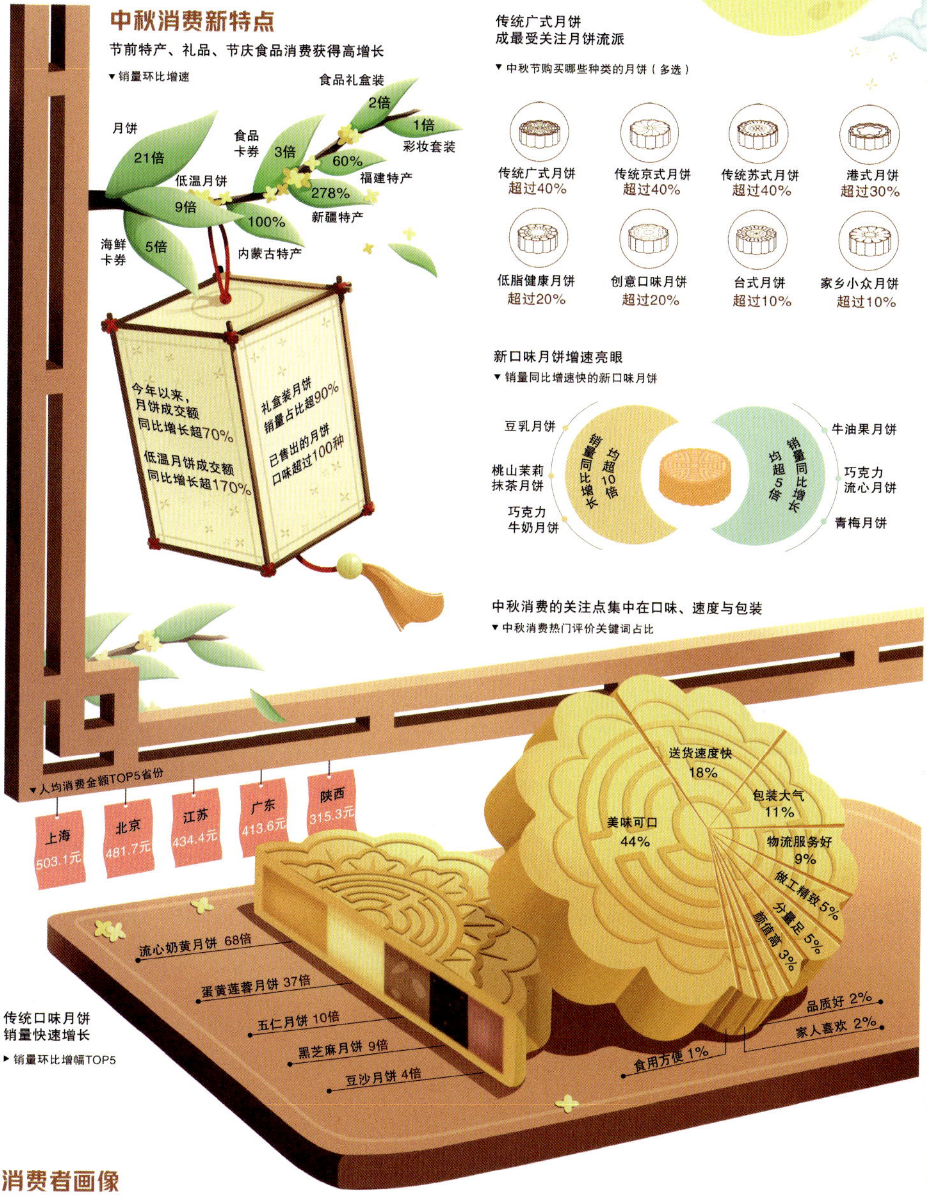

消费者画像

更多内容 扫码观看

数据周期：2022年8月

数据来源 京东消费及产业发展研究院 本版编辑 李 瞳 林 蔚

“新鲜到家”是大商机

京东消费及产业发展研究院高级研究员　董　菲

我国水果产量稳居世界第一位

2021年，我国水果产量**29970**万吨，比2012年增加**7879**万吨，2013年至2021年年均增长**3.4%**

4597.34万吨

5595.61万吨

1887.59万吨

1172.42万吨

随着人均消费支出的增加和饮食消费升级，消费者对高品质水果的需求日益增加。同时，水果零售商业模式趋于多样化，消费者有了更多选择空间，水果消费市场正变得更加广阔。但无论市场怎样变化，新鲜仍是大商机。

从销售趋势来看，原产地水果不断实现区域的纵向拓展与种类的横向创新。初夏时节，枇杷、蓝莓、樱桃、荔枝等水果纷至沓来，应季、新鲜成为最重要的标签。以樱桃为例，大连美早樱桃在全国持续热销，广东、北京、四川等地的消费占比持续提升。在种类上，除了妃子笑荔枝外，白糖罂、糯米糍等荔枝品种也获得消费者高度关注。

从渠道发展来看，水果的线上线下销售正不断相互融合。消费者可以选择线下商超购买，也可以选择线上下单购买，还可以通过即时消费平台更快收到商品，联动线上线下，打通全渠道的模式不断丰富购物场景。总体来看，即时消费在水果消费市场的规模平稳增长，已经成为中国消费者果盘子升级的重要驱动力量。

值得注意的是，线上水果的主要消费群体以年轻人为主，他们更关注身体健康和营养搭配，以樱桃、榴莲、荔枝等为代表的高品质水果更容易得到这一消费群体的青睐。

从品质保障来看，水果产业供应链的不断延伸拓展和聚焦深化至关重要。当下，消费者对水果品质的要求越来越高，在购买水果时首要关注的因素就是水果是否新鲜，其次是水果的甜度和熟度、水分是否充足等。企业要尽可能地让优质新鲜的水果以更快的速度、更低的价格进入消费市场。因此，从原产地直采的品质把控，到专业冷链物流配送，再到全渠道销售模式，企业在产业供应链的各个环节都需要不断完善，力求让每一个水果都能“新鲜到家”。

经济日报携手京东发布数据——

时令水果更吃香

『新鲜到家』是大商机

董菲

随着人均消费支出的增加和饮食消费升级，消费者对高品质水果的需求日益增加。同时，水果零售商业模式趋于多样化，消费者有了更多选择空间，水果消费市场正变得更加广阔。但无论市场怎样变化，新鲜仍是大商机。

从销售趋势来看，原产地水果不断实现区域的纵向拓展与种类的横向创新。初夏时节，枇杷、蓝莓、樱桃、荔枝等水果纷至沓来，应季、新鲜成为最重要的标签。以樱桃为例，大连美早樱桃在全国持续热销，广东、北京、四川等地的消费占比持续提升。在种类上，除了妃子笑荔枝外，白糖罂、糯米糍等荔枝品种也获得消费者高度关注。

从渠道发展来看，水果的线上线下销售正不断相互融合。消费者可以选择线下商超购买，也可以选择线上下单购买，还可以通过即时消费平台更快收到商品，联动线上线下，打通全渠道的模式不断丰富购物场景。总体来看，即时消费在水果消费市场的规模平稳增长，已经成为中国消费者果盘子升级的重要驱动力量。

值得注意的是，线上水果的主要消费群体以年轻人为主，他们更关注身体健康和营养搭配，以樱桃、榴莲、荔枝等为代表的高品质水果更容易得到这一消费群体的青睐。

从品质保障来看，水果产业供应链的不断延伸拓展和聚焦深化至关重要。当下，消费者对水果品质的要求越来越高，在购买水果时首要关注的因素就是水果是否新鲜，其次是水果的甜度和熟度、水分是否充足等。企业要尽可能地让优质新鲜的水果以更快的速度、更低的价格进入消费市场。因此，从原产地直采的品质把控，到专业冷链物流配送，再到全渠道销售模式，企业在产业供应链的各个环节都需要不断完善，力求让每一个水果都能"新鲜到家"。

（作者系京东消费及产业发展研究院高级研究员）

说数

枇杷消费情况

5月份以来，枇杷成交额同比增长53%

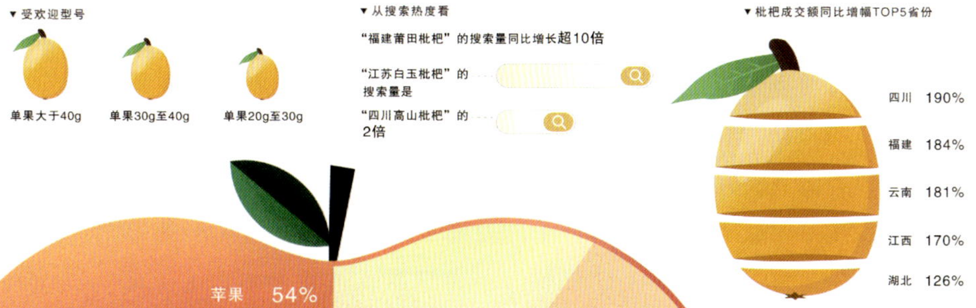

蓝莓消费情况

5月份以来，蓝莓成交额同比增长近50%

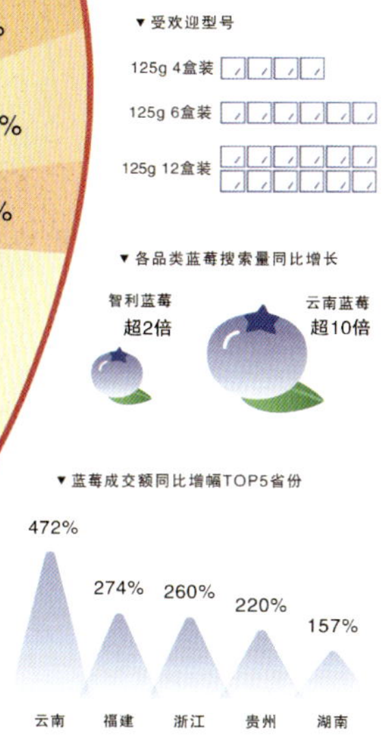

樱桃消费情况

5月以来，大连樱桃、四川樱桃的成交额同比增长均超5倍

"国产樱桃"的搜索量是"进口车厘子"的2.6倍

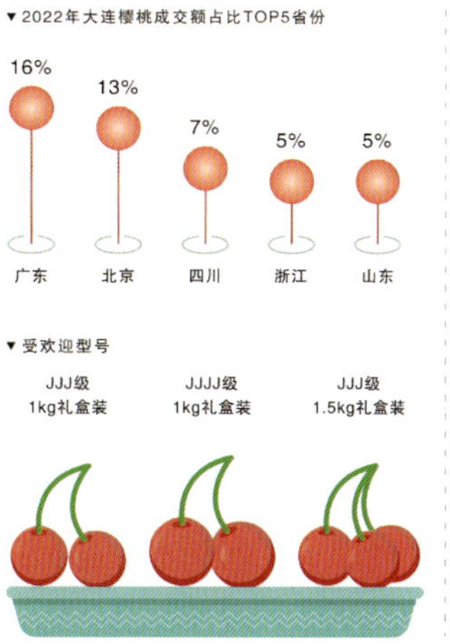

入夏以来，水果消费市场空间更加广阔，消费者足不出户就能尝鲜各原产地的特色水果。要想进一步拓宽水果消费市场空间，还需要在打造品牌上下功夫，各地要加快扶持原产地水果品牌，打造知名产品，实现消费侧和产业侧同频共振。

更多内容 扫码观看

荔枝消费情况

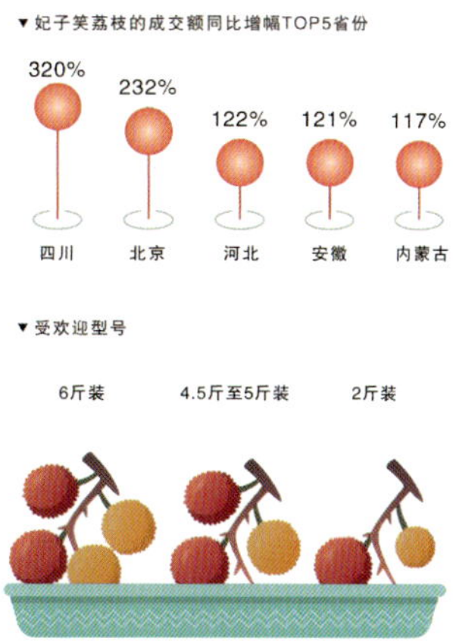

5月以来，妃子笑荔枝的成交额同比增长超140%

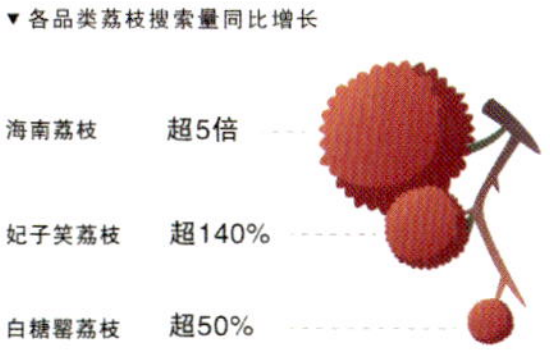

人们在购买水果时首先关注的是新鲜与否，其次是水果的甜度和熟度、水分是否充足等。所以应季水果能否被消费者认可，先决条件是保证新鲜。这就要求企业不断完善供应链中的每一个环节，特别是加快完善物流环节，保证水果又好又快地从种植地到达消费者的餐桌。

数据周期：2022年5月1日至5月18日

数据来源 京东消费及产业发展研究院 本版编辑 李瞳 林蔚

精准创新才能激发购买欲

京东消费及产业发展研究院院长　刘　晖

一到夏天，很多消费者会通过食用冰淇淋、凉茶等消暑食品由内而外降温。特别是今年各类雪糕话题热度不减，反映出清凉水饮食品不断丰富的趋势，体现了消费者对高性价比消暑食品的期待。

消暑食品在创新过程中有两个比较明确的方向，一是口味和原材料创新，二是造型和文化内涵创新。

首先，大部分商家持续在口味研发上下功夫，不断推陈出新，满足消费者的味觉。但相关企业需要注意的是，一些营销上有话题度的极端创新，往往很难维持市场热度。消暑食品的季节性特征明显，消费者在满足尝新需求后，往往还是会转而复购“老产品”。特别是线上购买消暑食品主要为整箱大包装，熟悉口味和高性价比商品让消费者不容易“踩雷”，更有安全感。

其次，具备明确文化属性的食品，特别是IP冰淇淋成为这个夏天的明星产品。这类商品主要消费场景在线下，特别是文化旅游景点。从包装到商品本身，精美设计会激发消费者的购买欲，和IP本身相得益彰。因此，相关企业可以聚焦文化和设计，通过创新外观、植入流行文化，提升产品吸引力影响力。

此外，不同人群的清凉食品消费习惯存在鲜明差异。年轻群体更青睐茶饮、碳酸饮料；随着年龄增长，冰淇淋消费逐步增加；中老年人群则更习惯于通过喝矿泉水、吃西瓜来消暑补水。从不同群体的需求来看，年轻人更愿意为口味、设计和功能买单，商家可以通过创新来赢得年轻消费者；年龄偏大的消费群体消暑方式更传统，更关注夏日饮食健康和卫生，针对这一群体的产品和营销可以明确强调经典口味、健康属性等特征。

2021年，我国规模以上饮料制造企业产量为18333.8万吨，同比增长12.2%；饮料类零售额达到2808亿元，同比增长20.4%

2022年上半年，全国规模以上饮料制造企业产量达到9066.2万吨；饮料类零售额1474亿元，同比增长8.2%

2022年上半年，全国规模以上乳制品制造企业产量为1510.9万吨，同比增长1%；进口各类乳制品折合成生鲜乳1048万吨

经济日报携手京东发布数据——

高温天气催热消暑食品

精准创新才能激发购买欲

刘 晖

一到夏天，很多消费者会通过食用冰淇淋、凉茶等消暑食品由内而外降温。特别是今年各类雪糕话题热度不减，反映出清凉水饮食品不断丰富的趋势，体现了消费者对高性价比消暑食品的期待。

消暑食品在创新过程中有两个比较明确的方向，一是口味和原材料创新，二是造型和文化内涵创新。

首先，大部分商家持续在口味研发上下功夫，不断推陈出新，满足消费者的味觉。但相关企业需要注意的是，一些营销上有话题度的极端创新，往往很难维持市场热度。消暑食品的季节性特征明显，消费者在满足尝新需求后，往往还是会转而复购“老产品”。特别是线上购买消暑食品主要为整箱大包装，熟悉口味和高性价比商品让消费者不容易“踩雷”，更有安全感。

其次，具备明确文化属性的食品，特别是IP冰淇淋成为这个夏天的明星产品。这类商品主要消费场景在线下，特别是文化旅游景点。从包装到商品本身，精美设计会激发消费者的购买欲，和IP本身相得益彰。因此，相关企业可以聚焦文化和设计，通过创新外观、植入流行文化，提升产品吸引力影响力。

此外，不同人群的清凉食品消费习惯存在鲜明差异。年轻群体更青睐茶饮、碳酸饮料；随着年龄增长，冰淇淋消费逐步增加；中老年人群则更习惯于通过喝矿泉水、吃西瓜来消暑补水。从不同群体的需求来看，年轻人更愿意为口味、设计和功能买单，商家可以通过创新来赢得年轻消费者；年龄偏大的消费群体消暑方式更传统，更关注夏日饮食健康和卫生，针对这一群体的产品和营销可以明确强调经典口味、健康属性等特征。

（作者系京东消费及产业发展研究院院长）

说数

清凉饮食受欢迎

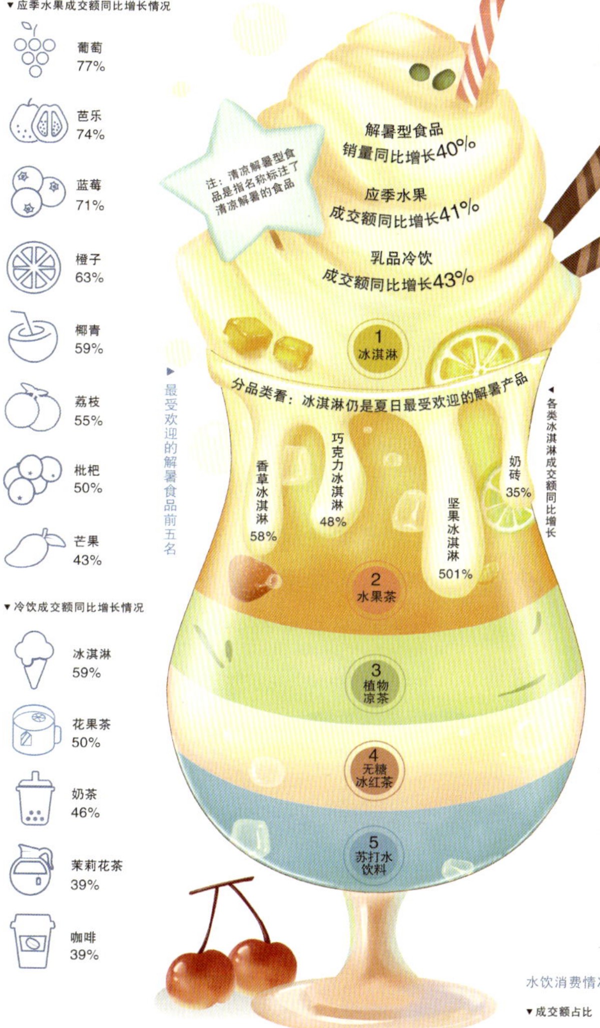

水饮在解暑饮食消费中占比最高

不用开火的方便菜受到好评

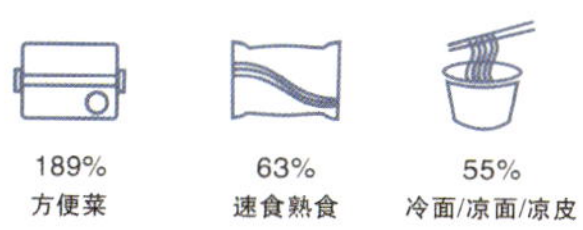

酷暑来袭，冰淇淋、碳酸饮料热销，给消费者带来片刻清凉。健康安全是消费者的永恒追求，在解暑食品研发和生产过程中，除了追求口味创新，企业更要关注健康理念，顺应低糖、低脂等饮食潮流，采用更多天然有机原材料，同时保证食品安全卫生，赢得消费者认可。

夏日高温不仅会让消费者选择吃得清凉，对烹饪过程也会提出新要求。与饮料、冰淇淋一起热销的还有凉皮、凉面、速食熟食等方便菜。针对夏日饮食需求，预制菜企业要提升菜品质量和保鲜锁鲜能力，凭借省时、省力、健康、高性价比，进一步拓展方便菜消费群体和市场。

消费者画像

年轻消费者对茶饮和碳酸饮料接受度更高，中老年消费者更倾向于喝矿泉水来解暑补水

食品消费情况

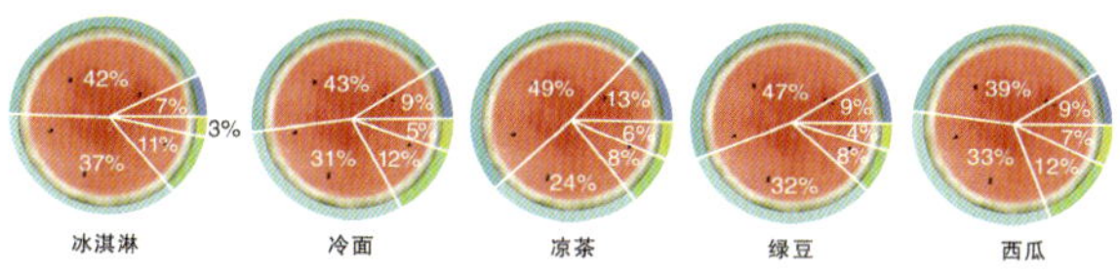

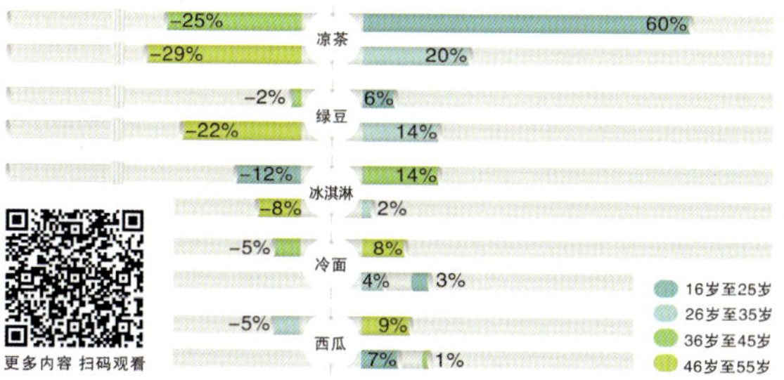

更多内容 扫码观看

数据周期：2022年6月1日至7月15日

水饮消费情况

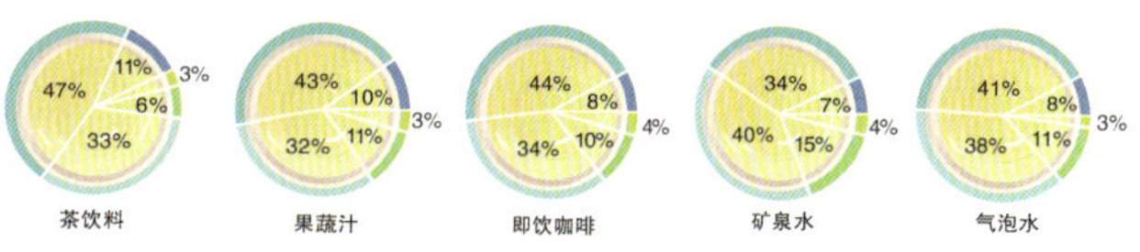

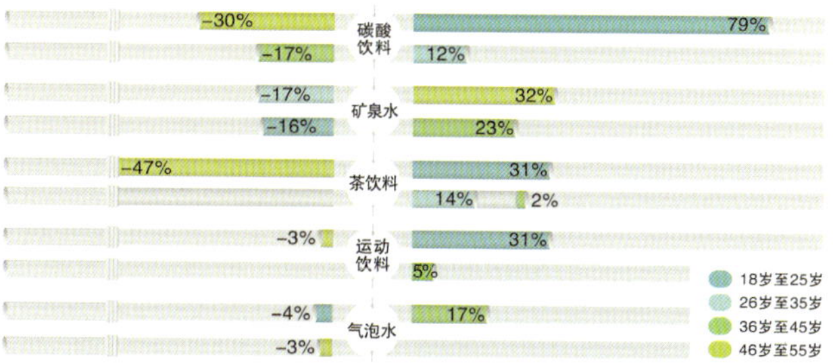

数据来源 京东消费及产业发展研究院 本版编辑 李 瞳 林 蔚

“客制化”带动新增长

京东消费及产业发展研究院研究员　刘沛祺

水是生命之源，在人类生产生活中扮演着极为重要的角色。当下，随着居民生活水平持续提高，水消费范围日渐拓展、功能逐渐细分，需求结构不断变化，升级趋势越发明显。其中，“客制化”已成为整个水行业快速发展的驱动力。

在水饮产品方面，相当一部分商品的名字变得更长了，产品名称传递的信息更丰富了。例如，以5升装、10升装等命名的商品，满足了不同消费场景下对水饮容量的不同需求；以无糖、果味等命名的商品，满足了消费者对新口味的多重需求；以矿物质、电解质等命名的商品，满足了对不同水质的需求……丰富的选择体现了水饮产品细分化的发展态势和消费持续升级的趋势。

同时，以冰川水、电解质水和矿物质水等为代表的高端水饮产品销量明显增长，表明消费者在满足基本生理需求的同时，更加关注饮水健康。相关企业可以关注这类细分需求，生产和研发更多类型的健康水饮产品，抢先占领中高端水饮市场。

与水饮产品发展趋同，面对消费者精细化的需求，净水产品正向着细分化、组合化迭代升级。从需求侧来看，消费者不再把净水看作一个单独的商品品类或功能，而是要求与各类生活场景结合起来，并加入制热、制冷、变频等功能，从而满足不同需求组合。对此，相关企业应以商品评价和用户期待为蓝本，根据不同使用场景，研发功能更多、适应性更强、更加智能化的净水产品。

在节水产品方面，“客制化”也是相关产品销量快速增长的“撒手锏”。数据显示，围绕具体生产生活场景研发设计的产品更受青睐，在产品迭代过程中，商家更为重视消费者反馈的意见建议。

此外，从消费群体看，虽然26岁至35岁年轻人群的水饮产品、节水产品和净水产品线上消费比重最大，但46岁以上中老年人群的年均消费增长率更高。也就是说，这一部分人群有更大的消费潜力可以挖掘，商家应更加重视对该群体的产品认知培育，不断拓展产品维度。

总体来看，水饮、净水和节水三大商品类型的增长点目前主要集中在商品功能细分上。未来各相关企业应努力把各类产品与消费者需求更好结合起来，研发针对不同场景的“客制化”商品，促进行业更快发展。

我国全社会节水意识得到了明显增强，全国规模以上工业用水重复利用率达到 92%

地级及以上缺水城市全部建成了节水型城市，建成 11.9 万个节水型服务业单位，全国 1094 个县（区）都达到节水型社会标准

经济日报携手京东发布数据——

水消费呈持续升级态势

“客制化”带动新增长

刘沛祺

水是生命之源，在人类生产生活中扮演着极为重要的角色。当下，随着居民生活水平持续提高，水消费范围日渐拓展、功能逐渐细分，需求结构不断变化，升级趋势越发明显。其中，“客制化”已成为整个水行业快速发展的驱动力。

在水饮产品方面，相当一部分商品的名字变得更长了，产品名称传递的信息更丰富了。例如，以5升装、10升装等命名的商品，满足了不同消费场景下对水饮容量的不同需求；以无糖、果味等命名的商品，满足了消费者对新口味的多重需求；以矿物质、电解质等命名的商品，满足了对不同水质的需求……丰富的选择体现了水饮产品细分化的发展态势和消费持续升级的趋势。

同时，以冰川水、电解质水和矿物质水等为代表的高端水饮产品销量明显增长，表明消费者在满足基本生理需求的同时，更加关注饮水健康。相关企业可以关注这类细分需求，生产和研发更多类型的健康水饮产品，抢先占领中高端水饮市场。

与水饮产品发展趋同，面对消费者精细化的需求，净水产品正向着细分化、组合化迭代升级。从需求侧来看，消费者不再把净水看作一个单独的商品品类或功能，而是要求与各类生活场景结合起来，并加入制热、制冷、变频等功能，从而满足不同需求组合。对此，相关企业应以商品评价和用户期待为蓝本，根据不同使用场景，研发功能更多、适应性更强、更加智能化的净水产品。

在节水产品方面，“客制化”也是相关产品销量快速增长的“撒手锏”。数据显示，围绕具体生产生活场景研发设计的产品更受青睐，在产品迭代过程中，商家更为重视消费者反馈的意见建议。

此外，从消费群体看，虽然26岁至35岁年轻人群的水饮产品、节水产品和净水产品线上消费比重最大，但46岁以上中老年人群的年均消费增长率更高。也就是说，这一部分人群有更大的消费潜力可以挖掘，商家应更加重视对该群体的产品认知培育，不断拓展产品维度。

总体来看，水饮、净水和节水三大商品类型的增长点目前主要集中在商品功能细分上。未来各相关企业应努力把各类产品与消费者需求更好结合起来，研发针对不同场景的“客制化”商品，促进行业更快发展。

（作者系京东消费及产业发展研究院研究员）

说数

水饮产品消费结构

▼销售额年均增长（2019年至2021年）

净水产品消费结构

▼销售额年均增长（2019年至2021年）

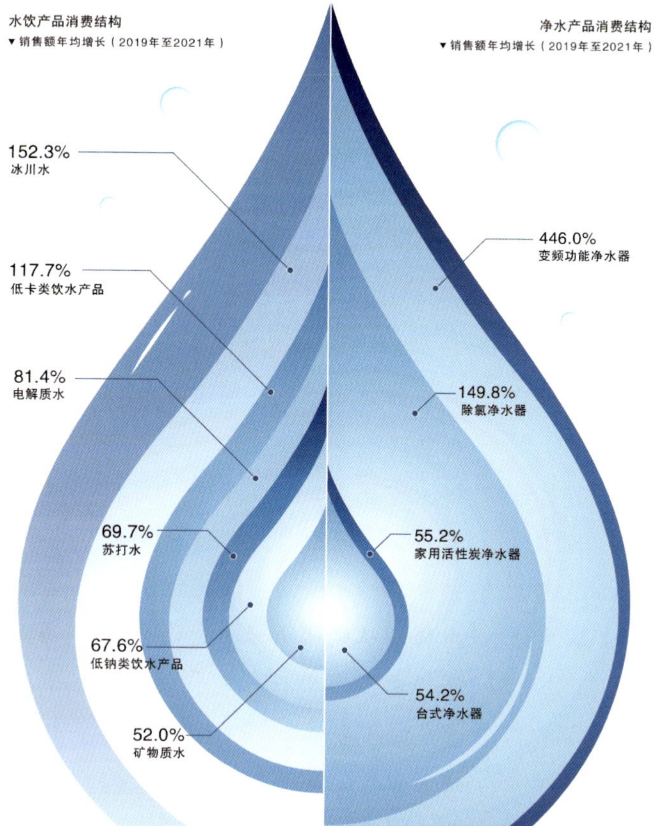

随着消费水平提升，消费者对商品的需求日益细分化。特别是在水饮消费上，满足多样化健康需求成为新的突破点。商家可根据不同需求，把产品细分为补充电解质、补充矿物质、低钠低卡等类型，从供给端为消费者提供更丰富的选择。

当前，净水产品根据需求和使用场景的变化持续迭代升级，越来越符合人们的生活习惯。商家可以继续沿着当前路径创新发展，进一步探索净水产品“定制化”，因地制宜地将不同净水方式进行多样化排列组合，最大化地满足消费者的使用需求。

水饮产品消费人群画像

从年龄来看，36岁以上的消费群体对水饮产品保持正向偏好

▼销售额年均增长（2019年至2021年）

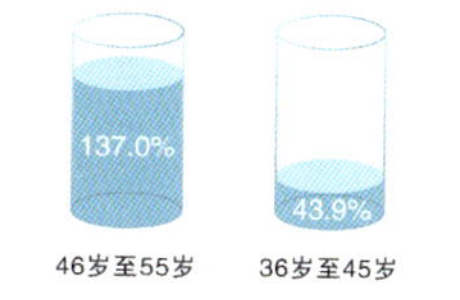

▼消费者偏好系数 2019年 2021年

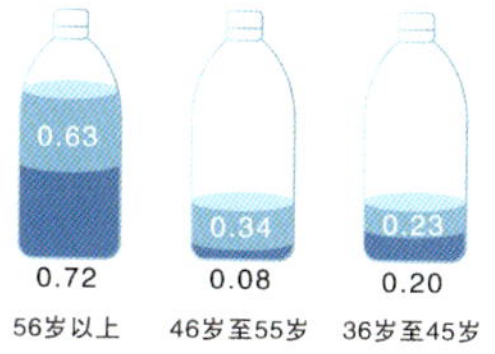

（注：数值越高购买意愿越强）

净水产品消费人群画像

近年来，大多数消费者对净水产品保持正向偏好。其中，56岁以上消费群体对净水产品的偏好最为强烈，46岁至55岁消费群体对净水产品的偏好逐年上升

▼消费者偏好系数

（注：数值越高购买意愿越强）

2019年 2020年 2021年

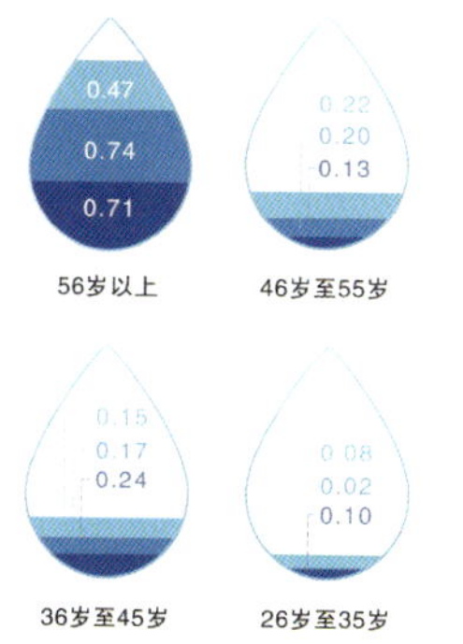

▼净水产品评价关键词占比

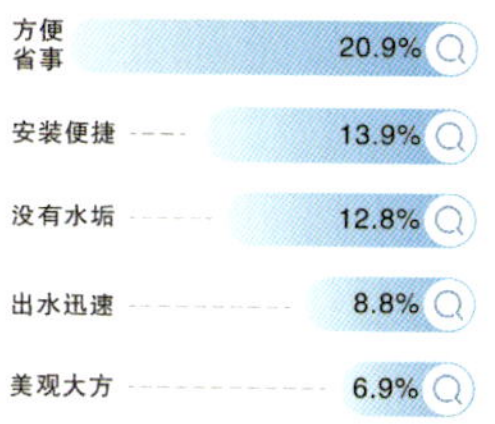

节水产品消费结构

销量快速增长的节水商品主要为两大类：以厨具类、卫浴类为代表的日常生活型产品，以家禽喂养和农机器械为代表的生产型产品

2021年，26岁至45岁人群依然是节水产品消费的主力，消费占比达到76%；46岁至55岁人群的消费占比增长最为明显，年均增长率为72.4%

▼节水产品消费人群偏好系数

（注：数值越高购买意愿越强）

2019年 2020年 2021年

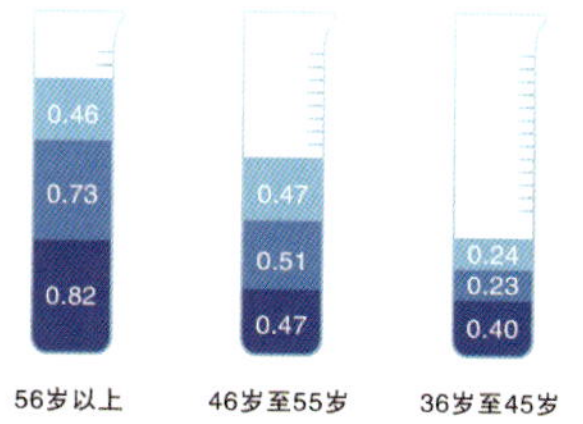

▼生活型节水产品销售额年均增长（2019年至2021年）

▼生产型节水产品销售额年均增长（2019年至2021年）

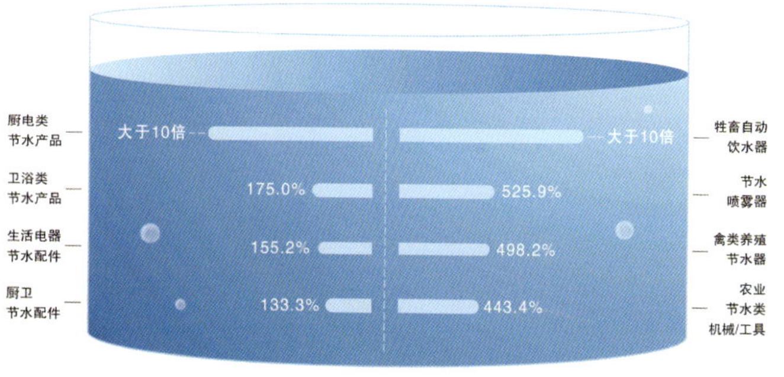

更多内容 扫码观看

数据周期：2021年

▶节水产品平均成交价格增长情况（2019年至2021年）

数据来源 京东消费及产业发展研究院 本版编辑 李瞳 林蔚

多元化路径潜力大

京东消费及产业发展研究院高级研究员　陈　瑶

截至2022年3月底，全国机动车保有量达4.02亿辆，其中汽车3.07亿辆。随着汽车市场快速增长，“互联网+”汽车服务市场进入高速发展期。以国外整车制造与售后服务市场份额比例约1：1.5为参照，中国的汽车售后市场拥有巨大发展空间。

从当前发展状况来看，汽车服务市场存在三条增长路径。

一是全渠道商品服务交易。平台通过与汽车服务行业头部品牌达成战略合作，不仅拥有新品首发权，让消费者在信息透明、有平台保障的情况下购买配件和服务，还能提供线上下单、线下门店安装或提货等服务，推动线上线下真正融合。线上线下全渠道服务模式蓬勃发展，在满足消费者购物渠道多元化需求的同时，也助力众多品牌、商家和合作门店，实现高质量增长。

二是一站式车主服务平台/一体化服务解决方案。平台与各类合作门店、服务商以及加油充电网点等，共建汽车服务网络。将整车销售、车险、汽车配件、线下门店维修、养护等整合到一个平台，改变以往汽车售后机构小而散、价格不透明、服务标准不统一等行业问题，通过高效数字化供应链，构建高质量汽车售后体系，满足车主用户一站式、多元化需求。

三是围绕新能源基础设施发展。新能源汽车是未来重要的发展方向。在新能源汽车服务方面，要加大服务密度，构建用户一刻钟生活服务圈。通过产品+服务的模式，为消费者打造更便捷高效的一站式消费新体验。

除此之外，汽车服务企业在很多领域还有业务拓展空间。比如，很多新手车主对汽车保养维修知识缺乏了解，企业可以从专业角度出发，针对不同消费者和车况，定制不同检查、保养等服务套餐，从被动服务向主动服务转变，从安全、科学的角度引导汽车服务相关消费。另外，在业务布局中，企业也要注意区域均衡发展。除了把资源投入到汽车保有量高的重点城市之外，也可以考虑在快速发展、潜力巨大的县域农村市场进行合理布局。

我国千人汽车保有量由2012年的**89**辆提高到2021年的**208**辆

2021年新能源汽车产量达到**354.5**万辆

新能源汽车累计销量从2012年底的**2**万辆，大幅攀升到2022年5月底的**1108**万辆。自2015年起，产销量连续**7**年位居世界第一

经济日报携手京东发布数据——

汽车服务市场迎发展良机

多元化路径潜力大

陈瑶

截至2022年3月底，全国机动车保有量达4.02亿辆，其中汽车3.07亿辆。随着汽车市场快速增长，"互联网+"汽车服务市场进入高速发展期。以国外整车制造与售后服务市场份额比例约1:1.5为参照，中国的汽车售后市场拥有巨大发展空间。

从当前发展状况来看，汽车服务市场存在三条增长路径。

一是全渠道商品服务交易。平台通过与汽车服务行业头部品牌达成战略合作，不仅拥有新品首发权，让消费者在信息透明、有平台保障的情况下购买配件和服务，还能提供线上下单、线下门店安装或提货等服务，推动线上线下真正融合。线上线下全渠道服务模式蓬勃发展，在满足消费者购物渠道多元化需求的同时，也助力众多品牌、商家和合作门店，实现高质量增长。

二是一站式车主服务平台/一体化服务解决方案。平台与各类合作门店、服务商以及加油充电网点等，共建汽车服务网络。将整车销售、车险、汽车配件、线下门店维修、养护等整合到一个平台，改变以往汽车售后机构小而散、价格不透明、服务标准不统一等行业问题，通过高效数字化供应链，构建高质量汽车售后体系，满足车主用户一站式、多元化需求。

三是围绕新能源基础设施发展。新能源汽车是未来重要的发展方向。在新能源汽车服务方面，要加大服务密度，构建用户一刻钟生活服务圈。通过产品+服务的模式，为消费者打造更便捷高效的一站式消费新体验。

除此之外，汽车服务企业在很多领域还有业务拓展空间。比如，很多新手车主对汽车保养维修知识缺乏了解，企业可以从专业角度出发，针对不同消费者和车况，定制不同检查、保养等服务套餐，从被动服务向主动服务转变，从安全、科学的角度引导汽车服务相关消费。另外，在业务布局中，企业也要注意区域均衡发展。除了把资源投入到汽车保有量高的重点城市之外，也可以考虑在快速发展、潜力巨大的县域农村市场进行合理布局。

（作者系京东消费及产业发展研究院高级研究员）

说数

随着汽车保有量逐年上升，我国汽车后市场快速崛起，汽车维护、汽车装饰、汽车安全等养车服务成为行业发展重点。对相关企业来说，汽车后市场涵盖领域非常广泛，因此，要做深做精相关产品和服务，在细分市场形成差异化优势。同时，还要打破传统汽修服务门店的粗放型手艺店模式，在专业性、技术性、服务性上下足功夫，提升标准化水平。

"互联网+"汽车后市场利用网络经济优势，通过线上店铺介绍及用户评价等信息，帮助消费者快速匹配自身需求，解决汽车服务行业信息不对称问题。但需要注意的是，互联网也会把企业劣势同步放大，除了要积累正面评价和信誉之外，根据消费者反馈及时调整服务不足也很重要。因此，全渠道发展方式要求门店进行企业化管理，除了干好活，还要注重提供人性化体验。

线上汽车服务蓬勃发展

价格透明、评价可见、方便高效的线上汽车服务消费在近3年增长明显

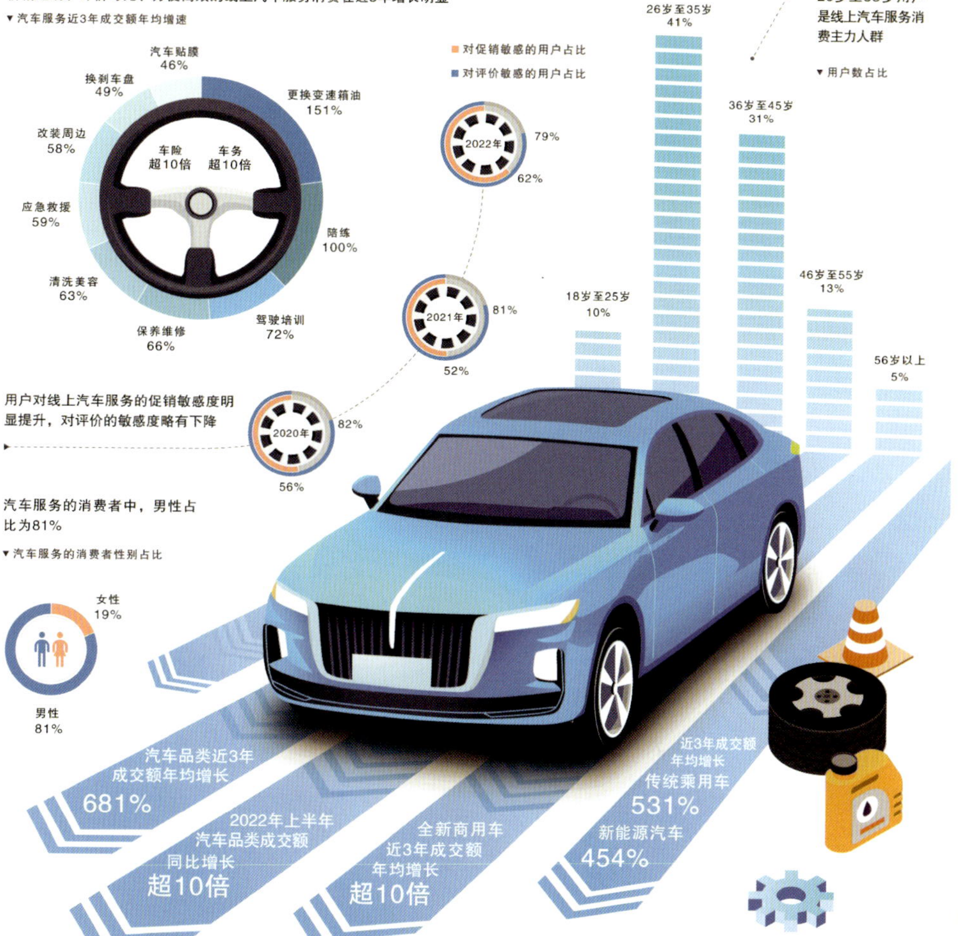

已婚用户是线上汽车服务消费的主力人群，未婚用户是形成消费增量的主要群体

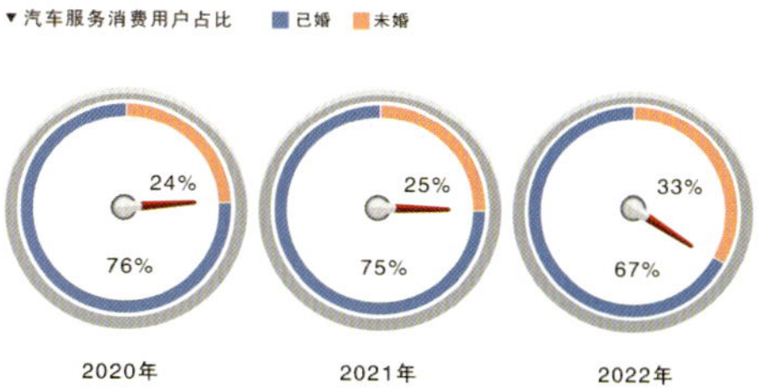

华南、华北、华东地区的线上汽车服务消费占比均超20%；县域农村的线上汽车服务消费占比在各级市场中最高

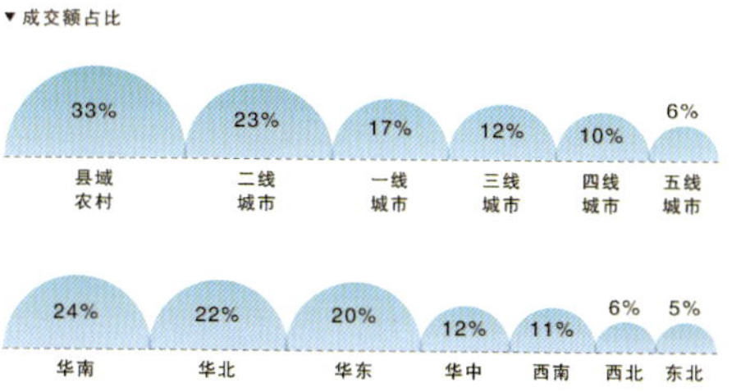

全渠道赋能汽车后市场

线上购车品、线下享服务，已成为众多消费者的共同选择。平台自营的全渠道汽车连锁服务通过标准化流程提升终端服务水平，实现供应链高效协同，提升消费价值

全渠道汽车服务的主力消费者分布

更多内容 扫码观看

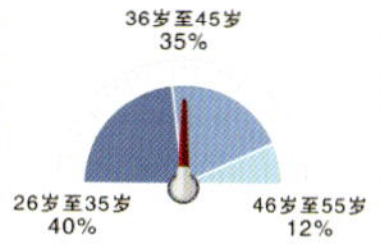

数据周期：2022年

全渠道汽车服务消费增长 ▼近3年成交额年均增速

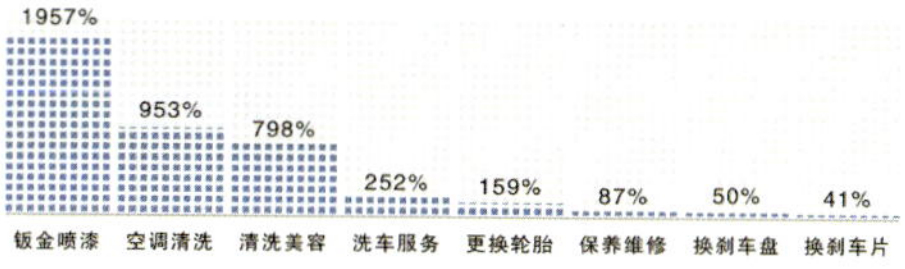

不同年龄消费者全渠道汽车服务消费增长趋势 ▼近3年成交额年均增速

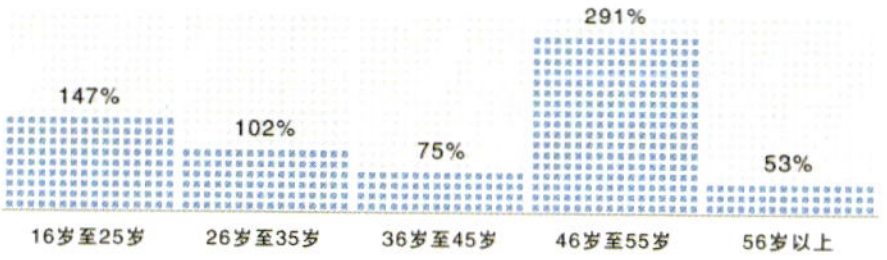

数据来源 京东消费及产业发展研究院 本版编辑 李 瞳 林 蔚

经济日报携手京东发布数据——

舌尖经济增长快

健康饮食造就美好生活

董　菲

从生活必需的粮油调味类食品，到改善生活品质的休闲零食、饮料冲调类食品，丰富多元的食品饮料产品正在全面接管消费者的"吃生活"。与此同时，消费者在饮食消费上也更加注重对品质和健康的追求。

首先，米面粮油等必需品的品牌化升级趋势明显。消费者随着健康意识逐步提高，对米面粮油产品的产地属性、有机属性等附加特征越来越关注，这为相关行业进一步提升指明了新的方向。在米面粮油行业附加值及盈利能力有了提升空间的前提下，企业要重视产地布局，相关产品要逐步向品牌化、高端化升级发展。

其次，饮食消费领域的个性化需求持续增长。当前，消费者为了满足自身的饮食需求和健康目标，会更加关注个性化的食品饮料，这也导致普遍适用型食品饮料产品的吸引力持续下降，"定制化"成为更受欢迎的食品饮料产品开发策略。同时，年轻群体在饮食消费中的占比越来越高，饮食行业的新产品呈现出明显的多样化、健康化、年轻化趋势。但与以往不同的是，年轻群体对新产品的关注点正从"颜值"向"成分"与"功效"转变。消费者更加注重在各种食物成分间寻找平衡，如低糖降脂、提升膳食纤维等。对于消费群体的个性化诉求，相关企业可以充分做好产品前期调研，以大数据为基准加强产品的定制研发，不断延伸和丰富产品线。

再次，区域特产型食品迅速走上全国餐桌。2021年，螺蛳粉、酸辣粉、热干面等地方特色浓郁的食品快速普及，各地消费者可以通过线上线下等多种渠道享受跨省美食。但是，信誉度较高且销售范围更广的特产型产品多为传统老字号品牌，大多数品牌只在当地有一定知名度，全国市场有限。为进一步扩大知名度和影响力，相关企业可以加大销售渠道建设力度，增强线上销售力量，严把产品质量关口，与各地区的产业带共建地方产品管理规范，让真正的品质好物走上消费者餐桌。

从"吃得饱"到"吃得好"，再到"吃得个性"，消费者对饮食的要求越发多元化。未来，相关企业要全面整合开放渠道、技术、营销、大数据、供应链等优势能力，用高品质的产品和服务打造健康生活，持续满足消费者对美好生活的追求。

（作者系京东消费及产业发展研究院高级研究员）

说数

人均消费金额最高

龙井茶 平均每人消费 超900元
食用油 平均每人消费 超450元
牛奶乳品 平均每人消费 超320元
熟食腊味 平均每人消费 超200元

饮用水 平均每人购买 7件以上
调味品 平均每人购买 6件以上
饼干蛋糕 平均每人购买 6件以上
普洱茶 平均每人购买 5件以上

人均购买件数最多

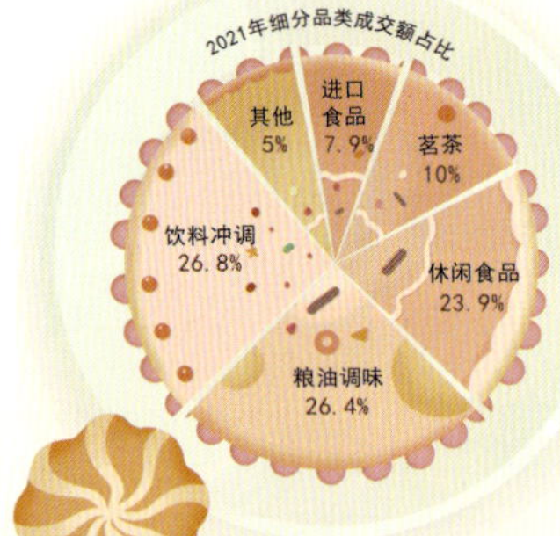

休闲食品

2021年，休闲食品消费火热。其中，坚果、糖果等商品销售额大幅提升，饼干、蛋糕的销售额增速较为平稳

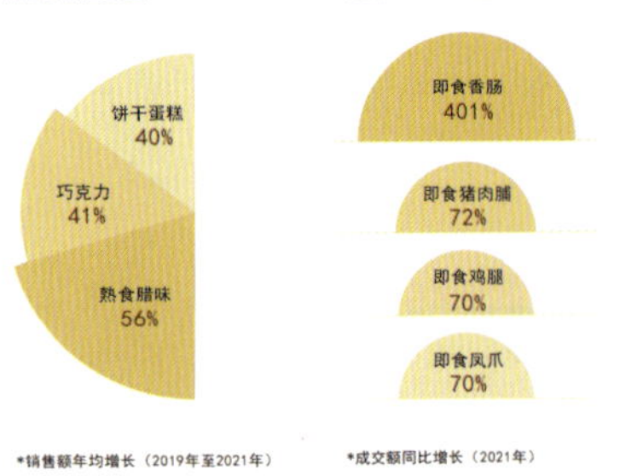

新兴品牌层出不穷，传统零食品牌不断推出新产品，休闲食品市场的竞争越发激烈。因此，商家在进行产品营销和推广时，应更加注重前期对用户群体的调研与分析，针对细分市场人群推出细分功能性产品。同时，在不断优化口味的基础上，商家还要在环保包装、营养健康等方面为产品增添附加值，吸引细分市场人群。

粮油调味

2021年，民生消费持续上涨。其中，食用油和米的成交额增速较为平稳，方便食品、调味品和面的成交额增速大幅提升

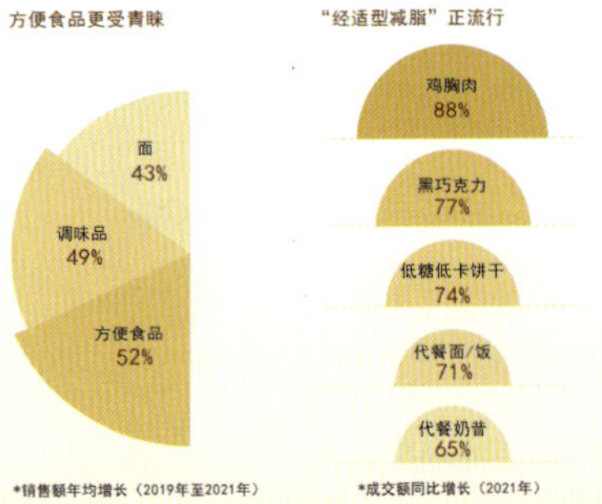

在快节奏生活的带动下，轻食类产品从小众逐渐走向大众，该类产品在满足消费者身材健康管理诉求的同时，还让消费者的饮食更加便利，节约了大量时间。目前，轻食产业还处于高速发展阶段，商家不断推出新口味、新包装抢占市场，要注意的是，确保产品质量仍应作为商家推出产品的首要因素。

饮料冲调

2021年，饮料冲调成为食品饮料类目中成交额排名第一的细分品类。其中，牛奶乳品、饮用水等产品成交额占比较高

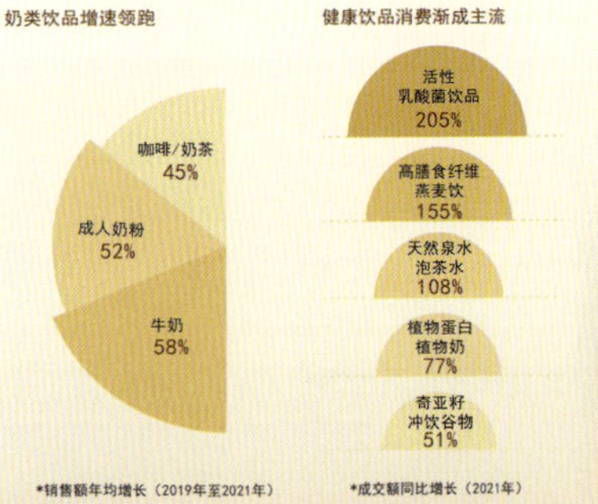

当前，国内居民食品饮料消费结构逐渐由温饱型向休闲型转变，受健康消费趋势影响，以活性乳酸菌、高膳食纤维等成分为核心的产品增长潜力巨大，商家对新产品的研发关注点应从重视颜值包装，转向关注产品健康成分与功效上，为消费者提供更加多元健康的产品。

更多内容 扫码观看

茗茶

2021年，茗茶成为食品饮料类目中成交额增速第一的细分品类。其中，红茶、绿茶和普洱茶等成交额占比较高

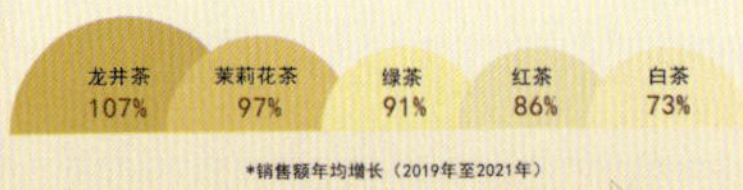

2021年，消费者的饮茶习惯在不同年龄层进一步分化，应用场景从最初的礼品和自饮不断延伸。在多元化消费观念趋势下，商家可进一步应用新技术，研究并萃取更多提升茶品质的成分。同时，商家在推广品牌时应注重文化内涵的建设，打造符合消费者感知且独具特色的品牌，从而被更多消费者认可。

数据周期：2021年

数据来源　京东消费及产业发展研究院　本版编辑　李　瞳　林　蔚

经济日报携手京东发布数据——

年货市场年味足

节日消费稳中出新

冯其予

今年春节假日，既有北京冬奥会、冬残奥会这样的体育盛事，同时国内又面临新冠肺炎疫情多点散发的挑战。节日期间释放消费增长的潜力和动力，不仅需要稳住增长势头，同时也要推出更多新招实招。稳中出新，是今年春节假日消费值得关注的内容。

从基本面看，稳消费的条件比较有利。商务部市场运行和消费促进司副司长王斌日前表示，从开年几天情况看，全国消费市场总体平稳，开局良好。

市场供应充足，价格总体稳定。2021年我国粮食再获丰收，“米袋子”是田头产量足、库里储备足、市场货品足，节日期间“米袋子”保供稳价基础扎实。生猪产能持续恢复，禽蛋、蔬菜等供应增加，近期全国天气晴好，物流运输畅通，保障市场供应基础坚实牢固。节前，据商务部初步调查摸底，各地生活必需品储备充足，流通企业备货量普遍比平日增长30%左右。

有了稳的条件，也要创新方式、开拓思路，适应需求变化。来自京东消费及产业发展研究院的数据显示，今年的春节假期消费将延续消费升级的趋势，一些新元素也比较突出。

从年货消费群体看。“80后”“90后”成为购买年货的主要人群，占全部消费者的71%。年货消费主要人群的变化，带动了年货消费理念的更迭。“80后”“90后”获取商品及服务的信息更加便捷、全面，对年货的选择更加富有个性。重视消费品质、追求消费个性成为青年群体的共性特征，传统模式下趋同性消费逐步转变为个性化消费。

“健康”成为关键词。年货礼盒中包含“健康”关键词的商品销量同比增长超400%。特别是北上广、江浙等经济较发达地区对此尤其关注。同时，养生类产品的年龄覆盖面也在扩大。数据显示，枸杞成为35岁以下和56岁以上年龄段消费者的共同爱好。身处现代社会，工作生活节奏的加快，使年轻消费者对健康的重视度不断深化。而生活水平的提高，物质的不断丰富，使健康消费实现度得到极大提升。

此外，契合春节假期的传统消费项目有了新元素，零食礼盒、IP年货礼盒、母婴年货礼盒等针对目标人群的消费更加活跃。而“00后”选年货爱买老字号这一消费特点，也从一个侧面印证了国产品牌自主创新能力增强，可以更好适应消费者多样化需求，开发出更具魅力、更能够解决消费者痛点的产品。走出跟随模仿，主动引领潮流，抓住了新消费群体，从而使国产品牌创造出独特的增长路径。

应当看到，在全球疫情起伏反复，国内疫情多点散发的情况下，居民消费预期和信心难免受到影响。因此，需要充分挖掘春节假日消费潜力，巩固稳消费的基础，寻找促消费的新途径，培育消费新业态新模式，促进消费升级。

说数

年货四大件

虎年春节最受欢迎的年货是坚果、牛奶、饼干、茶叶，相关产品销量在所有品类中名列前茅

坚果、牛奶、饼干、茶叶等仍是春节期间走亲访友、招待客人的必备品。值得注意的是，消费者对该类产品需求不断攀升，各品牌均试图在市场上分得一杯羹，导致产品严重同质化。想要在激烈的市场竞争中脱颖而出，企业就要抓住健康、高营养等新消费趋势，在口味、包装等方面多一份巧思，提升品牌和产品差异性，吸引更多消费者的注意。

茗茶礼盒　50%

饼干礼盒　50%

牛奶礼盒　216%

坚果礼盒　10倍

▲近三周销量比日常（10月日均）增长

IP礼盒▸

300%　国风IP礼盒

100%　潮玩IP联名礼盒

▲订单量同比增长

江苏、广东、上海、北京、山东的IP年货礼盒销量占比较高，分别达13%、10%、9%、8%、7%

零食礼盒▸

购买量环比增长436%

8.5倍　虎年限定曲奇饼干礼盒

23倍　虎年巧克力礼盒

78倍　早餐点心小吃零食大礼包

▲近三周销售额环比增长

上海、湖北、浙江、河南、河北的零食年货礼盒销量占比较高，分别达10%、9%、7%、7%、7%

母婴礼盒▸

300%　妈妈专区礼盒

960%　婴童寝居礼盒

200%　奶粉礼盒

1月10日腊八节　1月1日至10日

▲销售额同比增长

湖南、广东、浙江、江西、辽宁的母婴年货礼盒销量占比较高，分别达16%、16%、12%、12%、11%

礼盒受欢迎

虎年春节渐近，各类年货礼盒受到消费者青睐。相较以往，消费者对礼盒有了更多新要求——“有里又有面，有颜又有料”，这就要求相关企业在强调实用性的基础上注重个性化表达，在保证产品质量的同时挖掘品牌独有的特色元素，在创意、设计、IP联名营销等方面多下功夫，最终实现1+1>2的效果，满足消费者对年货礼盒的个性化消费需求。

健康成为关键词

年货礼盒中包含“健康”关键词的商品销量同比增长超400%。北京、广东、江苏、上海、浙江的健康年货礼盒销量占比较高，分别达17%、15%、10%、8%、5%

养生类产品销量快速增长

养生类产品销量环比增加153%，其中

高端海产干货　近10倍

食用菌菇　122%

果实类干货　75%

枸杞类产品　51%

▲销量环比增长

不同年龄段消费者偏好

25岁以下　菌菇汤包

25岁至35岁　海产干货

35岁至55岁　银耳

56岁以上　枸杞

▲消费者偏好

健康消费已成为新的春节消费热点。其中，养生保健不再是中老年人的专利，年轻消费群体也加入到“养生大军”中，并表现出全新的健康消费偏好。相关企业应准确把握各年龄段的养生消费需求，在供应链、渠道、产品开发和营销等方面不断创新，既要继续满足中老年消费群体的需求，也要为年轻消费者带来新的健康消费理念和产品。

年货消费群体

“60后”　“70后”　“80后”　“90后”　“00后”

▸“60后”“70后”爱买大米当年货，尤其是五常大米近三周销量同比增长88%

▸“80后”“90后”成为购买年货的主要人群，占全部消费者的71%

▸“00后”选年货爱买老字号，销量同比增长4.5倍

消费者有话说

18% 分量充足

包装大气 15%

12% 食品颗粒饱满

种类丰富 12%

10% 商品质量好

味道不错 8%

7% 送货速度快

家人喜欢 6%

6% 日期新鲜

性价比高 6%

▲消费者评价年货都用了哪些关键词？

希望商家在礼盒快递包装的时候能多用一些抗挤压的泡沫等保护礼盒

坚果礼盒里有些坚果因为比较坚硬，打开有些难度，建议商家可以随礼盒附赠开果装备

一家人吃东西口味不太一致，希望商家能推出一些灵活组合的礼盒，让消费者可以自行搭配选购

▲消费者对包装、配套商品及口味选择有更多需求

更多内容 扫码观看

数据周期：2021年12月25日至2022年1月10日

数据来源　京东消费及产业发展研究院　本版编辑　李　瞳　林　蔚

经济日报携手京东发布数据——

美食激发消费活力

“吃”出来的新动能

刘　晖

民以食为天，“吃”在中国经济和文化中扮演着非常重要的角色。今天，“吃”不再只是为了饱腹，还有许多附加价值。从“吃”的变化中，能看到不同地域、不同消费群体的差异和特色，品出餐桌之外更为丰富的“味道”。

当前，食品饮料的消费额和消费占比已成为衡量区域消费成熟度甚至生活品质的重要参考指标。特别是在线上食品饮料的消费占比越来越高的当下，线上购买食品饮料的习惯正迅速延伸，无论是一二线城市还是下沉市场，其潜力都值得相关企业关注和投入。

首先，人群和地域的拓展趋势表现明显。新冠肺炎疫情发生以来，更多消费者开始尝试从线上购买各类生活必需品，特别是此前网购较少的中老年消费者和下沉市场用户。在疫情得到迅速控制、全面复工复市之后，不少人依然保留了线上购物的习惯。同时，各大平台已经能够更准确地把握消费者的需求，提供更精准的商品和服务。

其次，从消费端来看，更多个性化消费需求得到满足。酸甜苦辣，各取所需，如“95后”偏爱购买休闲食品，56岁以上人群则偏爱购买地方特产；企业职员和金融从业者偏爱购买进口食品，工人、服务业从业者偏爱购买茗茶；北京消费者偏爱购买节庆食品、礼券，辽宁消费者偏爱购买粮油调味……消费者的个性化提质需求在线上得到充分满足。此外，像低糖、低脂的消费习惯迅速在各类人群中渗透，不难看到消费者对吃得好的追求已经超越了味道，延伸到了健康层面。

最后，对供应端而言，互联网零售打破了空间限制，以往只能“名扬乡梓”的商品有了走向全国的机会，这对于区域经济发展是一个好机会，大量商品从区域走向全国，凭借独特的口味和文化影响更多的消费者。特别是疫情以来，跨地域的旅行同比减少，很多伴随着旅行产生的地方特产消费需求转移到线上，让很多出行不便的人先用味蕾去感受各地风情。

线上食品饮料的消费在地域、人群、品类、品质等方面不断拓展、升级，其背后是市场的提质扩容，是消费者对美好生活的向往和追求，也是大量品牌商和制造商优化经营、持续成长的契机。期待食品饮料市场提质增量，不仅让消费者吃得更好，也让产业健康发展，区域经济发展更协调。

（作者系京东消费及产业发展研究院院长）

说数

辽浙藏增速快

* 2021年食品饮料成交额同比增幅TOP10省份

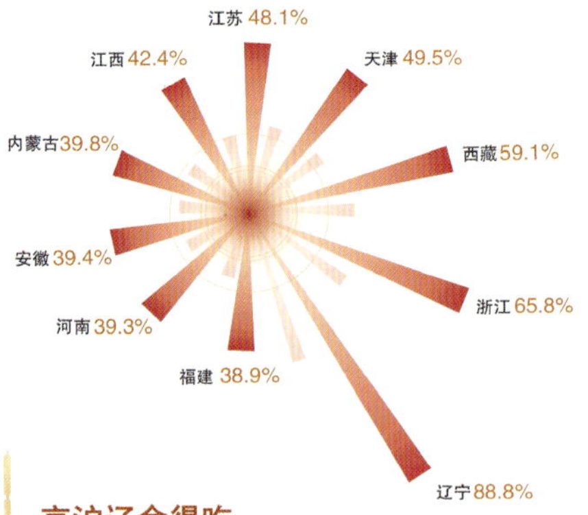

地方美食走俏全国

随着网红经济快速发展，一批地方美食经过不断演变，逐渐符合大众口味，变身为网红小吃，走向全国，成为消费者的新选择

粤京苏领跑“吃货”榜

* 2021年食品饮料成交额TOP10省份

（图为该省份食品饮料消费在全国的占比）

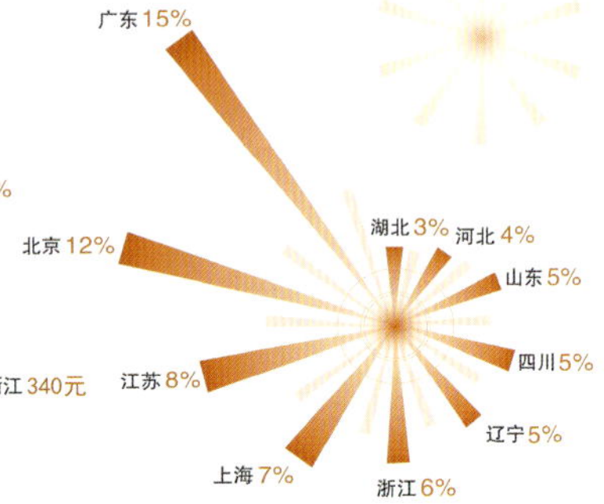

京沪辽舍得吃

* 2021年食品饮料人均消费金额TOP10省份

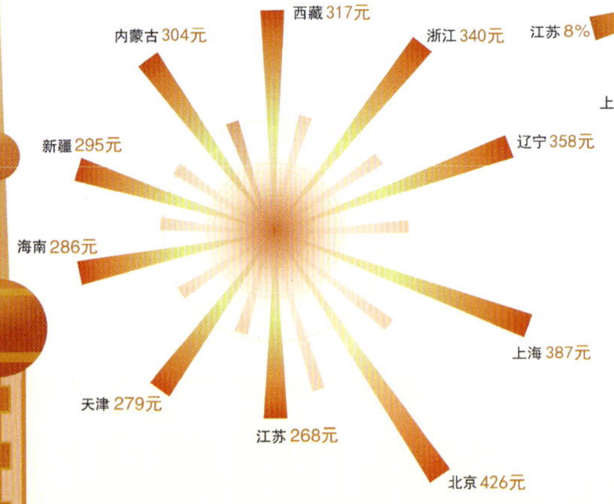

辽津京有口福

* 2021年食品饮料成交额占比TOP10省份

（图为食品饮料消费占该省份全部消费的比重）

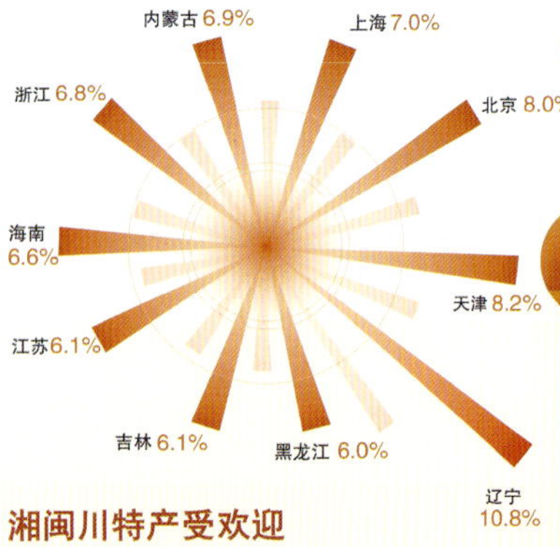

湘闽川特产受欢迎

* 2021年地方特产成交额占比

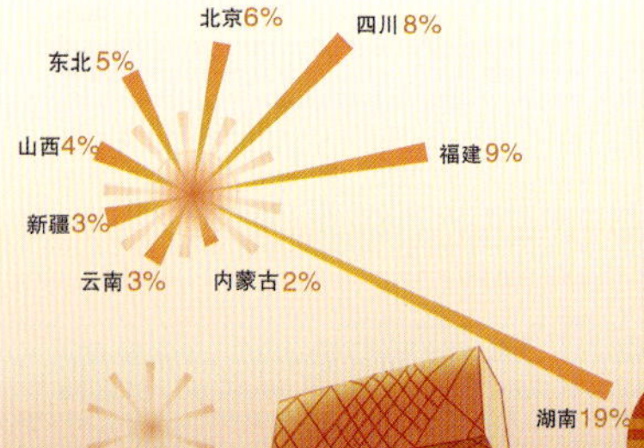

各地买买买有特色

北京消费者偏爱购买：节庆食品/礼券

江苏消费者偏爱购买：地方特产

辽宁消费者偏爱购买：粮油调味

上海消费者偏爱购买：进口食品

天津消费者偏爱购买：饮料冲调

浙江消费者偏爱购买：茗茶

从需求看

在快节奏生活带动下，轻食类产品从小众逐渐走向大众，该类产品在满足消费者身材健康管理诉求的同时，还让消费者的饮食需求更加便利，节约了大量时间。目前，轻食产业还处于高速发展阶段，商家不断推出新口味、新包装来抢占市场，需要注意的是，确保产品质量仍应作为商家推出产品的首要因素。

从价格看

食品饮料是大众消费中购买频率最高的品类之一，消费者对价格非常关注，有大促期间囤货的习惯。但从长远发展的角度，建议品牌商和渠道商通过更为合理的价格和促销设定，让消费者逐步摆脱对折扣的依赖，形成按需定期购买的习惯，提升消费体验，促进形成更健康的行业生态。

从供给看

庞大的市场规模和消费潜力是我国经济发展的有力支撑，不同地域和人群的需求各异，让每个企业都可以找到自己的发展机会。企业应明确自己的主航道，聚焦特定地区、特定人群，提供精准的产品和服务。满足了消费者细分化、个性化的需求，也就牢牢把握住了市场和成长空间。

从区域看

地方特产通过互联网零售渠道走向全国，为区域经济发展和文化输出提供了重要路径。地方特产不能只满足于一时爆红，如何成为长盛不衰的消费潮流是需要相关企业思考的问题。因此，在充分发挥渠道、营销能力，寻求品牌、品类高速扩张的同时，精心守护商品品质、提供高质量服务、进行适宜的口味改造，甚至同步弘扬特色产品背后的地域文化都非常关键。

更多内容 扫码观看

数据周期：2021年

数据来源　京东消费及产业发展研究院　本版编辑　李　瞳　林　蔚

经济日报携手京东发布数据——

进口商品消费活力十足

扩大进口带来更多商机

李 曈

种类丰富、数量庞大的进口商品进入中国市场，走进千家万户，不断满足着消费者日益增长的多样化、高质量消费需求。在新冠肺炎疫情仍在全球持续蔓延的当下，中国开放的大门非但没有关上，反而越开越大，随着更多扩大进口的政策和举措落地，我国消费市场的潜力将被进一步激发，消费选择也将更加丰富。

从需求端看，扩大进口顺应了品质化、多样化、个性化的消费趋势变化，有助于推动国内消费市场提质扩容，增强消费者的消费体验和选择，满足人民美好生活需要。

从供给端看，扩大进口可以加深国际经济联系，促进供给端提质增效。同时，增加优质消费品进口也体现了消费升级的总体趋势，能够进一步优化国内市场供给结构，改善供给质量，提升供给体系对国内需求的适配性。

对于整个国内市场而言，及时扩大国外优质商品进口，可以持续提升相关行业的竞争力，让更多国内企业“向质量要效益”，加快经济转型升级速度。同时，从消费品入手，扩大进口，能为更多产业链上下游的中外企业带来合作机会。特别是电商、物流、金融、贸易等相关企业将获得更大舞台和更多商机。

说数

品类多样化趋势显现

与过去几年相比，进口消费的结构、群体、特征等都发生了明显变化，呈现出更加多样化的趋势

- 从消费群体看，35岁及以下消费者成为进口品牌消费的主力人群

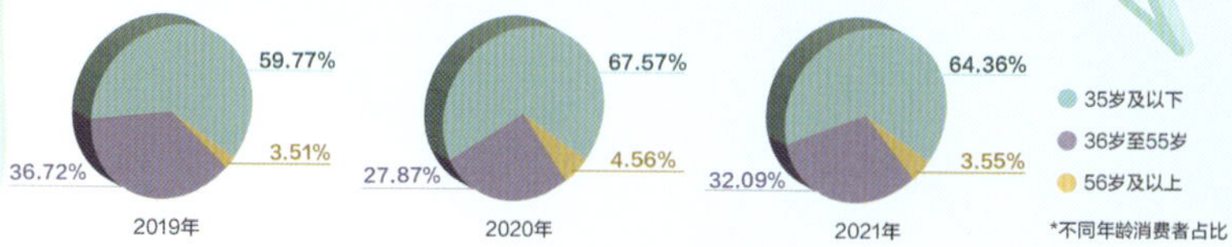

*不同年龄消费者占比

- 从消费地域特征看，高线级城市领跑进口消费，低线级城市进口消费市场加快发展

- 从消费结构看，营养保健、电脑办公、医药、宠物生活、母婴等进口商品的消费占比有所变化

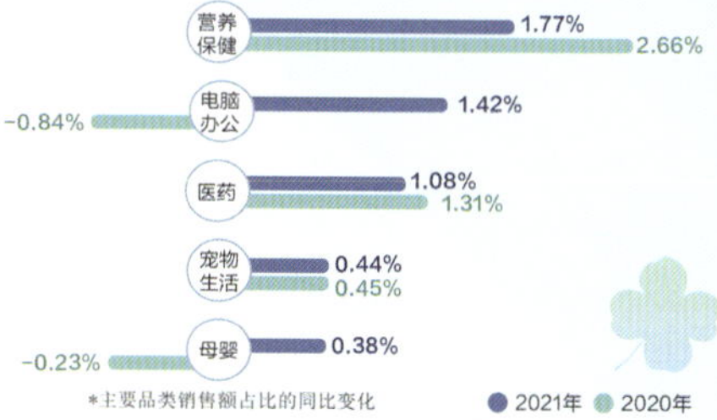

*主要品类销售额占比的同比变化

- 从消费习惯看，男性是国际品牌消费的主力军，不同年龄段的消费者偏好也不同

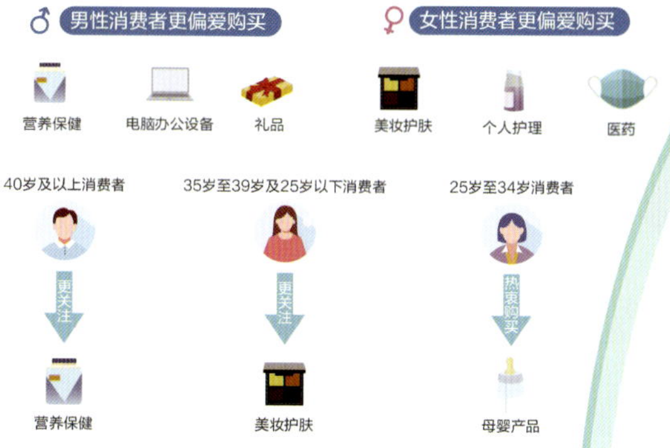

数据周期：2021年前三季度

对优质进口商品需求与日俱增

手机通讯、电脑办公、母婴产品等是中国消费者最愿意购买的国际品牌品类

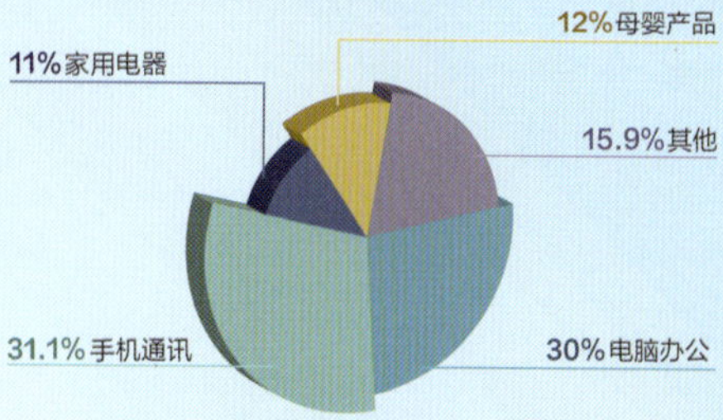

进口商品在东部地区卖得更好，浙江、上海、广东、江苏和北京的消费者在进口品牌消费上花费的金额更高

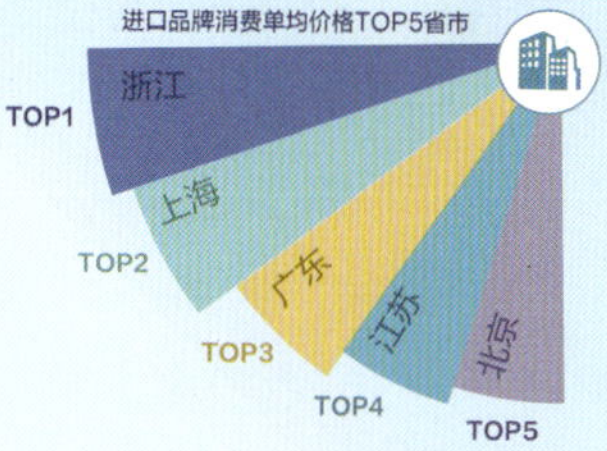

注：单均价格是指每笔订单的平均消费金额

2020年，中国跨境电商零售进口规模突破

1000亿元

美妆护肤、母婴和营养保健始终占据进口消费品类的前三名

*品类占比数据来自于京东国际 *指下单量和销售额

国际品牌越来越青睐中国市场

在消费升级的总体趋势下，中国消费市场的巨大潜力加速释放，这也让国际品牌及跨国企业更愿意来华开拓市场

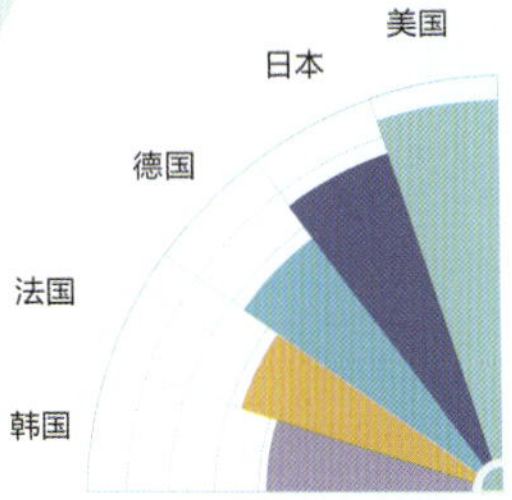

*消费金额占比最高的进口品牌来源国

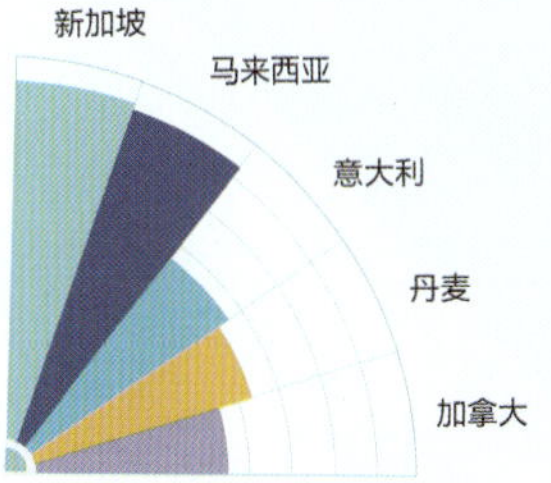

*消费金额增速最快的进口品牌来源国

数据来源 京东消费及产业发展研究院 本版编辑 李 苑 朱双健

CHAPTER 6

CONSUMPTION

从这里读懂中国消费

第六章 | 消费之燃

消费有热情　健康成风尚

京东消费及产业发展研究院高级研究员　张　艺

燃，本意是烧起火焰，如今被用来形容一种积极向上、充满阳光和热血沸腾的状态，体育运动中强调拼搏与进取的精神，无疑是最燃的场景之一。

燃，又有引火点着之意，是一种传递正能量，热情感染，励志激励人心的相互触动。我国正处于从体育大国向体育强国转变的重要阶段，体育强国不仅是竞技体育的领先，群众体育事业更是体育强国的重要标志。国际赛场上，中国健儿们斩获一个又一个奖牌，为国争光；赛场外，国民被他们永不放弃、永不气馁、永不低头的精神所点燃，积极投入到体育运动中去，全民健身蔚然成风，体育消费呈现全民化、专业化、多元化等趋势。

盛会点燃运动消费热情

群众基础是体育消费的关键，进一步扩大国民体育锻炼的参与度是体育消费市场可持续发展的根本手段。国务院印发的《全民健身计划（2021－2025年）》就今后一个时期促进全民健身更高水平发展，更好满足人民群众的健身和健康需求作出部署：到2025年经常参加体育锻炼人数比例达到38.5%（目前为37.2%），带动全国体育产业总规模达到5万亿元。

消费数据显示，体育盛会的召开不但引发全民对赛事的关注，同样也点燃了全国人民运动健身和运动消费的热情。2021年东京奥运会期间，乒乓球、羽毛球、排球等热门赛事，极大激发出了国民对相关运动装备的购买热情。国球乒乓的相关消费金额同比增长迅猛；在“中国女排精神”的引领下，排球、球网、球柱等装备成交额也实现激增。

近年来，我国冰雪运动逐渐深入人心，北京冬奥会的召开，将国民对于冰雪运动的热爱推向一个新高度。消费数据显示，2022年春节，大家都迫不及待穿上新的滑雪服、带着新的滑雪装备奔赴雪场，用“速度与激情”开启新的一年。

冰雪运动发展至今，堪称一部“破圈”史。随着中国冰雪运动产业在体育场地、运动服务等投入的增加，从传统的北方冰雪运动大省，到广西、安徽、云南、湖北和湖南等南方省份，冰雪运动一路向南渗透。从购买入门级的冰雪服饰，到选购更加专业化的冰雪器材，冰雪运动的消费结构不断优化和升级。从个人冰雪体育运动，到全家齐上阵的冰雪娱乐，冰雪运动的参与者不断扩展，拥有了更广泛的群众基础，真正实现“全民上冰雪”。

从东京奥运会到北京冬奥会，体育市场的活力和体育消费热情不断被激发，经常参加体育锻炼成为很多人的一种生活方式。

专业化多元化趋势显著

近年来，大众对基础体育消费品类的需求向更加细分和更加专业的领域扩展，一些新型体育健身用品成为热销品类。消费数据显示，跑步、篮球、足球等大众运动的渗透率和人均消费金额均高于平均水平，是最能拉动体育消费市场规模快速扩容的运动。但不少小众运动的人均消费很高，小众运动的兴起，为更多体育行业的从业者、特别是中小企业创造了丰富的成长空间，可以说，小众运动对体育消费的提质升级作用更加明显。

虽然体育服饰以及器材等实物是当下体育消费的主要内容，非实物消费占比有限，但体育消费的结构正在不断优化。一方面，以各类体育培训、赛事报名和场馆预定等为代表的体育服务消费增长迅猛。另一方面，体育消费的内容不断延展、类别不断丰富，例如训练、防护、恢复等，消费者更加细分和专业的需求，为体育产业带来了新的增量市场。

在政策扶持和国内体育产业强势崛起的双重推动下，无论是日常体育锻炼，还是进一步提升专项体育技能，体育在促进人的全面发展、促进经济社会发展中的重要作用进一步增强，体育消费必将会向更高质量发展。

青年体育户外消费热力足

和体育运动一样热力四射的是年轻群体的消费活力。有关数据显示，中国“95后”人口规模已接近3亿人，撑起了约4万亿元消费市场。作为市场上最活跃的群体，年轻消费者引领的消费潮流，日渐成为市场主流。他们看颜值、追新品、重体验、享服务的消费观念，为产业升级、科技创新注入了新的活力。

年轻消费群体已成为体育消费和户外消费主力，其多元化消费需求正引领着体育产业和户外产业的发展潮流。攀岩、飞盘、路冲、露营、腰旗橄榄球等凭借更强的社交属性、更便捷的交互场景，成为年轻人的运动休闲新宠，为相关产业带来了新的增长点。在产品和服务选择上，年轻消费者的核心需求主要集中在质量、专业、文化等属性。对此，相关企业一方面要针对年轻消费者特点，不断加强产品的设计感和专业性，加快与国潮文化融合，既要做出好产品也要能够讲出好故事，进而创造出更多符合中国消费者审美的运动产品。另一方面，要加快新兴运动场地建设，为消费者创建更好的运动环境和氛围，提升运动过程中的舒适性和安全性。同时，加强后续服务和指导，保证参与者可以安全地享受运动休闲乐趣。

● 专家评论

创造运动消费增长新空间

北京国际商贸中心研究基地首席专家　赖　阳

随着收入水平的提升，我国主流消费人群的消费方式乃至生活方式正在发生根本性变化。曾经的量入为出，消费注重性价比，将实用性、实惠列为首选的“节俭原则”，正在转变为愿意为享受生活付费、为兴趣爱好付费、为新奇好玩的体验付费的“快乐原则”。消费原则的根本性变化，导致新一轮的消费升级，当今中国消费者的消费结构正在发生变化，文创艺术、运动健康都成为新的消费增长点。

作为新消费升级中的重要增长点的运动消费正在呈现以下4个特点：

首先是体验化。当今的消费者不仅享受消费的结果，更看重消费的过程。越来越多将运动健身与沉浸式娱乐结合的创新得到消费者的追捧。虚拟化、数字化、场景化的训练设施、营地，给消费者新奇好玩的体验、更丰富的运动乐趣，更能激发消费者参与的热情。沉浸式、体验化的运动健身创新项目未来还会有更大的增长空间。

其次是专业化。一方面是装备专业化，运动员训练、比赛级别的专业装备、专业品牌成为越来越多普通消费者的首选；另一方面是训练专业化，消费者不再是盲目随意练习，越来越多的消费者愿意在专业教练的指导下，接受系统训练。因此，更多高端运动设备热销，专业运动品牌火爆，专业训练机构、人才有广阔的市场。

第三是社群化。互联网让现代人的社交打破空间、距离障碍，相同的爱好者能通过社交应用超广域集结交流、相互促动。人们对社群认同的心理需求，又使得新运动、新品牌在社交媒介的带动下，会比以往更快速地传播、普及，成为新的流行时尚。运动参与者的相互鼓励、竞赛，让体育运动热情更持久。爱好者的相互交流也成为鼓励消费者在运动装备、品牌选择持续升级的推动力。

第四是智能化。智能化不仅体现在越来越多的监测身体数据、辅助训练的数字化、智能化设备快速普及，也体现在越来越多的运动应用、运动服务机构、运动品牌采用智能化技术构建社交平台，以增加用户粘性。这给通联各类智能设备、应用、机构的运动智能化平台创造了快速发展的空间。个性化、智能化的服务体系正具雏形。

消费原则的变化促进了运动消费的升级，无论是新型运动设备的研发、新型运动场景的设计、新型运动服务模式的创新、运动时尚品牌的打造、运动数字科技的探索等，都有广阔的发展空间，成功之路在于超越。

冰雪运动的“出圈”路

京东集团副总裁、京东零售V事业群负责人　韩　瑞

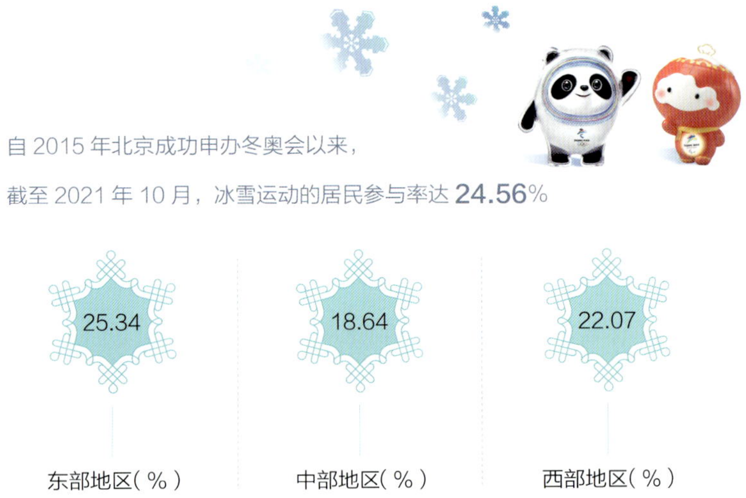

伴随冬奥会这股东风，我国冰雪运动消费场景不断丰富，冰雪产业持续壮大，整个市场充满勃勃生机。特别是随着消费者冬季健身意识增强，冰雪运动的消费显著增长，冰雪运动相关品类更是成为最热销的“新年货”。

数据显示，2022年1月9日以来，广西、安徽、云南、湖北和湖南成为年货节期间冰雪消费增速最快的省份，同比增幅均超过4倍；北京冬奥会开幕前1个月，冰雪器材成交金额同比增长107%，冰雪运动服装同比增长99%，冰雪运动护具同比增长41%。这个春节，大家都迫不及待穿着新的滑雪服、带着新的滑雪用具奔赴雪场，用“速度与激情”开启新的一年。

冰雪运动发展至今，堪称一部“破圈”史。从传统的北方冰雪运动大省，到广东、浙江、四川等新兴冰雪运动大省，随着冬奥会带动中国冰雪体育产业快速增长，冰雪运动一路向南渗透。不过相较于北方地区，南方在场馆建设上没有地理环境优势，修建和营运成本较高，消费价格往往高于北方，因此冰雪运动的南移，也是从经济较为发达的省份开始逐步升温。例如，广东、浙江等省份已具有较强冰雪运动基础。其中，广东主要从室内滑雪培训场馆入手，降低消费者参与门槛；浙江则配合服务产业推进冰雪度假。这些南方省份的冰雪产业发展经验有望借鉴给其他地区，进一步推动“南方人上冰雪”。

从个人冰雪体育运动，到全家齐上阵的冰雪娱乐。越来越多的儿童坐上滑雪车，尝试冰雪运动的乐趣。当前，儿童冰雪运动领域仍是一片崭新的蓝海，随着儿童装备器材、娱乐设施、培训机构包括相关赛事等一系列产业链日趋完善，冰雪运动将会拥有更广泛的群众基础。

从北方人群占据主导地位到全国各地开始兴起冰雪热，这是冰雪运动逐渐普及、冰雪爱好者不断扩容、冰雪相关产业快速发展互相推动的结果。冰雪产业者可以积极入局抓住机遇，借助冬奥的火热时机提高产品质量、服务质量，做好产业联动，打造适合不同等级爱好者的冰雪运动消费场景，既能降低大众参与冰雪运动的门槛，又能转化出一批稳定的、有粘性的冰雪运动消费者。

相信在这些积极因素的助推下，未来的冰雪运动会进一步突破人群、季节、地域等的限制，在更大规模上实现“全民上冰雪”。

经济日报携手京东发布数据——

冬奥会带旺冰雪消费

冰雪运动的『出圈』路

韩瑞

伴随冬奥会这股东风，我国冰雪运动消费场景不断丰富，冰雪产业持续壮大，整个市场充满勃勃生机。特别是随着消费者冬季健身意识增强，冰雪运动的消费显著增长，冰雪运动相关品类更是成为最热销的“新年货”。

数据显示，1月9日以来，广西、安徽、云南、湖北和湖南成为年货节期间冰雪消费增速最快的省份，同比增幅均超过4倍；北京冬奥会开幕前1个月，冰雪器材成交金额同比增长107%，冰雪运动服装同比增长99%，冰雪运动护具同比增长41%。这个春节，大家都迫不及待穿着新的滑雪服、带着新的滑雪用具奔赴雪场，用“速度与激情”开启新的一年。

冰雪运动发展至今，堪称一部“破圈”史。从传统的北方冰雪运动大省，到广东、浙江、四川等新兴冰雪运动大省，随着冬奥会带动中国冰雪体育产业快速增长，冰雪运动一路向南渗透。不过相较于北方地区，南方在场馆建设上没有地理环境优势，修建和营运成本较高，消费价格往往高于北方，因此冰雪运动的南移，也是从经济较为发达的省份开始逐步升温。例如，广东、浙江等省份已具有较强冰雪运动基础。其中，广东主要从室内滑雪培训场馆入手，降低消费者参与门槛；浙江则配合服务产业推进冰雪度假。这些南方省份的冰雪产业发展经验有望借鉴给其他地区，进一步推动“南方人上冰雪”。

从个人冰雪体育运动，到全家齐上阵的冰雪娱乐。越来越多的儿童坐上滑雪车，尝试冰雪运动的乐趣。当前，儿童冰雪运动领域仍是一片崭新的蓝海，随着儿童装备器材、娱乐设施、培训机构包括相关赛事等一系列产业链日趋完善，冰雪运动将会拥有更广泛的群众基础。

从北方人群占据主导地位到全国各地开始兴起冰雪热，这是冰雪运动逐渐普及、冰雪爱好者不断扩容、冰雪相关产业快速发展互相推动的结果。冰雪产业者可以积极入局抓住机遇，借助冬奥的火热时机提高产品质量、服务质量，做好产业联动，打造适合不同等级爱好者的冰雪运动消费场景，既能降低大众参与冰雪运动的门槛，又能转化出一批稳定的、有黏性的冰雪运动消费者。

相信在这些积极因素的助推下，未来的冰雪运动会进一步突破人群、季节、地域等的限制，在更大规模上实现“全民上冰雪”。

（作者系京东集团副总裁、京东零售V事业群负责人）

说数

冰雪运动吸引力大大增强

冬奥会带动冰雪相关消费增长明显

▼ 冰雪运动消费金额同比增长

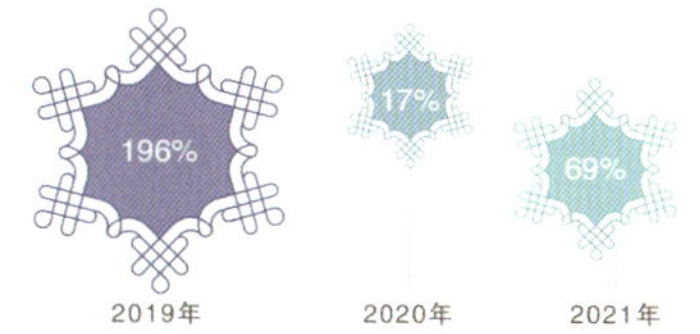

消费者冬季健身意识增强，冰雪运动渗透率大幅攀升

▼ 冰雪运动渗透率增速

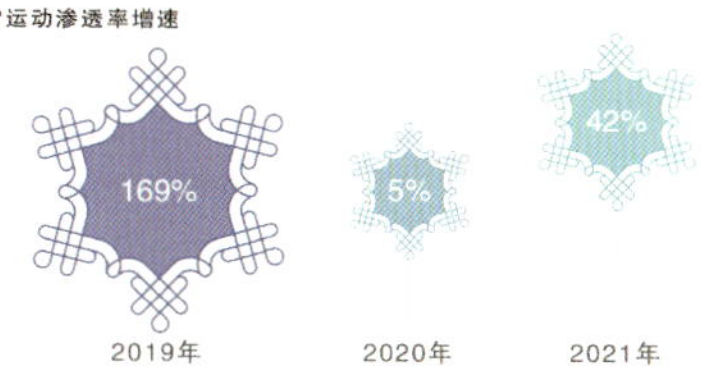

受冬奥会影响，冰雪运动热度在全国各地持续升温，冰雪运动消费增长显著。随着消费者冬季健身意识增强，冰雪运动正从“小众”走向“大众”。商家可以紧抓冬奥会这股东风，持续深挖冰雪运动带来的消费潜力，在产品功能、售后服务、场地建设等方面下功夫，打造更具个性的冰雪消费场景。

冰雪运动南移趋势明显

▼ 冬奥会开幕前1个月冰雪消费金额增速TOP 5省份

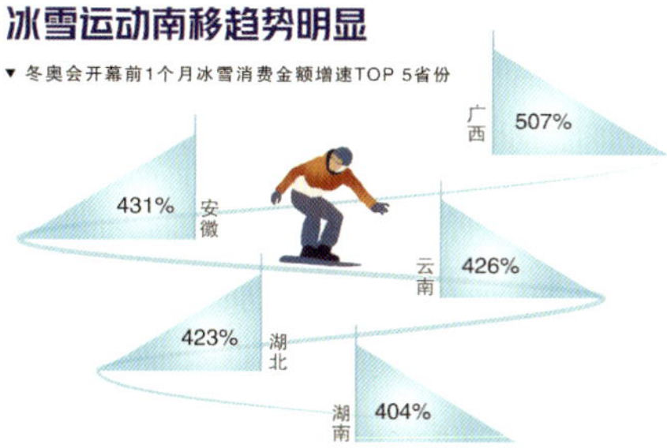

哪些人热爱冰雪运动

冰雪运动人人爱，尤其受女性欢迎

▼ 不同性别冰雪运动消费金额增长率

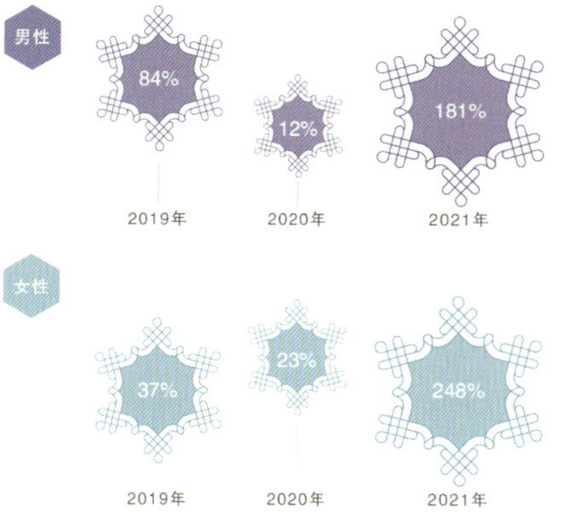

▼ 2021年各年龄段人群冰雪消费金额同比增速

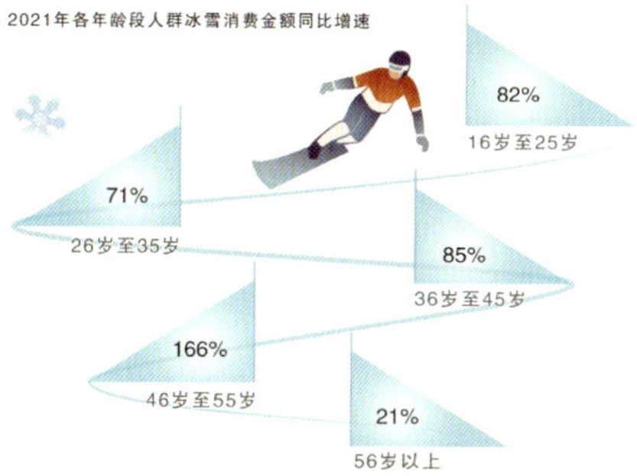

冬奥会推动了人们对滑雪装备的消费。从不同年龄层的用户看，46岁至55岁的中年人消费能力强，消费增速最快，同比达到166%。26岁至35岁的年轻人对滑雪运动热情最高，虽然消费能力略差，但增幅超过了71%。针对不同人群，商家可以通过不同的营销策略，把消费者留下来，让冰雪消费热再“旺”一些。

浙江和四川等已经成为全国最有冰雪运动群众基础的南方省份

▼ 2021年冰雪运动参与用户最多的省份TOP5

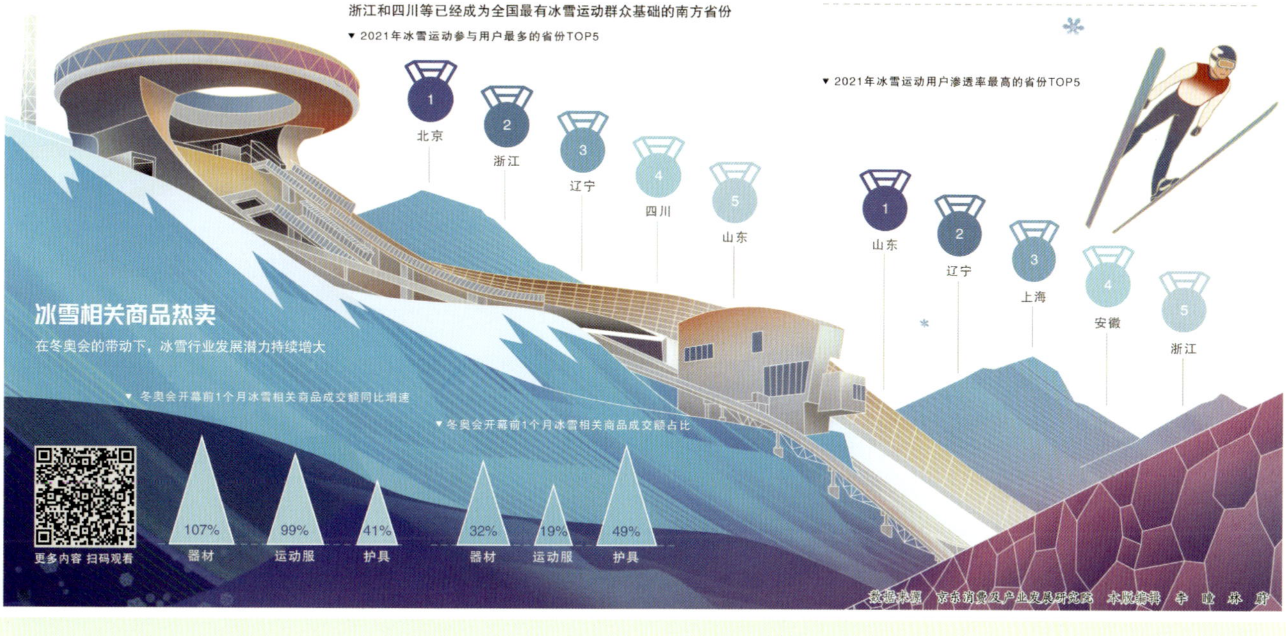

滑雪产业如何创新“场景”

京东零售运动户外事业部总经理　王学松

2015年北京成功申办冬奥会以来，全国居民冰雪运动的参与人数已达3.46亿。从冰雪消费人群占比及增速数据中可以发现，相比冰上运动，滑雪运动似乎更受大众喜爱。曾经被视为小众运动项目的滑雪，已成为冬季流行新趋势，并逐步进入大众视野。

滑雪近几年的快速发展得益于中国申办冬奥会时提出的“三亿人上冰雪”目标，为达成这一目标，国家出台了一系列政策，推动了滑雪及相关产业的蓬勃发展。室外室内滑雪场、滑雪培训、滑雪度假游，多元化的场景带动滑雪运动参与人数激增。

滑雪作为有一定门槛的运动，一些第一次参与的人如果没有相应指导，可能体验并不理想，导致滑雪场的用户转化率较低。而且雪板、雪鞋等滑雪装备客单价高，非深度爱好者通常不会轻易购买，大量“滑雪初尝者”更倾向于在雪场租赁装备，很难形成购买力。未来雪场可以重点打造完善的装备器材租赁模式，以及雪场带教、授课培训等服务模式，提高用户转化的同时做好服务增收。例如，传统室外雪场对占地面积和地理环境的要求较高，多处在远郊区，因此小型室内模拟培训雪场和线上授课等都是减轻滑雪爱好者学习成本的优质选择。同时此类培训也能突破季节限制，具备成本低、可复制的优势。

如今，滑雪正逐渐从一种小众运动发展为一种生活方式。酒店、餐馆、交通等丰富的配套设施充分满足了各类滑雪爱好者的不同需求。年轻的滑雪爱好者将滑雪作为休闲放松的社交活动，父母带着孩子上冰雪也成为一种新兴亲子活动。各式滑雪爱好者以滑雪为载体，在亲近自然、挑战自我的同时追求潮流文化体验。

在滑雪市场规模不断扩大的趋势下，滑雪爱好者的需求必然越发多样化，同时由于滑雪爱好者多是具备一定消费能力、具备探索欲追求新体验的群体，滑雪产业除了继续升级“滑雪度假”的配套基础设施外，对于文化展演等冰雪娱乐活动、雪季之外的体验项目投入也是重中之重。在充分利用场地把控成本、实现全季运营、保障和提升基础服务的同时，也要利用体验型消费项目做好文化营销，培育大众认知的同时凸显品牌特色。

▸《“带动三亿人参与冰雪运动”统计调查报告》显示出的我国冰雪运动参与情况：

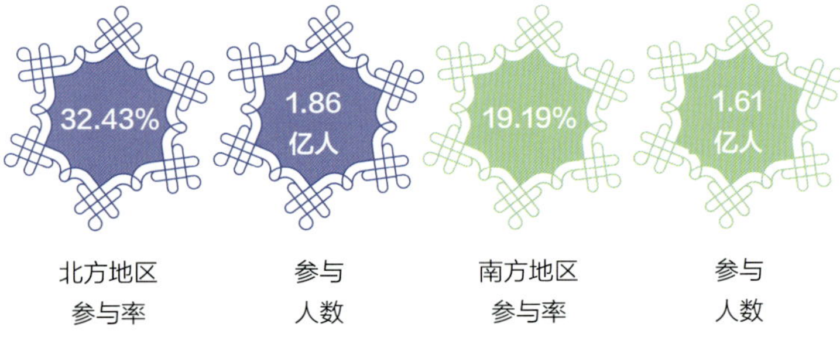

经济日报携手京东发布数据——

冰雪运动一路向南

滑雪产业如何创新“场景”

王学松

2015年北京成功申办冬奥会以来，全国居民冰雪运动的参与人数已达3.46亿。从冰雪消费人群占比及增速数据中可以发现，相比冰上运动，滑雪运动似乎更受大众喜爱。曾经被视为小众运动项目的滑雪，已成为冬季流行新趋势，并逐步进入大众视野。

滑雪近几年的快速发展得益于中国申办冬奥会时提出的“三亿人上冰雪”目标，为达成这一目标，国家出台了一系列政策，推动了滑雪及相关产业的蓬勃发展。室外室内滑雪场、滑雪培训、滑雪度假游，多元化的场景带动滑雪运动参与人数激增。

滑雪作为有一定门槛的运动，一些第一次参与的人如果没有相应指导，可能体验并不理想，导致滑雪场的用户转化率较低。而且雪板、雪鞋等滑雪装备客单价高，非深度爱好者通常不会轻易购买，大量“滑雪初尝者”更倾向于在雪场租赁装备，很难形成购买力。未来雪场可以重点打造完善的装备器材租赁模式，以及雪场带教、授课培训等服务模式，提高用户转化的同时做好服务增收。例如，传统室外雪场对占地面积和地理环境的要求较高，多处在远郊区，因此小型室内模拟培训雪场和线上授课等都是减轻滑雪爱好者学习成本的优质选择。同时此类培训也能突破季节限制，具备成本低、可复制的优势。

如今，滑雪正逐渐从一种小众运动发展为一种生活方式。酒店、餐馆、交通等丰富的配套设施充分满足了各类滑雪爱好者的不同需求。年轻的滑雪爱好者将滑雪作为休闲放松的社交活动，父母带着孩子上冰雪也成为一种新兴亲子活动。各式滑雪爱好者以滑雪为载体，在亲近自然、挑战自我的同时追求潮流文化体验。

在滑雪市场规模不断扩大的趋势下，滑雪爱好者的需求必然越发多样化，同时由于滑雪爱好者多是具备一定消费能力、具备探索欲追求新体验的群体，滑雪产业除了继续升级“滑雪度假”的配套基础设施外，对于文化展演等冰雪娱乐活动、雪季之外的体验项目投入也是重中之重。在充分利用场地把控成本、实现全季运营、保障和提升基础服务的同时，也要利用体验型消费项目做好文化营销，培育大众认知的同时凸显品牌特色。

（作者系京东零售运动户外事业部总经理）

说数

随着冰雪产业在场地、服务等方面投入的增加，冰雪运动一路向南渗透。值得注意的是，室内雪场因可控性强、安全性高，是家长带孩子练习滑雪的理想场所，已成为南方冰雪运动的主要模式。相关企业可以以此为抓手，加大投入力度，建设更多适合家庭消费的室内雪场，满足消费者的个性化需求。

“冰”与“雪”，谁更受欢迎

总体而言，滑雪用户占比更大，伴随着较好的增长趋势，在“冰”“雪”的占比中也始终保持上风

▼ 冰上运动与滑雪运动消费者占比

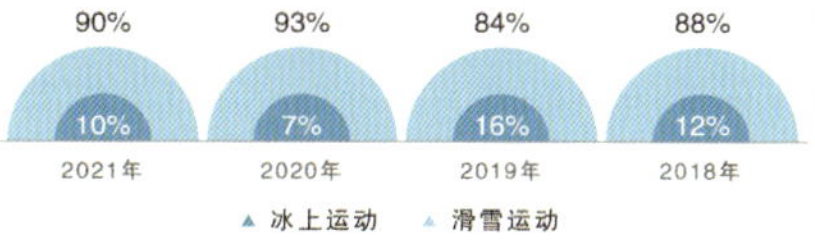

▼ 冰雪运动男女消费者占比

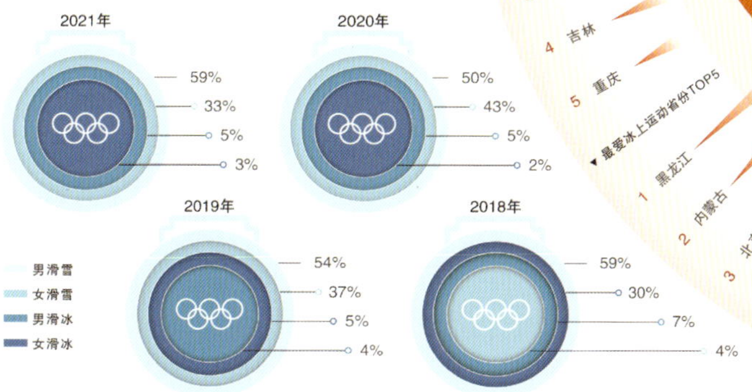

冰雪梦想无南北

▼ 2021年冰雪消费成交额TOP10省份

冰雪运动不再是冬季专属

随着科技发展和冰雪运动渗透率不断提高，一年四季都可以享受冰雪乐趣

冰雪消费高峰时段：11月至次年1月

▼ 高峰时段消费金额占全年的比重

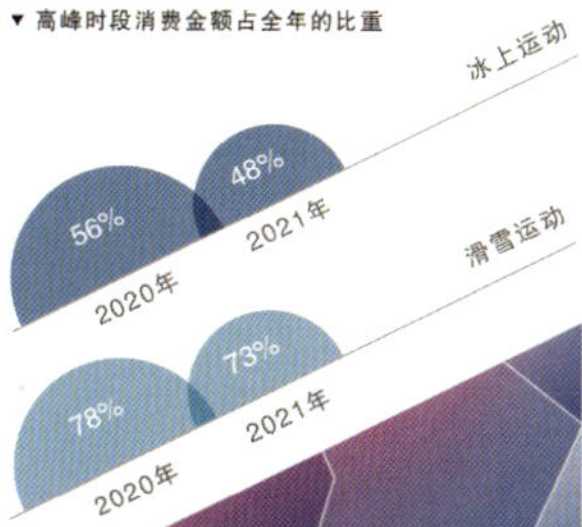

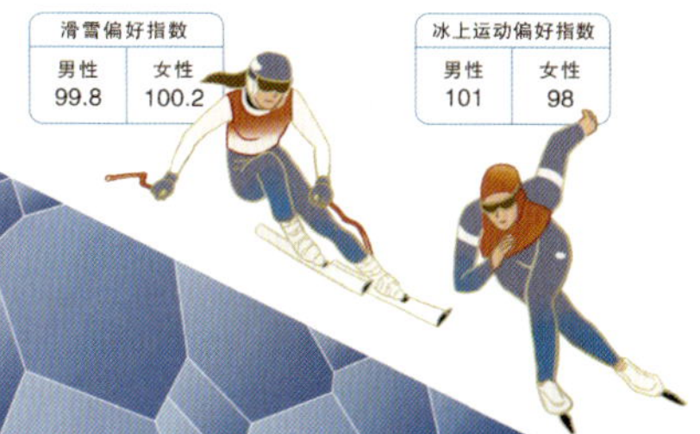

我国冰雪场馆主要分布于新疆、黑龙江、北京、河北、吉林等地，由于冰雪运动对场馆的高依赖性，使得相关地区的偏好度普遍高于其他省份。以举办冬奥会为契机，今后要进一步加快冰雪运动场馆的建设与普及，让更多人参与冰雪运动，从而激发消费潜力与活力。

冰上运动深受中老年人喜爱，滑雪则更吸引年轻群体

▼ 各年龄段冰雪偏好指数 冰上运动指数 滑雪指数

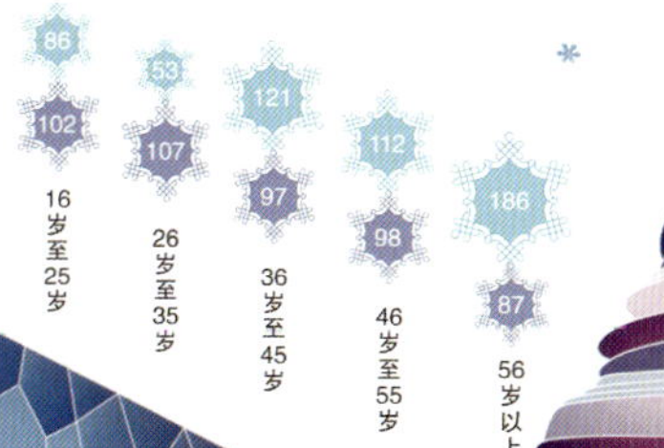

更多内容 扫码观看

数据周期：2020年1月份至2022年1月份

数据来源 京东消费及产业发展研究院 本版编辑 李瞳 林蔚

冰雪运动成全民健身新时尚

京东零售V事业群营销运营部总经理　康　博

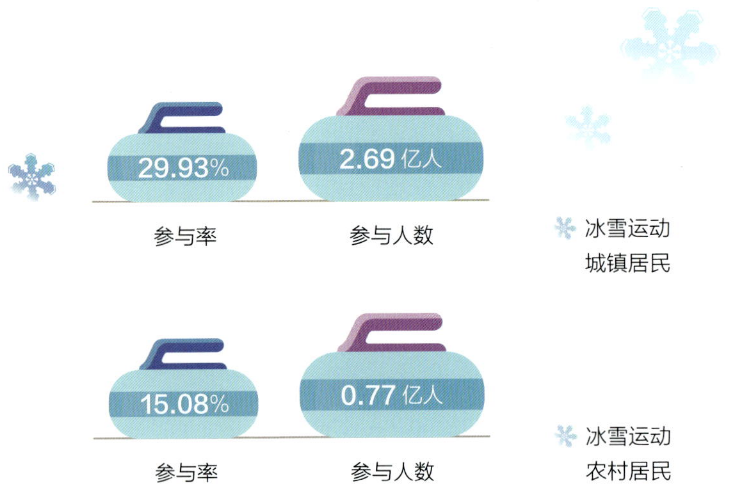

2022年北京冬奥会盛大开幕，冰雪运动的热烈氛围逐渐达到顶点，冰雪运动相关商品也成为最热销的“新年货”。

数据显示，2022年以来，冰雪运动装备成交金额同比增长135%，冰雪运动装备成交数量同比增长108%。冰雪运动已成为全民健身新时尚，冬奥加持让冰雪运动装备更受欢迎。

不同的细分项目产生了对运动装备的不同需求。以滑雪为例，单板滑雪以特有的滑行方式和潮流穿搭，形成了独特的单板文化，逐渐成为潮酷的代名词，极大刺激了潮流运动服装服饰消费；双板滑雪则往往走向技术流，酷爱双板的消费者会购买更多高端、专业设备和器材。相关企业可以根据消费者偏好，有针对性地进行产品布局和营销。

享受冰雪乐趣，护具也是必需品。消费数据显示，近半冰雪运动爱好者都会购买护具。其中，滑雪护具、滑雪镜、面罩/头套等是最受欢迎的品类。

随着参与冰雪运动的人数增多，具备中高级运动水平的人也越来越多。从购买入门级的冰雪服饰，到挑选更加专业的冰雪器材，进而成为装备达人，冰雪运动消费结构不断优化升级，消费者对冰雪运动器材装备的实用性、观赏性、专业性都有了更高要求。

为迎合消费者不断增长的冰雪消费需求，我国冰雪运动装备器材生产制造也在不断升级。2022年，中国冰雪装备器材产业预计年销售收入超过200亿元，年均增速在20%以上。产品从无到有，品牌从有到优，提升从量到质，相关企业通过优质材料以及不断创新的研发设计，给消费者提供了多样化的选择。从服饰护具类逐渐延伸到设备、器材领域，冰雪装备的专业性和装饰性也在努力实现齐头并进，力求让业余爱好者和职业滑手都能找到适合自己的产品。

除了运动装备器材，冰雪相关服务也有很多发展机会。例如，各类室内滑雪场、滑冰场通过开展培训，打破了季节限制，让消费者在任何季节都能提升运动技能、享受冰雪乐趣。

以冬奥会为契机，在“全民上冰雪”热潮带动下，我国冰雪运动相关产业正迎来飞跃式发展。相关企业要借力冬奥东风，大力培育自主品牌和知识产权，培养消费者对“中国制造”的忠诚度，加强原创性技术和核心技术，提供更优质的冰雪服务，打造具有国际竞争力的企业和品牌。

经济日报携手京东发布数据——

冰雪装备迎“冬”风

冰雪运动装备大受欢迎

随着冬奥会的到来，冰雪运动装备成为消费者新宠

不少冰雪运动都是专业性很强的项目，对器材的要求很高。随着运动技能和水平的提高，消费者的运动配套产品也往往会随之升级。从租用到自己购买平价货，再到成为“装备狂”，是很多冰雪爱好者的必经之路。因此，冰雪消费专业化是一个明确的发展方向，其中有很多细分和垂直领域的商机，值得品牌商、制造商深耕。

在冬奥会的加持下，冰雪服饰及器材需求充分释放

南方地区消费者更偏爱冰雪运动服装，北方地区消费者更爱买冰雪运动器材

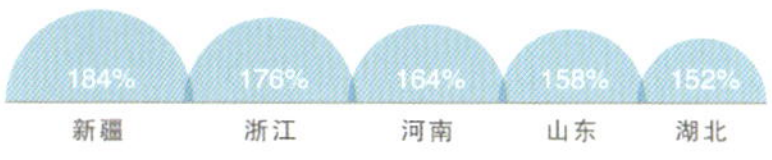

不同性别对冰雪运动服饰的偏好差异不大，但女性对器材的偏好高过男性

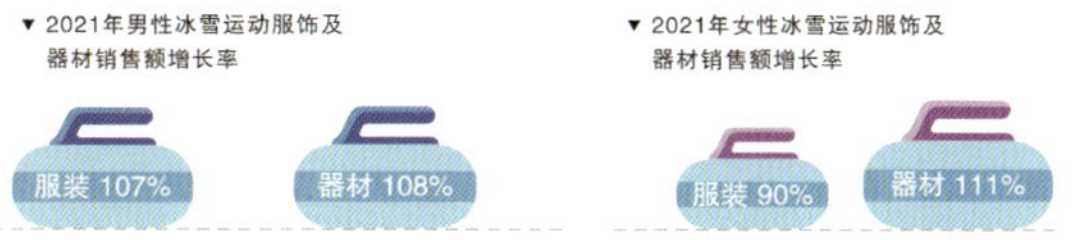

冰雪运动的服装和装备消费具有鲜明的地域和人群差异。服装是参与某项运动最基础的需求，因此冰雪运动服装消费会在这项运动还处于萌芽和成长初期的省份表现出更强活力。随着该项运动的渗透率提升、参与人数增多，以装备为代表的专业需求会有明显提升。相关企业在区域布局时就要因地制宜，用符合当地冰雪消费需求的产品和服务赢得市场。

滑雪“高手”主要集中在北方地区，新疆、河南占比最多

说数

冰雪运动成全民健身新时尚

康 博

2022年北京冬奥会盛大开幕，冰雪运动的热烈氛围逐渐达到顶点，冰雪运动相关商品也成为最热销的“新年货”。

数据显示，今年以来，冰雪运动装备成交金额同比增长135%，冰雪运动装备成交数量同比增长108%。冰雪运动已成为全民健身新时尚，冬奥加持让冰雪运动装备更受欢迎。

不同的细分项目产生了对运动装备的不同需求。以滑雪为例，单板滑雪以特有的滑行方式和潮流穿搭，形成了独特的单板文化，逐渐成为潮酷的代名词，极大刺激了潮流运动服装服饰消费；双板滑雪则往往走向技术流，酷爱双板的消费者会购买更多高端、专业设备和器材。相关企业可以根据消费者偏好，有针对性地进行产品布局和营销。

享受冰雪乐趣，护具也是必需品。消费数据显示，近半冰雪运动爱好者都会购买护具。其中，滑雪护具、滑雪镜、面罩/头套等是最受欢迎的品类。

随着参与冰雪运动的人数增多，具备中高级运动水平的人也越来越多。从购买入门级的冰雪服饰，到挑选更加专业的冰雪器材，进而成为装备达人，冰雪运动消费结构不断优化升级，消费者对冰雪运动器材装备的实用性、观赏性、专业性都有了更高要求。

为迎合消费者不断增长的冰雪消费需求，我国冰雪运动装备器材生产制造也在不断升级。2022年，中国冰雪装备器材产业预计年销售收入超过200亿元，年均增速在20%以上。产品从无到有，品牌从有到优，提升从量到质，相关企业通过优质材料以及不断创新的研发设计，给消费者提供了多样化的选择。从服饰护具类逐渐延伸到设备、器材领域，冰雪装备的专业性和装饰性也在努力实现齐头并进，力求让业余爱好者和职业滑手都能找到适合自己的产品。

除了运动装备器材，冰雪相关服务也有很多发展机会。例如，各类室内滑雪场、滑冰场通过开展培训，打破了季节限制，让消费者在任何季节都能提升运动技能、享受冰雪乐趣。

以冬奥会为契机，在“全民上冰雪”热潮带动下，我国冰雪运动相关产业正迎来飞跃式发展。相关企业要借力冬奥东风，大力培育自主品牌和知识产权，培养消费者对“中国制造”的忠诚度，加强原创性技术和核心技术，提供更优质的冰雪服务，打造具有国际竞争力的企业和品牌。

（作者系京东零售V事业群营销运营部总经理）

更多内容 扫码观看

数据来源 京东消费及产业发展研究院 本版编辑 李 瞳 林 蔚

京张冰雪消费潜力足

经济日报记者　辛自强

北京与张家口作为2022年冬奥会的举办城市，闪耀全球。冬奥点燃了全国的冰雪运动热情，也为两座城市的冰雪运动消费带来了诸多新亮点。

冬奥会的成功举办掀起了双城市场冰雪装备、赛事周边的消费热潮。双城的冰雪运动相关消费意愿都因冬奥盛事而大增，冰雪消费潜力被充分挖掘。数据显示，自2019年至今，双城冰雪运动消费金额持续增长。2022年1月1日至1月20日，双城冰雪运动消费同比环比数据表现亮眼，冰雪运动及相关周边产品迎来前所未有的发展机遇。

双城冰雪消费火热，不过其背后也显示两地相关消费的结构不尽相同。面对两个市场不同的需求偏好，相关企业在北京和张家口的商品营销等策略上需要有明确的差异化选择。

北京地区冰雪消费能力强，持续保持较快增长。从消费结构上看，北京地区冰雪运动消费高于冬奥周边消费。在冰雪运动消费中，运动装备消费名列前茅。北京作为一线城市，强大的消费能力直接支撑起当地冰雪运动相关消费的高增长。冬奥会成功举办带动了各赛区冰雪运动相关基础设施的建设与完善。不难预见，随着冰雪运动受关注程度与普及程度提高，未来北京相关消费的市场潜力依旧巨大，待有心商家持续深耕。

对比北京和张家口的冰雪运动消费不难发现，随着冬奥会到来，冬奥相关商品在张家口的增速迅猛提升。从消费结构上看，张家口的冰雪消费更倾向于购买护具等消耗型运动配件和奥运纪念品，呈现出典型的冰雪运动旅行消费特征。这是消费者群体构成决定的——大部分消费者都是来参与滑雪旅行以及冬奥会的。未来，冬奥和冰雪经济将成为张家口这座城市的鲜明特色，大量具备鲜明IP、文化内涵、运动特征的纪念品会持续吸引消费者。值得关注的是，随着线上线下零售模式深度融合，张家口的特色产品可以通过线上下单的方式，被迅速配送至各地消费者手中，从而减轻消费者的旅行负担，帮助当地商家创收。此外，包括滑雪、住宿、餐饮等在内的完整旅行服务在张家口的市场潜力巨大，若能借冬奥会全面提质升级，会更明确塑造差异化的区域优势。

冰雪运动的种子一旦种下，运动人群的发展壮大就只是时间问题，冰雪消费也势必会迎来巨大增长机遇。借此东风，北京与张家口的消费市场有望获得新的发展力量，双城冰雪故事仍将继续。

我国 18 岁及以上居民的冰雪运动参与率为 **26.95%**，冰雪运动参与人数为 **3.00** 亿人

18 岁至 30 岁青年群体是参与冰雪运动的主力军，占总参与人数的 **37.27%**

18 岁以下居民的冰雪运动参与率为 **15.62%**，参与人数为 **0.46** 亿人

经济日报携手京东发布数据——

冬奥双城“冰雪”闪耀

冰雪运动消费金额增长率TOP5品类

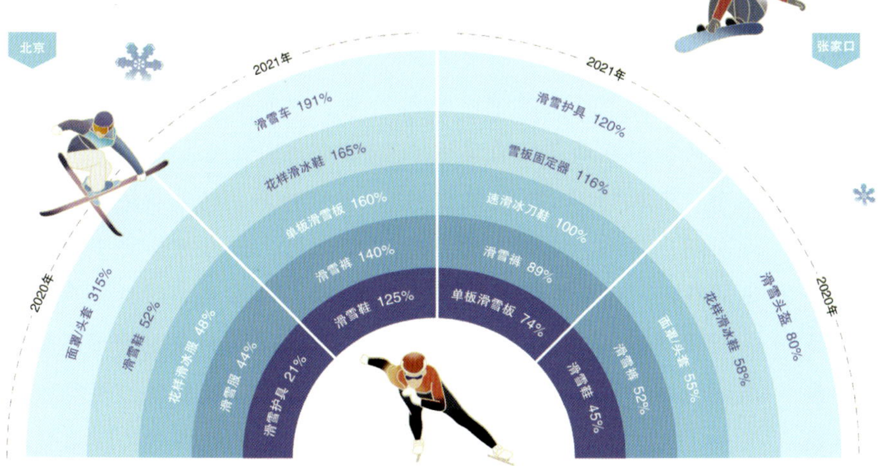

京张冰雪消费潜力足

说数

辛自强

北京与张家口作为2022年冬奥会的举办城市，闪耀全球。冬奥点燃了全国的冰雪运动热情，也为两座城市的冰雪运动消费带来了诸多新亮点。

冬奥会的成功举办掀起了双城市场冰雪装备、赛事周边的消费热潮。双城的冰雪运动相关消费意愿都因冬奥盛事而大增，冰雪消费潜力被充分挖掘。数据显示，自2019年至今，双城冰雪运动消费金额持续增长。2022年1月1日至1月20日，双城冰雪运动消费同比环比数据表现亮眼，冰雪运动及相关周边产品迎来前所未有的发展机遇。

双城冰雪消费火热，不过其背后也显示两地相关消费的结构不尽相同。面对两个市场不同的需求偏好，相关企业在北京和张家口的商品营销等策略上需要有明确的差异化选择。

北京地区冰雪消费能力强，持续保持较快增长。从消费结构上看，北京地区冰雪运动消费高于冬奥周边消费。在冰雪运动消费中，运动装备消费名列前茅。北京作为一线城市，强大的消费能力直接支撑起当地冰雪运动相关消费的高增长。冬奥会成功举办带动了各赛区冰雪运动相关基础设施的建设与完善。不难预见，随着冰雪运动受关注程度与普及程度提高，未来北京相关消费的市场潜力依旧巨大，待有心商家持续深耕。

对比北京和张家口的冰雪运动消费不难发现，随着冬奥会到来，冬奥相关商品在张家口的增速迅猛提升。从消费结构上看，张家口的冰雪消费更倾向于购买护具等消耗型运动配件和奥运纪念品，呈现出典型的冰雪运动旅行消费特征。这是消费者群体构成决定的——大部分消费者都是来参与滑雪旅行以及冬奥会的。未来，冬奥和冰雪经济将成为张家口这座城市的鲜明特色，大量具备鲜明IP、文化内涵、运动特征的纪念品会持续吸引消费者。值得关注的是，随着线上线下零售模式深度融合，张家口的特色产品可以通过线上下单的方式，被迅速配送至各地消费者手中，从而减轻消费者的旅行负担，帮助当地商家创收。此外，包括滑雪、住宿、餐饮等在内的完整旅行服务在张家口的市场潜力巨大，若能借冬奥会全面提质升级，会更明确塑造差异化的区域优势。

冰雪运动的种子一旦种下，运动人群的发展壮大就只是时间问题，冰雪消费也势必会迎来巨大增长机遇。借此东风，北京与张家口的消费市场有望获得新的发展力量，双城冰雪故事仍将继续。

对比北京和张家口的冰雪消费，后者更多的是运动配件和奥运纪念品销售，呈现出典型的冰雪旅游消费特征。值得注意的是，张家口旅行服务产业潜力巨大，滑雪、住宿、餐饮等产业拥有巨大发展空间，借着冬奥会东风，相关产业将全面提质升级，并塑造明显区域优势。因此，企业可以提前布局，抓住新发展机遇。

2021年双城冬奥周边产品消费情况

▼ 2021年消费金额占比最高的品类

▼ 2021年消费金额同比增长率最高的品类

双城消费对比

▼ 2022年1月1日至2022年1月20日消费金额环比增长

▼ 2022年1月1日至2022年1月20日冰雪运动消费金额环比增长

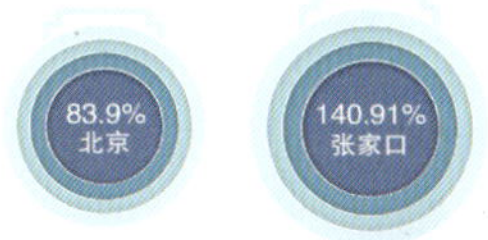

冬奥会和冰雪经济带旺了张家口消费。其中，大量具有文化特色、运动特征的纪念品深受好评。对于那些不能亲临现场的消费者来说，通过线上渠道选购特色商品是较为实惠的选项。线上线下零售模式深度融合，让消费者更好体验张家口特色，也让张家口特色商品行销全国。

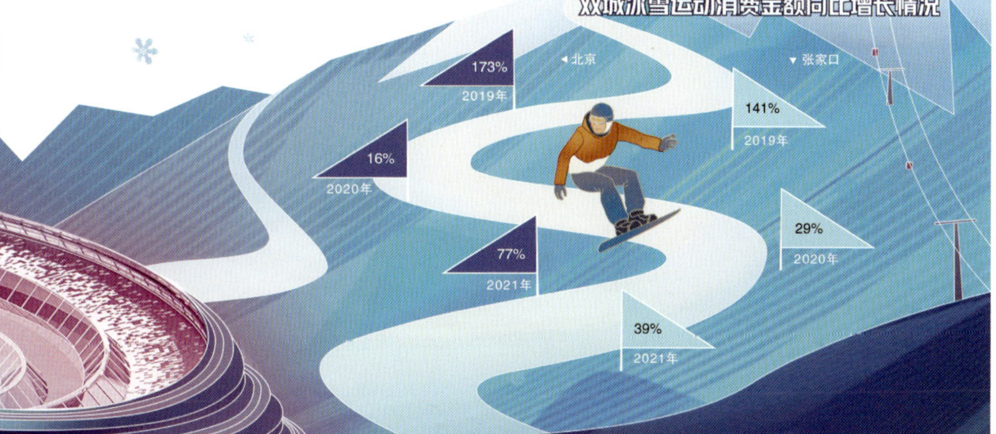

数据来源 京东消费及产业发展研究院 本版编辑 李 瞳 林 蔚

奥运消费热怎样能持久

经济日报记者　李　瞳

历年来的重大体育赛事活动，都会受到国人的广泛关注和热捧，乃至掀起消费热潮。但是，在比赛结束后，相关消费往往会陷入后继乏力的怪圈，甚至很快跌入谷底。

如何才能抓牢重大体育赛事衍生的各类商机，让消费热潮叠加奔涌、源源不竭？以奥运消费热为例，从当下我国更加细分的消费群体、消费者更加多样化的个性需求等方面来看，商家不能只是借力奥运会这个“东风”，还要积极主动地求精、求细、求新，助力奥运“东风”变得更强更大。

商家还要把握消费新需求，更加注重打磨产品细节。奥运往往能衍生出庞大的产业链，而在这条产业链上，谁的产品更精更细，谁能推陈出新，谁就能先人一步引领消费浪潮，掌握发展主动权。

特别是借着奥运会这个热门话题，相关企业要不断通过创新，推出更多“新”产品、“新”服务，满足消费者不断变化的需求，培育新的消费增长点，增加自身竞争力，这样才能让消费热潮持续“热”下去。

经济日报携手京东发布数据——

奥运会带货作用大

奥运消费热怎样能持久

李 瞳

历年来的重大体育赛事活动，都会受到国人的广泛关注和热捧，乃至掀起消费热潮。但是，在比赛结束后，相关消费往往会陷入后继乏力的怪圈，甚至很快跌入谷底。

如何才能抓牢重大体育赛事衍生的各类商机，让消费热潮叠加奔涌、源源不竭？以奥运消费热为例，从当下我国更加细分的消费群体、消费者更加多样化的个性需求等方面来看，商家不能只是借力奥运会这个“东风”，还要积极主动地求精、求细、求新，助力奥运“东风”变得更强更大。

商家还要把握消费新需求，更加注重打磨产品细节。奥运往往能衍生出庞大的产业链，而在这条产业链上，谁的产品更精更细，谁能推陈出新，谁就能先人一步引领消费浪潮，掌握发展主动权。

特别是借着奥运会这个热门话题，相关企业要不断通过创新，推出更多“新”产品、“新”服务，满足消费者不断变化的需求，培育新的消费增长点，增加自身竞争力，这样才能让消费热潮持续“热”下去。

说数

东北地区羽毛球成交额大幅增长

成交额同比增长

羽毛球包	羽毛球拍	羽毛球发球机
35%	56%	160%

多地羽毛球相关产品成交额同比快速增长

吉林	黑龙江	贵州
86%	62%	56%

▲上半年运动消费成交额同比增幅TOP5省份

浙江	湖北	江西	福建	海南
54%	54%	53%	47%	42%

奥运会开幕第一天、第二天（7月23日至24日）

国潮品牌整体成交额同比涨幅高达**500%**

其中，跑步鞋的成交额同比增长高达**500%**

训练鞋的成交额同比增长也达到**500%**

运动裤和运动配饰的成交额同比均超过**300%**

▲上半年成交额同比增幅TOP3运动项目

滑雪运动	冰上运动	游泳
683%	428%	164%

体操相关商品成交额增长超六成

体操相关商品成交额同比增长 66%

体操运动相关消费额体：体操垫 87%；体操跳板 1422%

多地体操运动相关消费额迅速增长

	来自		
最爱购买体操垫的消费者	江西	云南	广西
最爱购买体操跳板的消费者	重庆	海南	湖南
最爱购买瑜伽/体操用品的消费者	黑龙江	内蒙古	宁夏

乒乓球装备销量增势迅猛

乒乓球装备成交额同比增长

乒乓球拍	乒乓球网/架	乒乓球发球机
59%	56%	46%

多地乒乓球相关产品成交额同比快速增长

云南	贵州	新疆
148%	100%	78%

游泳用品整体成交额同比增长105%

游泳用品成交额同比增长

游泳圈	游泳衣	游泳防水包	儿童泳衣
215%	280%	155%	150%

游泳用品成交额同比增长TOP5省份

北京	湖北	黑龙江	陕西	安徽
253%	212%	164%	123%	121%

部分数据周期：7月21日至27日

数据来源 京东大数据研究院 本版编辑 林 蔚

社址：北京市西城区白纸坊东街2号 读者服务：13911270606（同微信号） 查号台：58392088 邮编：100054 传真：58392840 零售每份：1.00元 广告许可证：京西工商广登字20170090号 广告热线：58392178 发行热线：58392172 昨日（北京）开印时间：3:30 印完时间：4:45 印刷：

小众运动市场不小

经济日报记者　孟　飞

最新体育消费数据显示，相对于拥有群众基础的大众运动而言，一些小众运动虽然消费人群不大，但人均消费高，加之线下场馆、培训等服务，对体育消费拉动作用更加明显。

小众运动之所以小众，并非因为其趣味性差，主要原因在于价位高于普通消费者承受能力，以及因信息不透明带来的不了解。随着消费升级，能给消费者带来更多新鲜体验的小众运动也慢慢迎来发展的好时机。

但是，面对小众运动带来的商机，传统大体育品类生产企业并没有给予太多的重视。一个重要原因是，大企业在传统基础体育消费品类上已有成熟布局，如果新品类市场规模有限，考虑到高成本因素，不值得大规模投入。

“船小好调头”的中小企业则没有这种顾虑。由于小众运动涉及的圈层更明确，目标消费者更清晰，且小圈子对品牌有更高忠诚度，反而有助于发挥中小企业更接近市场、需求反应更快的特征，并能够迅速在某一细分领域形成自己的优势。

小众运动虽然市场不小，但在盈利模式和资本投入上还有诸多不确定性。中小企业应不断巩固自身在小众运动市场的优势，充分发挥体育社交、圈层经济的潜力，积极寻求稳定的盈利模式，努力做好外部资本的对接。

我国体育产业总规模和增加值呈现持续上涨的态势，总规模从 2012 年的 **9526** 亿元增长为 2020 年的 **27372** 亿元，增加值从 2012 年的 **3136** 亿元增长为 2020 年的 **10735** 亿元

体育产业增加值占同期 GDP 比重由 2012 年的 **0.60**% 上升至 2020 年的 **1.06**%

经济日报携手京东发布数据——

我国体育产业加快扩张

小众运动市场不小

孟 飞

最新体育消费数据显示，相对于拥有群众基础的大众运动而言，一些小众运动虽然消费人群不大，但人均消费高，加之线下场馆、培训等服务，对体育消费拉动作用更加明显。

小众运动之所以小众，并非因为其趣味性差，主要原因在于价位高于普通消费者承受能力，以及因信息不透明带来的不了解。随着消费升级，能给消费者带来更多新鲜体验的小众运动也慢慢迎来发展的好时机。

但是，面对小众运动带来的商机，传统大体育品类生产企业并没有给予太多的重视。一个重要原因是，大企业在传统基础体育消费品类上已有成熟布局，如果新品类市场规模有限，考虑到高成本因素，不值得大规模投入。

“船小好调头”的中小企业则没有这种顾虑。由于小众运动涉及的圈层更明确，目标消费者更清晰，且小圈子对品牌有更高忠诚度，反而有助于发挥中小企业更接近市场、需求反应更快的特征，并能够迅速在某一细分领域形成自己的优势。

小众运动虽然市场不小，但在盈利模式和资本投入上还有诸多不确定性。中小企业应不断巩固自身在小众运动市场的优势，充分发挥体育社交、圈层经济的潜力，积极寻求稳定的盈利模式，努力做好外部资本的对接。

说数

体育消费热情不断被激发

“85后”是最大的体育消费群体

从年龄结构看，最大的体育消费群体是26岁至35岁的青年人，占比**超四成**

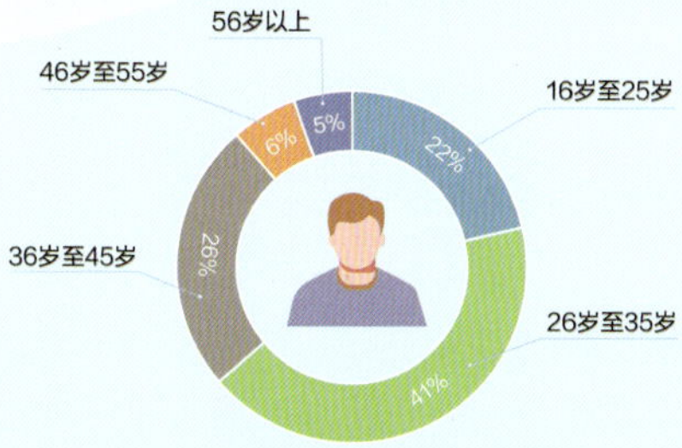

不同年龄各有所好

“85后”偏爱	轮滑	垂钓
“75后”偏爱	轮滑	武术搏击
“65后”偏爱	冰上	户外
“55后”偏爱	民俗运动	垂钓

消费多元化带来新增长

更加细分和专业的体育消费需求被激发

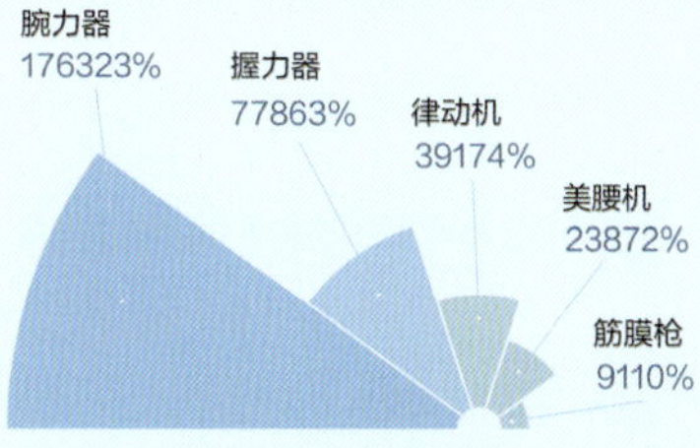

▲ 体育产品消费金额增长情况

新型体育消费需求快速增长

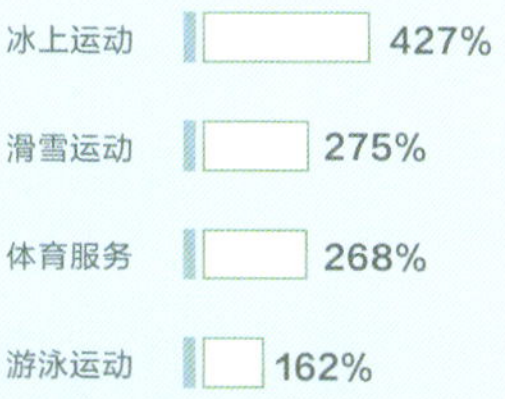

▲ 相关体育项目消费金额增长情况

企业该聚焦哪些运动项目

数据周期：2021年上半年

数据来源 京东大数据研究院 本版编辑 李 曈 李 苑

“好身体”带来新商机

京东消费及产业发展研究院高级研究员　董　菲

春夏之交正是运动健身好时节。在健康需求不断升级的趋势下，“好精神”与“好身体”并重，成为人们的普遍追求。

从体育消费总体情况看，球类是最受欢迎的运动方式。多人参与的球类运动，不仅能达到健身的目的，还满足了社交互动需求，因此广受青睐。此外，在和煦的春风中骑行、垂钓、徒步，也是当下非常受欢迎的运动方式。

从消费趋势看，运动产品消费细分化愈发明显。一些针对身体局部、具备明确训练目标的产品成为爆款，如健腹燃脂的扭腰机、提高臂力的飞力士棒、锻炼腿部的美腿夹、摸高训练的弹跳器等产品销量都取得了高速增长。

同时，随着专业型运动场馆的涌现和小众健身器材的普及，运动产品将进一步向细分化发展。一方面，运动场景更加多元，在客厅、卧室随处可以开展的瑜伽舞蹈等居家运动，因不受传统户外运动的场地限制，备受消费者青睐。比如，最近网络上大火的毽子操引发了以家庭为单位的全民居家健身盛况，也带动了相关运动产品的销售增长。

另一方面，为了让运动更加安全舒适、实现效果加成，不少消费者十分注重配套装备的选购。不同人群由于对运动有不同偏好，购买的配套装备和护具也不尽相同。结合各类消费群体的诉求，企业应进一步提升产品品质和相关服务水平。

此外，全国各地均有天然的运动休闲特色资源，如东北的冰雪、华东的海洋、西南的山地、西北的草原、华南的水乡。这些特色资源也培育出不同地区消费者的不同运动偏好。各地可以深入挖掘自然环境与体育运动相结合的休闲玩乐资源，扩大体育健身受众，让更多人参与其中。

随着全民健身热潮持续升温，不同群体的消费诉求持续分化，伴随运动健身场景的不断拓展，将进一步拉动体育消费形成新的增长点，给体育产业带来新的机遇。

2021 年，我国经常参与体育锻炼的人数已超 **4** 亿，比例达到 **37.2**%

截至 2021 年底，全国居民体育消费总规模已突破 **2** 万亿元

截至 2020 年底，全国体育场地的数量较 2017 年增长了 **89.7**%，体育场地总面积增长了 **33.4**%

经济日报携手京东发布数据——

运动消费成为新时尚

「好身体」带来新商机

董 菲

春夏之交正是运动健身好时节。在健康需求不断升级的趋势下，"好精神"与"好身体"并重，成为人们的普遍追求。

从体育消费总体情况看，球类是最受欢迎的运动方式。多人参与的球类运动，不仅能达到健身的目的，还满足了社交互动需求，因此广受青睐。此外，在和煦的春风中骑行、垂钓、徒步，也是当下非常受欢迎的运动方式。

从消费趋势看，运动产品消费细分化愈发明显。一些针对身体局部、具备明确训练目标的产品成为爆款，如健腹燃脂的扭腰机、提高臂力的飞力士棒、锻炼腿部的美腿夹、摸高训练的弹跳器等产品销量都取得了高速增长。

同时，随着专业型运动场馆的涌现和小众健身器材的普及，运动产品将进一步向细分化发展。一方面，运动场景更加多元，在客厅、卧室随处可以开展的瑜伽舞蹈等居家运动，因不受传统户外运动的场地限制，备受消费者青睐。比如，最近网络上大火的毽子操引发了以家庭为单位的全民居家健身盛况，也带动了相关运动产品的销售增长。

另一方面，为了让运动更加安全舒适、实现效果加成，不少消费者十分注重配套装备的选购。不同人群由于对运动有不同偏好，购买的配套装备和护具也不尽相同。结合各类消费群体的诉求，企业应进一步提升产品品质和相关服务水平。

此外，全国各地均有天然的运动休闲特色资源，如东北的冰雪、华东的海洋、西南的山地、西北的草原、华南的水乡。这些特色资源也培育出不同地区消费者的不同运动偏好。各地可以深入挖掘自然环境与体育运动相结合的休闲玩乐资源，扩大体育健身受众，让更多人参与其中。

随着全民健身热潮持续升温，不同群体的消费诉求持续分化，伴随运动健身场景的不断拓展，将进一步拉动体育消费形成新的增长点，给体育产业带来新的机遇。

（作者系京东消费及产业发展研究院高级研究员）

说数

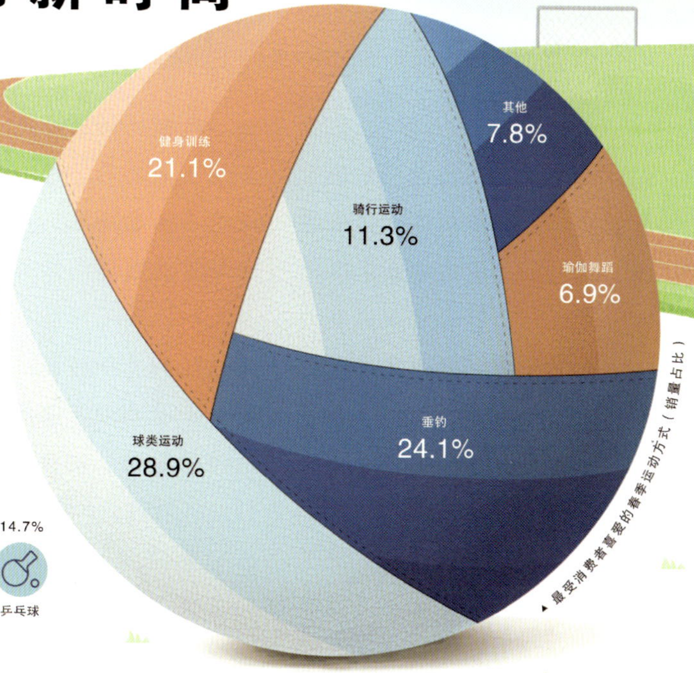

运动健身正当时

当前是户外运动健身的好时节，各类运动产品销售增速亮眼，特别是一些针对局部训练的新产品很受欢迎

球类运动

▼销量占比TOP3品类

羽毛球	篮球	乒乓球
43.7%	25.9%	14.7%

健身训练 ▼销量增速TOP5品类

扭腰机	飞力士棒	美腿夹	弹跳器	杠铃
12倍	8倍	4倍	3倍	3倍

瑜伽舞蹈 ▼销量增速TOP5品类

瑜伽舒展器	瑜伽鞋	现代舞鞋	瑜伽半圆球	瑜伽包
868%	816%	700%	110%	104%

运动装备要配齐

健身走起，装备先行。如今的消费者对运动装备的要求越来越高，不仅要武装到牙齿，还喜欢定制更适合自己的专业产品，让运动更安全舒适

护具类

▼销量增速TOP3品类

品类	增速
护臂	352%
护齿	109%
运动肌肉贴	94%

鞋服类

▼销量增速TOP3品类

品类	增速
球鞋定制	220%
运动半身裙	93%
运动内衣	92%

消费者画像

▼不同性别消费者运动偏好及购物用户数占比

男性 70% 更偏爱垂钓和骑行运动

女性 50% 更偏爱瑜伽舞蹈和游泳

▼不同年龄消费者运动偏好及购物用户数占比

16岁至25岁	26岁至35岁	36岁至45岁
球类运动 21.3%	垂钓 42.6%	骑行运动 32.3%
运动服饰和运动鞋包 27.2%	运动护具类商品 32.2%	

随着全民健康意识觉醒，参与体育锻炼的人越来越多，体育消费日渐火热。其中，球类运动最受消费者关注，是商业化程度最高的运动方式之一。同时，更多细分场景的小众运动逐渐走入大众日常生活，垂钓与骑行类的户外运动，扭腰机、飞力士棒、瑜伽等家庭健身装备销量均取得了高速成长。消费者更加多元化的需求对运动产品的细分化和专业化都提出了更高要求。

从不同区域的体育消费特色来看，东北地区消费者更加注重健身训练，家用器械类健身装备受青睐；天津、北京等华北地区的消费者偏爱球类等社交型运动项目；宁夏、内蒙古等地消费者则对骑行运动更为关注，购买了更多的骑行装备；垂钓运动的爱好者多来自湘鄂赣等水域广布的地区。体育企业可因地制宜提供差异化的产品营销方案。

不同地域消费者运动偏好

▼最爱购买运动产品的省份TOP5及销量占比

广东	江苏	北京	四川	山东
15.8%	7.3%	7.2%	6.7%	5.3%

▼偏爱健身训练的省份TOP3销量占比

辽宁	黑龙江	吉林
11.8%	11.5%	11.4%

▼偏爱球类运动的省份TOP3销量占比

海南	天津	北京
14.5%	14.3%	14.0%

▲偏爱垂钓的省份TOP3销量占比

贵州	湖南	湖北
18.4%	17.3%	16.0%

▲偏爱骑行运动的省份TOP3销量占比

宁夏	北京	内蒙古
7.0%	6.4%	6.2%

更多内容 扫码观看

数据周期：2022年3月1日至4月7日

数据来源 京东消费及产业发展研究院 本版编辑 李 瞳 林 蔚

吸引更多人参与新潮运动

经济日报记者　朱双健

冲浪、滑板、攀岩等新潮运动项目，正式成为2024年巴黎奥运会竞赛项目。热度不断上升，相关支持政策不断完善，受众群体持续增多，新潮运动的“破圈”顺理成章。但是，目前新潮运动的发展普及仍面临不容忽视的问题。

新潮运动发展氛围仍需加快培育。相比于传统的体育健身项目，新潮运动需要较为专业、大型的场地支持，这正是各地所缺乏的。因此，怎样建设更多活动场地，是增加新潮运动发展氛围所面临的重要难题之一。各地可参照北京首钢园打造的首钢极限公园，将体育和产业融合，既能创造独特的运动氛围，也可以带来更好的经济效益。

新潮运动的装备仍需不断优化。面对潮流运动这一潜力巨大的市场，企业也应加速入局，不断研发质优价廉的运动装备，给用户提供更多更全面的选择。除此之外，新潮运动的配套软硬件设备也大有可为，如运动相机、智能手环等。只有价格亲民，才能激发更多的潜在用户，让更多人参与到新潮运动中来。

《全民健身计划（2021—2025年）》提出，到2025年，经常参加体育锻炼人数比例要达到**38.5**%，新建或改扩建**2000**个以上健身场地设施，实现社区**15**分钟健身圈全覆盖，每千人拥有社会体育指导员**2.16**名

《“十四五”体育发展规划》提出，2025年全国体育产业总规模达到**5**万亿元，增加值占国内生产总值比重达到**2**%，居民体育消费总规模超过**2.8**万亿元，从业人员超过**800**万人

经济日报携手京东发布数据——

运动新潮流引领新风尚

吸引更多人参与新潮运动

朱双健

冲浪、滑板、攀岩等新潮运动项目，正式成为2024年巴黎奥运会竞赛项目。热度不断上升，相关支持政策不断完善，受众群体持续增多，新潮运动的"破圈"顺理成章。但是，目前新潮运动的发展普及仍面临不容忽视的问题。

新潮运动发展氛围仍需加快培育。相比于传统的体育健身项目，新潮运动需要较为专业、大型的场地支持，这正是各地所缺乏的。因此，怎样建设更多活动场地，是增加新潮运动发展氛围所面临的重要难题之一。各地可参照北京首钢园打造的首钢极限公园，将体育和产业融合，既能创造独特的运动氛围，也可以带来更好的经济效益。

新潮运动的装备仍需不断优化。面对潮流运动这一潜力巨大的市场，企业也应加速入局，不断研发质优价廉的运动装备，给用户提供更多更全面的选择。除此之外，新潮运动的配套软硬件设备也大有可为，如运动相机、智能手环等。只有价格亲民，才能激发更多的潜在用户，让更多人参与到新潮运动中来。

说数

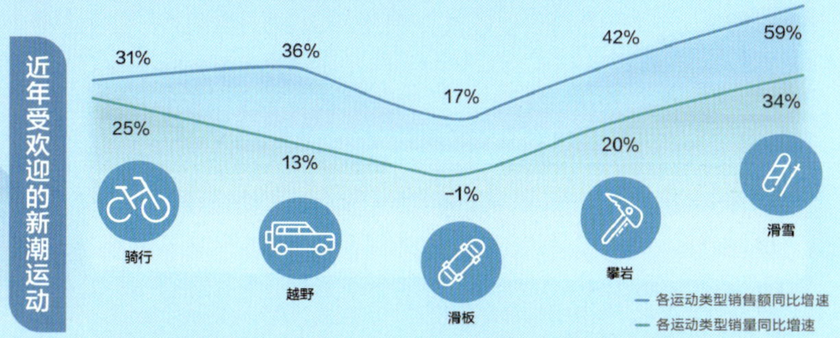

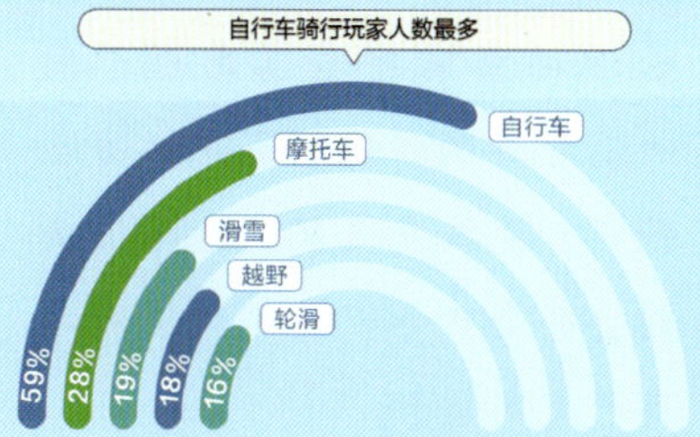

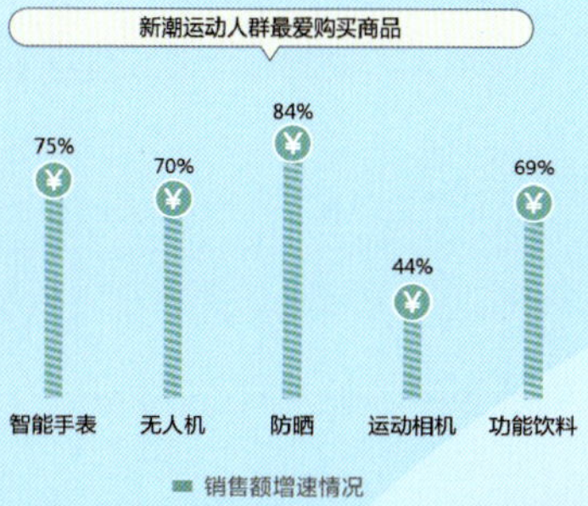

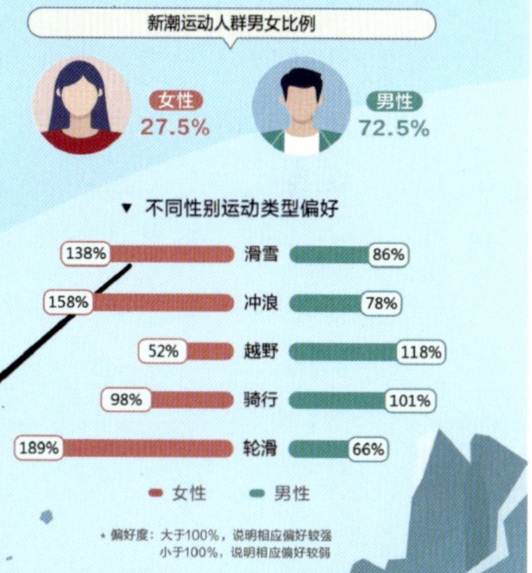

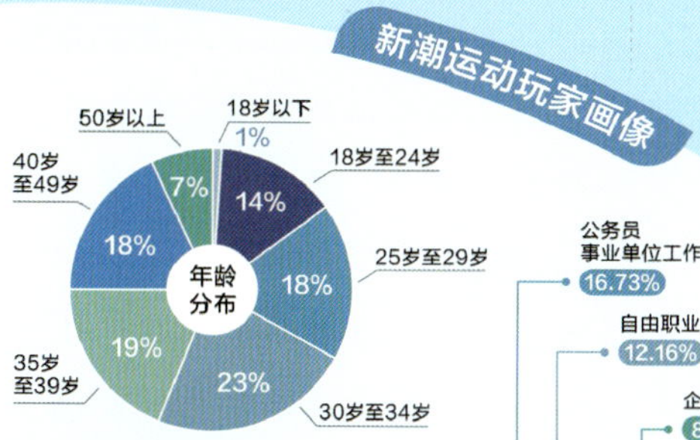

数据周期：2020年6月至2021年5月

数据来源　Y-JC2M京东智能制造平台、京东追浪计划　本版编辑　李苑　林蔚

社址：北京市西城区白纸坊东街2号　读者服务：13911270606（同微信号）　查号台：58392088　邮编：100054　传真：58392840　零售每份：1.00元　广告许可证：京西工商广登字20170090号　广告热线：58392178　发行热线：58392172　昨日（北京）开印时间：2:10　印完时间：3:30　印刷：

露营走红更要走远

京东消费及产业发展研究院高级研究员　董　菲

中国体育用品业联合会发布的《2021 年大众健身行为和消费研究报告》显示，大众对健身的认知正逐步深入，**87%** 的大众健身人群每次锻炼花费 **0.5–2** 小时

《“十四五”体育发展规划》提出，鼓励社会力量参与建设 **1** 万个户外运动营地，到 2025 年全国每万人拥有足球场地达到 **0.9** 块

近两年，受新冠肺炎疫情影响，远途旅行受到一定限制，本就备受消费者喜爱的户外露营则变得愈发火热。2022年三四月份以来，户外露营游频频“出圈”，不仅带动了露营经济及产业链的发展，还提升了交通、餐饮等旅游相关消费，为旅游市场注入了新的发展动能。

一方面，户外露营相关产品消费持续火热。“工欲善其事，必先利其器”，消费者在户外出行前会积极准备配套商品，并做好相关防护准备。除了帐篷、垫子、野餐用品等常规户外装备热卖，防晒霜、遮阳帽等遮阳防晒类产品，以及防粉尘口罩、应急医药等产品的销量均出现明显增长。

各类户外露营产品的热销，展现了消费者旺盛的细分需求。对此，相关企业在进一步提升产品品质的同时，也要加快拓展各类产品的细分功能，打造更多兼具实用性、功能性和高颜值的好产品，从而为消费者带来更好的户外露营体验。

另一方面，更多“新手”爱上户外露营。数据显示，入门类户外露营产品，如液压帐篷、速抛帐篷及野餐垫等，销量持续走高，这说明有一大批户外初阶用户群体正在加入露营大军。同时，大部分户外露营活动都需要自驾前往，因此消费者的自驾装备也在不断升级，无线充支架、汽车消毒剂、安全锤等产品的成交额均有了大幅增长。

针对这一群体，要用创新型产品和优质的服务提升用户黏性，帮助“新手”消费者持续升级户外露营活动体验。同时，随着消费者露营经验持续增长，其对专业装备及配套设施的需求也会水涨船高，这就要求商家不断打磨产品质量和服务水平，打造出有内涵、有品位的主题化露营产品，形成独有的露营文化品牌。

总体来看，“露营潮”的大规模兴起与“出圈”，为商家提供了更广阔的发展空间。下一步，商家要把握好“露营热”带来的发展契机，加快迭代升级相关产品，助力露营行业有序、平稳、良性发展，形成正向发展循环。

经济日报携手京东发布数据——

户外经济迎来新蓝海

露营走红更要走远

董 菲

近两年，受新冠肺炎疫情影响，远途旅行受到一定限制，本就备受消费者喜爱的户外露营则变得愈发火热。三四月份以来，户外露营游频频“出圈”，不仅带动了露营经济及产业链的发展，还提升了交通、餐饮等旅游相关消费，为旅游市场注入了新的发展动能。

一方面，户外露营相关产品消费持续火热。“工欲善其事，必先利其器”，消费者在户外出行前会积极准备配套商品，并做好相关防护准备。除了帐篷、垫子、野餐用品等常规户外装备热卖，防晒霜、遮阳帽等遮阳防晒类产品，以及防粉尘口罩、应急医药等产品的销量均出现明显增长。

各类户外露营产品的热销，展现了消费者旺盛的细分需求。对此，相关企业在进一步提升产品品质的同时，也要加快拓展各类产品的细分功能，打造更多兼具实用性、功能性和高颜值的好产品，从而为消费者带来更好的户外露营体验。

另一方面，更多“新手”爱上户外露营。数据显示，入门类户外露营产品，如液压帐篷、速抛帐篷及野餐垫等，销量持续走高，这说明正有一大批户外初阶用户群体正在加入露营大军。同时，大部分户外露营活动都需要自驾前往，因此消费者的自驾装备也在不断升级，无线充支架、汽车消毒剂、安全锤等产品的成交额均有了大幅增长。

针对这一群体，要用创新型产品和优质的服务提升用户黏性，帮助“新手”消费者持续升级户外露营活动体验。同时，随着消费者露营经验持续增长，其对专业装备及配套设施的需求也会水涨船高，这就要求商家不断打磨产品质量和服务水平，打造出有内涵、有品位的主题化露营产品，形成独有的露营文化品牌。

总体来看，“露营潮”的大规模兴起与“出圈”，为商家提供了更广阔的发展空间。下一步，商家要把握好“露营热”带来的发展契机，加快迭代升级相关产品，助力露营行业有序、平稳、良性发展，形成正向发展循环。

（作者系京东消费及产业发展研究院高级研究员）

说数

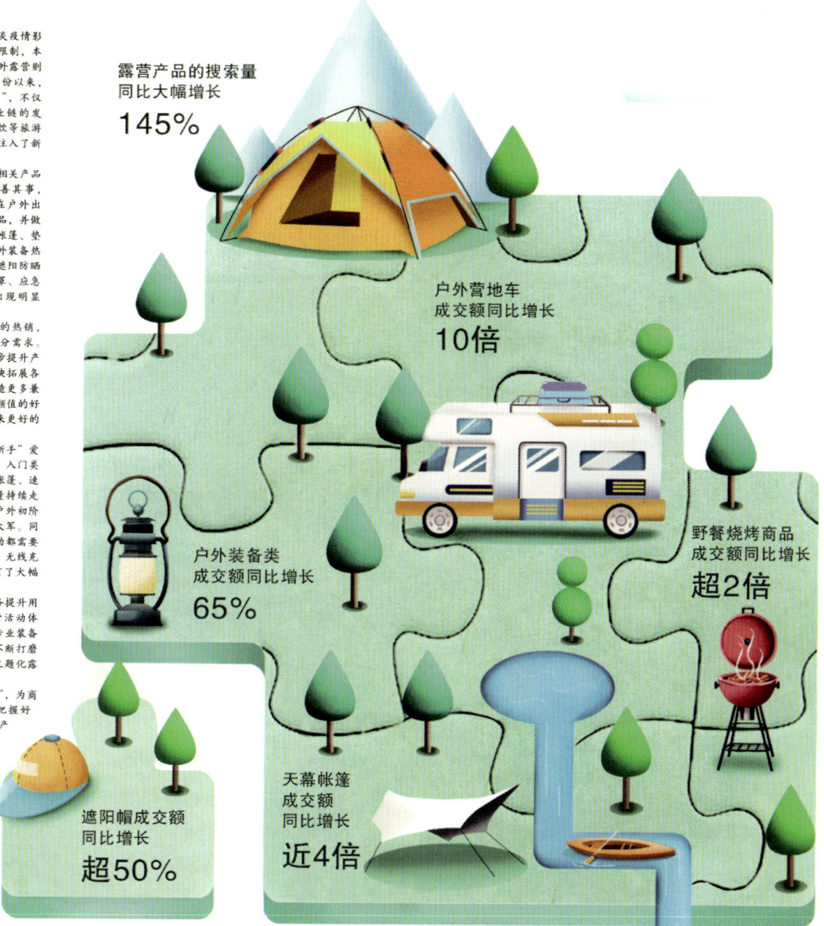

消费者地域特征

各地消费者偏好不同

▼偏好购买帐篷/垫子的地区及占比

南宁市	西安市	南京市
25.7%	24.8%	24.7%

▼偏好购买户外照明的地区及占比

茂名市	惠州市	南充市
22.5%	22.4%	21.4%

▼偏好购买睡袋/吊床的地区及占比

武汉市	郑州市	厦门市
9.3%	8.9%	8.2%

▼偏好购买烧烤用具的地区及占比

济南市	潍坊市	临沂市
13.0%	11.8%	11.2%

*以上均为各地户外装备消费中各个类目的占比

户外露营商品热销

户外装备要配齐

▼成交额同比增幅

256%	救援装备
229%	帐篷/垫子
165%	极限户外
165%	野餐用品
121%	睡袋/吊床

出行防护不能少

▼成交额占比TOP5品类及占比

59%	防晒霜
18%	太阳镜
11%	遮阳帽
3%	防晒手套
3%	汽车遮阳挡

自驾装备要升级

▼成交额同比增幅

1023%	无线充支架
836%	汽车杀菌/消毒剂
793%	洗车刷
770%	车用防雾湿巾
143%	安全锤

▼购物用户数占比TOP3城市

北京市	成都市	广州市
11%	5%	4%

▼户外商品搜索量环比增幅TOP3城市

佛山市	北京市	广州市
近8倍	7倍多	近7倍

▼用户数同比增幅TOP5城市

武汉市	郑州市	西安市	长沙市	济南市
89%	88%	86%	83%	75%

当前，户外露营成为一种潮流。在这一趋势下，露营产品持续热卖，各类装备成为热门商品。但部分户外装备使用过于复杂，带来了不少风险隐患。因此，相关企业既要注重增强露营产品的便利性，也要把好品质关，并通过产品创新，满足消费者拥有更好户外体验的需求，实现供需双赢。

分区域看，一二线城市居民表现出更高的露营消费积极性，北京、广州、成都等地购买户外装备的消费群体更为集中，武汉、郑州、西安等城市的户外装备购物用户数同比增幅较高。相关企业在进行产品营销时，可以重点关注各地区消费者对露营游的不同需求，因地制宜，推出相应的户外产品及服务。

更多内容 扫码观看

数据周期：2022年4月

数据来源 京东消费及产业发展研究院 本版编辑 李 瞳 林 蔚

小众运动因何“出圈”

京东消费及产业发展研究院高级研究员　陆　飞

2022年以来，以飞盘、骑行、腰旗橄榄球等为代表的新兴户外运动成为人们的新宠，“小而美”的小众运动生意，迈出了探索的第一步。

这些小众运动之所以能够快速“出圈”，主要得益于其低门槛和社交属性。大部分户外运动项目对场地需求不苛刻，器材也较为简单，更适应非专业人士的休闲运动需求。同时，这类新兴户外运动往往适合多人参与，在挥洒汗水的同时，人们的社交需求也能得到满足。

伴随消费群体扩容及消费诉求升级，小众户外运动市场正迎来高速发展良机，并为整个运动行业带来更多红利。

一方面，越来越多消费者涌入新兴运动市场，嗅觉灵敏的商家也加快了入局脚步。目前，市场上涌现出一批聚焦不同细分项目的专业品牌，为产业升级注入了新活力。

值得注意的是，在专业性之外，消费者对相关产品的颜值、品质等也有了更高要求，如契合不同场景的穿搭，融合流行文化与IP的装备。这些新消费需求，为更多品牌跨界入局提供了新契机。

另一方面，随着社交功能进一步拓展，新兴户外运动正逐步成为一个流量入口，形成了包含传统户外用品、食品饮料、娱乐互动、配套服务等在内的生态系统，并延伸出多元化、多维度消费场景。因此，相关企业要做好定位，找准与新兴户外运动的结合点，形成场景联动，加深客群黏性，而非单纯“蹭热度”。

此外，在市场高速发展的同时，政府引导也十分重要。对于这些新兴户外运动，需将其引至规范化发展路径上，防止其野蛮生长。

虽然露营、飞盘等小众运动项目让人“上瘾”，但主要消费者仍局限于一二线城市的年轻群体。随着户外运动产业快速发展及相关标准日益完善，小众运动将吸引更多参与者，带来更大市场价值，从而形成行业发展正向循环。

2020 年，国民体质测定标准的合格率达到 90.4%，比上一次提高 0.8 个百分点

截至 2021 年年底，获得技术等级证书的社会体育指导员已经超过 270 万人

经济日报携手京东发布数据——

户外运动消费成为市场新宠

小众运动因何「出圈」

陆飞

今年以来，以飞盘、骑行、腰旗橄榄球等为代表的新兴户外运动成为人们的新宠，“小而美”的小众运动生意，迈出了探索的第一步。

这些小众运动之所以能够快速“出圈”，主要得益于其低门槛和社交属性。大部分户外运动项目对场地需求不苛刻，器材也较为简单，更适应非专业人士的休闲运动需求。同时，这类新兴户外运动往往适合多人参与，在挥洒汗水的同时，人们的社交需求也能得到满足。

伴随消费群体扩容及消费诉求升级，小众户外运动市场正迎来高速发展良机，并为整个运动行业带来更多红利。

一方面，越来越多消费者涌入新兴运动市场，嗅觉灵敏的商家也加快了入局脚步。目前，市场上涌现出一批聚焦不同细分项目的专业品牌，为产业升级注入了新活力。

值得注意的是，在专业性之外，消费者对相关产品的颜值、品质等也有了更高要求，如契合不同场景的穿搭，融合流行文化与IP的装备。这些新消费需求，为更多品牌跨界入局提供了新契机。

另一方面，随着社交功能进一步拓展，新兴户外运动正逐步成为一个流量入口，形成了包含传统户外用品、食品饮料、娱乐互动、配套服务等在内的生态系统，并延伸出多元化、多维度消费场景。因此，相关企业要做好定位，找准与新兴户外运动的结合点，形成场景联动，加深客群黏性，而非单纯“蹭热度”。

此外，在市场高速发展的同时，政府引导也十分重要。对于这些新兴户外运动，需将其引至规范化发展路径上，防止其野蛮生长。

虽然露营、飞盘等小众运动项目让人“上瘾”，但主要消费者仍局限于一二线城市的年轻群体。随着户外运动产业快速发展及相关标准日益完善，小众运动将吸引更多参与者，带来更大市场价值，从而形成行业发展正向循环。

（作者系京东消费及产业发展研究院高级研究员）

说数

针对乒乓球、羽毛球等传统球类运动，相关企业应当抓住全民健身契机，持续走专业化、市场化路线，在加大基础设施建设与提升产品质量的同时，做好服务和推广工作，更好地带动这些运动项目和体育产业发展。

飞盘、骑行等新兴运动愈发红火，但相关产业仍处于初级阶段。以飞盘为例，相关企业除了要在器材的研发设计、生产与销售上发力，还可以将业务延伸至场地开发和运作、专业培训和国际交流等方面，帮助飞盘运动在全国落地，促进行业健康发展。

当前，消费者户外运动习惯愈加常态化，户外装备市场随之快速扩容。对于行业来说，可以顺应以下趋势进行“破圈”：开发入门、准专业户外运动产品以吸引更多人群参与；推广具有区域和民族特色的户外运动；引入时尚品牌设计，创造户外时尚风潮，打开流量空间。

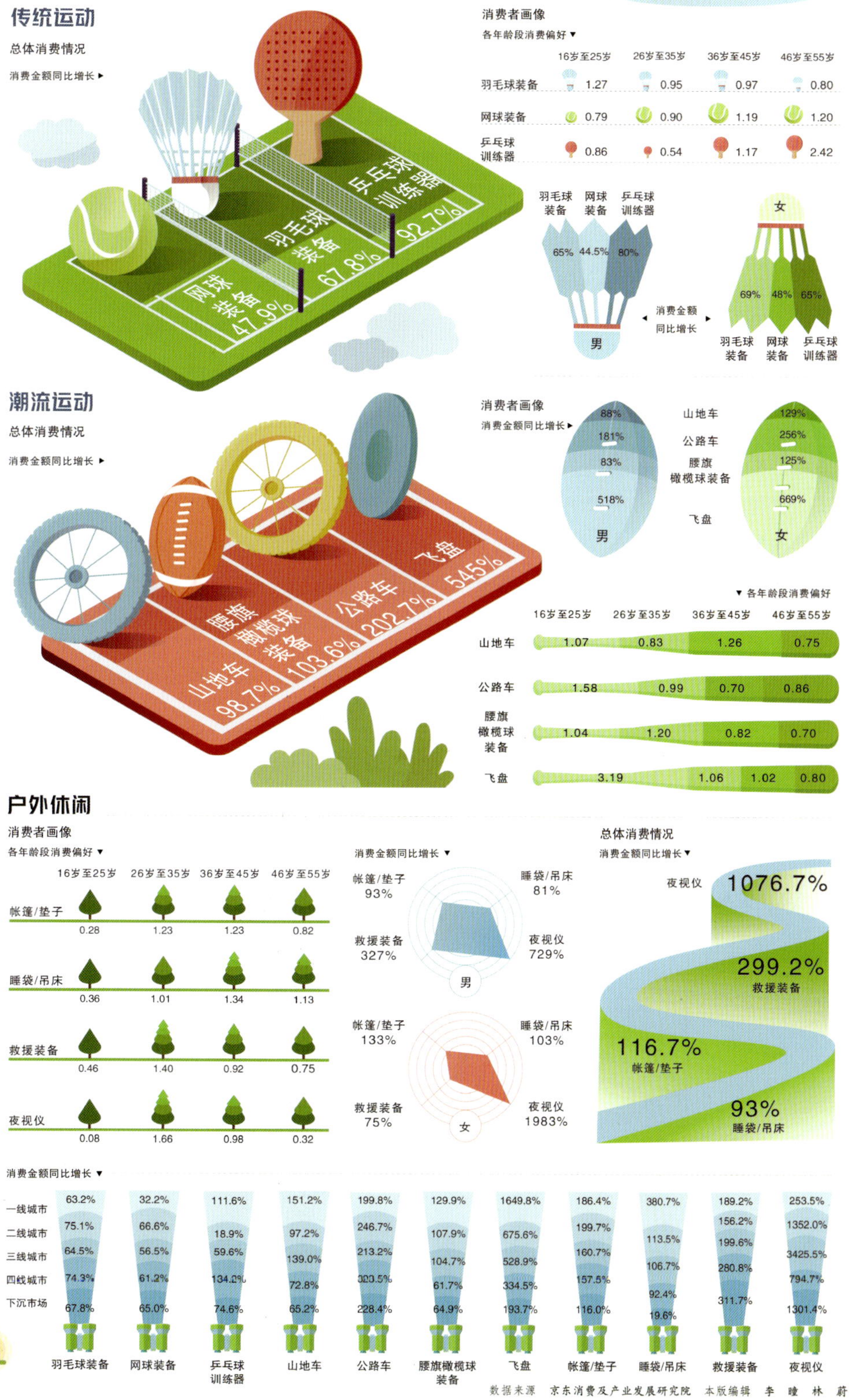

更多内容 扫码观看

数据周期：2022年1月份至6月份

数据来源 京东消费及产业发展研究院 本版编辑 李瞳 林蔚

新潮运动走向“主流”

京东消费及产业发展研究院高级研究员　陆　飞

国家体育总局数据显示，我国参与体育运动的人数正以39%的速率逐年增长，预计2025年将达到5亿人。其中，沙滩、滑板、帆船、冰雪等新潮运动的参与人数日益增加，体育运动的“长尾”市场正在快速发展。

对户外体育、健康生活方式的极大热情，对线下社交的强烈愿望，都带动年轻消费者为个性化体育项目买单。相关数据显示，2015年至2021年，中国体育融资总额已经超过千亿元，过去这些资本重点分布在体育版权以及健身市场，现在正逐渐向包括水（冰）上运动在内的一系列新潮运动项目转移，为体育产业发展带来新的增长点。特别是很多具备低门槛、强社交、平价属性的新潮运动，大有走向主流的潜能。

尽管有“入奥”这样的推动契机，但对于很多新潮运动来说，要想从“小而美”发展到产业型、全民型运动，仍有很长的路要走。纵观国内一些新潮运动产业，很难称得上成熟。除了器材的标准化、规范化需要加强之外，职业选手成长路径不清晰、培训场所和体系不完善、退役选手就业解决途径少等问题，也制约着小众运动的大众化。

为推动体育消费提质扩容，满足国民快速增长的强身健体需求，相关企业可以积极开发新潮运动相关产品，探索新的盈利模式；同时，提供体育产品销售之后的延伸性服务项目，扩大服务范围、提升服务质量，进一步促进行业和市场发展。

此外，很多新潮运动都往往有较强的场地以及配套设施要求，如果政府层面能关注到新潮运动的发展潜力，对其加以适当引导和规范发展，无论是垂钓、冲/滑还是沙滩项目，都很可能成为体育、休闲、旅游产业中的新兴增长极，发挥出扩大内需、带动就业的作用，对行业和地方发展带来长足增益。

▶ 到2021年底，全国共有体育场地397.1万个，体育场地面积达到34.1亿平方米，人均体育场地面积2.41平方米，分别比2013年增长了134.3%、71.2%和65.1%

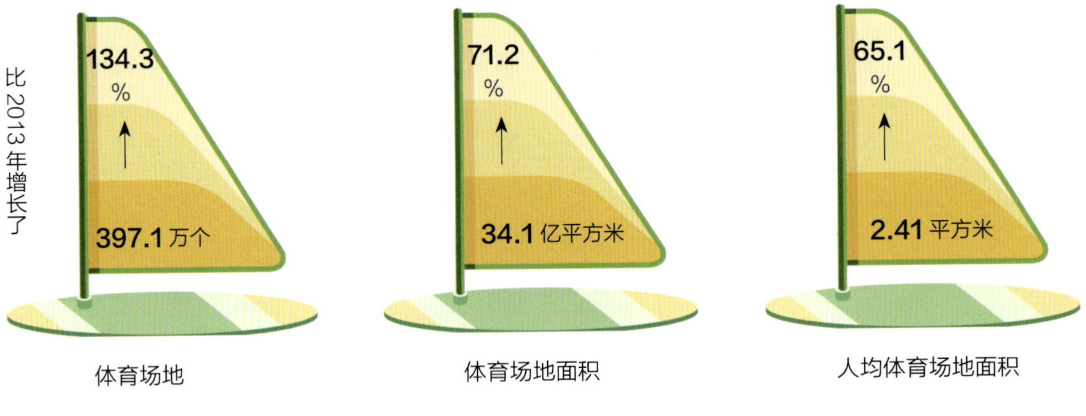

经济日报携手京东发布数据——

水上运动多姿多彩

新潮运动走向「主流」

陆 飞

国家体育总局数据显示，我国参与体育运动的人数正以39%的速率增长，预计2025年将达到5亿人。其中，沙滩、滑板、帆船、冰雪等新潮运动的参与人数日益增加，体育运动的“长尾”市场正在快速发展。

对户外体育、健康生活方式的极大热情，对线下社交的强烈愿望，都带动年轻消费者为个性化体育项目买单。相关数据显示，2015年至2021年，中国体育融资总额已经超过千亿元，过去这些资本重点分布在体育版权以及健身市场，现在正逐渐向包括水（冰）上运动在内的一系列新潮运动项目转移，为体育产业发展带来新的增长点。特别是很多具备低门槛、强社交、平价属性的新潮运动，大有走向主流的潜能。

尽管有“入奥”这样的推动契机，但对于很多新潮运动来说，要想从“小而美”发展到产业型、全民型运动，仍有很长的路要走。纵观国内一些新潮运动产业，很难称得上成熟。除了器材的标准化、规范化需要加强之外，职业选手成长路径不清晰、培训场所和体系不完善、退役选手就业解决途径少等问题，也制约着小众运动的大众化。

为推动体育消费提质扩容，满足国民快速增长的强身健体需求，相关企业可以积极开发新潮运动相关产品，探索新的盈利模式；同时，提供体育产品销售之后的延伸性服务项目，扩大服务范围、提升服务质量，进一步促进行业和市场发展。

此外，很多新潮运动都往往有较强的场地以及配套设施要求，如果政府层面能关注到新潮运动的发展潜力，对其加以适当引导和规范发展，无论是垂钓、冲/滑还是沙滩项目，都很可能成为体育、休闲、旅游产业中的新兴增长极，发挥出扩大内需、带动就业的作用，对行业和地方发展带来长足增益。

（作者系京东消费及产业发展研究院高级研究员）

夏日垂钓休闲舒爽

炎炎夏日在山川湖溪中垂钓，既可欣赏自然风景，又可消暑纳凉，是深受各年龄段消费者喜爱的夏季运动

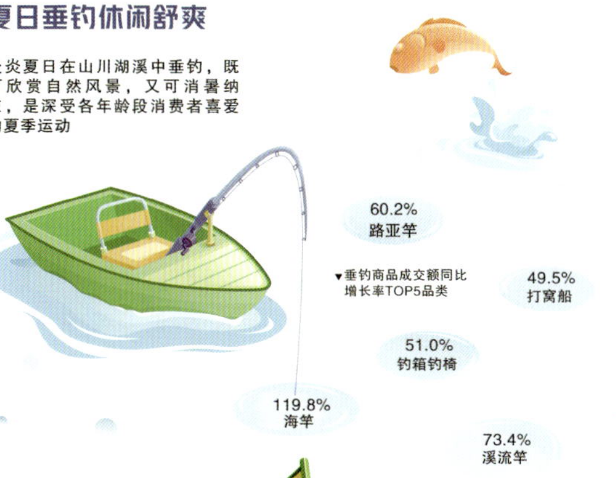

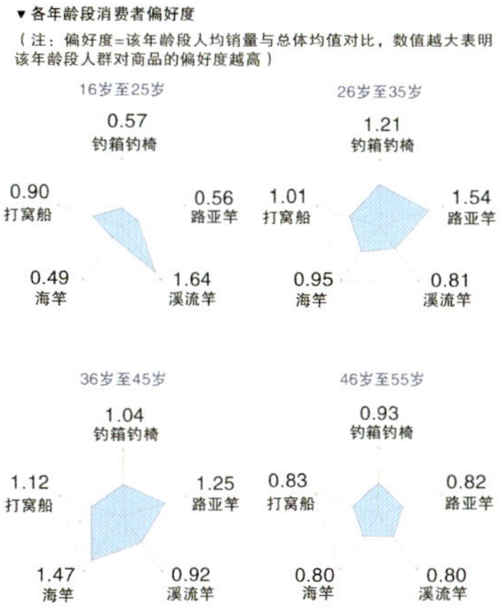

极限运动清凉刺激

酷热天气挡不住消费者参与帆船、冲浪潜水等极限运动的热情；在室内参与冰雪运动也是近年来兴起的夏季运动新方式

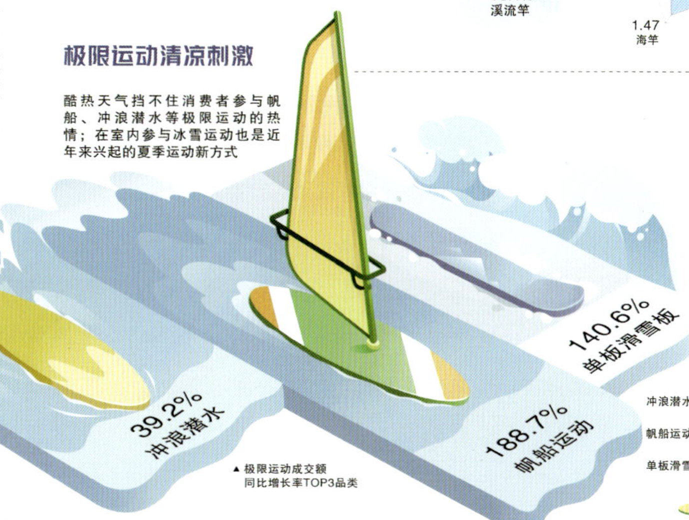

▲极限运动成交额同比增长率TOP3品类

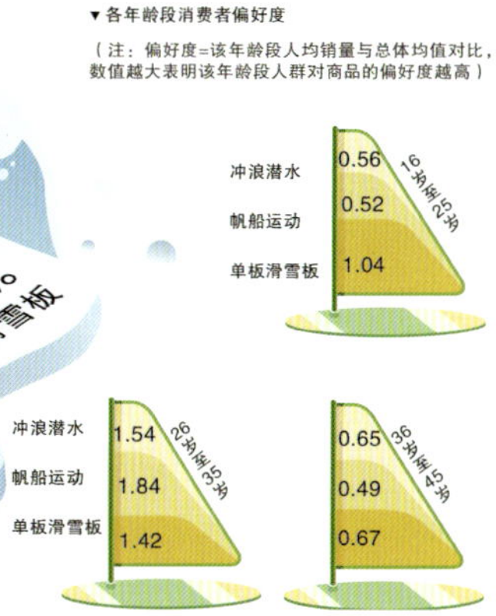

说数

近年来垂钓年轻化、休闲化、专业化趋势愈发明显。但行业也面临产品同质化、假货“劣币驱逐良币”、缺少专业执行标准等问题。渔具既是器材生意也是服务行业，不仅产品要保质保量，服务也要获得钓友认可。只有用心做产品、符合市场规范的企业才会留存下来。

潜水、冲浪、帆船等在年轻人中的认知越来越广泛，小众运动已具备明显长尾属性，政策利好、良性循环会带来产业需求密度的提升。赛事不足、选手职业困境、教练/场所不完善等问题若能得到适当引导、尽早规范，有可能成为一系列行业兴起的契机。

目前国内沙滩运动旅游产业结构单一，基础设施、配套服务等还不能有效满足需求。建议沿海有条件的地区，可以引入有影响力的沙滩排球比赛、沙滩攀岩、沙滩足球等体育赛事，以沙滩体育艺术节、大型沙滩体育赛事、沙滩运动季为出发点，做好配套设施服务，发展出有特色的体育休闲旅游产业。

沙滩运动魅力十足

玩沙子、打排球、水边嬉戏……是夏日人气很旺的亲子活动，也带动相关商品热销

▼沙滩运动成交额同比增长率TOP3品类

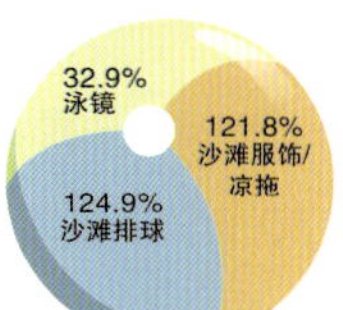

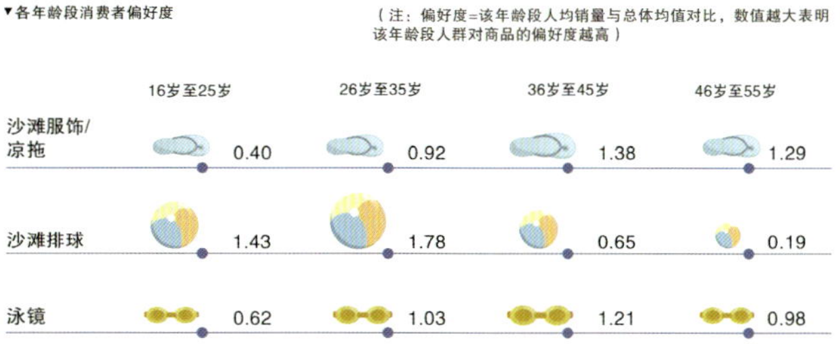

▼相关商品在各级市场的成交额同比增长率

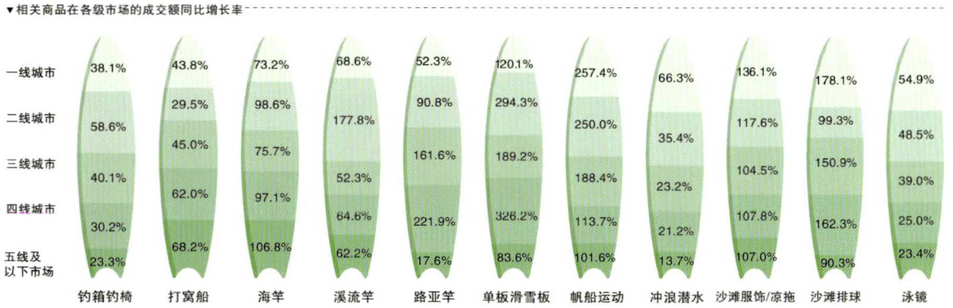

更多内容 扫码观看

数据周期：2022年上半年

数据来源 京东消费及产业发展研究院 本版编辑 李 瞳 林 蔚

科技赋能居家运动

京东消费及产业发展研究院高级研究员　张　艺

随着全民健身上升为国家战略，人们的生活观念持续转变，健身氛围日益浓厚，健身人群快速增长。特别是居家健身已经成为一种潮流生活方式，线上健身生态圈不断扩大，为运动健身器材市场实现跨越式发展带来新机遇。

首先，居家健身运动器材正在成为行业新风口。受新冠肺炎疫情影响，一部分对场馆或场地有特殊要求的运动项目难以开展，大量线下健身场馆选择转战线上健身业务。但是，疫情也激发了全民健身热潮，居家健身运动的消费者占比显著提升，带火了居家健身器材消费。建议相关企业针对居家健身特点推出定制化产品，满足消费者对降低噪音、便捷组装、产品微型化等方面的新需求。

其次，健身器材行业呈现出更加专业化、细分化、智能化的升级趋势。目前，入门级运动器材已经难以满足消费者日益增长的运动需求，许多人把目光转向专业的训练级产品。对此，专业健身器材生产商可以投入更多研发资源，打造适合家庭场景的产品，从安全、健康、智能等维度出发，进一步完善各类产品的功能。

再次，消费者的健身诉求进一步细分。例如，消费者对跑步机产品提出了高要求——在运动安全方面，消费者希望可以减少运动损伤，这就需要生产商升级缓震技术、增加保护措施；在便捷收纳方面，消费者希望家用跑步机更易收纳、少占空间，这就要求生产商增加快拆全折叠功能设计；在降低噪音方面，消费者希望减少地面共振、舒缓降噪，这就需要生产商在材质和工艺上进一步创新，采用柔性减噪减压跑带、高弹纤维板配合离地式等设计。

此外，受年轻消费者偏好影响，越来越多的数字化、智能化健身器材问世。新一代健身器材通过智能感知、数据分析等方式，更有针对性地满足消费者减脂、增肌和局部塑形等健身诉求，不仅能帮助消费者更加科学有效地锻炼身体，还提高了运动的趣味性。

总体来看，在国家政策的引导和支持下，在日益浓厚的运动健身氛围中，国内健身器材消费市场必将进一步提质扩容。期待更多企业抓住行业机遇，在为消费者提供更丰富、智能、专业产品的同时，实现高质量发展。

中国体育用品业联合会发布的《2021年大众健身行为和消费研究报告》显示，我国大众健身每人年均总消费为5670元，环比增长35%，其中在健身消费投入8000元以上的用户占比已接近1/4

2022年4月，以“开放办赛、共享办赛”为理念的全民健身线上运动会正式启动，上线两个多月报名参与人数就已超过1000万人

经济日报携手京东发布数据——

健身热带火器材消费

科技赋能居家运动

张 艺

随着全民健身上升为国家战略，人们的生活观念持续转变，健身氛围日益浓厚，健身人群快速增长。特别是居家健身已经成为一种潮流生活方式，线上健身生态圈不断扩大，为运动健身器材市场实现跨越式发展带来新机遇。

首先，居家健身运动器材正在成为行业新风口。受新冠肺炎疫情影响，一部分对场馆或场地有特殊要求的运动项目难以展开，大量线下健身场馆选择转战线上健身业务。但是，疫情也激发了全民健身热潮，居家健身运动的消费者占比显著提升，带火了居家健身器材消费。建议相关企业针对居家健身特点推出定制化产品，满足消费者对降低噪音、便捷组装、产品微型化等方面的新需求。

其次，健身器材行业呈现出更加专业化、细分化、智能化的升级趋势。目前，入门级运动器材已经难以满足消费者日益增长的运动需求，许多人把目光转向专业的训练级产品。对此，专业健身器材生产商可以投入更多研发资源，打造适合家庭场景的产品，从安全、健康、智能等维度出发，进一步完善各类产品的功能。

再次，消费者的健身诉求进一步细分。例如，消费者对跑步机产品提出了高要求——在运动安全方面，消费者希望可以减少运动损伤，这就需要生产商升级缓震技术、增加保护措施；在便捷收纳方面，消费者希望家用跑步机更易收纳、少占空间，这就要求生产商增加快拆全折叠功能设计；在降低噪音方面，消费者希望减少地面共振、舒缓降噪，这就需要生产商在材质和工艺上进一步创新，采用柔性减噪减压跑带、高弹纤维板配合离地式等设计。

此外，受年轻消费者偏好影响，越来越多的数字化、智能化健身器材问世。新一代健身器材通过智能感知、数据分析等方式，更有针对性地满足消费者减脂、增肌和局部塑形等健身诉求，不仅能帮助消费者更加科学有效地锻炼身体，还提高了运动的趣味性。

总体来看，在国家政策的引导和支持下，在日益浓厚的运动健身氛围中，国内健身器材消费市场必将进一步提质扩容。期待更多企业抓住行业机遇，在为消费者提供更丰富、智能、专业产品的同时，实现高质量发展。

（作者系京东消费及产业发展研究院高级研究员）

说数

以家庭健身为代表的室内健身消费正在迎来广阔发展空间。其中，用户追求务实性消费成为显著特点，运动爱好者开始关注科学性与专业性，更倾向于选购经得起考验、用硬实力彰显品牌特色的产品，专业运动员使用的训练级健身产品成为新风口。相关企业在进行产品研发时，可重点添加更多符合普通人需要的训练级功能和元素，抢占新市场。

各社交平台的健身达人们持续走红，引爆了居家健身这一细分场景。可折叠、降噪音成为消费者非常关注的产品功能。同时，消费者对于居家健身器材的功能诉求进一步细分化，如为减脂和增肌提供不同训练模式；能否调节具体参数、量化健身效果、提供科学训练指导等，也成为选择跑步机时的重要关注点。企业可针对这些衍生需求，推出定制产品和指导服务，增加用户黏性。

线上健身消费持续扩容

国民健身意识不断增强，参加体育锻炼已成为一种流行的生活方式，并进一步推动健身消费市场快速成长

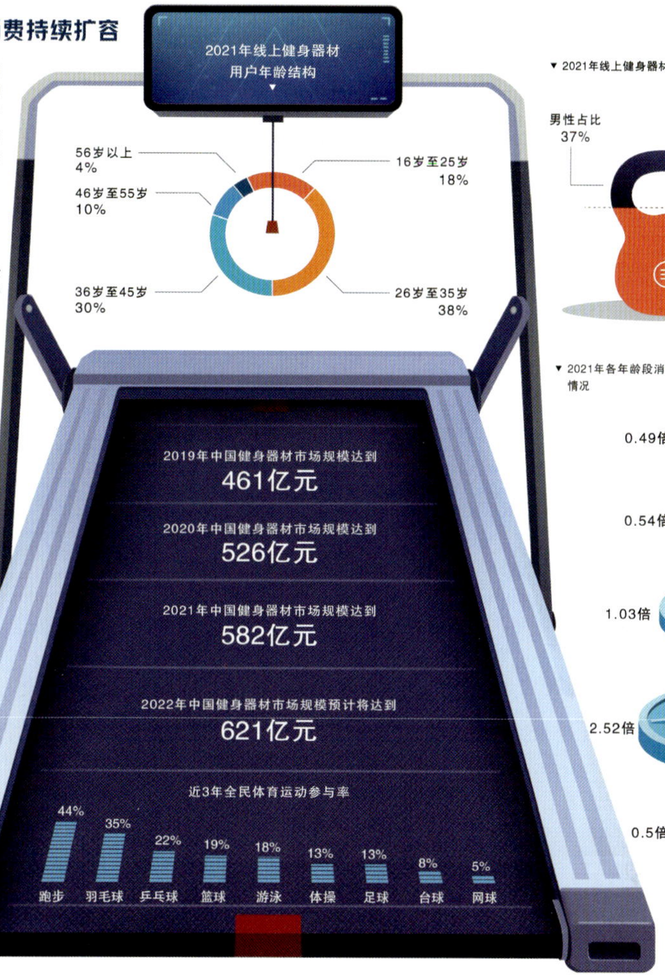

▼2021年线上健身器材消费者数量与2019年相比增长情况

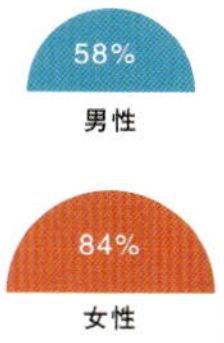

▼2021年线上健身器材消费者性别结构

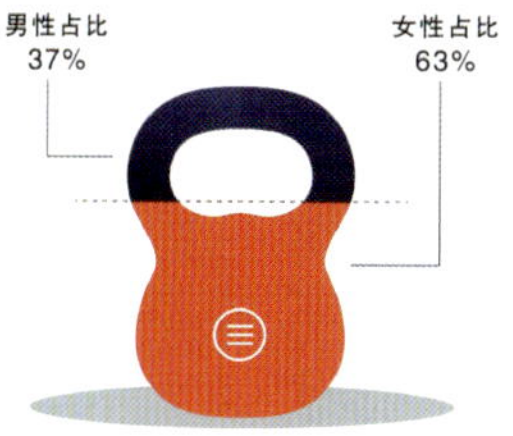

▼2021年各年龄段消费者数量同比2019年增长情况

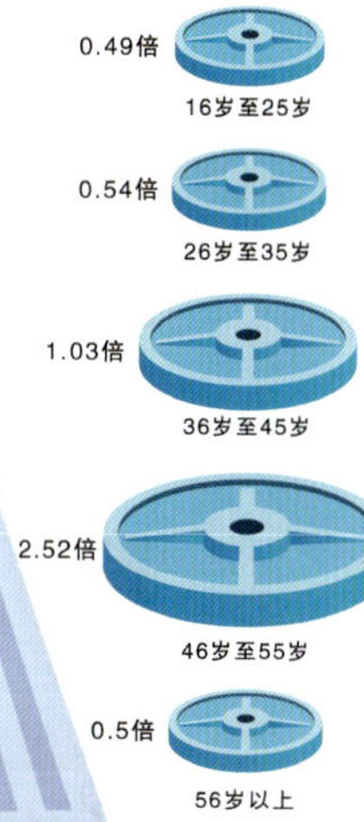

居家健身成为主流

居家健身器材消费不断增长，新品类、新产品涌现，带动整个市场高质量发展

▼线上购买跑步机的消费者年龄结构变化

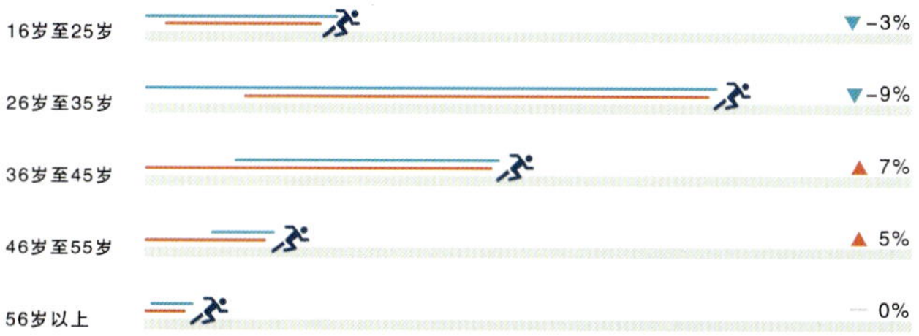

跑步机领跑大型居家健身器材消费

跑步一直是参与率最高的运动方式之一。在众多居家健身器材中，家用跑步机也是增长最为显著的品类

▼今年上半年线上购买跑步机的各年龄段消费者占比

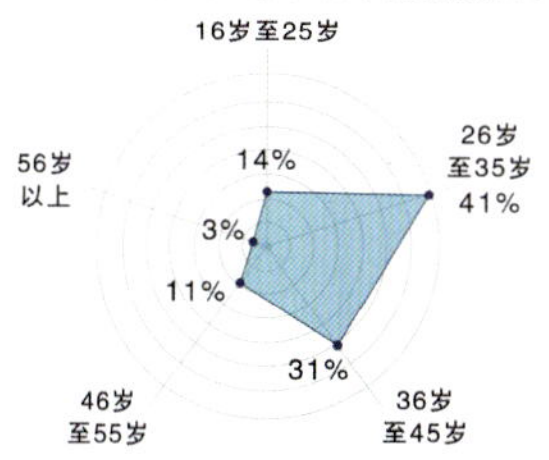

更多内容 扫码观看

各品类消费金额同比增长率▶

（注：今年"618"开始后的前10分钟）

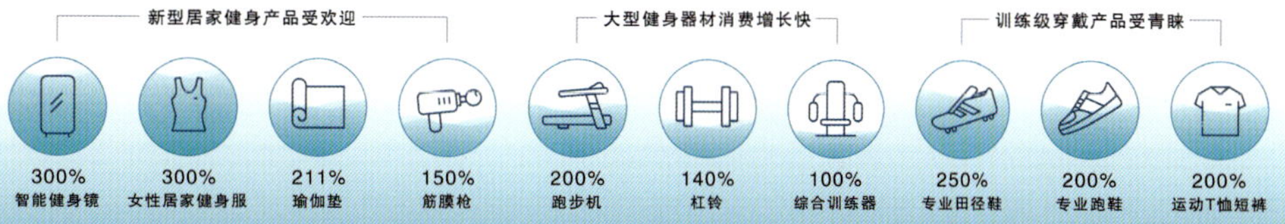

数据来源 京东消费及产业发展研究院 本版编辑 李 瞳 林 蔚

经济日报携手京东发布数据——

潮流装备吃香 户外体验升级

创新引领户外产业发展

李 苑

说起户外运动装备，人们首先想到的是运动鞋、冲锋衣、运动背包等老几样，但随着科技的发展，消费者对户外运动相关产品的需求也发生了巨大变化，蓝牙耳机、智能手表等电子产品逐步走上“C”位，其配套设备如移动电源等也成为户外运动必不可少的装备。户外装备的种类、功能、形态随之升级，众多新产品应运而生。

一方面，户外运动产业规模持续扩大，更多新形式、新品类、新产品持续涌现，满足了消费者的细分需求，有助于产业发展实现良性循环；另一方面，户外运动产品升级态势明显，跨界创新合作、定制化生产等模式成为常态。

数据显示，我国目前有1.3亿户外运动爱好者，户外运动产业竞争力和发展潜力巨大。相关企业应及时抓住发展机遇，围绕创新做好文章。

首先，加强技术创新，提高产品竞争力。针对日新月异的市场需求，企业应积极升级产品功能、设计、外观，用创新产品满足甚至引导消费者，从而掌握竞争主动权。

其次，创新细分领域应用场景。要打开新的市场空间就需要拓展消费场景，深耕细分市场，实现供给与需求的精准匹配。

第三，深挖消费潜能，提供创新服务。企业在增强产业链、供应链稳定性和竞争力的同时，若能延伸服务范围，将有效激发新的消费需求，助其找到新的增长点。

说数

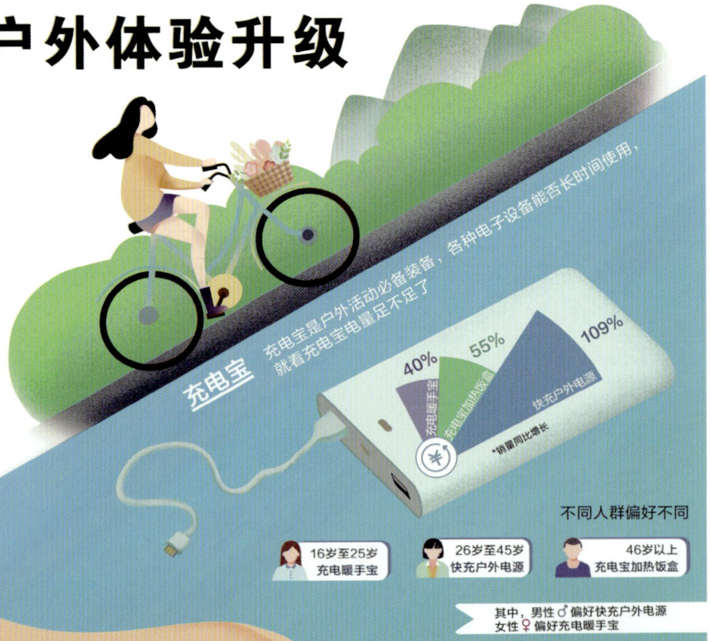

当前，国产品牌充电宝已经成为行业标杆，能够充分满足用户的各种需求。但是，标准不统一、品质良莠不齐等情况依然存在。这就要求相关企业要继续加大创新力度、不断升级技术水平、淘汰低端产能，生产更高品质、更环保的产品。

同时，电子产品更新换代快，充电宝又属于耐用型产品，此厂商需充分理解产品特性，更快洞察市场需求，打造更柔性化的产业模式。

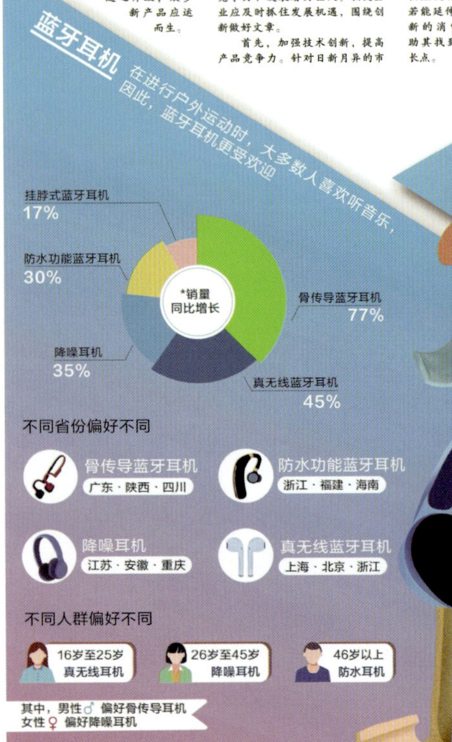

防水降噪、携带方便、科技含量……随着消费者的需求变化，拥有更多、更好、更强功能的蓝牙耳机将变得更受欢迎。未来，在耳机中添加更多实用功能，将成为企业破局的关键。同时，随着使用场景的多元化，“一人多副”耳机的情况越来越普遍，因此除了追求时尚和功能之外，耳机的舒适度也显得十分重要，这就要求企业打造更加“人性化”的产品。

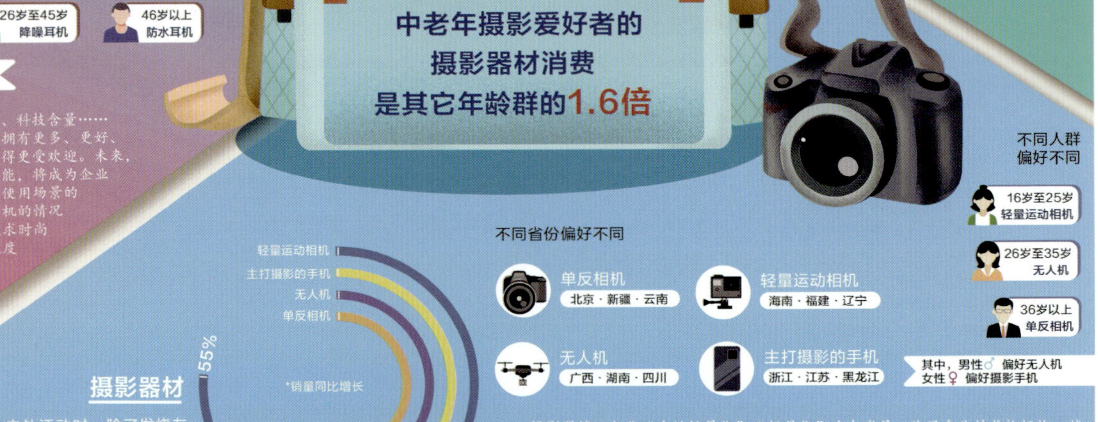

摄影器械正朝着“生活场景化”“轻量化”方向发展，除了专业的长枪短炮，越来越多普通用户在出游、亲子、纪念性场合都有“美照”需求。

同时，在高端专业器材仍为国外品牌主导的市场里，轻量化趋势也给中国新兴品牌带来了开拓市场的契机，满足生活场景摄影、激发海量“非专业用户”需求，成为国产品牌崛起和市场扩容“密码”。

更多内容 扫码观看

数据周期：2021年11月份至12月份

数据来源 京东消费及产业发展研究院 本版编辑 李 瞳 林 蔚

社址：北京市西城区白纸坊东街2号 读者服务：13911270606（同微信号） 查号台：58392088 邮编：100054 传真：58392840 零售每份：1.00元 广告许可证：京西工商广登字20170090号 广告热线：58392178 发行热线：58392172 昨日（北京）开印时间：2:15 印完时间：3:25 印刷：

经济日报携手京东发布数据——

航天迷爱上“太空货”

“扬帆起航，逐梦九天”，4月24日是第6个“中国航天日”。随着中国航天事业的蓬勃发展，航天定制装食品、带有航天元素的服饰、火箭模型等与航天有关的商品越来越受到消费者的青睐。

孩子们读航天故事，青少年收藏航天模型，成年人穿着航天元素的服饰，人们把“太空货”戴在胸前、穿在身上、摆在床头，表现出对神秘瑰丽星空的向往。

“很酷，很骄傲”，这是很多网购用户在京东航天模型页面留下的评价。近年来，中国的航天迷数量暴涨，很多领域都出现了航天迷的身影。

经济日报携手京东发布的数据显示，2020年包含食品、玩具、图书、家居等航天主题商品的总销量超过2019年的12.7倍。2020年购买航天主题玩具的用户数超过2018年的20倍，航天员形象的服饰、项链及摆件在“95后”消费者中深受欢迎。

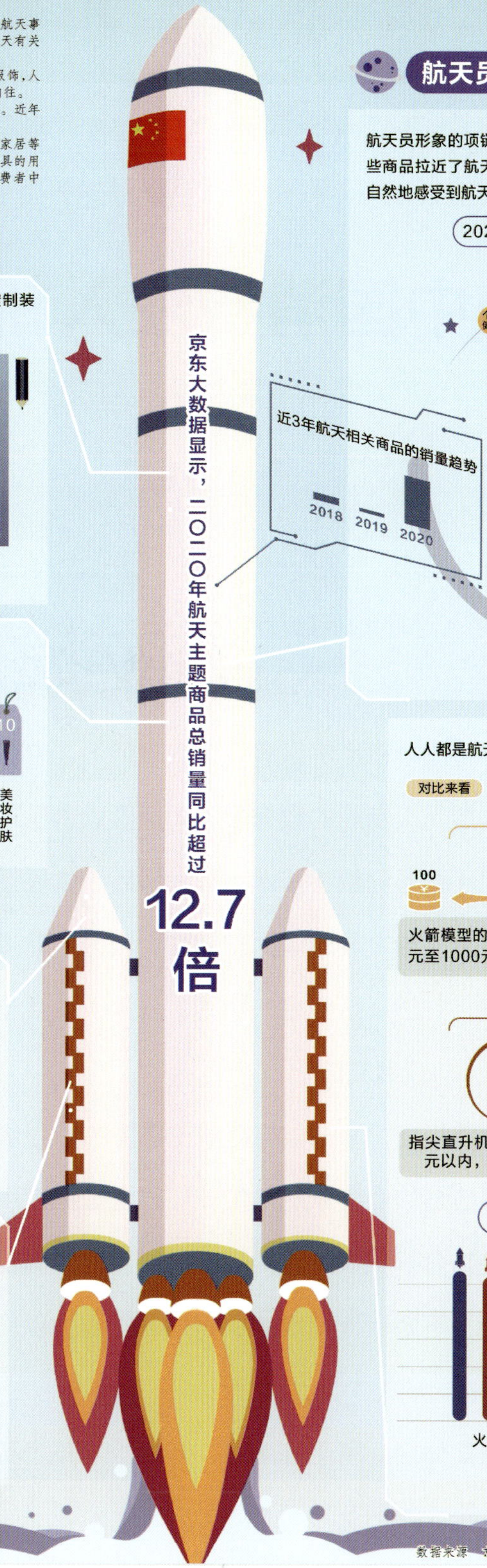

航天主题食品饮料销量最高

食品饮料是对消费者产生最广泛影响的品类，目前航天定制装纯牛奶在京东平台上留下了超过500万条评价

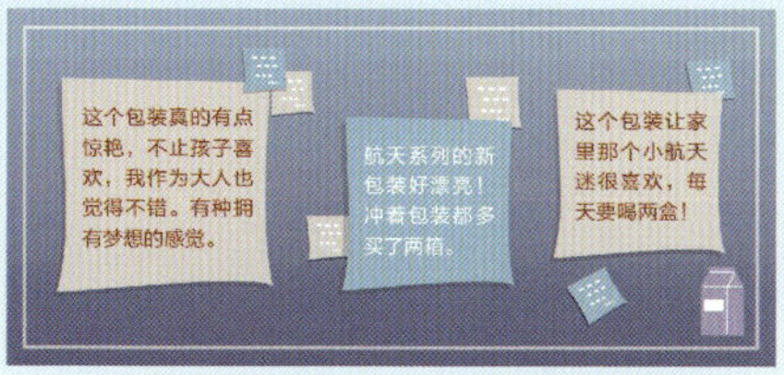

航天定制装纯牛奶京东平台评论5000000+

2020年航天主题商品销量排名

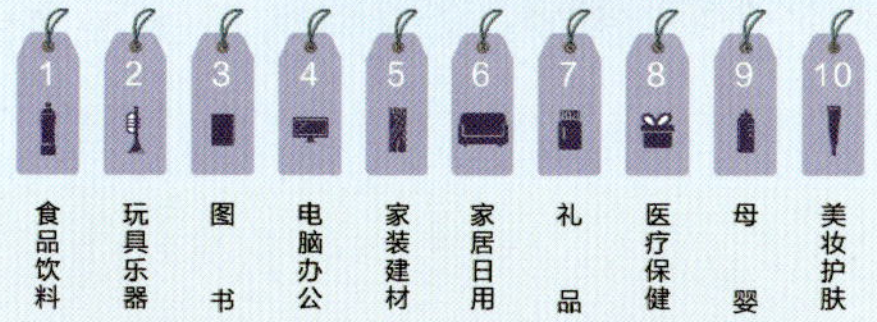

航天梦从娃娃开始

航天模型最受小朋友欢迎，销量最高的模型商品是神舟十号载人飞船发射台模型、长征五号火箭模型、流浪地球运载车模型

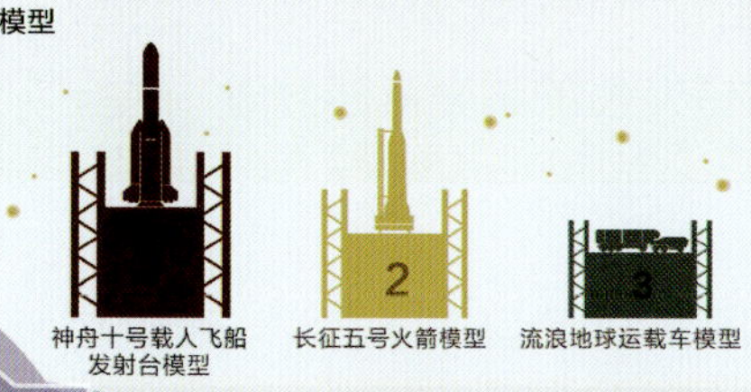

航天员形象商品热销

航天员形象的项链、音箱、摆件等商品受到消费者的追捧，这些商品拉近了航天事业与普通人生活的距离，使人们在生活中自然地感受到航天精神

2020年航天员形象商品销量排名

人人都是航天迷，对航空航天的热爱遍布城市和乡村

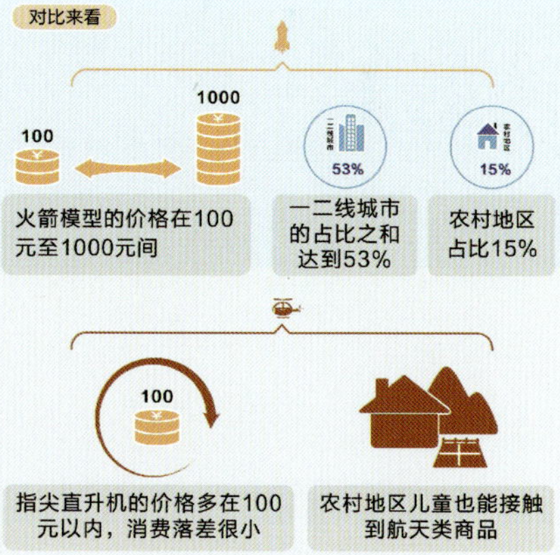

2020年不同地区销量占比

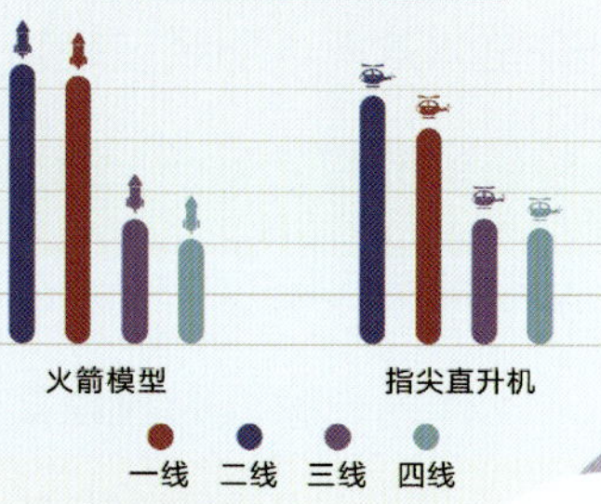

数据来源 京东大数据研究院 本版编辑 董庆森 李 瞳 林 蔚

为中国消费注入新动能

京东零售CEO　辛利军

欣闻经济日报与京东合作的数据版已经出版超过260期并将结集出版，应经济日报总编室邀请，就《从这里读懂中国消费——消费为什么能》一书作跋，深感荣幸。

在郑庆东社长的亲自指导和经济日报同仁的支持下，京东研究团队与经济日报总编室通力协作，通过一期期丰富而又专业的数据版，向全国读者呈现中国经济的精彩之处。从先进制造到乡村振兴，从现代服务到数字技术，数据背后，体现了新发展格局下各行各业的蓬勃发展，体现了中国经济高质量发展的潜力和韧性，更为产业揭示出大量趋势和商机。在此对经济日报团队表示感谢，并尝试结合京东实践，浅谈一些我本人对数据、消费背后“有责任的供应链”价值的思考，与读者交流。

京东诞生于实体零售行业，深知供应链对于零售的核心价值；经过近20年的发展，更进一步明确了数据作为供应链核心要素的地位。如果说数据在供应链体系中的畅通流动可以提升整体效率，那经过趋势分析和人工智能预测等加工，数据已经在发挥更大的价值，推动供应链的数智化运行，给上下游伙伴精准的决策指导，成为供应链发展的重要驱动力量，也推动着消费市场的升级。

作为一家同时具备实体企业基因和属性、拥有数字技术和能力的新型实体企业，京东的成长得益于中国经济的发展。近年来，受国内外复杂局势和疫情影响，经济发展压力有所加大，外界也对京东提出了更高的要求。对于消费者来说，京东不仅要提供丰富的商品、优惠的价格、贴心的服务，更要在关键时刻成为信赖的代名词；对于品牌和商家来说，京东要持续保持开放，助力他们降本增效，始终做好他们稳定发展的合作伙伴；而在对社会责任的践行上，京东也要在抗疫保供、稳定民生、稳定就业等方面贡献更多力量。

要做到上面这三点，稳定、高效、可靠的供应链将起到重要的支撑作用。以前谈起供应链，可能对于很多人来说难以引起共鸣。但如今，消费者对供应链的价值和作用有了更明确的感触。也正因如此，供应链的演进与价值，是值得我们思考和关注的问题。

什么是一个好的供应链体系？在零售行业这么多年，这也是我一直问自己的问题。平时我们评价一个供应链的好坏，往往是通过它的效率，比如库存周转率和现货率来评价，也就是看它的商业价值。在2019年的京东全球科技探索者大会上，我们已经对外系统性地阐释过了面向未来十年新一代基础设施——京东数智化社会供应链的含义。也就是，用数智化技术连接和优化社会生产、流通、服务的各个环节，降低社会成本、提高社会效率。数智化社会供应链的实践，让供应链从单纯的商业价值扩展到了产业价值，这是对京东如何作为一家以供应链为基础的技术与服务企业的详细阐释，也是我们对上下游、对环境责任感的体现。

放在当前的环境下，我们明确意识到，供应链不只是在平时能够满足消费者便捷购物的需求，满足合作伙伴高质量发展的需要，在面对特殊的环境、重大节点时，京东的数智化社会供应链还有着更多的可发挥空间。随着对供应链价值思考的进阶，京东对供应链的理解，已经进化到“有责任的供应链”，从商业价值、产业价值，进一步延伸到社会价值。

进一步来说，究竟什么是“有责任的供应链”，我们可以用“两横四纵”来描述。

“两横”是“有责任的供应链”的能力层，指的是京东多年来打磨出来的硬供应链和软供应链能力。这里面包括了我们京东物流遍布全国的仓配网络和物流基础设施，也包括了京东在智能供应链和智能物流方面充分协同和融合的能力。“四纵”是有责任的供应链在应用场景上的体现。具体可以归纳为：在重大节点，也就是在类似于抗疫保供、重大赛事这些特殊场景中的应用，以及在绿色减碳、拉动消费、产业推动场景中的应用。然后是京东云作为“两横四纵”的底座，提供着扎实、可靠、全方位的技术基础设施。通过“两横四纵”，以及京东云在技术层面的支撑，“有责任的供应链”会在商业、产业、社会层面都充分发挥出价值。

京东数实融合的供应链体系是我们实现“平时服务、灾时应急”的基石。强大的基础设施为数字技术提供了丰富的业务场景和数据支撑，促进技术的不断创新和优化，而技术手段也在不断促进实体企业降本增效和精细化运营。它就像是经济社会的神经系统和血液循环系统：通过触达每一个消费者、每一个流通环节、每一个生产企业的神经网络获取供给和需求数据，以智能供应链大脑的精准及时决策，给出最优化的生产、库存等指令；依托“有责任的供应链”，京东通过精准匹配供需侧诉求的C2M(Customer-to-Manufacturer)反向定制模式，持续打造出趋势新品、人气爆款，在满足人们美好生活需求的同时，推动高品质消费和品牌高质量增长的双向增益。通过动脉、静脉、毛细血管蔓延到每个乡镇的血液循环系统，则可以迅速依据智能决策完成物资输送的过程，而且智能物流体系更提升了物资存储和分发的效率。

2022年，供应链的重要性被社会、行业和消费者更广泛、更深入地认知。广泛而扎实的基础设施布局、灵活而敏捷的数字供应链技术的价值充分展现，中国的供应链建设也必将迎来一个新的发展阶段。“有责任的供应链”将进一步发挥独特的价值，为消费者、合作伙伴和社会持续地注入新动能。

与经济日报合作的数据版，就是京东“有责任的供应链”在服务实体经济、推进数实融合的过程中，积累的产业和消费市场洞察的梳理及呈现，也成为了政府决策、行业发展、企业创新和消费者追求美好生活的参考。在此，再次感谢郑庆东社长及经济日报同仁的有力指导和辛勤付出，感谢为本书内容提供精彩评论的专家和研究员团队，也期待在社会各界的支持下，我们和经济日报的消费及产业研究可以发挥更大价值，为行业发展、消费提振、乡村振兴服务，为以高质量发展推进中国式现代化建设贡献应有的力量！